全国工会干部培训辅导用书

依据**中国工会十八大文件精神**组织

工会干部培训教程

（全新修订版）

张安顺◎编著

人民日报出版社

图书在版编目（CIP）数据

工会干部培训教程 / 张安顺编著. —北京：人民日报出版社，2023.10

ISBN 978-7-5115-8013-9

Ⅰ.①工… Ⅱ.①张… Ⅲ.①工会工作-中国-干部培训-教材 Ⅳ.①D412.6

中国国家版本馆 CIP 数据核字（2023）第 195311 号

书　　名：工会干部培训教程
　　　　　GONGHUI GANBU PEIXUN JIAOCHENG
作　　者：张安顺

出 版 人：刘华新
责任编辑：刘天一　李　芳
封面设计：陈国风

出版发行：人民日报出版社
地　　址：北京金台西路 2 号
邮政编码：100733
发行热线：（010）65369527　65369846　65369509　65369510
邮购热线：（010）65369530　65363527
编辑热线：（010）65363105
网　　址：www.peopledailypress.com
经　　销　新华书店
印　　刷　北京柯蓝博泰印务有限公司

开　　本：170mm×240mm　1/16
字　　数：520 千字
印　　张：32.75
版次印次：2024 年 5 月第 1 版　2024 年 5 月第 1 次印刷

书　　号：ISBN 978-7-5115-8013-9
定　　价：86.00 元

前言 Preface

党的二十大报告明确提出要“深化工会、共青团、妇联等群团组织改革和建设，有效发挥桥梁纽带作用”。加强工会干部教育培训，全面提升工会干部的素质和能力，建设忠诚干净担当的高素质专业化工会干部队伍，是发挥工会作用、体现工会价值、团结动员广大职工在全面建成社会主义现代化强国新征程中建功立业、开创新时代工会工作新局面的基本要求和重要保障。我们必须按照党中央的重要部署，着眼保持和增强“三性”，切实加强新时代工会干部队伍建设，为党的工运事业的发展提供有力的人才保证和智力支撑。

为适应工会干部教育培训的需要，我们组织编写了此书。本书由长期从事工会干部教育培训工作的专家精心编写，力求做到理论与实际相结合，内容全面新颖，层次结构合理，表达通俗易懂。希望本书能在建设高素质工会干部队伍中发挥积极作用。

本书在编写过程中参考了有关书籍和资料，在此谨向有关作者表示诚挚的谢意。

目录 Contents

第四章　职工民主管理

第五章　平等协商与集体合同制度

第六章　工资集体协商

第七章　工会经济技术工作

第八章 工会宣传教育工作

第九章 工会劳动保护工作

第十章 工会保障工作

第十一章 工会女职工工作

第二十章　劳动合同法相关知识

第二十一章　社会保险法相关知识

第二十二章　劳动争议调解仲裁法相关知识

第一章

工会基础理论

工会的性质、地位、作用、社会职能是工会基础理论的核心内容。准确理解、掌握工会的基础理论，是做好工会工作的前提和基础，对于始终保持正确的政治方向，自觉坚持中国特色社会主义工会发展道路，切实履行工会基本职责，充分发挥工会作用，推进新时代工会工作和工运事业的发展，至关重要。

第一节　中国工会的性质

关于我国工会的性质，《工会法》第 2 条规定："工会是中国共产党领导的职工自愿结合的工人阶级群众组织，是中国共产党联系职工群众的桥梁和纽带。中华全国总工会及其各工会组织代表职工的利益，依法维护职工的合法权益。"《中国工会章程》开宗明义规定："中国工会是中国共产党领导的职工自愿结合的工人阶级群众组织，是党联系职工群众的桥梁和纽带，是国家政权的重要社会支柱，是会员和职工利益的代表。"这一规定表明了中国工会的本质属性是阶级性、群众性和政治性的相互统一。

一、工会的阶级性

工会的阶级性，是指工会是工人阶级组织，以工人阶级作为自己的阶级基础。工会的阶级性主要体现在以下几个方面。

（一）工会会员必须是工人阶级成员。《中国工会章程》第 1 条规定："凡在中国境内的企业、事业单位、机关、社会组织中，以工资收入为主要生活来源或者与用人单位建立劳动关系的劳动者，不分民族、种族、性别、职业、宗教信仰、教育程度，承认工会章程，都可以加入工会为会员。"《工会法》也明确规定了这一点。由此可见，确定是否可以成为工会会员的标准只有一个，即以工资收入为主要生活来源或者与用人单位建立劳动关系的劳动者。这就把工会成员的构成限于工人阶级范围之内。把工人阶级作为工会的阶级基础，充分说明工会具有鲜明的阶级性。

（二）工会必须维护工人阶级利益。工会是工人阶级利益的代表者和维护者，工会的成立和发展体现了工人阶级的利益要求，工会是为工人阶级的利益而奋斗的，工会要把维护职工合法权益、竭诚服务职工群众作为自己的基本职责。

二、工会的群众性

工会的群众性，是指工会是工人阶级在本阶级范围内最广泛的组织。工会的群众性主要体现在以下几个方面。

（一）工会会员具有广泛性。工会的群众性体现在工会的会员构成具有工人阶级范围内的广泛性。工会并不是个别行业或者个别部门内职工的组织，它最大限度地团结、联合了广大职工群众。工会始终是工人阶级实现阶级联合的最广泛的组织。

（二）工会代表广大会员和职工群众的利益。工会的群众性体现在工会代表广大会员和职工群众的正当利益、维护职工群众的合法权益方面。工会代表广大会员和职工群众的正当利益、维护职工群众的合法权益是工会群众性的核心问题。职工群众是工会组织的主体，是工会赖以存在和发展的基础，广大会员和职工群众对工会的信赖和支持是工会最基本的力量源泉。如果工会不能切实代表和维护职工群众的合法权益，就会失去本阶级群众，那也就谈不上工会的群众性。

（三）工会内部生活的民主性。工会的群众性还体现在工会组织内部的民主性方面。工会作为一个广泛的工人阶级群众组织，其内部生活的民主性是工会群众性的必然要求和具体体现。工会内部生活的民主性，一般包括以下几个方面。一是工会组织内部成员之间的地位和权利是平等的，工会内部的事务应当由会员群众当家作主，实行会员群众办工会。二是工会内部应该具有更充分、更广泛的民主生活。工会工作要依靠广大的积极分子和会员群众，工会的活动要从会员群众的意愿和要求出发。工会的一切问题都要经过民主程序，工会的一切工作和活动都要置于会员群众的参与和监督之中。三是工会在工作方法上必须采取和国家机关、行政部门不同的工作方法，即采用吸引的方法、说服的方法和职工群众自我教育的方法。

（四）工会组织的自愿性。工会的群众性还体现在工会组织的自愿性方面。工会是职工自愿结合的产物，这是工会存在、发展和开展活动的基本前提。自愿结合性是工会作为群众组织在结合方式上的显著特点。工会不是按照某种指令组织起来的，而是职工群众为了谋求共同利益，实现共同愿望自觉自愿地组织起来的群众团体。工会组织的自愿性包括两个方面：一是坚持职工自愿入会的原则，只要是工人阶级成员，都可以自愿加入工会组织；二是工会组织或者开展的一切活动，必须适合大多数群众的觉悟，建立在群众自觉自愿的基础上。

三、工会的政治性

工会自觉接受中国共产党的领导，鲜明地体现了我国工会具有高度的政治性。习近平总书记强调："工会工作做得好不好、有没有取得明显成效，关键看有没有坚持正确政治方向。"正确政治方向，核心就是要坚持中国共产党领导和社会主义制度。中国工运史已经昭示，坚持党的领导是工运事业蓬勃发展的政治保证。中国共产党是工人阶级的先锋队，无论是革命战争年代，还是社会主义建设和改革开放时期，党始终引领和指导工人阶级实现其社会利益以及历史使命。政治方向决定前途命运。对工会组织来说，牢牢把握正确政治方向，不仅关系到工运事业的成功，而且事关党的政权稳固和国家长治久安。因为工会是做工人阶级工作的，而工人阶级是我们党最坚实最可靠的阶级基础。显然，坚持正确政治方向，是工会做好工作、发挥作用的根本，也是工会作为党领导下的工人阶级群众组织的历史使命。

政治性是工会组织的灵魂，是第一位的。工会作为党领导的群团组织，必须始终把政治性放在首要位置，引导广大职工群众坚定不移听党话、跟党走，巩固党执政的阶级基础和群众基础。

四、工会是阶级性、群众性和政治性的有机统一

工会的阶级性、群众性和政治性不是分割的，而是辩证地统一在一起。阶级性离不开群众性，以群众性为基础；群众性也离不开阶级性，受阶级性的制约；工会的阶级性和群众性以政治性为方向。始终坚持党的领导，坚持走中国特色社会主义工会发展道路，这是中国工会的显著特点。

（一）工会的阶级性以群众性为基础

工会的阶级性是建立在最广泛的群众性基础上的。如果工会不能团结

最广大的职工群众，工会的阶级性也就失去了存在条件。中国工会之所以能成为中国共产党执政的阶级基础和群众基础，成为党联系职工群众的桥梁和纽带，就在于它具有本阶级最广泛的群众性。当前工会组织自身建设最大问题就是密切联系职工群众，要让职工群众真正感受到工会是职工之家，工会干部是最可信赖的“娘家人”。

（二）工会的群众性以阶级性为限度

作为工人阶级的群众组织，脱离阶级性的群众性，就会把工会等同于一般的群众团体。工会是一个阶级组织而不是一个全民组织。一方面，工会的成员限定在工人阶级范围之内，只吸纳工人阶级的成员参加。另一方面，工会以实现工人阶级的利益为最高宗旨，在维护全国人民总体利益的同时，全面实现工人阶级的根本利益，维护职工群众具体利益。

（三）工会的阶级性和群众性以政治性为方向

要深刻领悟“两个确立”的决定性意义，增强“四个意识”、坚定“四个自信”、做到“两个维护”。要坚持不懈用习近平新时代中国特色社会主义思想凝心铸魂，深入学习贯彻习近平总书记关于工人阶级和工会工作的重要论述，在思想上政治上行动上同以习近平同志为核心的党中央保持高度一致。要始终坚持走中国特色社会主义工会发展道路，始终坚持党对工会的领导，维护工人阶级队伍的团结和统一，始终围绕党和国家工作的中心，服从服务于党和国家工作大局，团结动员亿万职工为全面建成社会主义现代化强国、实现第二个百年奋斗目标，以中国式现代化全面推进中华民族伟大复兴建功立业。

第二节　中国工会的地位

工会的地位是指工会在国家政治、经济和社会生活中所处的位置。它是由工人阶级的地位决定的，主要通过工会在同其他社会组织及本阶级群众的广泛社会联系中得到体现。具体讲，我国《工会法》开宗明义规定：

"为保障工会在国家政治、经济和社会生活中的地位，确定工会的权利与义务，发挥工会在社会主义现代化建设事业中的作用，根据宪法，制定本法。"由此可见，工会的地位在法律上得到了明确。工会的地位主要表现在政治地位、经济地位、法律地位。

一、工会的政治地位

在我国，工会是国家政治体制中重要组成部分，工会的政治地位主要表现在工会与党和政府的相互关系中。

（一）工会与党的关系

工会与党的关系，实质上是工人阶级先锋队组织与本阶级大多数群众之间的关系。工人阶级作为社会主义国家的领导阶级，其领导地位是通过本阶级的先锋队组织——中国共产党的领导来实现的。党是由少数先进分子组成的，党的正确领导不能离开自己的社会阶级基础，而工会正是这种社会阶级基础最为广泛的组织形式。在我国，中国共产党的领导地位充分体现了工人阶级的领导地位，党只有通过全心全意依靠工人阶级才能确立和巩固自己的领导地位，这就要依靠工会加强同本阶级的联系，依靠工会把广大工人阶级群众团结在党的周围。

工会是中国共产党领导的职工自愿结合的工人阶级群众组织，自觉接受党的领导是工会的政治原则和政治保障，是我国工会特有的政治优势。工会要在党的领导下依法独立自主地开展工作。党组织要牢固树立全心全意依靠工人阶级的思想，高度重视工会工作，不断加强和改善党对工会工作的领导，研究解决工会工作中的重大问题，推动建设一支高素质专业化的工会干部队伍，支持工会依法依章程创造性开展工作。工会是中国共产党联系职工群众的桥梁和纽带，党通过工会把党的路线、方针、政策传达到职工群众中去；同时，职工群众的意见、建议和要求通过工会组织反馈上来，作为党的决策依据。

（二）工会与政府的关系

工会与政府的关系，实质上是工人阶级的政权组织与工人阶级的群众组织之间的关系。工会作为人民团体，处于政府与职工群众之间，工会是“国家政权最亲密的和不可缺少的合作者”。

政府要高度重视工会工作，加强与工会组织的合作，加大对工会工作的支持力度，依法保护工会的合法权益不受侵犯。工会作为工人阶级最为广泛的群众组织，是国家政权的重要社会支柱，要组织和教育职工依照宪法和法律的规定行使民主权利，发挥国家主人翁的作用，通过各种途径和形式，参与管理国家事务、管理经济和文化事业、管理社会事务；协助人民政府开展工作，维护工人阶级领导的、以工农联盟为基础的人民民主专政的社会主义国家政权。

（三）工会是职工群众合法权益的代表

工会是职工群众自愿结合的、自下而上建立起来的工人阶级群众组织。工会的性质决定了工会具有职工群众合法权益代表者的资格。同时，我国有关法律，如《工会法》《劳动法》等都充分体现了工会的这种代表性。其基本含义主要表现在：一是就政府而言，工会代表广大职工群众的具体利益和要求；二是就基层企事业单位行政而言，工会代表本单位职工群众的具体利益和要求。

中国共产党是工人阶级根本利益的代表者。党和政府主要是通过根本利益和整体利益的实现来满足职工群众具体利益要求的；工会则更多的是自下而上代表职工群众的具体利益。工会作为职工群众这个社会利益群体的代表者，参与国家和社会事务的管理。

二、工会的经济地位

工会的大量活动主要是在社会经济领域，并对社会经济发展和企事业的运营产生直接的影响。因此，在社会主义市场经济条件下，工会的经济地位主要体现在劳动关系领域中。

在社会主义市场经济条件下，劳动力市场的运作，离不开劳动关系的协调与稳定。劳动关系双方地位的平等是社会主义市场经济的必然要求，也是工会社会政治地位和法律地位的客观要求。工会是会员和职工利益的代表者、维护者，工会通过动员和组织职工积极参加经济建设，努力完成生产任务和工作任务，组织职工群众开展劳动和技能竞赛、技术革新、技术攻关、技术协作、合理化建议、节能减排等群众性经济技术活动，认真实施职工经济技术创新工程，促进企事业经济效益的提高和高质量发展，从根本上维护职工合法权益；工会通过平等协商和集体合同制度等，将企事业发展的整体利益与职工的具体利益有机结合起来，实现互利共赢，推动健全劳动关系协调机制，构建和谐劳动关系；工会依照法律规定通过职工代表大会或者其他形式，组织职工参与本单位的民主选举、民主协商、民主决策、民主管理和民主监督，主持职工代表大会的日常工作，落实职工代表大会的各项职权，维护职工的民主权利。随着我国劳动关系市场化程度的不断提高，工会在协调劳动关系、维护职工合法权益、服务职工群众方面的作用将越来越明显，社会地位也越来越突出，成为构建和谐劳动关系、维护社会稳定的重要力量。

三、工会的法律地位

工会的法律地位是指工会在法律关系中所处的位置，是工会政治地位和经济地位在法律上的确认和保障。工会的法律地位集中体现在工会的法定权利与义务以及工会的法人资格等方面。工会的法定权利包括：代表权、维护权、参与权、平等协商权、监督权等。工会的法人资格也是工会法律地位的表现，按照《工会法》规定，中华全国总工会、地方总工会、产业工会具有社会团体法人资格。基层工会组织具备《民法典》规定的法人条件的，依法取得社会团体法人资格。工会取得法人资格，可以使工会以独立民事主体的资格参与民事活动，有利于工会规范化建设，更好地发挥工会作用，推动工运事业发展。

第三节 中国工会的作用

我国工会的主要作用是由我国工会的性质和地位具体体现的，工会作为职工一方利益的代表，在社会活动中必须发挥桥梁纽带作用，沟通政党、政府与职工群众之间的联系；在劳动关系中必须发挥协调作用，以职工代表者的身份协调劳动关系。根据《中国工会章程》的有关规定，在社会主义市场经济条件下，工会的作用具体表现在以下 4 个方面。

一、工会是党联系职工群众的桥梁和纽带

党联系职工群众的渠道是多方面的，但党和本阶级群众联系的最重要渠道是靠工会实现的。工会是工人阶级先锋队和本阶级群众之间的中间环节。

工会发挥桥梁纽带作用就是通过沟通方式，不断加强政党、政府与职工群众之间的联系。一方面，工会自上而下地把党的主张和路线、方针、政策贯彻到职工群众中去，并使之变为职工群众的自觉行动；另一方面，工会自下而上地把职工群众的意见和要求及时真实地反映给党，以完善修正党的决策及政策。采取双向信息传递的方式，把党的主张与反映职工的愿望要求有机结合起来，把执行党的政策的坚定性与为职工群众服务的实效性有机结合起来，使工会真正成为职工群众信赖的职工之家。

二、工会是国家政权的重要社会支柱

在我国，工会是国家政权的重要社会支柱和推动社会主义市场经济发展的重要力量。充分发挥国家政权重要社会支柱作用，维护工人阶级领导的、以工农联盟为基础的人民民主专政的社会主义国家政权，是历史和时

代赋予工会的职责，也是工会推动社会主义和谐社会建设的着力点。在工人阶级居于领导地位的国家里，工会作为工人阶级的群众组织，是国家政权所依靠的力量源泉——国家政权的支柱。工会作为国家政权的支柱，主要包括两个方面的含义：一是社会主义国家政权需要通过工会联系广大职工群众。工会把广大职工组织起来，开展各种活动，其目的是维护和巩固国家政权，从而使人民民主专政建立在坚实的群众基础上。二是工会要通过自己的工作把广大职工群众团结在党的周围，引导职工群众听党话、跟党走，巩固党执政的阶级基础和群众基础；工会要坚决支持国家政权的活动，社会主义国家的各项工作，都要代表广大人民群众的意愿，要由全体人民共同来完成，这就要求工会必须通过行使国家赋予的参与权利，协助人民政府开展工作，在政府行使国家行政权力过程中，组织并代表职工参与国家和社会事务的管理，组织职工参与企事业单位民主选举、民主协商、民主决策、民主管理、民主监督，充分发挥参政议政的民主渠道作用，使人民民主专政建立在更加坚实的群众基础之上。促进社会主义经济社会的协调发展，成为国家政权的重要社会支柱和推动企事业经济发展的重要力量。

三、工会是教育和提高职工素质的"大学校"

工人阶级是我国先进生产力和生产关系的代表。发挥工会"大学校"作用，提高职工队伍整体素质，充分发挥工人阶级主力军作用，是贯彻实施科教兴国战略、人才强国战略、可持续发展战略，提高自主创新能力，建设创新型国家的迫切需要。是巩固党的阶级基础，扩大党的群众基础，保持和发展工人阶级先进性的关键所在，是全面建成社会主义现代化强国的重要举措。工会要始终把社会主义核心价值体系建设作为主线，贯穿于职工思想政治工作和精神文明建设的全过程，用中国梦凝聚职工，用以爱国主义为核心的民族精神和以改革创新为核心的时代精神鼓舞职工，不断巩固广大职工团结奋斗的共同思想基础。大力开展职工教育培训工作，推进职工文化、企业文化建设，推进"职工书屋"建设和职工读书活动。不断激发职工创造活力，广泛开展职工经济技术创新、技术革新和发明创造活动，积极推进职工技术交流和技术协作，在创新实践中，培养更多的掌握新知识、新技能、新本领的知识型职工和一线创新人才，为建设创新型国家和创新型企业充分施展才华，在经济社会发展中进一步发挥好“大学校”的作用。

四、工会是劳动关系的协调者

劳动关系是生产关系的重要组成部分，是最基本、最重要的社会关系。构建和谐的劳动关系是构建和谐企事业、和谐社会的基石。在我国，随着改革的不断深化，多种经济成分、多种经营方式和多种分配方式的出现，社会利益趋向多元化，各个利益群体之间的矛盾也变得突出起来。工会作为劳动关系的协调者，就是要及时解决劳动过程中出现的矛盾和问题，协调处理劳动争议，通过依法维护劳动者权益进而调动和激发劳动者的积极性，建立和谐稳定的劳动关系，促进企事业发展和社会长期稳定。因此，工会在参与协调劳动关系和处理劳动争议过程中具有非常重要的、其他任何组织无法替代的作用。工会通过集体协商集体合同制度和职工代表大会制度，切实代表和维护劳动者的合法权益，从而保护和激发劳动者的积极性，使企事业劳动关系和谐有序，存在的矛盾得以及时通过法治化的渠道化解和处理。同时，在宏观层面上，借助三方协商机制，从源头上表达劳动者的愿望和要求、维护劳动者的权益，促进整个劳动关系的协调发展。可以说，在这个意义上工会是劳动关系的稳衡器。

第四节　中国工会的社会职能

工会的社会职能，是指由工会性质地位所决定，并在其社会活动中体现出来的职责和功能，它反映了工会活动、工会工作的基本内容。工会的社会职能回答的是工会应该履行什么样的社会责任。明确中国工会的社会职能，是准确把握工会在党和国家工作大局中的位置，更好地发挥工会作用的前提条件。根据《工会法》《中国工会章程》规定，归纳起来，工会的社会职能有以下 4 项。

一、维权服务职能

《工会法》规定："维护职工合法权益、竭诚服务职工群众是工会的基本职责。工会在维护全国人民总体利益的同时，代表和维护职工的合法权益。"维护职工合法权益、竭诚服务职工群众是由我国工会的性质决定的，是工会服务于党和国家中心任务的主要手段，是工会一切工作的出发点和落脚点。工会要赢得职工群众信任和支持，必须高举维护职工合法权益、竭诚服务职工群众的旗帜，切切实实维护好职工合法权益，扎扎实实解决好职工群众最忧虑最急迫的实际问题，使改革发展成果更多更公平地惠及职工群众。从本质上讲，工会做好维护和服务工作，就是维护党与职工群众的血肉联系，就是维护改革发展稳定的大局，就是维护执政党的执政地位和执政基础。工会必须建立健全维权机制，积极参与协调劳动关系，切实把职工群众合法权益实现好、维护好、发展好；工会必须建立联系广泛、服务职工的工会工作体系，密切联系职工群众，听取和反映职工的意见和要求，关心职工的生活，帮助职工解决困难，全心全意为职工服务。

二、建设职能

工会的建设职能，是指工会吸引和组织职工群众参加建设与改革，努力完成经济和社会发展任务的职能。《工会法》规定："工会动员和组织职工积极参加经济建设，努力完成生产任务和工作任务。"工会的建设职能不仅是在生产领域，而且要不断地深入交换、分配、消费的各个领域；工会履行建设职能的目的，不仅要促进生产力的发展和技术进步，而且要组织职工不断变革和改组生产关系的某些方面和劳动组织、劳动形式的具体内容，使生产关系更加适应生产力的发展。工会要围绕立足新发展阶段、贯彻新发展理念、构建新发展格局，围绕推动高质量发展，深入开展以劳动创造幸福为主题的宣传教育，弘扬社会主义核心价值观，组织开展“建功‘十四五’、奋进新征程”主题劳动和技能竞赛，大力开展合理化建议、职工技术协作、技术革新活动，拓展“五小”竞赛活动，大力弘扬工人阶级伟大品格和劳模精神、劳动精神、工匠精神，充分调动广大职工的积极性、主动性、创造性，为全面建成社会主义现代化强国贡献力量。

三、参与职能

工会的参与职能，是指工会代表和组织职工参与国家和社会事务管理，参与企事业单位的民主管理的职责。参与职能是工会代表职工权益，依法维护职工利益的重要渠道、途径和形式。特别是随着社会主义民主政治建设不断发展，工会履行参与职能更具迫切性和必要性。《工会法》规定：“工会组织和教育职工依照宪法和法律的规定行使民主权利，发挥国家主人翁的作用，通过各种途径和形式，参与管理国家事务、管理经济和文化事业、管理社会事务；协助人民政府开展工作，维护工人阶级领导的、以工农联盟为基础的人民民主专政的社会主义国家政权。”工会履行参与职能有两层含义：一是各级工会机构成为职工群众有组织地参政议政的民主渠道；二是基层工会要做好以职工代表大会或职工大会为基本形式的职工民主管理日常工作机构的工作。工会履行参与职能的主要形式和途径有：参与立法和政策的制定；工会与政府及其有关部门召开联席会议；发挥工会界代表和委员在各级人大、政协中的作用；加强基层职工民主管理，完善基层协调劳动关系的机制；参加协调劳动关系三方会议；畅通信息渠道；民主监督等。

四、教育职能

工会的教育职能，是指工会帮助职工不断提高思想政治觉悟和文化技术素质，成为职工群众在实践中学习共产主义的学校的职能。《工会法》规定：工会“教育职工不断提高思想道德、技术业务和科学文化素质，建设有理想、有道德、有文化、有纪律的职工队伍”。工会履行教育职能的主要内容有：牢固树立社会主义核心价值观；提高职工思想道德素质；提高职工技术业务素质；提高职工科学文化素质。履行教育职能的主要途径有：大力开展职工素质工程活动；深入开展社会主义核心价值观教育；协助政府和行政部门不断加强对职工职业培训，促进和完善继续教育制度，为职工素质的提高创造良好的条件；继续在职工中深入开展读书自学活动、群众性经济技术创新活动和建设职工之家活动。工会教育职能的目标是建设有理想、有道德、有文化、有纪律的“四有”职工队伍，建设知识型、技能型、创新型劳动者大军。

第五节　工会的根本活动准则和指导思想

《工会法》第 4 条规定：“工会必须遵守和维护宪法，以宪法为根本的活动准则，以经济建设为中心，坚持社会主义道路，坚持人民民主专政，坚持中国共产党的领导，坚持马克思列宁主义、毛泽东思想、邓小平理论、‘三个代表’重要思想、科学发展观、习近平新时代中国特色社会主义思想，坚持改革开放，保持和增强政治性、先进性、群众性，依照工会章程独立自主地开展工作。”这一规定，明确了工会活动的根本准则和指导思想。

一、工会的根本活动准则

根据《工会法》的规定，工会的根本活动准则是宪法。

宪法是我国的根本大法，在我国法律体系中具有最高的权威性和法律效力。全国各族人民、一切国家机关和武装力量，各政党和各社会团体、各企业事业组织，都必须以宪法为根本的活动准则，并且负有维护宪法尊严、保证宪法实施的职责。作为执政党和国家政权阶级基础的工人阶级的群众组织，工会也必须以宪法为根本活动准则，以宪法原则、精神和具体规定来指导和规范工会的活动。

二、工会工作的指导思想

工会工作指导思想是工会工作的理论指南、精神旗帜和行动遵循。《工会法》明确将习近平新时代中国特色社会主义思想同马克思列宁主义、毛泽东思想、邓小平理论、“三个代表”重要思想、科学发展观一道，确立为工会法和工会工作的指导思想，成为各级工会组织和广大工会干部的强大思想武器，为推进新时代党的工运事业和工会工作提供了根本遵循。

三、保持和增强工会组织和工会工作的政治性、先进性、群众性

政治性是工会组织的灵魂，是第一位的。离开了政治性，工会组织就可能混同于一般社会组织。工会组织必须旗帜鲜明讲政治，把加强政治建设作为首要任务。保持和增强政治性，关键是要始终坚持中国共产党的领导，深刻领悟“两个确立”的决定性意义，增强“四个意识”、坚定“四个自信”、做到“两个维护”；要把系统掌握马克思主义理论作为看家本领，把深入学习贯彻习近平新时代中国特色社会主义思想作为首要政治任务，深刻领会习近平总书记关于工人阶级和工会工作重要论述的精神实质，进而转化为政治自觉、思想自觉和行动自觉，结合实际落实到工会工作全过程和各方面；要坚决承担起引导职工群众听党话、跟党走的政治任务，加强对职工的思想政治引领，最大限度地把职工群众团结和凝聚在党的周围，把党对工会组织的领导转化为广大职工的政治自觉、思想自觉和行动自觉，不断夯实党的阶级基础，巩固党的执政地位；要提高政治站位，自觉服从服务党和国家工作大局，把工会工作放到大局中去思考、去把握、去部署、去推进，找准工作的结合点和着力点，团结动员广大职工群众为完成党的中心任务贡献力量；要把执行党的意志的坚定性和为职工服务的实效性统一起来，把党的路线方针政策和决策部署落实到工会各项工作中去，把党的意志和主张落实到广大职工中去；要坚决贯彻党的意志

和主张，严肃党内政治生活，严守党的政治纪律和政治规矩，维护职工队伍稳定和工会组织团结统一。

先进性是工会组织的力量之源。没有先进性，工会怎么能组织动员、带领职工群众？要把保持和增强先进性作为重要着力点，牢牢把握为实现中华民族伟大复兴的中国梦而奋斗的中国工人运动时代主题，并不断丰富其内涵，紧紧围绕党和国家工作大局，把亿万职工群众组织起来、动员起来、团结起来，始终作党执政的深厚阶级基础和群众基础、改革发展稳定的坚实依靠力量、实现中国梦的主力军；要紧紧围绕党和国家工作大局，组织动员广大职工群众走在时代前列，在改革发展稳定第一线建功立业；要以先进引领后进，以文明进步代替蒙昧落后，以真善美抑制假恶丑，教育引导职工群众不断提高思想觉悟和道德水平，坚定不移走中国特色社会主义道路，自觉践行社会主义核心价值观。工会要做到不忘初心、牢记使命，就要固守先进性这一力量源泉，最广泛地团结动员广大职工为全面建成社会主义现代化强国贡献智慧和力量。

群众性是工会组织的根本特点。离开群众性，工会组织就容易走向官僚化、空壳化。要把党的群众路线作为工会的生命线和根本工作路线，牢记宗旨、不忘职责，密切联系职工群众，全心全意服务职工群众，带着对职工群众的深厚感情履行工会组织的法定职责，采取有力的改革措施，更多地关注、关心、关爱普通职工群众，突出维护好职工劳动就业、收入分配、社会保障、安全卫生等基本权益，把职工权益实现好、维护好、发展好；要建立健全联系职工群众的长效机制，按照职工群众需求提供精准周到的服务，始终亮明中国工会服务职工群众、维护职工群众合法权益这面旗帜，不断增强贴近群众、联系群众、融入群众、动员群众的本领，切实打通服务职工的“最后一公里”；要深入开展和谐劳动关系创建活动，努力把劳动关系的建立、运行、监督、调处纳入法治化轨道，化解劳动关系矛盾。构建和谐稳定的劳动关系；要健全服务职工群众工作体系，做好生活保障工作，重点帮助职工群众解决最关心、最直接、最现实的利益问题；要切实做好新就业形态劳动者服务工作，不断增强职工群众的获得感、幸福感、安全感。

工会组织要从巩固党执政的阶级基础、群众基础的战略高度，从党和国家事业长远发展的全局高度，深化对工会组织政治性、先进性、群众性的认识，深化对坚持党的领导、坚持正确道路的认识，坚定不移走中国特色社会主义工会发展道路。要增强责任意识和主动精神，积极作为，主动担当，满腔热情做好维权服务工作。要突出重点任务，坚持问题导向，全面深化工会改革，切实保持和增强工会组织政治性、先进性、群众性。要坚持眼睛向下、面向基层，加强基层工会建设，增强基层工会活力。要加强思想建设、组织建设、作风建设和工会干部队伍建设，解放思想，与时俱进，努力开创工会工作新局面。

四、依照工会章程独立自主地开展工作

工会章程是依据法律和党的路线、方针、政策，依据工人阶级群众组织的特点和广大职工的愿望、要求制定的。“依照工会章程独立自主地开展工作”，就是工会在遵守宪法、法律的前提下，依照工会章程，根据广大职工的愿望和要求，独立自主地、创造性地开展工作。这样，工会才能更好地体现工人阶级群众组织的特点，广泛吸引和团结广大职工群众。

作为党领导下的工人阶级的群众组织，工会必须坚持党的领导，自觉贯彻执行党的基本路线和纲领；作为工人阶级的群众组织，工会又应该按照自身的性质、基本职责和特点，依照法律和工会章程独立自主地开展工作。工会接受党的领导与独立自主地开展工作，辩证地统一在工会工作的各个方面和全部活动之中。只有这样，才能充分调动和发挥工会组织的积极性、主动性和创造性，才能更好地密切联系职工群众，在全面建成社会主义现代化强国中充分发挥工会组织应有的作用。

第六节 工会的政治责任和工作方针

一、工会的政治责任

加强职工思想政治工作，团结引导广大职工坚定不移听党话、跟党走，巩固党执政的阶级基础和群众基础，是工会组织的重要政治责任。

思想政治工作是党的优良传统、鲜明特色和突出政治优势，是一切工作的生命线。加强和改进思想政治工作，事关党的前途命运，事关国家长治久安，事关民族凝聚力和向心力。各级工会组织要切实提高政治站位，以习近平新时代中国特色社会主义思想为指导，充分认识职工思想政治工作的重要性，把职工思想政治工作摆在突出位置、贯穿于各种活动之中，进一步深化对党中央关于思想政治工作理论方针政策的学习理解，坚持党的领导，坚持理论武装，坚持党性原则，坚持理论与实践相统一，推动职工思想政治工作再上新台阶。

做好新时代职工思想政治工作，要以习近平新时代中国特色社会主义思想武装职工。建立健全职工思想政治工作的领导体制和工作机制，完善党的创新理论和工会理论下基层长效机制，落实基层联系点、送教到基层等制度，组织专家、学者、先进人物等广泛开展有特色、接地气、入人心的宣传宣讲活动，推动习近平新时代中国特色社会主义思想进企业、进车间、进班组、进学校、进教材、进头脑，巩固亿万职工团结奋斗的共同思想基础。

做好新时代职工思想政治工作，必须牢牢把握我国工人运动的时代主题，紧紧围绕全面建成社会主义现代化强国，实现第二个百年奋斗目标，围绕立足新发展阶段、贯彻新发展理念、构建新发展格局，推动高质量发展，广泛深入持久开展劳动和技能竞赛，大力弘扬劳模精神、劳动精神、工匠精神，充分调动职工群众积极性、主动性、创造性，发挥工人阶级在全面建成社会主义现代化强国中的主力军作用，以劳动和实干托起中国梦。

做好新时代职工思想政治工作，要以理想信念教育职工。人民有信仰、国家有力量、民族有希望。要推动理想信念教育常态化制度化，深化“中国梦·劳动美”主题宣传教育，加强爱国主义、集体主义、社会主义教育。在广大职工中唱响共产党好、社会主义好、改革开放好、伟大祖国好、各族人民好的时代主旋律。深化党史、新中国史、改革开放史、社会主义发展史宣传教育，引导职工群众了解党团结带领人民在百年奋斗中开辟的伟大道路、建立的伟大功业、铸就的伟大精神、积累的宝贵经验，深刻认识中国共产党为什么能、马克思主义为什么行、中国特色社会主义为什么好，自觉传承红色基因，赓续红色血脉，汲取不懈奋斗的强大精神力量，增强职工群众听党话、跟党走的思想自觉和行动自觉，不断巩固党执政的阶级基础和群众基础。

做好新时代职工思想政治工作，要加强职工文化建设，以先进职工文化感染职工。用中华优秀传统文化、革命文化和社会主义先进文化滋养职工心灵，打造“工”字系列职工文化特色品牌，广泛开展职工群众喜闻乐见、寓教于乐的文化体育活动，把思想引领融入职工文化建设中。社会主义核心价值体系是文化的核心要素，核心价值观是加强社会主义核心价值体系建设的重点内容。要加强社会主义核心价值观教育，坚持把社会主义核心价值观融入职工生产生活，深化以职业道德为重点的社会公德、职业道德、家庭美德、个人品德等“四德”建设。积极参与群众性精神文明创建活动，推进家庭、家教、家风建设。要推动建立健全党委领导、行政支持、工会运作、职工参与的职工文化共建共享机制，丰富职工文化产品供给。建好、管好、用好职工书屋；搭建“互联网+职工文化”平台，推动职工文化网络化传播，为职工提供“菜单式”“订单式”文化服务；加强职工文化人才队伍建设，打造健康文明、昂扬向上、全员参与的职工文化。

做好新时代职工思想政治工作，要切实做好维权服务工作。要认真履行维权服务的基本职责，不断完善维权机制，强化维权手段，提高维权效果，把职工合法权益实现好、维护好、发展好。要坚持以职工为中心的工作导向，着力构建联系广泛、服务职工的工会工作体系，努力为广大职工提供普惠性、常态性、精准性服务，以真诚服务赢得职工，在解决实际问题中解决思想问题。把思想政治工作同“我为群众办实事”实践活动结合起来，在有效服务职工中提升思想政治引领能力。更加注重人文关怀和心理疏导，把心理健康服务与困难帮扶、法律援助、志愿服务等结合起来，使职工思想政治工作更有情感、更有温度、更有力量。更加注重夯实思想政治工作的组织基础，健全组织体系、完善动员机制，把广大职工吸纳到工会组织中来，扩大工会思想政治工作的有效覆盖。

职工思想政治工作是一项方向性、长远性、战略性、系统性工作，要坚持党对职工思想政治工作的领导，建立党委统一领导、党政工齐抓共管、有关部门各负其责、全社会协同配合的工作格局，推动形成全党全社会努力加强对职工思想政治引领的良好氛围。要努力创新职工思想政治工作方式方法。更加注重传统工作方式与新媒介、网络等思政宣传工作的有机融合。职工思想政治工作要更加注重与我国优秀传统文化的结合，坚持以文化引领人、文化教育人，着力增强思想文化软实力，充分发挥先进典型示范引领作用，深化“时代楷模”、道德模范、最美人物、身边好人等学习宣传，持续讲好不同时期先进模范人物的光辉故事。要坚持以人为本，解放思想，更新观念，把培养人、造就人、激发人、成就人，作为职工思想政治工作的基本定位。要遵循为改革发展稳定大局服务，从职工队伍的实际出发，从社会发展的实际出发，既坚持先进性，又体现层次性，及时丰富有利于社会改革发展，有利于职工群众思想道德素质和科学文化素质提高的内容。要把职工思想政治工作与其他工作结合起来，把解决职工群众思想问题同解决实际问题结合起来，多办得人心、暖人心、稳人心的好事实事。要创新职工思想政治工作机制，研究新规律、新特点，着力思考和研究职工思想政治工作科学化、大众化、时代化、社会化、生活化、现代化的问题，不断完善新时代职工思想政治工作的运行机制、竞争机制、激励机制、保障机制、反馈机制。运用现代信息手段开展职工思想政治工作，通过生动活泼、灵活多样、喜闻乐见的方式，潜移默化地做好职工思想政治工作，增强时代性和实效性，推动新时代职工思想政治工作创新发展。

二、工会的工作方针

《中国工会章程》总则中规定中国工会“坚持组织起来、切实维权的工作方针”。“组织起来、切实维权”工作方针是新时代工会工作总的要求和发展方向，体现了习近平总书记关于工人阶级和工会工作重要论述精神的本质要求，是工会组织坚持政治性、先进性、群众性的重要保障，是党的路线、方针、政策在工会组织的具体化，是对工会的社会职能和基本职责的理论化，紧紧抓住了为实现中华民族伟大复兴中国梦而奋斗的工人运动时代主题，集中反映了工会组织生存与发展的内在要求，突出了工会组织在新时代的神圣使命和历史作用。

“组织起来”，就是要把职工群众最广泛地组织到党领导的工会中来，把工会组织的活力最充分地激发出来，维护职工队伍的团结和工会组织的统一，把广大职工群众更加紧密地团结在党的周围，增强党的阶级基础，扩大党的群众基础，巩固党的执政地位。要不断创新组织形式，理顺组织体制，构建纵横交织、覆盖广泛的工会组织体系。坚持以党建带工建为引领，完善党委领导、政府支持、工会主导、社会力量参与的建会入会工作格局，着力扩大工会组织覆盖面，实现组建工会和发展会员工作持续稳步发展。在巩固传统领域建会入会基础上，重点加强“三新”领域工会组织建设，不断拓展建会入会新的增长点。着力推进规模较大的非公有制企业和社会组织依法规范建立工会组织。要切实加强区域性、行业性工会联合会建设，健全乡镇（街道）—村（社区）—企业“小三级”工会组织体系，不断扩大对小微企业的有效覆盖。要持续深化“八大群体”入会工作，聚焦货车司机、网约车司机、快递员、外卖配送员等重点群体，开展新就业形态劳动者入会集中行动。要探索单独建会、联合建会、行业建会、区域建会等建会方式，创新方式、优化程序，推行网上申请入会、集中入会等做法，最大限度吸引新就业形态劳动者加入工会组织。要着力破解建会入会难题，最大限度地把农民工，灵活就业、新就业形态劳动者组织到工会中来。要不断提高基层工会组织的建设质量，更好地发挥工会组织的作用。

“切实维权”，就是要认真履行“维护职工合法权益，竭诚服务职工群众”的基本职责，切实把职工合法权益实现好、维护好、发展好，增强职工群众获得感、幸福感、安全感。工会要协助党和政府解决劳动就业、收入分配、社会保障和劳动安全卫生等涉及职工切身利益的重大问题，积极参与涉及职工利益的法律法规政策的制定，不断完善工会维权机制，强化工会维权手段，提高工会维权的科学化水平。要把竭诚服务职工群众作为工会一切工作的出发点和落脚点，顺应职工对美好生活的新期待，健全服务职工体系，拓宽服务职工领域，提高服务职工能力，满腔热情地做好服务职工工作。要建立联系广泛、服务职工的工会工作体系，密切联系职工群众，听取和反映职工的意见和要求，关心职工的生活，帮助职工解决困难，全心全意为职工服务，不断提升职工生活品质。要加大新就业形态劳动者合法权益维护力度，聚焦新就业形态劳动者“急难愁盼”问题，从思想政治引领、建会入会、权益维护、强化服务、素质提升等方面加强工作，为新就业形态劳动者体面劳动、舒心工作保驾护航。要积极推动新就业形态劳动者参加社会保险制度，推动研究出台新就业形态劳动者职业伤害保障办法等相关政策措施。推动灵活用工集中的行业制定劳动定额指导标准。加强平台网约劳动者收入保障，推动平台企业、关联企业与劳动者就劳动报酬、支付周期、休息休假和职业安全保障等事项开展集体协商。推动平台网约劳动者民主参与，督促平台运营企业建立争议处理、投诉机制。各级工会特别是地方工会、行业工会，要注重通过集体协商、民主管理、相关争议联合处置、工会劳动法律监督、平台企业社会责任宣传等途径，更好地履行工会的职责，从根本上保障新就业形态劳动者合法权益。

“组织起来、切实维权”是相互联系、相互依存、互相补充、不可分割的统一整体。“组织起来”是“切实维权”的前提和基础，“切实维权”是“组织起来”的目标和宗旨；通过“组织起来”不断壮大力量，通过“切实维权”不断凝聚人心。只有实现两者的有机统一，才能全面、准确地把握“组织起来、切实维权”的科学内涵。各级工会必须把全面贯彻工会工作方针与推动习近平新时代中国特色社会主义工会事业发展紧密结合起来，进一步厘清工作思路，坚定正确的政治方向，不断深化工会改革创新，进一步增强工会工作和工会组织的政治性、先进性、群众性，推动工会工作的创新发展。

第七节 中国特色社会主义工会发展道路

一、坚持走中国特色社会主义工会发展道路的重要意义

走什么样的工会发展道路、建设什么样的工会、工会发挥什么样的作用，事关党的工运事业全局，事关工人阶级根本利益，事关中国工会的前途命运。习近平总书记强调，中国特色社会主义工会发展道路是中国特色社会主义道路的重要组成部分，深刻反映了中国工会的性质和特点，符合我国国情和历史发展趋势。要始终坚持这条道路，不断拓展这条道路，做到自觉接受党的领导、团结服务职工、依法依章程开展工作相统一，努力使这条道路越走越宽广。

中国特色社会主义工会发展道路创造性地回答了走什么样的工会发展道路、建设什么样的工会的时代课题，指明了中国工会的发展方向。实践证明，这条道路适应时代要求、符合基本国情、体现工会性质，它历经考验、来之不易、弥足珍贵，是保障工运事业健康发展的必由之路、成功之路、胜利之路。坚持走中国特色社会主义工会发展道路，是高举中国特色社会主义伟大旗帜，坚持中国特色社会主义道路、理论体系、制度的内在要求；是应对国际国内形势发展变化，在党和国家工作大局中充分发挥作用的客观需要；是做好新形势下职工群众工作，不断增强党的阶级基础、扩大党的群众基础的必然选择；是提高工会建设科学化水平，继续开创党的工运事业繁荣发展新局面的重要保证。

二、中国特色社会主义工会发展道路的内涵

中国特色社会主义工会发展道路内涵十分丰富，主要包括如下内容。

1. 坚持自觉接受党的领导。坚持自觉接受党的领导，这是中国工会的根本政治原则，也是中国工会区别于西方工会的显著标志。坚持自觉接受党的领导，就是要以马克思主义和马克思主义中国化成果为指导，在思想上、政治上、行动上和以习近平同志为核心的党中央保持高度一致，认真贯彻党的各项路线方针政策，服从服务于党和国家工作大局，坚持工人阶级团结和工会组织统一，把坚持党的领导与独立自主创造性开展工作结合起来，始终做密切党和政府与职工群众联系的桥梁纽带。

2. 坚持工会的社会主义性质。我国社会主义制度决定了中国工会的社会主义性质。坚持中国特色社会主义工会性质，就是要坚持中国特色社会主义道路、理论体系和制度，牢牢把握鲜明阶级性、广泛群众性和高度政治性的统一，在支持改革开放、推动科学发展，参与加强和创新社会管理、保持社会和谐，维护职工合法权益、促进社会公平正义等方面发挥积极作用。通过各种途径和形式，参与管理国家事务、管理经济和文化事业、管理社会事务；协助人民政府开展工作，维护工人阶级领导的、以工农联盟为基础的人民民主专政的社会主义国家政权。

3. 坚持发展工人阶级先进性。我国工人阶级是先进生产力和生产关系的代表，是推进中国特色社会主义伟大事业的主力军。坚持发展工人阶级先进性，就是要推动党的全心全意依靠工人阶级根本方针的贯彻落实，倡导勤奋劳动、诚实劳动、创新劳动，弘扬工人阶级伟大品格和劳模精神、劳动精神、工匠精神，在全社会形成依靠主力军、建设主力军、发展主力军的浓厚氛围。充分发挥工会“大学校”作用，全面提高职工队伍的思想道德素质、科学文化素质和技术技能素质。

4. 坚持构建和谐劳动关系。工会是发展和谐劳动关系的重要推动力量，承担着重要的社会责任。坚持构建和谐劳动关系，就是要以规范有序、公正合理、互利共赢、和谐稳定为目标，把劳动关系的建立、运行、监督、调处都纳入法治轨道。坚持党政主导的和谐劳动关系构建格局，主

动站在协调劳动关系第一线，坚持依照法律通过协商、协调、沟通的办法化解劳动关系矛盾，不采取过激手段解决劳动纠纷。充分发挥工会与政府联席会议制度、协调劳动关系三方机制等作用，加强劳动合同、集体合同和职代会制度建设，深化创新厂务公开民主管理工作，促进企事业与职工协商共事、机制共建、效益共创、利益共享，始终做发展社会主义新型劳动关系的重要社会力量。

5. 坚持维护职工群众合法权益。坚持维护职工群众合法权益，就是要贯彻落实“组织起来、切实维权”工作方针，牢固树立“以职工为本，主动依法科学维权”工会维权观，坚持“促进企事业发展、维护职工权益”企事业工会工作原则，推动健全党政主导的职工群众权益维护机制，把维权工作贯穿于推动改革、促进发展、积极参与、大力帮扶的全过程，始终做职工合法权益的代表者和维护者。

6. 坚持完善社会主义劳动法律体系。我国劳动法律法规是中国特色社会主义法律体系的重要组成部分，《工会法》《劳动法》《劳动合同法》等一系列劳动法律法规为履行工会各项职能、实现职工全面发展提供了法治保障。坚持完善社会主义劳动法律体系，就是要加强源头参与力度，代表和组织职工积极参与立法，大力推动劳动法律法规的制定实施，从制度上、源头上维护职工各项权益，保障职工当家作主权利。主动加大工会劳动法律监督力度，积极配合人大、政府、政协加强劳动法律执法检查、监察和视察工作，推动实现有法必依、执法必严、违法必究。大力开展法治宣传教育，使职工群众和工会干部增强法治观念，学会运用法律；充分运用法律武器履行工会职责，加强法律援助工作，把法律赋予的权利用好用足，始终做组织职工参与社会主义民主法治建设的重要渠道。

7. 坚持推动形成国际工运新秩序。工会对外工作是工会全局工作的重要组成部分，是国家民间外交的重要方面。必须高举和平、发展、合作、工人权益的旗帜，遵循独立自主、互相尊重、求同存异、加强合作、增进友谊的方针，加强与国际、地区和各国工会的交往、交流与合作，切实维护我国国家利益和职工权益。要服从服务于国家总体外交和工会全局工作，坚持学习不照搬、借鉴不接轨，拓展中国工会国际舞台，扩大中国工会国际影响，提高中国工会国际地位，始终做推动形成公正合理、民主和谐国际工运新秩序的积极力量。

8. 坚持以改革创新精神加强工会自身建设。坚持以改革创新精神加强工会自身建设，就是要充分激发工会组织特别是基层工会生机活力，提高工会服务科学发展、服务社会和谐、服务职工群众的能力本领，不断创新工会组织体制、运行机制和活动方式，建设学习型、服务型、创新型工会，始终做广大职工信赖的职工之家。

以上八个方面相互联系、有机结合，构成中国特色社会主义工会发展道路的完整体系，是一个不可分割的整体，其核心是坚持自觉接受党的领导，根本是坚持中国工会的社会主义性质，关键是坚持维护职工群众合法权益。

各级工会要深入学习、广泛宣传、积极实践、不断丰富中国特色社会主义工会发展道路，要保持战略定力，增强坚持和拓展这条道路的责任心和使命感，坚定信念、增强信心，勇于实践、积极探索，始终坚持走中国特色社会主义工会发展道路。要团结动员亿万职工积极建功新时代，加强对职工的思想政治引领，加大对职工群众的维权服务力度，深入推进工会改革创新，勇于担当、锐意进取，积极作为、真抓实干，不断开创我国工运事业和工会工作新局面。

思考题：

1. 如何理解工会的性质？
2. 我国工会的地位如何？
3. 工会的作用有哪些？
4. 工会的社会职能有哪些？
5. 工会的根本活动准则是什么？
6. 工会工作的指导思想是什么？
7. 如何保持和增强工会的政治性、先进性、群众性？
8. 工会的政治责任是什么？
9. 我国工会的工作方针是什么？

10. 如何理解中国特色社会主义工会发展道路的基本内涵?

【案例1】

研究新关系　探索新模式
甘肃武威工会合力维护新就业形态劳动者权益
已建立工会组织147个入会11333人　4个群体做到了全覆盖

2021年8月3日　来源：中工网

记者从甘肃省武威市总工会获悉，为切实做好新就业形态劳动者劳动权益维护工作，武威市总工会积极研究新就业群体用工关系，探索建会入会新模式，切实保障职工合法权益。据悉，全市现有以“八大群体”为代表的新就业形态群体约16377人，已建立工会组织147个、入会11333人，其中护工护理员、家政服务员、快递员、网约送餐员四个群体建会入会做到了全覆盖。

摸清底数、完善机制，推动建会入会。紧密结合全市“八大群体”所属行业发展现状、就业分布和工作生活特点，研究下发了《关于开展2020年度50人以上企业建会及“八大群体”入会集中攻坚行动的通知》，为进一步摸清摸透“八大群体”职工从业情况，市总工会组织调研组先后10余次走访市、区民政、交通、公安、商务、市场监管、住建、邮政等相关部门及部分乡镇（街道）、社区，从不同渠道掌握“八大群体”职工信息，摸清职工底数，找准工作突破口、切入点，分门别类厘清“八大群体”建会入会工作思路及办法。

加强宣传、示范带动，引导建会入会。通过报纸、电视、微信公众号等媒体，面向“八大群体”所属行业企业和广大职工群众，深入宣传工会组建的重要意义、作用以及会员的权利、义务及相关救助政策，结合入会仪式、工作调研，深入现场发放宣传资料3000多份，吸引“八大群体”建会入会。针对各快递公司、家政服务公司对建会、入会工作认识不足，积极性不高的情况，市总工会联合邮政、民政、商务等主管部门多次组织各企业负责人、群体职工代表召开座谈会，现场宣传《工会法》《中国工会章程》，讲解如何利用工会组织维护自身合法权益、享受工会会员福利、感受“娘家人”的关爱，为他们答疑释惑、消除疑虑，一步步组织并动员他们了解工会、走近工会、加入工会。

分类施策、多措并举，联合建会入会。考虑到武威市快递行业从业人员由市邮政局统一管理的体制基础，市总工会采取先总后分的办法，依托市快递协会于2019年9月在市级层面批复成立了武威市快递行业工会联合会，工会联合会委员由各品牌快递公司代表组成，让他们担当工会与快递员的联络人，使全市快递员有了一个能找得到、可依靠的“娘家”。考虑到行业工会联合会服务触角不够长，服务力量不足等因素，市总工会深入“四通一达”等职工人数较多的品牌快递公司，动员他们分别单独组建基层工会委员会，让工会组织、工会干部与快递员离得更近，沟通服务更为方便。

创新载体、优化服务，网上建会入会。根据省总前期调研安排，市、区总工会紧盯网络货运重点企业，建设了“货车司机”之家。同时借助公司自主研发的“物流E时代网络货运平台”，充分利用公司“手机APP”注册有近万名货车司机会员的资源优势，积极跟进货车司机网上建会入会工作。多次与公司技术人员沟通讨论，初步梳理了工作思路与技术支撑方法，先期增加网上问卷、网上入会等模块及功能，向司机朋友推荐工会、了解他们的入会情况，让未入会的司机在线填写入会申请书网上入会。

加强协作、密切联系，服务建会入会。为使“八大群体”工会建起来、强起来、活起来，各级工会加强对“八大群体”的关心关爱与支持力度，先后筹集30多万元，为他们送清凉、送温暖、送互保，支持开展活动、建设职工之家。深入快递小哥工作现场，为他们送去菊花、茶叶、冰糖等“夏送清凉”防暑物品，通过临时救助、建档救助等方式关心“八大群体”困难职工。工会联动组织开展集中入会仪式，筹资20多万元为1000名新入会会员赠送入会礼包及“疾病+意外”职工互助保障各1000份，为3名提出互保申请的职工落实医疗费用补偿14765元，为200名“八大群体”职工就近安排体检，安排“职工健康大篷车”开赴民勤等县区就地为100名“八大群体”职工现场进行体检服务。在工会系统评先选

优中，适当分配“八大群体”职工名额，提升“八大群体”职工职业荣誉感。(据《甘肃工人报》报道 记者 茹佳佳)

【案例2】

甘肃陇南市总工会多措并举为职工办实事

2023年7月6日　来源：中工网

“三抓三促”行动开展以来，甘肃省陇南市总工会聚焦主责主业，坚持把职工群众的所思所盼作为第一信号、需要作为第一选择、满意度作为第一标准，一切从职工群众的角度想问题、作决策、办实事，全力做好职工群众的关心关爱工作。

坚持在“干”字上谋提升，打出服务职工群众“组合拳”。多渠道筹措资金105万元，为加入工会组织的4439名新就业形态劳动者赠送一份互助保障保险，参保会员遇到住院、重大疾病、意外伤害时，直接向市总申领赔付金。开设“维权咨询日”活动，聘请律师每周二定期对有法律需求的职工群众开展免费法律咨询，无偿代理新就业形态劳动者劳动争议案件，为广大新就业形态劳动者提供公益性、专业性、综合性的法治宣传、法律咨询、法律援助等服务。

坚持在“实”字上下功夫，激发职工群众生活“新动力”。市、县(区)两级工会组织专人对拟建档困难职工进行摸底，入户走访了解家庭状况和需求，根据致困原因建立深度困难、相对困难、意外致困帮扶档案，制定个性化的“一户一策”帮扶方案，做到情况清、对象准、措施实。截至目前，多渠道筹措帮扶资金638万元，帮扶救助2984户，有效解决了他们生产生活的燃眉之急。同时，组织开展了“春送岗位”、公益法援、义诊服务等公益服务活动。

坚持在“细”字上出实招，打造服务职工群众“温馨港”。进一步提升改造职工服务中心功能，完善了相关制度，并将服务中心下班时间由晚上9点延长到10点半，进一步满足了市直单位职工的活动需求。对接协调各县(区)党委政府和相关部门，在交通要道、临街地段、服务大厅、商场等职工群众集中的场所建成户外劳动者驿站97个，母婴休息室37个，统一配备了电水炉、饮水机、桌椅、微波炉、空调、电风扇、应急药品、充电充气、母婴用品等基础设施，制定了管理制度，安排专人进行管理，让职工切实感受到“家”的温暖。为解决新就业形态劳动者子女无人看护照管、照料的难题，委托3家托育机构为新就业形态劳动者3岁以下子女提供托育服务，并为每个服务对象给予每月450元的补助。（据《甘肃工人报》报道 周鑫）

第二章

产业工人队伍建设改革

产业工人是工人阶级中发挥支撑作用的主体力量，是创造社会财富的中坚力量，是创新驱动发展的骨干力量，是实施制造强国战略的有生力量。产业工人队伍建设改革是习近平总书记亲自谋划和部署的重大改革，是全面深化改革的重要内容，必须切实抓紧抓好，充分调动广大产业工人的积极性主动性创造性，为实现中华民族伟大复兴的中国梦更好地发挥产业工人队伍的主力军作用。

第一节　产业工人队伍建设改革概述

一、产业工人概述

近年来，新技术、新产业、新业态、新模式的不断产生和发展，使得新职业不断涌现，2015 年版《中华人民共和国职业分类大典》涵盖了制造、餐饮、建筑、金融、环保、新兴服务等多个行业。目前，超过八成产业工人集中在第二产业，近八成产业工人集中在制造业和建筑业。

产业工人是工人阶级中发挥支撑作用的主体力量，是创造社会财富的中坚力量，是创新驱动发展的骨干力量，是实施制造强国战略的有生力量。《工会法》第 8 条规定："工会推动产业工人队伍建设改革，提高产业工人队伍整体素质，发挥产业工人骨干作用，维护产业工人合法权益，保障产业工人主人翁地位，造就一支有理想守信念、懂技术会创新、敢担当讲奉献的宏大产业工人队伍。"产业工人队伍建设改革写进《工会法》，体现了中央对产业工人队伍建设改革的新要求，总结了近年来产业工人队伍建设改革的有益经验，为未来稳步推进产业工人队伍建设改革提供法治保障。为了造就一支有理想守信念、懂技术会创新、敢担当讲奉献的宏大的产业工人队伍，2017 年 2 月 6 日，中共中央、国务院印发了《新时期产业工人队伍建设改革方案》，自 2017 年 2 月 6 日起实施。

二、推动产业工人队伍建设改革的重大意义

我国是工人阶级领导的、以工农联盟为基础的人民民主专政的社会主义国家，工人阶级是国家的领导阶级，而产业工人是工人阶级中发挥支撑作用的主体力量，是创造社会财富的中坚力量，是创新驱动发展的骨干力量，是实施制造强国战略的有生力量。当前，国际产业结构深刻调整，科

技革命和产业革命的蓬勃发展，给产业工人带来机遇也带来挑战。推进产业工人队伍建设改革，是以习近平同志为核心的党中央坚持以人民为中心的发展思想和全心全意依靠工人阶级方针的重要体现，是巩固党的执政基础、实施制造强国战略、全面提高产业工人素质作出的重大决策部署，意义重大，势在必行。

（一）推进产业工人队伍建设改革，是巩固党长期执政的阶级基础和群众基础的迫切需要

工人阶级是我国的领导阶级，产业工人是工人阶级中发挥支撑作用的主体力量，是党最坚实最可靠的执政基础。不断深化产业工人队伍建设改革，加强对产业工人队伍的思想政治引领，健全保证产业工人主人翁地位的制度安排，坚定产业工人听党话、跟党走的自觉信念，对巩固党的执政基础、扩大党的群众基础，有着极为重要的作用。

（二）推进产业工人队伍建设改革，是实施制造强国战略、推动高质量发展的迫切需要

产业工人在加快产业转型升级、推动技术创新、提高企业竞争力等方面具有基础性作用。努力打造一支宏大的高素质产业工人队伍，为高质量发展提供强大的人才支撑，对经济社会持续健康发展具有重要作用。

（三）推进产业工人队伍建设改革，是满足职工群众对美好生活向往的迫切需要

实现高质量发展、促进共同富裕，就是要通过深化产业工人队伍建设改革，回应广大产业工人对美好生活的期待，多渠道助力产业工人享有更稳定的工作、更满意的收入、更可靠的社会保障、更充足的生活福利、更丰富的精神文化生活，切实增强广大产业工人的获得感、幸福感、安全感。

三、产业工人队伍建设改革的总体要求和目标任务

党中央历来高度重视产业工人队伍建设，特别是党的十八大以来，习近平总书记站在党和国家工作全局的战略高度，就产业工人队伍建设作

出一系列重要论述，明确要求就新时期产业工人队伍建设改革提出总体思路和系统方案，为推进新时期产业工人队伍建设改革提供了基本遵循和行动指南。

《新时期产业工人队伍建设改革方案》强调"要按照政治上保证、制度上落实、素质上提高、权益上维护的总体思路"，改革不适应产业工人队伍建设要求的体制机制，充分调动广大产业工人的积极性、主动性、创造性，为全面建成社会主义现代化强国、实现中华民族伟大复兴的中国梦更好地发挥产业工人队伍的主力军作用。

改革的目标任务是把产业工人队伍建设作为实施科教兴国战略、人才强国战略、创新驱动发展战略的重要支撑和基础保障，纳入国家和地方经济社会发展规划，通过改革，产业工人队伍不断壮大、综合素质明显提高，保障产业工人地位的制度更加健全，产业工人合法权益进一步实现，劳动光荣、技能宝贵、创造伟大的时代风尚更加浓厚，造就一支有理想守信念、懂技术会创新、敢担当讲奉献的宏大的产业工人队伍。

四、产业工人队伍建设改革的组织推进

《新时期产业工人队伍建设改革方案》要求，由全国总工会牵头、各相关部门参与加强对产业工人队伍建设改革的宏观指导政策协调和组织推进。

实施产业工人队伍建设改革以来，通过在国家和省（自治区、直辖市）两个层面，健全协调领导机构，组织推进产业工人队伍建设改革。2017年，全国总工会会同中央组织部、国家发展和改革委员会、教育部、工业和信息化部、财政部、人力资源和社会保障部、国务院国有资产监督管理委员会8部委作为成员单位，中央宣传部等22个部委作为参与单位，组成全国推进产业工人队伍建设改革协调小组。目前各省（自治区、直辖市）均已成立推进产业工人队伍建设改革组织领导机构，各地方制订产业工人队伍建设改革专项规划或将其纳入地方整体规划，把产业工人队伍建设改革工作列入年度考核或督查范围，压紧压实责任，创新改革举措，狠抓任务落实。

五、产业工人队伍建设改革的相关文件

《新时期产业工人队伍建设改革方案》要求：实现产业工人队伍建设与宏观政策、产业政策、就业政策、社会政策联动。2017 年以来，党中央、国务院以及相关部委出台相关制度文件 90 多个，其中全国总工会出台相关制度文件 20 多个，涉及产业工人队伍思想政治建设、薪酬待遇、职业发展、技能培训、权益保障等多个方面。与产业工人切身利益相关的文件主要如下。

（一）思想引领方面：《关于加强和改进新时代产业工人队伍思想政治工作的意见》《关于加强新时代职工文化建设的指导意见》等。

（二）建功立业方面：《中华全国总工会关于进一步深化劳模和工匠人才创新工作室创建工作的意见》《劳动和技能竞赛规划（2021—2025年）》等。

（三）素质提升方面：《国务院关于推行终身职业技能培训制度的意见》《关于充分发挥工会在建设知识型、技术型、创新型技术工人队伍中作用的意见》《中华人民共和国职业教育法》等。

（四）地位提高方面：《关于提高技术工人待遇的意见》《技能人才薪酬分配指引》《关于进一步加强中央企业职工代表大会制度建设的指导意见》等。

（五）权益维护方面：《保障农民工工资支付条例》《工会法》等。

（六）职业发展方面：《关于进一步加强高技能人才与专业技术人才职业发展贯通的实施意见》《关于健全完善新时代技能人才职业技能等级制度的意见（试行）》等。

第二节　产业工人队伍建设改革的举措

一、加强和改进产业工人队伍思想政治建设

当前，产业工人队伍拥护党、爱国家爱岗位、重实干，保持了积极向上、努力进取的先进性。但也要看到，由于受各种因素影响，部分产业工人也存在主人翁意识淡化、自信心不足、缺乏身份认同感等问题。这就需要大力加强思想政治建设，充分发扬工人阶级的优良品格，不断增强工人阶级的凝聚力、向心力，引导他们听党话、跟党走，用实际行动汇聚起全面建成社会主义现代化强国的磅礴力量。

（一）强化和创新产业工人队伍党建工作

新形势下加强产业工人队伍党建工作，首先就是加大在产业工人队伍中发展党员力度，把技术能手、青年专家、优秀工人吸收到党组织中来，注重推进在非公有制企业、社会组织及小微企业就业的工人中发展党员的工作。特别是针对农民工已成为产业工人主体的实际，更加重视发展农民工入党工作，把更多优秀农民工吸收到党组织中来。同时，加强企业党组织建设，实现党的组织、党的工作和党员作用的全覆盖，建设一个能够团结带领职工群众推进企业改革发展的坚强战斗堡垒。

伴随着我国产业工人队伍的不断壮大，越来越多的优秀产业工人加入了中国共产党，有的成为先进模范人物，有的走上了领导岗位，在构建和谐社会、推动高质量发展等方面发挥了先锋模范作用，得到了全社会的充分肯定。

（二）突出产业工人思想政治引领

加强产业工人思想政治引领，是党赋予工会的重要政治责任，是《工会法》和《中国工会章程》确立的工会重大使命任务。在新时代新形势

下，加强和改进职工思想政治工作，不断强化对产业工人队伍的思想引领，对于巩固扩大党执政的阶级基础和群众基础，对于工会组织有效发挥桥梁和纽带作用、充分展现国家政权的重要社会支柱作用，具有重大意义。

要把“大学校”的课堂搬到工厂车间、生产一线、发展前沿，推动习近平新时代中国特色社会主义思想进企业、进车间、进班组，走进广大职工心里，使之内化于心外化于行。要通过教育引导、舆论宣传、文化熏陶、行为实践、制度保障，加强对产业工人的理想信念教育，夯实产业工人的道路自信、理论自信、制度自信、文化自信。要用正确的世界观、人生观、价值观引领产业工人，大力弘扬劳模精神、劳动精神、工匠精神，在全社会宣传产业工人的社会贡献与价值，使劳动光荣、技能宝贵、创造伟大成为社会主流价值观。要在产业工人中进行爱岗敬业、甘于奉献的职业精神教育，引导和培育健康文明、昂扬向上、全员参与的职工文化，在精神文明建设中发挥示范导向作用。突出思想政治工作先导作用，积极创新思想政治工作的思路理念，充分运用微博、微信、手机 APP 等新媒体，通过生动活泼、灵活多样、喜闻乐见的方式，潜移默化地做好职工思想政治工作。

（三）健全保证产业工人主人翁地位的制度安排

深入贯彻落实全心全意依靠工人阶级方针，通过制定有关法律法规和政策，采取有力措施，保障产业工人主人翁地位。在政治安排上，适当增加产业工人在党的代表大会代表和委员会委员、人民代表大会代表、政协委员、群团组织代表大会代表和委员会委员中的比例，探索实行产业工人在群团组织挂职和兼职等。落实产业工人主人翁地位，还需要从源头抓起，通过健全协调劳动关系三方机制、政府与工会联席会议制度等，组织和代表产业工人参与涉及自身权益法律法规政策的制定与实施。进一步落实和完善以职工代表大会为基本形式的民主管理制度，丰富民主参与形式，畅通民主参与渠道。针对不同所有制企业，探索符合各自特点的职工代表大会形式、权限和职能，在中小企业集中的地方建立区域性、行业性职工代表大会，依法保障产业工人的知情权、参与权、表达权、监督权。

（四）创新面向产业工人的工会工作

更好地面向产业工人开展工会工作，进一步改进工会组织体制、运行机制、活动方式、工作方法，保持和增强工会工作和工会组织的政治性、先进性、群众性。要创新组织体制，增强工会组织广泛性和代表性，进一步形成眼睛向下、面向基层、职责明确、运转高效的格局，把更多的资源向基层倾斜，把更多的精力投入基层一线，努力解决基层基础薄弱问题，充分激发基层工会活力。创新运行机制，通过完善维权服务机制，提高工会主动依法科学维权的水平，提高为职工群众服务的水平；健全技能导向的激励机制，鼓励产业工人学习新知识，钻研新技术，掌握新技能；落实帮扶救助的长效机制，增强帮扶实效，提高帮扶水平。创新建功立业的载体和方式，改进劳动和技能竞赛活动，改善劳动模范工作，拓展职工职业技能培训，发展工人阶级先进性。创新工作方法，以建立职工之家为抓手，以“互联网+”普惠性服务为平台，打造方便快捷、务实高效的服务产业工人新通道。

二、构建产业工人技能形成体系

素质是立身之基，技能是立业之本。《新时期产业工人队伍建设改革方案》提出“构建产业工人技能形成体系”，着力提升产业工人的技能素质。构建产业工人技能形成体系，就是要通过改革和完善相关制度，有效干预技能形成过程，形成有利于提高产业工人队伍技能水平的体制环境，为实施制造强国战略提供强大的技能支撑和人才保障。主要举措包括：完善现代职业教育制度、改革职业技能培训制度、统筹发展职业学校教育和职业培训、改进产业工人技能评价方式、打造更多高技能人才、促进农民工融入城市稳定就业等。围绕构建产业工人技能形成体系，《新时期产业工人队伍建设改革方案》提出 6 大举措。

（一）完善现代职业教育制度

职业教育是指各层次各类型职业院校（含技工院校）提供的技能教育，或是指未来产业工人的培养。发展现代职业教育，涉及理念转变、制度创新、体系构建、政策配套等方面。改革重点在于，一是坚持面向市场、服务发展、促进就业的办学方向；二是加强职业教育、继续教育、普通教育的有机衔接，形成定位清晰、科学合理的职业教育层次结构，改变职业教育仍是教育领域的短板局面，解决普通高等教育扩招挤压职业院校生源问题；三是着力解决教育模式问题，坚持产教融合、校企合作、工学结合、知行合一，创新各层次各类型职业教育模式，紧跟产业变革和市场需求，优化专业设置、健全教学标准、更新课程内容，深化教育链和产业链的有机融合，提升面向先进制造业、现代服务业、战略性新兴产业等领域的人才培养能力；四是引导社会特别是行业企业积极支持和直接参与职业教育，提高职业教育的针对性和实效性，通过制定校企合作促进办法，健全企业参与校企合作的成本补偿等政策，解决企业参与办学内生动力不足的问题。

（二）改革职业技能培训制度

改革职业技能培训制度的重点，一是推进职业技能培训市场化、社会化、多元化改革，建立各类培训主体平等竞争、产业工人自主参加、政府购买服务的技能培训机制；二是强化和落实企业培养产业工人的主体责任，引导企业结合生产经营和技术创新需要，制定本单位技术工人培养规划和培训制度；三是加强技能培训基础能力建设，依托企业、职业院校（含技工院校）、职业培训机构，建立现代化产业人才培养培训基地（中心），改进技能提升培训方式；四是推行国家基本职业培训包制度，构建助力产业工人学习的公共服务机制。

（三）统筹发展职业学校教育和职业培训

统筹发展职业学校教育和职业培训的改革思路，一是建立覆盖广泛、形式多样、运作规范，行业、企业、院校、社会力量共同参与的职业教育培训体系；二是促进学历与非学历教育纵向衔接联通、横向互通互认，搭建产业工人教育培训“立交桥”，构建贯穿产业工人职业生涯全过程的终身职业培训体系；三是鼓励名师带高徒，推行学徒制培训。

（四）改进产业工人技能评价方式

技能评价方式和资格认证制度是技能形成体系的核心，包括职业技能等级设置、评价方式、资格认证、薪酬体系和集体协商等技能使用制度。这些制度直接影响工人自我学习提高技能的意愿、企业提供技能培训的积极性，甚至影响整个技能形成体系的效能。

《新时期产业工人队伍建设改革方案》提出了技能评价方式和资格认证制度改革思路，一是优化职业技能等级标准，在政府指导下，由行业协会、龙头企业牵头开发职业标准和评价规范，完善职业技能等级认定政策；二是健全职业技能多元化评价方式，引导和支持企业、行业组织和社会组织自主开展技能评价；三是推进技能人才评价制度改革，加大对技术工人创新能力、现场解决问题能力和业绩贡献的评价比重，加强面向非公有制企业、小微企业的职业技能鉴定；四是推进全国职业技能鉴定服务与监管平台建设，强化对技能鉴定机构的监督管理，提高服务水平。

（五）实施国家高技能人才振兴计划

高技能人才是我国人才队伍的重要组成部分，是各行各业产业大军的优秀代表，是技术工人队伍的核心骨干，在加快产业优化升级、提高企业竞争力、推动技术创新和科技成果转化等方面具有不可替代的重要作用。加强高级工以上的高技能人才队伍建设，对巩固和发展工人阶级先进性，增强国家核心竞争力和科技创新能力，缓解就业结构性矛盾，推动高质量发展具有重要意义。《新时期产业工人队伍建设改革方案》要求继续实施国家高技能人才振兴计划，加快高技能人才专业市场建设，孵化拔尖技能人才，培育更多“大国工匠”。中共中央办公厅、国务院办公厅《关于加强新时代高技能人才队伍建设的意见》提出，加强新时代高技能人才队伍建设，要以习近平新时代中国特色社会主义思想为指导，全面贯彻习近平总书记关于做好新时代人才工作的重要思想，坚持党管人才，立足新发展阶段，贯彻新发展理念，构建新发展格局，推动高质量发展，深入实施新时代人才强国战略，以服务发展、稳定就业为导向，大力弘扬劳模精神、劳动精神、工匠精神，全面实施“技能中国行动”，健全技能人才培养、使用、评价、激励制度，构建党委领导、政府主导、政策支持、企业主体、社会参与的高技能人才工作体系，打造一支爱党报国、敬业奉献、技艺精湛、素质优良、规模宏大、结构合理的高技能人才队伍。

（六）促进农民工融入城市、稳定就业

《新时期产业工人队伍建设改革方案》强调，深入实施农民工学历与能力提升行动计划、农民工职业技能提升计划，公平保障其作为用人单位职工、作为城镇常住人口的权益，平等享受城镇基本公共服务。

三、运用互联网促进产业工人队伍建设

要适应互联网迅速发展的新形势新要求，搭上信息技术革命的“快车”，更多更充分地运用信息化手段，特别是运用互联网促进产业工人队伍建设。《新时期产业工人队伍建设改革方案》对运用互联网促进产业工人队伍建设提出了3项举措。

（一）创新产业工人队伍建设网络载体

《新时期产业工人队伍建设改革方案》要求创新产业工人队伍建设网络载体，提出要建立健全产业工人队伍基础数据库建设。目前，全国总工会正在探索建设结构清晰、信息完整、数据精确、动态管理的制造业产业工人队伍基础数据库，实施动态监测，逐步构建覆盖全国制造业产业工人的数据库系统。

（二）打造网络学习平台

打造网络学习平台，将促进产业工人终身学习纳入城乡信息化建设。产业工人可以通过以下方式开展网络学习，提升技术技能水平。(1) 进入全国总工会开发的“技能强国——全国产业工人学习社区”、“中国职工职业技能培训与岗位练兵在线平台”、“中国职业培训在线”平台、“新时代工匠学院”网上平台、全国工会电子职工书屋、中国职工教育服务网等平台开展学习。(2) 进入教育部开发的国家数字教育资源公共服务系统开展学习。(3) 进入工业和信息化部开发的“工业和信息化技术技能人才网上学习平台”开展学习。(4) 参与人力资源和社会保障部实施的“互联网+职业技能培训计划”，通过“技工教育网”或“学习强国”平台上的“技能频道”开展学习。

（三）推行“互联网+”工会普惠性服务

“互联网+”工会普惠性服务符合职工群众期待，有效破解了工会服务

职工群众的“最后一公里”问题。通过互联网加强产业工人队伍的思想引领、技术交流、创新成果展示、文化建设等，举办多行业、多工种的网上练兵活动，建设网上职工之家，实现网上维权帮扶、提供公共服务，打造方便快捷、务实高效的服务产业工人新通道，形成网上网下深度融合、互相联动，共同推进产业工人队伍建设的新格局。

四、创新产业工人发展制度

目前，产业工人职业发展通道比较狭窄单一，发展空间受到限制，主要表现为晋升难、跨界难、流动难、出彩难。这些因素阻滞了产业工人的成长通道，影响了产业工人积极性主动性创造性的充分调动，也影响了社会生产力中这部分最积极最活跃要素的有效发挥，形成了产业工人个体与社会双重资源浪费，所以，必须创新产业工人发展制度。《新时期产业工人队伍建设改革方案》主要从 6 个方面加以推进。

（一）拓宽产业工人发展空间

要改革企业人事管理和工人劳动管理相区分的双轨管理体制，实行统一的人力资源管理制度。打破职业技能等级和专业技术职务之间界限，实现有效衔接，改变技术工人成长成才“独木桥”现象。要把优秀产业工人特别是高技能人才纳入党管人才总盘子统筹考虑，搭建产业工人职业成长平台，把产业工人中的技能型人才和专业技术型人才、管理型人才放在同等重要的位置，一视同仁，同样对待。2022 年 4 月，人力资源和社会保障部制定出台的《关于健全完善新时代技能人才职业技能等级制度的意见（试行）》提出，将现有的“五级”职业技能等级延伸和发展为由学徒工、初级工、中级工、高级工、技师、高级技师、特级技师、首席技师构成的“新八级工”职业技能等级序列，大大拓展了产业工人的职业发展空间。

（二）畅通产业工人流动渠道

为了畅通产业工人的横向流动，《新时期产业工人队伍建设改革方案》提出了“健全公共就业服务体系，丰富就业服务内容，拓展服务功能，加强职业指导，完善就业信息服务制度，做好职业供求信息发布”等举措。

（三）创新技能导向的激励机制

创新技能导向的激励机制，建立健全培养、考核、使用、待遇相统一的激励机制，引导企业在关键岗位、关键工序培养使用高技能人才，提高高技能人才待遇、加大对技术工人创新创造的奖励力度等措施，实现多劳者多得、技高者多得。建立技术工人创新成果按要素参与分配的制度，增加产业工人在劳动模范和先进代表等评选中的名额比例。让产业工人在提高技能、提升素质、不断创新中有所收获、增强信心、看到希望。

（四）改进劳动和技能竞赛体系

改进劳动和技能竞赛体系，建立以企业岗位练兵和技术比武为基础、以国家和行业职业技能竞赛为主体、国内竞赛与国际竞赛赛项相衔接的劳动和技能竞赛机制。形成服务发展、层层递进、内外衔接的完善竞赛体系，为产业工人搭建更多更好的竞技场。

（五）加大对产业工人创新创效扶持力度

加大对产业工人创新创效扶持力度，深化群众性技术创新活动，开展先进操作法总结、命名和推广，推动具备条件的行业企业建立职工创新工作室、劳模创新工作室和技能大师工作室。联合共建产业工人实验实训平台，为产业工人搭建起与企业管理、技术人员等人才同样的展示平台，为产业工人实现自我价值创造条件。

（六）组织产业工人积极参与实施走出去战略和“一带一路”建设，加强产业工人技能国际交流与合作

从国际看，要在国家实施走出去战略和“一带一路”建设中彰显产业工人的作为。要把产业工人队伍建设纳入国家发展战略，寻求产业工人发展的机会，特别是要加强产业工人技能的国际交流与合作，多参与和举办国际性的产业工人技能交流活动，拓展产业工人的国际视野，在与国外产业工人的互学互鉴、友好交流中增强本领、提升技能，树立中国产业工人良好形象，同时也有利于提升中国在全球价值链上的分工地位，增强中国制造的国际竞争力，做到“让世界爱上中国造”。

五、强化产业工人队伍建设支撑保障

推进产业工人队伍建设改革是一项系统工程，必须建立健全支撑保障体系。《新时期产业工人队伍建设改革方案》提出：要加强有关产业工人队伍建设的法治保障，完善财政投入机制，建立社会多元投入机制，完善产业工人劳动经济权益保障机制，深化产业工人队伍建设理论政策研究，营造尊重劳动、崇尚技能、鼓励创造的社会氛围。

（一）加强有关产业工人队伍建设的法治保障

从加强法治保障角度加强产业工人队伍建设，是制定《新时期产业工人队伍建设改革方案》的切入点和落脚点。《新时期产业工人队伍建设改革方案》强调职业教育、技术资格等方面法律法规的立改废释，切中产业工人队伍建设要害，具有现实针对性，从法治角度提供了切实可行的解决方案。研究制定企业民主管理、集体协商等方面的制度，从制度设计层面对加强民主管理、集体协商等工作提出了新要求，也是落实《工会法》《劳动法》《企业民主管理规定》等法律法规、推进构建中国特色和谐劳动关系的重要举措。可以说，在推进产业工人队伍建设改革中，要高度重视运用法治思维和法治方式，加强对相关立法工作的协调，根植法治思维、用好法治方式、提供法治保障。

（二）加大财政支持和资金投入

要进一步加强政府在职业教育培训投入方面的主体地位，发挥财政资金的杠杆和撬动作用，引导社会多元投入，形成以政府投入为主、多渠道筹措经费的多元投入体系。要加大就业专项资金对职业培训的支持力度，改进补贴方式，合理确定补贴标准和对象。加强对各项投入和专项经费使用情况的绩效考评，确保经费高效使用。

（三）保障产业工人劳动经济权益

劳动经济权益是产业工人的重要权益，涵盖了广大产业工人最关心最直接最现实的利益问题、最困难最忧虑最急迫的实际问题。保障产业工人劳动经济权益，不仅有利于充分调动产业工人的劳动热情和创造潜能，而且是构建和谐劳动关系的出发点和落脚点。维权要讲全面，也要讲重点，工会要重点维护产业工人劳动就业、收入分配、职业培训、安全卫生、社会保障等方面合法权益。要完善维权机制，加大维权力度，提高维权效果，切实把产业工人合法权益实现好、维护好、发展好，不断提升产业工人的获得感、幸福感、安全感。

（四）深化产业工人队伍建设理论政策研究

理论是实践的先导。推进产业工人队伍建设改革，必须深化理论政策的研究与创新，发挥其先导先行作用。只有在理论政策层面把产业工人队伍建设的指导思想、基本原则、目标任务、主要举措等阐释清楚，才能在实践中方向明确、推进坚决。深化产业工人队伍建设理论政策研究，要加大调查研究力度，立足我国经济发展新常态、改革处于攻坚期、社会结构深刻变化的新形势，全面了解产业工人队伍总体状况和内部结构，准确把握当前产业工人队伍发展变化的新情况、新趋势、新特征，深化对产业工人队伍发展规律的认识。同时，整合社会资源加强产业工人问题研究，党政机关及其研究机构、高校、社会科学研究院所和社会各界与工运理论研究部门要加强联系合作，就新时期产业工人队伍建设的新情况新问题等加大科研力度，集中智慧力量，加快理论创新，与时俱进地丰富发展工人阶级理论。

（五）营造尊重劳动、崇尚技能、鼓励创造的社会氛围

《新时期产业工人队伍建设改革方案》要求：营造尊重劳动、崇尚技能、鼓励创造的社会氛围。这是优化产业工人成长环境、进一步提高产业工人社会地位的重要举措。各级工会要继续加大宣传力度，创新宣传方式方法，通过各种途径和形式大力宣传产业工人，形成主流价值导向，使全社会都充分认识产业工人在社会主义现代化建设中的地位、作用，创造有利于产业工人成长的舆论环境。要大力弘扬劳模精神、劳动精神、工匠精神，引导广大文艺工作者创作更多展现产业工人风采的优秀文艺作品，组织劳模、工匠进学校、进课堂、进企业、进班组，讲好劳模故事、讲好劳动故事、讲好工匠故事，切实奏响“工人伟大、劳动光荣”的时代主旋律，让劳动最光荣、劳动最崇高、劳动最伟大、劳动最美丽的观念蔚然

成风。

六、充分发挥工会在产业工人队伍建设改革中的重要作用

工会组织要站在实现第二个百年奋斗目标、实现中华民族伟大复兴中国梦的全局和战略高度，进一步深化对产业工人队伍建设改革重要性的认识，在认真总结成效和经验、查找问题和不足的基础上，找准主攻方向，着力抓重点、补短板、强弱项，推动改革向纵深发展，取得更大成效。

（一）要全面学习贯彻习近平总书记关于产业工人队伍建设改革的重要指示精神，牢牢把握改革的正确方向

党的十八大以来，习近平总书记围绕推进产业工人队伍建设改革发表一系列重要讲话、作出一系列重要指示批示，深刻回答了推进产业工人队伍建设改革中的重大理论和实践问题，为我们推进产业工人队伍建设改革提供了根本遵循和行动指南。各级工会必须不断深化对习近平总书记重要指示精神的学习，与学习贯彻习近平总书记关于工人阶级和工会工作的重要论述结合起来，深刻领会其丰富内涵、精神实质、实践要求。要深刻理解习近平总书记对推进改革目标任务的要求，始终胸怀“两个大局”，从巩固党的执政基础、促进我国经济社会高质量发展的高度认识、谋划、推进改革，按照“政治上保证、制度上落实、素质上提高、权益上维护”的总体要求，落实产业工人思想引领、建功立业、素质提升、地位提高、队伍壮大等改革措施，全面深化产业工人队伍建设改革。

（二）扎实做好产业工人思想政治工作

要运用多种形式、渠道和载体，广泛开展主题宣传教育活动，特别是要把工作的重点更多放到基层和企业、车间、班组，更好发挥基层工会主席、社会化工会工作者、工会积极分子和产业工会干部作用，把产业工人思想引领工作落到实处，不断增强思想政治工作的吸引力、感召力。

（三）组织动员广大产业工人建功立业

经济建设是工会工作主战场，调动职工群众积极性主动性创造性是工会工作的中心任务。要继续围绕国家重大战略、重大工程、重大项目、重

点产业，广泛深入持久开展多种形式的劳动和技能竞赛，深入开展技术革新、技术比武、“五小”竞赛等群众性创新活动，大力弘扬劳模精神、劳动精神、工匠精神，把亿万职工群众中蕴藏的创新创造活力充分激发出来，为经济社会发展建功立业。要引导产业工人立足岗位创新创造，围绕实施制造强国战略、推动高质量发展，充分发挥劳模和工匠人才（职工）创新工作室、新时代工匠学院、“技能强国——全国产业工人学习社区”等的作用，引导产业工人勤学苦练、深入钻研，提高创新意识和创新能力，为全面建成社会主义现代化强国作贡献。

（四）不断提高产业工人技术技能水平

要不断提高产业工人技术技能水平，加大产业工人职业技能培训力度，加快构建产业工人技能形成体系，建设一批产业工人技能实训基地，引导企业加大在岗培训力度，向产业工人提供普惠性、均等化、贯穿学习和职业生涯全过程的终身职业技能培训，大力深化职业教育改革，发挥职业教育在推进产业工人队伍建设改革中的重要作用。

（五）扎实做好产业工人维权服务工作

工会要赢得广大产业工人的信赖和支持，必须做好维护产业工人切身利益工作，促进社会公平正义。要坚持以职工为中心的工作导向，紧紧抓住产业工人最关心、最直接、最现实的利益问题，完善维权机制，加大维权力度，着力解决劳动就业、劳动报酬、职业培训、社会保障、安全生产等产业工人普遍关心的问题，不断推动提高技术工人待遇政策落实，助推实现多劳者多得、技高者多得，提高产业工人对改革的获得感。要建立健全联系产业工人的长效机制，构建覆盖广泛、快捷有效的服务职工工作体系，为基层工会和产业工人提供项目式、订单式服务，明确服务对象、服务项目、服务流程、服务标准，提高服务工作精准、精细度和项目运作制度化、规范化水平；要大力推进“互联网+”工会普惠性服务，加大对困难产业工人解困脱困工作力度，帮助他们解决实际困难；发挥服务职工阵地作用，不断提升产业工人生活品质，推动实现共同富裕。

（六）以实际举措壮大产业工人队伍

要加大对产业工人队伍发展状况的分析研判，聚焦存在的突出矛盾，推动解决影响队伍壮大的主要问题。要坚持“抓两头”，一头抓制造业工人队伍，以推动提高工资收入水平、加强技术技能培训、改善工作环境和条件、强化企业民主管理和社会保障、提升工作稳定性、畅通职业发展通道等为重点，着力破解劳动者不愿进工厂、当工人的难题，努力保持制造业工人队伍总体稳定并逐步壮大；一头抓新就业形态劳动者队伍，巩固拓展新就业形态劳动者建会入会成果，推动解决新就业形态劳动者反映强烈的劳动报酬、社会保险、休息休假、职业安全等突出问题，让新就业形态劳动者成为产业工人队伍的重要力量。

（七）发挥产业工人在维护社会大局稳定中的中坚作用

要围绕贯彻总体国家安全观，有针对性地对产业工人加强形势任务教育、国家安全教育，推动构建和谐劳动关系，筑牢维护劳动领域政治安全的群众防线，以实际行动维护企业和社会大局和谐稳定。

（八）要进一步加强改革的宣传交流推广，形成鲜明的舆论导向

要在全社会大力宣传习近平新时代中国特色社会主义思想，宣传习近平总书记对产业工人的高度重视、关心关怀关爱，宣传习近平总书记对产业工人队伍建设改革的重要指示精神，宣传党中央关于产业工人队伍建设改革的各项决策部署和政策举措，宣传各地各部门和企业推进改革取得的显著成效和典型经验，宣传产业工人队伍建设改革对于推动高质量发展、实施制造强国战略、全面建成社会主义现代化强国的重要作用，宣传以产业工人为代表的工人阶级对经济社会发展作出的重要贡献，大力弘扬劳模精神、劳动精神、工匠精神，努力推动全社会进一步形成尊重劳动、尊重知识、尊重人才、尊重创造的良好风尚。要加强改革经验和试点成果的推广转化。

思考题：

1. 推动产业工人队伍建设改革的重大意义是什么？
2. 如何加强和改进产业工人思想政治建设？
3. 如何构建产业工人技能形成体系？
4. 如何利用互联网促进产业工人队伍建设？

5. 如何创新产业工人发展制度?

6. 强化产业工人队伍建设支撑保障措施有哪些?

7. 简述工会在产业工人队伍建设改革中的重要作用。

【案例1】

产业工人队伍建设改革取得重要阶段性成效

2022年6月3日　来源:中工网-工人日报

"产业工人队伍建设改革五周年"新闻发布会今天在京举行。全国总工会党组成员、推进产业工人队伍建设改革协调小组副组长马璐在会上表示,产业工人队伍建设改革取得重要阶段性成效,产业工人听党话、感党恩、跟党走的信念更加自觉坚定,主力军作用得到更好发挥,技术技能水平显著提升,地位和待遇进一步提高,产业工人队伍不断发展壮大。据悉,截至2021年底,全国技能人才总量超过2亿人,高技能人才超过6000万人。

产业工人是工人阶级中发挥支撑作用的主体力量,推进产业工人队伍建设改革是巩固党的执政基础、实施制造强国战略推动高质量发展、满足职工群众对美好生活向往的迫切需要。2017年4月14日,中共中央、国务院印发《新时期产业工人队伍建设改革方案》,正式启动这项重大改革。《新时期产业工人队伍建设改革方案》明确提出,按照政治上保证、制度上落实、素质上提高、权益上维护的总体思路,改革不适应产业工人队伍建设要求的体制机制,造就一支有理想守信念、懂技术会创新、敢担当讲奉献的宏大的产业工人队伍。

5年来,产业工人思想政治引领力度不断加强。中组部连续4年共下达产业工人发展党员指导性计划59.1万名,全总分别与中宣部联合发布"最美职工"、与中央广播电视总台联合发布"大国工匠年度人物"等,大力弘扬劳模精神、劳动精神、工匠精神,在全社会形成崇尚劳模、尊重劳动、尊崇工匠的时代风尚。

5年来,产业工人拥有了更多建功立业的平台。我国已基本建立起以世界技能大赛为引领、全国职业技能大赛为龙头、全国行业职业技能竞赛和地方各级职业技能竞赛以及专项赛为主体、企业和院校职业技能比赛为基础的具有中国特色的职业技能竞赛体系。仅全总组织的劳动和技能竞赛就吸引3.7亿人次产业工人参与；命名297家全国示范性劳模和工匠人才创新工作室，创建各级各类创新工作室8.2万余家。在日前举办的首届大国工匠创新交流大会上，495项职工创新成果在线签订成果转化意向书，涉及总金额84.86亿元。

5年来，产业工人队伍技术技能水平显著提升。财政部会同人社部指导各地从失业保险基金中提取资金1139亿元，统筹用于实施职业技能提升行动；人社部开展补贴性培训8300多万人次，完成企业新型学徒制培训124万人。全总会同教育部开展农民工“求学圆梦行动”，培训各类农民工600万人次；建设“技能强国—全国产业工人学习社区”，培训职工1.5亿人次。

值得关注的是，产业工人的地位和待遇也在持续提高。目前，28个省级工会配备46名产业工人兼职副主席，产业工人在各级各类劳动模范和先进代表等评选中的名额比例增加。同时，中央和各部委先后制定政策意见，进一步完善企业工资分配制度，建立技术工人工资正常增长机制，开展技能人才专项激励计划试点，建立健全培养、考核、使用、待遇相统一的激励机制。国家统计局数据显示，近年来全国城镇单位就业人员平均工资稳步增长，即便在疫情影响较大的2020年，全国规模以上企业生产制造及有关人员年平均工资比上年增长5.1%。

随着改革不断推进，产业工人队伍日益壮大、组织化程度明显提高，约有1.3亿农业转移人口在城镇落户，超过350万新就业形态劳动者成为工会会员。

在总结5年改革成效和经验的基础上，推进产业工人队伍建设改革协调小组各相关单位将坚持目标导向、问题导向、效果导向相统一，强化组织协调、突出重点任务，以更大的力度、更实的举措把产业工人队伍建设改革推向深入。（中工网记者 朱欣 郑莉 郝赫）

【案例2】

长春市总工会加强产业工人队伍建设助力振兴发展

2023年7月17日　来源：长春日报

“从农村来到城市，吃苦受累咱都不怕，但唯独没有学历觉得挺遗憾，是咱工会‘娘家人’给了我读书的机会。现在我本科毕业了，感觉信心更足了，工作中掌握技能也更快了!”近日，谈到自己的学习心得，省劳动模范、长春建工集团农民工樊海舰有很多话要说。

2001年，樊海舰来到长春建工集团工作，凭借刻苦钻研的干劲和无私奉献的精神，在掌握了扎实的工作本领同时，也获得企业领导、广大职工和用户的认可，先后被评为“生产工作标兵”“优秀班组长”和“十大金牌农民工”，并获得了吉林省劳动模范荣誉称号。

很快有一个问题摆在了樊海舰面前，怎样才能进一步提升自己，更好地起到示范引领作用？在得知市总工会开办了“劳动模范、长春工匠”高等学历教育班，免费为职工提供学历教育机会后，樊海舰第一时间报名参加学习。利用5年时间，他先后通过了大专班和本科班全部课程，成功拿到了毕业证书，成为一名国家开放大学的本科毕业生，圆了自己的大学梦。

为了提高广大职工的学历和能力水平，充分发挥工会教育阵地职能，帮助更多的劳动模范、长春工匠和产业工人解决学历难题，市总工会在全市范围内组织开展了“劳动模范、长春工匠”高等学历教育班和产业工人“求学圆梦”行动两项职工公益学历提升项目，通过全额补贴学费的形式，让职工广泛参与到活动中来。随着工作的深入开展，越来越多的职工在职称评聘、岗位晋升、求职等过程中成为受益者，而企业也因此提升了职工的整体学历水平，取得了“双赢”的效果。

“市总工会的公益学历提升项目，不仅提升了职工的文化水平，而且有效增强了企业职工队伍的稳定性，为我们企业留住了人才。”省弘凯专用车制造有限公司相关负责人告诉记者，疫情防控期间，企业职工有一部分流失，公益学历提升项目使得职工对企业和工会的满意度大大提升，降低了离职率和培训成本，提高了企业的经营效益。

作为市总工会的重点工作之一，截至目前，市总工会“劳动模范、长春工匠”高等学历教育班和产业工人“求学圆梦”行动共计补贴学费450万元，帮助1000余人次提升学历，他们中包括市级以上劳动模范、五一劳动奖章获得者、长春工匠，市级以上技能竞赛获得名次或称号的高技能人才，市直机关推荐的优秀职工，企事业单位推荐的优秀职工、技术骨干、创新能手，困难职工及其子女以及产业工人。

市总工会将继续投入资金，扩大职工学历教育补贴规模，并通过已经开通的长春职工教育网，针对有学历和技能提升意愿的劳模工匠、在职职工、下岗职工、农民工、新就业形态劳动者提供教学服务，进一步提升劳动者学历水平与综合素质，为推进长春市经济高质量发展、打好打赢全面振兴新突破攻坚战贡献工会力量。(长春日报记者 揣晓倩 通讯员 楚洪涛)

【案例3】

广东惠州大力推进产业工人队伍建设改革

2023年5月10日 来源：中工网

产业工人队伍是支撑中国制造、中国创造的重要力量，实现高质量发展目标离不开高素质的产业工人队伍。广东惠州作为粤港澳大湾区的重要节点城市，全市有25.5万多家企业吸引集聚各类制造业工人近百万人，其中专业技术工人约17万人、技能工人约62万人。

全面推进产业工人队伍建设改革以来，惠州市按照“政治上保证、制度上落实、素质上提高、权益上维护”的总体思路，推动“产改”往深里走、往实里抓、往细处做，为产业工人的成长成才、职业发展、生活幸福铺设了“宽跑道”。

技术工人的社会地位越来越高

“今天的日子做梦也没想到，咱产业工人也能当经理。”在中建钢构广东有限公司生产车间，首席焊接技师白新涛正在指导培训一线焊工。20多年前，中专毕业的他入职中建钢构，从最基础的电焊工做起，一路成长为班组长、工段段长、焊培中心主任。如今，经他培训的焊工有近800人。

这些年来，通过政府与职业院校的合作项目，白新涛已取得了大专学历，现在正攻读在职本科。

中建钢构广东有限公司是惠州开展产业工人队伍建设改革试点工作的单位之一。近两年，该公司聚焦“发展有目标”，将产业工人发展通道由原有的职级晋升单通道，拓展为技师+管理双通道；技能出众者可评为技师、首席技师，选聘为培训中心导师，享受授课津贴；管理出色者则发展为班组长、车间主任；素养综合者可转项目生产管理、工艺设计等岗位。目前，共有26名优秀产业工人成功转入项目生产管理岗位。

大专毕业后，80后何映华入职TCL王牌电器（惠州）有限公司（以下简称“TCL王牌”），在模具车间当学徒，一步步成长为模具师傅带徒传技。一路走来，他深刻感受到技术工人的变化，“这些年，国家对技术工人越来越重视了，惠州先后举办各种技能竞赛，开展首席技师评选等，技术工人的社会地位越来越高”。

“产改”搭建高质量技能人才体系

2022年8月，惠州市技师学院与TCL王牌签署校企合作协议，共建TCL王牌产业学院。作为技工院校校企合作的4.0版，产业学院着力打造集人才培养、科学研究、技术创新、企业服务、学生创业等功能于一体的示范性人才培养实体。

“我们深化产教融合和学历提升，联合广东省内知名高校，对在职员工开设‘高升专、专升本’等学历提升方案，公司全额报销学费，每年还给予一定的奖学金。此外，与惠州经济学院合作开展现代学徒制项目，开设‘TCL班线长特色班、物流技师班’，累计培养技能型人才120人。”“TCL王牌”工会主席朱伟介绍，“产改”为公司打造了一支高质量的技能型人才队伍，截至2022年，公司的技能型人才占比29%，大专及以上学历占比40%。公司还根据员工的岗位和职级，制定了技能型人才薪酬体系，员工通过认证获得职级晋升后，再通过与之匹配的薪酬来体现价值，实现了技能型人才的闭环管理体系。

中海壳牌石油化工有限公司的一线产业工人占五成，如何持续提升他们的专业技能尤为重要，公司工会健全人才评价制度，推动企业突破学历、资历、年龄等限制，建立人才培训、选拔使用、福利待遇等机制，培养造就更多知识型、技能型、创新型人才。

从不同层次为产业工人提供“宽跑道”

作为一项系统改革，“产改”需要凝聚各方的智慧和力量。惠州市印发了《惠州市新时期产业工人队伍建设改革重点任务分工实施方案》，形成了党委统一领导、工会牵头抓总、部门各司其职的工作格局，推动改革政策措施落地落实。去年，惠州还出台了《关于加快新时代人才强市建设意见》，先后推出“惠”聚优才六大人才计划，推出“鹅城工匠”锻造行动、“首席技师”培育行动、“青年能手”储备行动，分别从不同层级提高产业工人地位、福祉，为培育壮大技术工人队伍、强化技能价值导向等提供有力保障。

同时，惠州深入推进产教融合，建设企业校区，积极培育产教融合型企业。截至2022年，共有校外实习实训基地768个、校企（产学）合作企业1154个，16家重点企业纳入省新一批产教融合型企业储备库。去年，惠州市总工会围绕石化、电子电路行业、重点工程项目、家政等领域组织开展75项技能竞赛，涵盖24个行业48个工种，促进竞赛标准与成果转化应用。目前全市共有各级劳模创新工作室91家，有效激发了产业工人通过立足岗位、创新创造推动惠州高质量发展的内在潜能。（南方工报全媒体记者 王艳 通讯员 沈莹）

第三章

工会组织工作

工会组织工作是工会工作的重要组成部分，是工会自身建设的一项基础性工作，是工会开展工作的组织保障。为加强基层工会组织建设，增强基层工会活力，工会干部需要从理论上了解和把握工会的组织原则、组织结构，做好会员发展和会籍管理工作，同时强化工会干部的选任与管理。

第一节　工会的组织原则和组织结构

一、工会的组织原则

《工会法》和《中国工会章程》明确规定，工会的组织原则是民主集中制。工会的民主集中制与党和政府的民主集中制相比，具有自身的特点，即工会的民主集中制具有更广泛的民主性。

根据《中国工会章程》规定，工会民主集中制的组织原则体现在 6 个方面：

（1）个人服从组织，少数服从多数，下级组织服从上级组织；

（2）工会的各级领导机关，除它们派出的代表机关外，都由民主选举产生；

（3）工会的最高领导机关，是工会的全国代表大会和它所产生的中华全国总工会执行委员会，工会的地方各级领导机关，是工会的地方各级代表大会和它所产生的总工会委员会；

（4）工会各级委员会，向同级会员大会或者会员代表大会负责并报告工作，接受会员监督，会员大会和会员代表大会有权撤换或者罢免其所选举的代表和工会委员会组成人员；

（5）工会各级委员会，实行集体领导和分工负责相结合的制度，凡属重大问题由委员会民主讨论，作出决定，委员会成员根据集体的决定和分工，履行自己的职责；

（6）工会各级领导机关，经常向下级组织通报情况，听取下级组织和会员的意见，研究和解决他们提出的问题，下级组织向上级组织请示报告工作。

二、工会的组织结构和组织系统

工会的组织结构是指工会组织构成和组建的形式。工会的组织系统是指工会会员与工会组织及各级组织之间的相互联系与相互作用所构成的具有一定结构和功能的整体。

中国工会的组织体制，是在中华全国总工会的统一领导下，分别建立地方工会和产业工会两大组织系统。

（一）中华全国总工会

1. 全国建立统一的中华全国总工会

《工会法》第 11 条第 5 款规定：“全国建立统一的中华全国总工会。”《中国工会章程》中规定：“全国建立统一的中华全国总工会。中华全国总工会是各级地方总工会和各产业工会全国组织的领导机关。”由此可见，中华全国总工会是中国工会唯一合法的全国性的工会组织，是各级地方总工会和各产业工会全国组织的领导机关。

2. 工会的最高领导机关

《中国工会章程》第 9 条中规定，工会的最高领导机关，是工会的全国代表大会和它所产生的中华全国总工会执行委员会。

中国工会全国代表大会，每 5 年举行 1 次，由中华全国总工会执行委员会召集。在特殊情况下，由中华全国总工会执行委员会主席团提议，经执行委员会全体会议通过，可以提前或者延期举行。代表名额和代表选举办法由中华全国总工会决定。

根据《中国工会章程》第 18 条规定，中国工会全国代表大会的职权是：

（1）审议和批准中华全国总工会执行委员会的工作报告；

（2）审议和批准中华全国总工会执行委员会的经费收支情况报告和经费审查委员会的工作报告；

（3）修改中国工会章程；

（4）选举中华全国总工会执行委员会和经费审查委员会。

中华全国总工会执行委员会由中国工会全国代表大会选举产生，是中国工会代表大会的执行机构。《中国工会章程》第 19 条规定，中华全国总工会执行委员会，在全国代表大会闭会期间，负责贯彻执行全国代表大会的决议，领导全国工会工作。执行委员会全体会议选举主席 1 人、副主席若干人、主席团委员若干人，组成主席团。执行委员会全体会议由主席团召集，每年至少举行 1 次。由此可见，从领导工会全国代表大会闭会期间全国工会工作的角度来看，中华全国总工会执行委员会也是工会的最高领导机关。中华全国总工会执行委员会的任期与中国工会全国代表大会的届期相同，每届任期 5 年。

3. 中华全国总工会执行委员会主席团

中华全国总工会执行委员会主席团，由中华全国总工会执行委员会选举产生。在执行委员会会议闭会期间，由主席团行使执行委员会的职权。主席团由主席 1 人、副主席若干人、主席团委员若干人组成。执行委员会全体会议由主席团召集，每年至少举行 1 次。中华全国总工会执行委员会全体会议闭会期间，由主席团行使执行委员会的职权。主席团全体会议，由主席召集。主席团闭会期间，由主席、副主席组成的主席会议行使主席团职权。主席会议由中华全国总工会主席召集并主持。中华全国总工会执行委员会主席团的任期，与中国工会全国代表大会届期相同，每届任期 5 年。

4. 中华全国总工会书记处

《中国工会章程》第 20 条第 3 款规定："主席团下设书记处，由主席团在主席团成员中推选第一书记 1 人，书记若干人组成。书记处在主席团领导下，主持中华全国总工会的日常工作。"主席、副主席，主席团委员和书记处书记的任期与中国工会全国代表大会届期相同，每届任期 5 年。

（二）地方总工会

1. 地方总工会的建立

地方总工会是依据以行政区划建立的地方工会组织或产业工会地方组织的领导机关。《工会法》第 11 条第 3 款规定："县级以上地方建立地方各级总工会。”《中国工会章程》第11条中规定：“省、自治区、直辖市，设区的市和自治州，县（旗）、自治县、不设区的市建立地方总工会。地方总工会是当地地方工会组织和产业工会地方组织的领导机关。”第22条第3款规定：“根据工作需要，省、自治区总工会可在地区设派出代表机关。直辖市和设区的市总工会在区一级建立总工会。”第22条第4款规定：“县和城市的区可在乡镇和街道建立乡镇工会和街道工会组织，具备条件的，建立总工会。”

2. 工会的地方各级代表大会

《中国工会章程》第22条规定，省、自治区、直辖市，设区的市和自治州，县（旗）、自治县、不设区的市的工会代表大会，由同级总工会委员会召集，每5年举行1次。在特殊情况下，由同级总工会委员会提议，经上一级工会批准，可以提前或者延期举行。工会的地方各级代表大会的职权如下。

（1）审议和批准同级总工会委员会的工作报告。

（2）审议和批准同级总工会委员会的经费收支情况报告和经费审查委员会的工作报告。

（3）选举同级总工会委员会和经费审查委员会。

各级地方总工会委员会，在代表大会闭会期间，执行上级工会的决定和同级工会代表大会的决议，领导本地区的工会工作，定期向上级总工会委员会报告工作。

3. 地方总工会的任务

各级地方总工会的任期与地方工会代表大会届期相同，每届任期5年。在代表大会闭会期间，执行上级工会的决定和同级工会代表大会的决议，领导本地区的工会工作，定期向上级总工会委员会报告工作。各级地方总工会委员会全体会议，每年至少举行1次。其主要任务如下。

（1）根据工会代表大会确定的工作任务，审议通过每年的工会工作报告、财务工作报告和经费审查委员会的报告。

（2）研究和决定工会工作的重大问题。

（3）研究和决定有关人事变动事宜。

（4）选举主席、副主席和常务委员会委员等。

4. 地方总工会的组成

根据《中国工会章程》第 23 条规定，各级地方总工会委员会选举主席 1 人、副主席若干人、常务委员若干人，组成常务委员会。工会委员会、常务委员会和主席、副主席以及经费审查委员会的选举结果，报上一级总工会批准。各级地方总工会委员会全体会议，每年至少举行 1 次，由常务委员会召集。各级地方总工会常务委员会，在委员会全体会议闭会期间，行使委员会的职权。

各级地方总工会常务委员会的任期与地方工会代表大会届期相同，每届任期 5 年。

各级地方总工会主席办公会由同级总工会主席、副主席组成。在总工会常务委员会闭会期间，由主席办公会行使常务委员会的职权。根据工作需要，由主席提议可以随时召开主席办公会。

（三）产业工会

1. 产业工会的概念

产业工会是根据产业原则建立起来的工会组织，是我国工会的重要组成部分。产业原则是指，凡在同一用人单位内的所有职工，都组织在同一产业工会内。产业工会是在职业工会的基础上，克服了职业工会的弱点发展起来的。其优点是加强了同一用人单位内职工的团结和统一领导，能充分发挥和利用职工集体的力量。相同或相近的产业工会联合起来，就形成了产业工会的地方组织和全国组织。

《工会法》第 11 条第 4 款规定："同一行业或者性质相近的几个行业，可以根据需要建立全国的或者地方的产业工会。"

2. 产业工会的领导体制

《中国工会章程》第 11 条规定：中国工会实行产业和地方相结合的组织领导原则。同一企业、事业单位、机关、社会组织中的会员，组织在一个基层工会组织中；同一行业或者性质相近的几个行业，根据需要建立全国的或者地方的产业工会组织。除少数行政管理体制实行垂直管理的产业，其产业工会实行产业工会和地方工会双重领导，以产业工会领导为主外，其他产业工会均实行以地方工会领导为主，同时接受上级产业工会领导的体制。各产业工会的领导体制，由中华全国总工会确定。目前，实行全国产业工会垂直领导体制的产业工会主要有：中华全国铁路总工会、中国民航工会全国委员会、中国金融工会全国委员会。

3. 全国产业工会

根据《中国工会章程》第 21 条规定，产业工会全国组织的设置，由中华全国总工会根据需要确定。

产业工会全国委员会的建立，经中华全国总工会批准，可以按照联合制、代表制原则组成，也可以由产业工会全国代表大会选举产生。全国委员会每届任期 5 年。任期届满，应当如期召开会议，进行换届选举。在特殊情况下，经中华全国总工会批准，可以提前或者延期举行。

产业工会全国代表大会和按照联合制、代表制原则组成的产业工会全国委员会全体会议的职权是：审议和批准产业工会全国委员会的工作报告；选举产业工会全国委员会或者产业工会全国委员会常务委员会。独立管理经费的产业工会，选举经费审查委员会，并向产业工会全国代表大会或者委员会全体会议报告工作。产业工会全国委员会常务委员会由主席 1 人、副主席若干人、常务委员若干人组成。

4. 地方产业工会

《中国工会章程》第 24 条规定："各级地方产业工会组织的设置，由同级地方总工会根据本地区的实际情况确定。"

根据《中华全国总工会关于深入推进产业工会工作创新发展的意见》，省级产业工会根据省（自治区、直辖市）产业经济发展和产业职工队伍变化的实际，可以建立驻会产业工会，也可以依托行政主管部门或骨干企业集团等设立产业工会。结合省级工会改革，逐步规范理顺省级产业工会组织。城市产业工会应根据城市产业结构变化，及时调整产业工会设置，重点在产业特征明显、职工集聚度高的产业建立产业工会组织，扩大产业工会覆盖面。在市级总工会的领导下，可以在行业协会组织健全、发育成熟的行业，已经形成以骨干企业为龙头的上下游产业链、企业联系紧密的行业，政府行政约束力强、管理规范的行业开展建立市级行业工会联合会试点工作，已经建立的要注重加强规范性建设。在县级以下产业经济发展较好、产业职工较多的地方，按照地域相近、行业相同、管理服务便捷的原则，采取联合制、代表制方式，积极推进建立县（区）、乡镇（街道）或工业园区等行业工会联合会，接长产业工会手臂、延伸工作触角，覆盖不同所有制企事业单位和相关社会组织。覆盖的企事业单位社会组织工会组织领导关系、经费收缴渠道保持不变。地方工会要加强对行业工会联合会的领导，给予人力、物力、财力等支持保障。

（四）基层工会

基层工会是根据工会法和中国工会章程的规定，经上级工会批准，在企业、事业单位、机关、社会组织以及社区和行政村建立的工会组织。基层工会是工会组织体系中重要的组成部分和最基本的组织单位，是落实工会各项工作的组织者、推动者和实践者，是工会系统的“神经末梢”。

1. 基层工会的建立

《工会法》第 11 条第 1 款规定：“用人单位有会员 25 人以上的，应当建立基层工会委员会；不足 25 人的，可以单独建立基层工会委员会，也可以由两个以上单位的会员联合建立基层工会委员会，也可以选举组织员 1 人，组织会员开展活动。女职工人数较多的，可以建立工会女职工委员会，在同级工会领导下开展工作；女职工人数较少的，可以在工会委员会中设女职工委员。”《中国工会章程》第 25 条第 1、2 款规定：“企业、事业单位、机关、社会组织等基层单位，应当依法建立工会组织。社区和行政村可以建立工会组织。从实际出发，建立区域性、行业性工会联合会，推进新经济组织、新社会组织工会组织建设。有会员 25 人以上的，应当成立基层工会委员会；不足 25 人的，可以单独建立基层工会委员会，也可以由两个以上单位的会员联合建立基层工会委员会，也可以选举组织员或者工会主席 1 人，主持基层工会工作。基层工会委员会有女会员 10 人以上的建立女职工委员会，不足 10 人的设女职工委员。”

2. 基层工会委员会的任务

根据《中国工会章程》第 28 条规定，基层工会委员会的基本任务是：

（1）执行会员大会或者会员代表大会的决议和上级工会的决定，主持基层工会的日常工作。

（2）代表和组织职工依照法律规定，通过职工代表大会、厂务公开和其他形式，参与本单位民主选举、民主协商、民主决策、民主管理和民主监督，保障职工知情权、参与权、表达权和监督权，在公司制企业落实职工董事、职工监事制度。企业、事业单位工会委员会是职工代表大会工作机构，负责职工代表大会的日常工作，检查、督促职工代表大会决议的执行。

（3）参与协调劳动关系和调解劳动争议，与企业、事业单位、社会组织行政方面建立协商制度，协商解决涉及职工切身利益问题。帮助和指导职工与企业、事业单位、社会组织行政方面签订和履行劳动合同，代表职工与企业、事业单位、社会组织行政方面签订集体合同或者其他专项协议，并监督执行。

（4）组织职工开展劳动和技能竞赛、合理化建议、技能培训、技术革新和技术协作等活动，培育工匠、高技能人才，总结推广先进经验。做好劳动模范和先进生产（工作）者的评选、表彰、培养和管理服务工作。

（5）加强对职工的政治引领和思想教育，开展法治宣传教育，重视人文关怀和心理疏导，鼓励支持职工学习文化科学技术和管理知识，开展健康的文化体育活动。推进企业文化职工文化建设，办好工会文化、教育、体育事业。

（6）监督有关法律、法规的贯彻执行。协助和督促行政方面做好工资、安全生产、职业病防治和社会保险等方面的工作，推动落实职工福利待遇。办好职工集体福利事业，改善职工生活，对困难职工开展帮扶。依法参与生产安全事故和职业病危害事故的调查处理。

（7）维护女职工的特殊利益，同歧视、虐待、摧残、迫害女职工的现象作斗争。

（8）搞好工会组织建设，健全民主制度和民主生活。建立和发展工会积极分子队伍。做好会员的发展、接收、教育和会籍管理工作。加强职工之家建设。

(9) 收好、管好、用好工会经费，管理好工会资产和工会的企业、事业。

(五) 乡镇、街道工会

《中国工会章程》规定：县和城市的区可在乡镇和街道建立乡镇工会和街道工会组织。改革开放以来，大量的企业集中在乡镇和街道。乡镇和街道作为政府的一级基层政权组织，是上联区县政府下联企业的一个中间环节，起着承上启下的重要作用。加强对这些企业工会工作的领导，必须建立向乡镇、街道一级延伸的工会组织体制。乡镇、街道工会具有地方工会和基层工会双重职能，在当前私营企业、外资企业和乡镇企业工会组织不十分健全、工会工作还相对薄弱的情况下，乡镇、街道工会应当更多地发挥基层工会的作用，直接承担和处理新建企业工会难以承担的工作以及遇到的新问题。

根据2019年12月27日全国总工会办公厅发布的《中华全国总工会关于加强乡镇（街道）工会建设的若干意见》的规定，乡镇（街道）工会在同级党（工）委和上级工会领导下，依据《工会法》和《中国工会章程》独立自主地开展工作。主要工作职责是：积极推动企事业单位依法建立工会组织，广泛吸收职工入会；加强职工思想政治引领；深化劳动和技能竞赛；维护职工合法权益，指导开展集体协商、签订集体合同，健全以职工代表大会为基本形式的企事业单位民主管理制度，健全协调劳动关系机制；推动落实职工福利待遇，开展困难职工帮扶，建设职工信赖的职工之家。

(六) 工会的派出代表机关

《中国工会章程》第12条第1款规定："县和县以上各级地方总工会委员会，根据工作需要可以派出代表机关。"第22条规定："根据工作需要，省、自治区总工会可在地区设派出代表机关。"这些代表机关不是一级工会组织，而是上级工会派出的工会办事处或工会工作委员会。工会办事处一般是在地区设立，工会工作委员会一般由上一级工会在下一级组织设立。办事处和工作委员会都是上级工会的派出机关，按照上级工会的要求，代表上级工会行使职权、履行职责。办事处和工作委员会设主任1人，副主任若干人，组成领导机构。

1. 工会的派出代表机关不是一级工会组织

《中国工会章程》第 9 条中规定“工会的各级领导机关，除它们派出的代表机关外，都由民主选举产生”。工会派出代表机关并非按照民主集中制原则建立，未设立会员大会或会员代表大会等权力机构，也不具备通过民主选举程序产生的组织机构，因此不是一级工会组织。如果将工会派出代表机关视作一级工会组织，就相当于在《工会法》之外，又创设了一种新的工会组织，这有悖于《工会法》所确立的工会的基本组织原则和组织制度。因为工会的派出机关不是一级工会组织，所以不独立管理工会经费，如果要独立管理工会经费需经同级地方工会授权。

2. 工会的派出代表机关依法不能取得法人资格

工会派出代表机关既然不是一级工会组织，不能归类于地方工会、产业工会和基层工会中的任何一种，也就不能依照《工会法》第 15 条的规定单独成为社会团体法人。而按照《民法典》对法人的分类，工会派出代表机关显然也不属于营利法人和非营利法人中的事业单位、基金会、社会服务机构，更不属于特别法人，因此也不能划归到这些组织类别而取得法人资格。

3. 工会工作委员会的性质

工会工作委员会是同级地方工会的派出机构。工会工作委员会简称“工委”。工会工作委员会负责人为主任，工会工作委员会主任由干部主管部门委派，不用选举。

4. 工会委员会与工会工作委员会的区别

工会委员会与工会工作委员会的区别主要有以下几点。一是作为一级工会委员会的领导成员必须依法经过一定的民主程序，由会员大会或者会员代表大会民主选举产生，而工会工作委员会的领导成员由上级工会指派。二是工会委员会必须向同级会员大会或者会员代表大会负责并报告工作，接受其监督，而工会工作委员会是对派出机关负责并报告工作。三是工会委员会应当依照《中国工会章程》的规定组织召开会员大会或者会员代表大会，审议和批准同级工会委员会和工会经费审查委员会的工作报告，选举新一届工会委员会和工会经费审查委员会，而工会工作委员会则不能召开会员大会或者会员代表大会。

（七）区域性、行业性工会联合会

区域性、行业性工会联合会是基层工会的一种组织形式，是由若干个单位在各自成立基层工会组织（基层工会委员会、联合基层工会委员会或基层工会联合会）的基础上，在一定的区域或行业范围内，按照联合制、代表制原则建立的区域性、行业性的基层工会的联合体。

1. 区域性、行业性工会联合会的建立

（1）区域性、行业性工会联合会一般建立在县（市、区、旗）及以下范围内。城市工会可根据本地区域、行业发展情况，从实际出发，探索在市级建立行业性工会联合会。

（2）建立区域性、行业性工会联合会，必须坚持在同级党组织和上一级工会的领导下进行。上一级工会及时有效跟踪指导服务，严把组建前置环节，严格规范组建程序，积极稳妥推进组建工作。在广泛征求各方面意见特别是覆盖单位意见，进行充分酝酿协商的基础上，经同级党组织同意并报上一级工会批准后成立工会筹备组。筹备组依法依规做好筹备工作。未建立党组织的，在上一级工会领导下进行。

（3）区域性、行业性工会联合会委员会按照联合制、代表制的原则建立。坚持广泛性和代表性，委员由本区域或行业内所覆盖基层工会的主席和适当比例的有关方面代表等组成，所覆盖基层工会数量较多的，区域性、行业性工会联合会委员会委员可以由所覆盖基层工会主席民主推选代表担任；根据工作需要，可吸收政府有关部门代表参加。

（4）区域性、行业性工会联合会委员会的产生适用《工会基层组织选举工作条例》《基层工会会员代表大会条例》等规定。担任区域性、行业性工会联合会主席、副主席职务，必须履行民主程序。区域性、行业性工会联合会主席、副主席可以由全体委员选举产生，也可以由区域性、行业性工会联合会所覆盖基层工会联合组成会员（代表）大会选举产生。区域、行业内的基层单位行政主要负责人不得作为区域性、行业性工会联合会委员会委员人选，行业协会（商会）会长、副会长等不得担任区域性、行业性工会联合会主席、副主席。上级工会派出的工会干部、社会化工会工作者或者区域、行业龙头骨干企业工会主席、社区工作者等可以作为区域性、行业性工会联合会主席、副主席人选。区域性、行业性工会联合会主席、副主席可以专职，也可以兼职，其任期与区域性、行业性工会联合会委员会相同。

（5）区域性、行业性工会联合会委员会委员实行替补、增补制。区域性、行业性工会联合会委员会委员，当其不再担任原工会组织的主要负责人时，其委员职务由其原单位工会新当选的主要负责人经履行民主程序后予以替补。新覆盖基层工会的主要负责人，经履行民主程序，可以增补为区域性、行业性工会联合会委员会委员。

（6）区域性、行业性工会联合会可结合区域、行业实际，制定工会联合会组织办法等。区域性、行业性工会联合会委员会每届任期 3 年至 5 年，任期届满应按时换届。特殊情况需提前或延期换届的，应报上一级工会批准。

（7）建立区域性、行业性工会联合会，原则上所覆盖基层工会的组织领导关系、经费拨缴关系和会员会籍关系保持不变。确需调整的，须经县级以上地方工会批准。

（8）区域性、行业性工会联合会所覆盖区域、行业内的基层单位，应当分别单独建立基层工会组织（基层工会委员会、联合基层工会委员会或基层工会联合会）。

（9）区域性、行业性工会联合会的名称应根据区域、行业、单位等情况确定，一般为“××（行政区划名称）+××（区域或行业名称）+工会联合会”，不能以职业名称或基层工会名称等作为区域性、行业性工会联合会的名称。

（10）具备条件的区域性、行业性工会联合会，要在上级工会的指导下，及时登记取得社团法人资格，开设独立工会经费账户。

（11）独立管理经费的区域性、行业性工会联合会，应同时成立工会经费审查委员会。区域性、行业性工会联合会所覆盖基层工会女职工较多的，建立女职工委员会，在工会联合会委员会领导下开展工作。

（12）建立区域性、行业性工会联合会的，应采取有效措施，逐步实现对区域、行业内的基层工会以及不具备单独建会条件的小微企业和零散就业人员全覆盖。实际履行联合会职能但不规范的，应在上级工会指导下，按照联合制、代表制原则，逐步规范为工会联合会。

2. 区域性、行业性工会联合会的主要职责任务

根据《中华全国总工会关于加强和规范区域性、行业性工会联合会建设的意见》的规定，区域性、行业性工会联合会的主要职责任务如下。

（1）加强对职工的思想政治引领，承担团结引导职工群众听党话、跟党走的政治责任，推动习近平新时代中国特色社会主义思想进社区、进企业、进车间，深化理想信念教育，教育职工践行社会主义核心价值观，恪守社会公德、职业道德、家庭美德、个人品德，遵守劳动纪律。

（2）在同级党组织和上级工会的领导下，推动和指导区域、行业内基层单位的工会组建、发展会员等工作，夯实工会基层基础。承担本区域、行业职工代表大会工作机构的职责。

（3）大力弘扬劳模精神、劳动精神、工匠精神，组织开展具有区域特点、行业特色的劳动和技能竞赛、经济技术创新等活动，建设知识型、技能型、创新型的高素质职工队伍。

（4）代表和组织职工依照法律规定，通过职工代表大会或其他形式参与本区域、行业民主管理和民主监督。调查研究和反映本区域、行业中涉及职工切身利益的重大问题。

（5）参与制订本区域、本行业涉及劳动和职工权益的政策、标准等。积极推进区域、行业集体协商，推动建立区域、行业集体合同制度。

（6）参与协调劳动关系和调解劳动争议，协商解决涉及职工切身利益问题，为所覆盖区域、行业的基层工会和职工提供法律服务和法律援助。

（7）突出行业特色、区域特点、职工需求，强化服务意识、健全服务体系、建立服务机制，精准化、精细化开展服务工作。

三、工会干部的选任与管理

工会干部队伍是做好新时代工会工作的重要组织保证，要推动建设一支高素质专业化的工会干部队伍。按照习近平总书记提出的“好干部”标准，坚持德才兼备、以德为先，全面加强工会干部队伍建设。把绝对忠诚党的事业、竭诚服务职工群众作为工会干部的价值追求，打开眼界、打开思路、打开胸襟，强化服务意识，提高维权能力，使广大工会干部真正成为党的全心全意为人民服务宗旨的忠实践行者、党的群众路线的坚定执行者、党的群众工作的行家里手。

（一）选拔工会干部的主要标准

一是要坚持党的领导，在思想上、政治上、行动上自觉与以习近平同志为核心的党中央保持高度一致；二是要具备全局观念和服务大局的意识；三是要遵守党纪国法，具有民主意识和民主作风；四是要热爱工会事业，具备工会理论研究能力和业务水平；五是工作上具有超前意识和与时俱进、勇于开拓创新的能力等。

（二）培养工会干部的主要标准

培养工会干部的主要标准包括德、能、勤、绩、廉等方面。各级工会干部应以上述标准为要求，增强“四个意识”、坚定“四个自信”、做到“两个维护”，以维护和服务职工为己任，坚持从职工群众最关心、最直接、最现实的利益问题入手，想群众之所想，急群众之所急，帮群众之所需，认真解决职工群众的关切，努力把为职工群众排忧解难的各项工作落到实处。同时，工会干部要勤恳敬业，坚持深入条件艰苦、矛盾集中、困难突出的地方，办顺民意、解民忧、增民利的实事好事并取得成效，自觉将自身置于群众监督之中，遵守党纪国法，做到廉洁奉公。

（三）工会干部的管理

我国工会干部的管理实行党管干部的原则。工会干部工作是党的干部工作的重要组成部分。实行党管干部的原则，是做好工会工作的重要保证。

按照党中央的规定，工会干部实行双重管理，即以同级党委管理为主，上级工会党组协助管理。具体的协管内容为：对工会领导班子的配备调整提出建议；协助做好工会领导班子的思想作风建设，协助做好工会干部的考察考核和监督；推荐优秀干部，协助做好工会干部交流工作；指导、规划和组织工会系统干部岗位培训和各类业务培训，协助做好工会后备干部选拔培养工作。工会作为协管方，应与主管方密切配合，加强联系，互相尊重，互相支持，及时沟通情况，主动做好工会协管工作。

工会干部要努力做到以下几点。(1) 认真学习马克思列宁主义、毛泽东思想、邓小平理论、“三个代表”重要思想、科学发展观、习近平新时代中国特色社会主义思想，学习经济、法律和工会业务知识。(2) 执行党的基本路线和各项方针政策，遵守国家法律、法规，在改革开放和社会主义现代化建设中勇于开拓创新。(3) 忠于职守，勤奋工作，廉洁奉公，顾全大局，维护团结。(4) 坚持实事求是，认真调查研究，如实反映职工的意见、愿望和要求。(5) 坚持原则，不谋私利，热心为职工说话办事，维护职工的合法权益。(6) 作风民主，联系群众，自觉接受职工群众的批评和监督。

第二节　基层工会会员大会或会员代表大会

一、基层工会会员大会或会员代表大会概述

《工会法》第 17 条规定：“基层工会委员会定期召开会员大会或者会员代表大会，讨论决定工会工作的重大问题。经基层工会委员会或者 1/3 以上的工会会员提议，可以临时召开会员大会或者会员代表大会。”《中国工会章程》第 26 条中规定：“基层工会会员大会或者会员代表大会，每年至少召开 1 次。经基层工会委员会或者 1/3 以上的工会会员提议，可以临时召开会员大会或者会员代表大会。工会会员在 100 人以下的基层工会应

当召开会员大会。”为完善基层工会会员代表大会制度，推进基层工会民主化、规范化、法治化建设，增强基层工会政治性、先进性、群众性，激发基层工会活力，发挥基层工会作用，2019 年 1 月 15 日中华全国总工会发布了《基层工会会员代表大会条例》，对会员代表大会的组成和职权、会员代表的条件及职责、会员代表大会的召开等作了明确规定。

（一）召开会员代表大会的人数规定

《基层工会会员代表大会条例》第 3 条规定：“会员不足 100 人的基层工会组织，应召开会员大会；会员 100 人以上的基层工会组织，应召开会员大会或会员代表大会。”

（二）会员大会或会员代表大会的性质

基层工会会员大会或会员代表大会是基层工会的最高领导机构，讨论决定基层工会重大事项，选举基层工会领导机构，并对其进行监督。

（三）会员大会或会员代表大会的任期

会员代表大会实行届期制，每届任期 3 年或 5 年，具体任期由会员代表大会决定。会员代表大会任期届满，应按期换届。遇有特殊情况，经上一级工会批准，可以提前或延期换届，延期时间一般不超过半年。会员代表大会每年至少召开 1 次，经基层工会委员会、1/3 以上的会员或 1/3 以上的会员代表提议，可以临时召开会员代表大会。

二、会员代表大会的代表

《基层工会会员代表大会条例》第 13 条规定：“会员代表应由会员民主选举产生，不得指定会员代表。劳务派遣工会员民主权利的行使，如用人单位工会与用工单位工会有约定的，依照约定执行；如没有约定或约定不明确的，在劳务派遣工会员会籍所在工会行使。”

（一）会员代表的条件

根据全国总工会颁发的《基层工会会员代表大会条例》的规定，会员代表应具备以下条件：

1. 工会会员，遵守工会章程，按期缴纳会费；

2. 拥护党的领导，有较强的政治觉悟；

3. 在生产、工作中起骨干作用，有议事能力；

4. 热爱工会工作，密切联系职工群众，热心为职工群众说话办事；

5. 在职工群众中有一定的威信，受到职工群众信赖。

在实践中，各基层单位结合本单位的实际情况，经过协商，还可以提出会员代表应当具备的其他条件。

（二）会员代表的名额

根据全国总工会颁发的《基层工会会员代表大会条例》的规定，会员代表名额，按会员人数确定：会员 100 至 200 人的，设代表 30 至 40 人；会员 201 至 1000 人的，设代表 40 至 60 人；会员 1001 至 5000 人的，设代表 60 至 90 人；会员 5001 至 10000 人的，设代表 90 至 130 人；会员 10001 至 50000 人的，设代表 130 至 180 人；会员 50001 人以上的，设代表 180 至 240 人。

（三）会员代表的组成

基层工会会员代表大会会员代表的组成应以一线职工为主，体现广泛性和代表性。中层正职以上管理人员和领导人员一般不得超过会员代表总数的 20%。女职工、青年职工、劳动模范（先进工作者）等会员代表应占一定比例。

（四）选举会员代表的程序

选举会员代表的程序一般有如下几方面。

1. 代表名额的分配。由工会筹备组按照代表比例和会员构成情况，讨论确定各工会小组（车间、班组、科室）代表名额的数量。初步确定代表名额分配方案后，应当及时同各工会小组（车间、班组、科室）沟通，并向同级党组织和上一级工会组织汇报。

2. 候选人提出。工会筹备组下达各工会小组会员代表名额数量后，由各工会小组长组织会员，按照代表条件讨论提出候选人名单；候选人名单应当报工会筹备组进行平衡。

3. 民主选举。会员代表的选举，一般以下一级工会或工会小组为选举单位进行，两个以上会员人数较少的下一级工会或工会小组可作为一个选举单位。会员代表由选举单位会员大会选举产生。规模较大、管理层级较多的单位，会员代表可由下一级会员代表大会选举产生。选举单位按照基层工会确定的代表候选人名额和条件，组织会员讨论提出会员代表候选人，召开有2/3以上会员或会员代表参加的大会，采取无记名投票方式差额选举产生会员代表，差额率不低于15%。会员代表候选人，获得选举单位全体会员过半数赞成票时，方能当选；由下一级会员代表大会选举时，其代表候选人获得应到会代表人数过半数赞成票时，方能当选。

4. 审查公布。各工会小组（车间、班组、科室）选举产生会员代表后，应当呈报基层工会委员会或工会筹备组，由基层工会委员会或工会筹备组，对会员代表人数及人员结构进行审核，并对会员代表进行资格审查。审查的内容包括：会员代表酝酿提名、选举产生的程序和方法是否符合规定；会员代表是否符合规定的条件。如发现不符合规定的，应当让原工会小组（车间、班组、科室）重新选举。符合条件的会员代表人数少于原定代表人数的，可以把剩余的名额再分配，进行补选，也可以在符合规定人数情况下减少代表名额。审查合格后，各工会小组应当张榜公布会员代表名单。

（五）会员代表的任期

会员代表实行常任制，任期与会员代表大会届期一致，会员代表可以连选连任。

（六）会员代表的职责

根据全国总工会颁发的《基层工会会员代表大会条例》的规定，会员代表的职责是：

1. 带头执行党的路线、方针、政策，自觉遵守国家法律法规和本单位的规章制度，努力完成生产、工作任务；

2. 在广泛听取会员意见和建议的基础上，向会员代表大会提出提案；

3. 参加会员代表大会，听取基层工会委员会和经费审查委员会的工作报告，讨论和审议代表大会的各项议题，提出审议意见和建议；

4. 对基层工会委员会及代表大会各专门委员会（小组）的工作进行评

议，提出批评、建议，对基层工会主席、副主席进行民主评议和民主测评，提出奖惩和任免建议；

5. 保持与选举单位会员群众的密切联系，热心为会员说话办事，积极为做好工会各项工作献计献策；

6. 积极宣传贯彻会员代表大会的决议精神，对工会委员会落实会员代表大会决议情况进行监督检查，团结和带动会员群众完成会员代表大会提出的各项任务。

（七）会员代表团（组）

选举单位可单独或联合组成代表团（组），推选团（组）长。团（组）长根据会员代表大会议程，组织会员代表参加大会各项活动；在会员代表大会闭会期间，按照基层工会的安排，组织会员代表开展日常工作。

基层工会讨论决定重要事项，可事先召开代表团（组）长会议征求意见，也可根据需要，邀请代表团（组）长列席会议。

（八）会员代表身份自然终止和罢免

1. 会员代表身份自然终止

有下列情形之一的，会员代表身份自然终止：

（1）在任期内工作岗位跨选举单位变动的；

（2）与用人单位解除、终止劳动（工作）关系的；

（3）停薪留职、长期病事假、内退、外派超过1年，不能履行会员代表职责的。

2. 会员代表的罢免

会员代表对选举单位会员负责，接受选举单位会员的监督。根据全国总工会颁发的《基层工会会员代表大会条例》的规定，会员代表有下列情形之一的，可以罢免：

（1）不履行会员代表职责的；

（2）严重违反劳动纪律或单位规章制度，对单位利益造成严重损害的；

（3）被依法追究刑事责任的；

（4）其他需要罢免的情形。

选举单位工会或 1/3 以上会员或会员代表有权提出罢免会员代表。会员或会员代表联名提出罢免的，选举单位工会应及时召开会员代表大会进行表决。

罢免会员代表，应经过选举单位全体会员过半数通过；由会员代表大会选举产生的代表，应经过会员代表大会应到会代表的过半数通过。

（九）会员代表的补选

会员代表出现缺额，原选举单位应及时补选。缺额超过会员代表总数 1/4 时，应在 3 个月内进行补选。补选会员代表应依照选举会员代表的程序，进行差额选举，差额率应按照《基层工会会员代表大会条例》第 16 条的规定执行。补选的会员代表应报基层工会委员会进行资格审查。

三、会员代表大会的职权

根据全国总工会颁发的《基层工会会员代表大会条例》的规定，会员代表大会的职权是：

（一）审议和批准基层工会委员会的工作报告；

（二）审议和批准基层工会委员会经费收支预算决算情况报告、经费审查委员会工作报告；

（三）开展会员评家，评议基层工会开展工作、建设职工之家情况，评议基层工会主席、副主席履行职责情况；

（四）选举和补选基层工会委员会和经费审查委员会组成人员；

（五）选举和补选出席上一级工会代表大会的代表；

（六）罢免其所选举的代表、基层工会委员会组成人员；

（七）讨论决定基层工会其他重大事项。

四、会员代表大会的召开

会员代表大会召开的基本程序和要求是以下 4 项。

（一）向上一级工会组织报告

工会筹备组在征得同级党组织同意，并与行政方面进行沟通后，应向上一级工会组织提出书面报告。根据《基层工会会员代表大会条例》第 31 条规定，每届会员代表大会第一次会议召开前，应将会员代表大会的组织机构、会员代表的构成、会员代表大会主要议程等重要事项，向同级党组织和上一级工会书面报告。上一级工会接到报告后应于 15 日内批复。

（二）会员代表培训

为了保障会员代表大会质量，每届会员代表大会第一次会议召开前，基层工会委员会或工会筹备组应对会员代表进行专门培训，培训内容应包括工会基本知识、会员代表大会的性质和职能、会员代表的权利和义务、大会选举办法等。

（三）会员代表大会的会务准备工作

单位工会筹备组在接到上一级工会组织的批复后，一般应在 1 个月内完成召开会员代表大会的会务准备工作。

（四）基层工会会员代表大会议程

基层工会会员代表大会议程分为两种情况：一是新建工会组织的第一次会员代表大会；二是已建工会组织的换届会员代表大会。这两种情况，在大会议程和内容上是有差别的。

1. 新建工会组织的第一次会员代表大会

大会的程序主要包括两个阶段。

（1）会员代表大会预备会议阶段

预备会议是在参会人员报到以后，正式会议召开之前举行的会议。《基层工会会员代表大会条例》第 36 条规定：“每届会员代表大会第一次会议召开前，可举行预备会议，听取会议筹备情况的报告，审议通过关于会员代表资格审查情况的报告，讨论通过选举办法，通过大会议程和其他有关事项。”这一阶段主要包括如下几步。

第一步，清点到会人数。在确认到会人数达到应到会人数的 2/3 以上，方可开会。

第二步，宣布上级工会《关于对××（单位名称）召开第一次会员代表大会暨建立第一届工会委员会请示的批复》。

第三步，代表大会设立主席团的，表决通过大会主席团。同时，先行召开第一次主席团会议，然后再进行以下各项议程。

基层工会会员代表大会主席团成员的名额，可根据大会的规模和代表的总数，由召集会员代表大会的上届工会委员会或工会筹备组确定。主席团成员应是本次会员代表大会的代表，一般包括上届工会主席、副主席，常务委员会委员，经费审查委员会主任，工会筹备组成员，新提名的主席、副主席候选人，各代表团团长，先进人物代表，一线职工代表和女职工代表等。大会主席团设主席1人，副主席若干人，秘书长1人。秘书长一般由负责大会筹备工作的工会副主席担任，大会根据工作需要可以设副秘书长，副秘书长一般由负责大会筹备工作的人员担任，副秘书长可以不是主席团成员。新建立工会的，会员代表大会的主席团名额和人选可由同级党组织、工会筹备组协商确定。

第四步，明确工会筹备组主持大会。成立主席团的，应当明确由大会主席团主持大会。

第五步，工会筹备组负责人作大会代表资格审查结果的报告。审议通过大会代表资格审查结果的报告。

第六步，讨论通过选举办法。

第七步，通过大会议程和其他有关事项。

（2）正式大会阶段

第一步，宣布开会，唱国歌。

第二步，介绍参加大会的成员和嘉宾。

第三步，作筹备组建工会工作报告（可由筹备组负责人作报告；应安排会员代表讨论报告的时间；设立主席团的，召开第二次主席团会议）。

第四步，通过批准筹备组建工会工作报告的决议（草案）。

第五步，讨论通过《工会第一届委员会和经费审查委员会候选人建议名单》；讨论通过《总监票人和监票人建议名单》；通过工会委员会任期的决议（草案）。

第六步，大会选举（设立主席团的，召开第三次主席团会议）。

第七步，宣布选举结果。

第八步，新当选的工会主席（或者工会委员代表）讲话。

第九步，上级工会领导讲话。

第十步，本单位党政领导讲话。

第十一步，大会结束，唱国际歌。

2. 已建工会组织的会员代表大会

已建工会组织的基层单位，一般在召开会员代表大会进行换届选举时，工作程序也包括两个阶段。

（1）会员代表大会预备会阶段

第一步，清点到会人数。在确认到会人数达到应到会人数的2/3以上，方可开会。

第二步，宣读上级工会《关于对××（单位名称）工会委员会进行换届选举请示的批复》或《关于对××（单位名称）工会委员会进行补选请示的批复》。

第三步，表决通过大会主席团。同时，先行召开第一次主席团会议，然后再进行以下各项议程。

第四步，审议通过大会代表资格审查结果的报告（进行届中补选时，因为会员代表大会代表实行常任制，所以没有此项议程）。

第五步，讨论通过选举办法。

第六步，通过大会议程和日常安排及其他事项。

（2）正式大会阶段

第一步，宣布开会，唱国歌。

第二步，介绍参加大会的成员和嘉宾。

第三步，作《工会委员会工作报告》和《经费审查委员会工作报告》及《工会财务工作报告》。

第四步，会员代表分代表团或代表组讨论上述各项工作报告，提出修改意见（设立主席团的，召开第二次主席团会议）。

第五步，通过批准各项工作报告的决议（草案）。

第六步，讨论通过《工会第×届委员会和经费审查委员会候选人建议名单》；讨论通过《总监票人和监票人建议名单》；讨论通过工会委员会任期的决议（草案）。

第七步，大会选举（设立主席团的，召开第三次主席团会议）。

第八步，宣布选举结果。

第九步，新当选的工会主席（或者工会委员代表）讲话。

第十步，上级工会领导讲话。

第十一步，本单位党政领导讲话。

第十二步，大会结束，唱国际歌。

规模较大、人数众多、工作地点分散、工作时间不一致，会员代表难以集中的基层工会，可以通过电视电话会议、网络视频会议等方式召开会员代表大会。不涉及无记名投票的事项，可以通过网络进行表决，如进行无记名投票的，可在分会场设立票箱，在规定时间内统一投票、统一计票。

第三节 基层工会换届选举

一、基层工会换届选举概述

根据《工会法》《中国工会章程》和《工会基层组织选举工作条例》等有关规定，基层工会委员会每届任期3年或5年。基层工会应按期进行换届选举。如遇特殊情况，不能按时进行换届应说明其原因，报上一级工会批准。届期内的基层工会委员或主席，因工作变动调离工会工作岗位的，需要进行替补选举。

基层工会的换届选举工作，应由基层工会委员会在同级党组织和上级工会的领导下，负责筹备和组织。代表大会正式召开时，由大会选举出的主席团主持和领导。会员人数较少的基层工会组织召开会员大会时不设主席团，由本届工会委员会主持和领导。在代表大会进行期间，在新的工会委员会选举产生之前，工会的日常工作，仍由本届工会委员会主持。新选举产生的工会委员会，在上一级工会批准之前，可以履行领导职权。

工会委员候选人由本单位党组织在广泛征求意见基础上提出，报上一级工会研究同意后，按《基层工会会员代表大会条例》的相关要求，召开会员（代表）大会，选举产生新一届工会委员会。

基层工会要高度重视，精心组织换届工作，切实把思想政治素质好，组织能力强，作风踏实，民主意识强，团结协作好，热心为职工服务的工会会员推选到工会委员会中来。

基层工会应召开工会会员（代表）大会进行换届选举，选举工作应按照《工会基层组织选举工作条例》的相关要求进行操作，同时要保存好档案资料。

二、基层工会选举的基本规定

（一）基层工会组织选举应坚持的原则

基层工会组织选举工作是一项政治性、政策性很强的工作，关系到工会干部队伍建设和工运事业的发展。《工会基层组织选举工作条例》第 5 条规定："选举工作应坚持党的领导，坚持民主集中制，遵循依法规范、公开公正的原则，尊重和保障会员的民主权利，体现选举人的意志。"

1. 坚持党的领导，是选举工作的根本政治保证

工会组织选举，是发挥基层工会作用的基础，是激发基层工会活力的渊源，具有很强的政治性、政策性和敏感性，必须把党的领导放在第一位。

2. 坚持民主集中制，是选举工作的根本组织原则

必须坚持民主基础上的集中和集中指导下的民主相结合。只有坚持民主集中制，才能保证基层工会组织选举工作的顺利进行，才能选举出大多数职工信赖的工会组织。

3. 遵循依法规范、公开公正的原则，是选举工作的重要制度保障

基层工会组织选举必须依法依规有序进行，选举操作规程不得与国家法律法规相冲突，不得与《工会基层组织选举工作条例》规定相冲突。选举过

程中，要做到操作规程公开、候选人公开、程序公开、选举结果公开。

4. 尊重和保障会员的民主权利，体现选举人的意志，是选举工作的基础和关键

进行基层工会组织选举，要尊重会员或者会员代表的民主权利，使会员或者会员代表按照自己的意志行使民主权利，任何组织和个人，都无权以任何方式强迫选举人选举或不选举某个人。

（二）基层工会组织选举在同级党组织和上一级工会领导下进行

《工会基层组织选举工作条例》第6条规定："选举工作在同级党组织和上一级工会领导下进行。未建立党组织的在上一级工会领导下进行。"

（三）基层工会委员会委员名额

根据《工会基层组织选举工作条例》第8条规定，基层工会委员会委员名额，按会员人数确定：

不足25人，设委员3至5人，也可以设主席或组织员1人；

25人至200人，设委员3至7人；

201人至1000人，设委员7至15人；

1001人至5000人，设委员15至21人；

5001人至10000人，设委员21至29人；

10001人至50000人，设委员29至37人；

50001人以上，设委员37至45人。

（四）基层工会常务委员会的设立

《工会基层组织选举工作条例》第9条规定："大型企事业单位基层工会委员会，经上一级工会批准，可以设常务委员会，常务委员会由9至11人组成。"

基层工会设立常务委员会的范围是大型企事业单位工会委员会。一般大型企业、事业单位职工人数比较多，下属二级单位也比较多，为了确保基层工会委员会的代表性，委员名额设置也相应增加，按照《工会基层组织选举工作条例》规定，会员人数5001人至10000人，设委员21至29人；10001至50000人，设委员29至37人；50001人以上，设委员37至

45 人。但基层工会委员会委员人数增加，也会带来新的问题，给召开委员会全体会议带来不便，时间成本、经济成本比较高，在实际操作中也存在一定难度。为此，《工会基层组织选举工作条例》明确规定大型企事业单位基层工会委员会可以设常务委员会，在基层工会委员会闭会期间，履行工会委员会职责，主持工会日常工作，研究决定工会工作中的重大问题。

设立常务委员会，必须经上一级工会批准。基层工会委员会新建、换届设立常务委员会的，可以将常务委员会的设置、人数、组成、职能等内容作为工会选举工作方案的重要内容，报上一级工会批准；也可以就常务委员会的设置提交专门报告，由上一级工会批准。常务委员会可以由会员大会或者会员代表大会民主选举产生，也可以由工会委员会选举产生，选举采取无记名投票和差额选举方式，差额率不低于 10%。常务委员会委员应从新当选的工会委员会委员中产生，即常务委员会委员首先必须是工会委员会委员。

常务委员会由 9~11 人组成，包括主席 1 人、副主席若干人和常务委员会委员若干人。在工作实践中，委员一般包括主席、副主席、经费审查委员会主任、女职工委员会主任、工会业务部门、下属单位工会组织负责人等。工会常务委员会任期与本届工会委员会相同，每届任期 3 年或者 5 年。工会常务委员会应根据工会业务内容，对常务委员进行具体工作分工，确保常务委员尽职履职，充分发挥作用。

（五）基层工会组织候选人的提出

1. 基层工会组织候选人应具备的条件

《工会基层组织选举工作条例》第 10 条规定：“基层工会委员会的委员、常务委员会委员和主席、副主席的选举均应设候选人。候选人应信念坚定、为民服务、勤政务实、敢于担当、清正廉洁，热爱工会工作，受到职工信赖。”这是对基层工会委员会委员、常务委员会委员和主席、副主席候选人条件的总体要求。

2. 基层工会委员会委员、常务委员会委员和工会主席、副主席的限制性条件

《工会法》第 10 条第 2 款规定：“各级工会委员会由会员大会或者会

员代表大会民主选举产生。企业主要负责人的近亲属不得作为本企业基层工会委员会成员的人选。”《工会基层组织选举工作条例》第 11 条规定：“单位行政主要负责人、法定代表人、合伙人以及他们的近亲属不得作为本单位工会委员会委员、常务委员会委员和主席、副主席候选人。”这是对基层工会委员会委员、常务委员会委员和工会主席、副主席的限制性条件的规定，明确了哪些人不能作为基层工会委员会委员、常务委员会委员和主席、副主席的候选人。

3. 基层工会委员会委员候选人的产生

《工会基层组织选举工作条例》第 12 条规定：“基层工会委员会的委员候选人，应经会员充分酝酿讨论，一般以工会分会或工会小组为单位推荐。由上届工会委员会或工会筹备组根据多数工会分会或工会小组的意见，提出候选人建议名单，报经同级党组织和上一级工会审查同意后，提交会员大会或会员代表大会表决通过。”

4. 基层工会委员会的常务委员会委员、主席、副主席候选人的产生

《工会基层组织选举工作条例》第 13 条规定：“基层工会委员会的常务委员会委员、主席、副主席候选人，可以由上届工会委员会或工会筹备组根据多数工会分会或工会小组的意见提出建议名单，报经同级党组织和上一级工会审查同意后提出；也可以由同级党组织与上一级工会协商提出建议名单，经工会分会或工会小组酝酿讨论后，由上届工会委员会或工会筹备组根据多数工会分会或工会小组的意见，报经同级党组织和上一级工会审查同意后提出。根据工作需要，经上一级工会与基层工会和同级党组织协商同意，上一级工会可以向基层工会推荐本单位以外人员作为工会主席、副主席候选人。”

三、基层工会选举的实施

（一）基层工会组织实施选举前的准备工作

为保障基层工会组织选举工作依法规范有序进行，在实施选举前应当认真做好相关准备工作。《工会基层组织选举工作条例》第 15 条第 1 款规

定："基层工会组织实施选举前应向同级党组织和上一级工会报告，制定选举工作方案和选举办法。"

（二）召开会员大会或者会员代表大会的选择

基层工会委员会由会员大会或者会员代表大会民主选举产生。什么情况下召开会员大会，什么情况下召开会员代表大会呢？依据《中国工会章程》的规定，《工会基层组织选举工作条例》第16条明确规定："会员不足100人的基层工会组织，应召开会员大会进行选举；会员100人以上的基层工会组织，应召开会员大会或会员代表大会进行选举。"根据这一规定，基层工会组织会员不足100人的，应当召开会员大会；会员100人以上的，有两种选择：可以召开会员大会，也可以召开会员代表大会。这样规定，主要是为了适应现实状况，尽可能扩大会员民主参与的广泛性，提高会员大会或会员代表大会的效率和质量，保证会员民主权利的充分实现，同时，也便于会员较少的基层工会操作。

（三）参加选举的人数规定

《工会基层组织选举工作条例》第17条第1款规定："参加选举的人数为应到会人数的2/3以上时，方可进行选举。"这是判定选举是否有效的根本前提。落实这一规定应把握以下3个关键点。

1. 关于应到会人数。应到会人数，指的是基层工会所属单位具有选举资格的人员总数。如果召开会员大会，应到会人数为具有选举资格的全体会员总数；如果召开会员代表大会，应到会人数为全体会员代表总数。因各种情况不能参加选举的会员或会员代表，均应计算在内。但不包括保留会籍的人员。

2. 关于2/3以上的比例。作出"2/3以上"的比例规定，主要目的是让更多的会员参与工会事务，增强基层工会的代表性，更好地体现工会的民主化、群众化要求。应该说，作出"2/3以上"的比例规定，既体现了工会民主化建设的要求，又符合基层工会的实际。需要注意的是，"2/3以上"是包括按"2/3"比例计算出来的整数。如不是整数，小数点后的数不能四舍五入，应进位为1，比如按2/3比例计算出来的数为61.33，实际参会人数至少是62人。到会人数超过应到会人数的2/3，会议才有效。

3. 关于参加选举的人数。参加选举的人数，为实际参加会议现场投票选举的人数和在流动票箱投票选举的人数之和。《工会基层组织选举工作条例》第25条规定："会员或会员代表在选举期间，如不能离开生产、工作岗位，在监票人的监督下，可以在选举单位设立的流动票箱投票。"不能出席会议且无法在流动票箱投票的选举人，不得委托他人代为投票，这部分人员不能计算在"参加选举的人数"之中。

（四）基层工会委员会委员和常务委员会委员的选举

《工会基层组织选举工作条例》第17条第2款规定："基层工会委员会委员和常务委员会委员应差额选举产生，可以直接采用候选人数多于应选人数的差额选举办法进行正式选举，也可以先采用差额选举办法进行预选产生候选人名单，然后进行正式选举。委员会委员和常务委员会委员的差额率分别不低于5%和10%。常务委员会委员应当从新当选的工会委员会委员中产生。"

（五）基层工会主席、副主席的选举

《中国工会章程》第27条中规定："主席、副主席，可以由会员大会或者会员代表大会直接选举产生，也可以由基层工会委员会选举产生。"《工会基层组织选举工作条例》第3条规定："基层工会委员会由会员大会或会员代表大会选举产生。工会委员会的主席、副主席，可以由会员大会或会员代表大会直接选举产生，也可以由工会委员会选举产生。"第18条规定："基层工会主席、副主席可以等额选举产生，也可以差额选举产生。主席、副主席应从新当选的工会委员会委员中产生，设立常务委员会的应从新当选的常务委员会委员中产生。"

（六）选举大会的主持

《工会基层组织选举工作条例》第20条规定："召开会员大会进行选举时，由上届工会委员会或工会筹备组主持；不设委员会的基层工会组织进行选举时，由上届工会主席或组织员主持。召开会员代表大会进行选举时，可以由大会主席团主持，也可以由上届工会委员会或工会筹备组主持。大会主席团成员由上届工会委员会或工会筹备组根据各代表团（组）

的意见，提出建议名单，提交代表大会预备会议表决通过。召开基层工会委员会第一次全体会议选举常务委员会委员、主席、副主席时，由上届工会委员会或工会筹备组或大会主席团推荐1名新当选的工会委员会委员主持。”这一规定，明确了召开会员大会、会员代表大会、基层工会委员会第一次全体会议进行选举时由谁主持的问题。

（七）选举前候选人情况的介绍

《工会基层组织选举工作条例》第21条规定：“选举前，上届工会委员会或工会筹备组或大会主席团应将候选人的名单、简历及有关情况向选举人介绍。”通过候选人情况的介绍，可以使选举人了解候选人，更好地进行比较、选择，好中选优，选出职工群众满意的工会委员会组成人员。

（八）监票人与计票人

1. 监票人

监票人是指进行选举时，对投票选举进行监督的人员。基层工会委员会委员、常务委员会委员和主席、副主席的选举，应当在严格的民主下进行，以确保公平公正。选举监督的最基本形式就是设立监票人。《工会基层组织选举工作条例》第22条规定：“选举设监票人，负责对选举全过程进行监督。召开会员大会或会员代表大会选举时，监票人由全体会员或会员代表、各代表团（组）从不是候选人的会员或会员代表中推选，经会员大会或会员代表大会表决通过。召开工会委员会第一次全体会议选举时，监票人从不是常务委员会委员、主席、副主席候选人的委员中推选，经全体委员会议表决通过。”

2. 计票人

计票工作人员一般由大会秘书处指定。计票工作人员在监票人监督下进行工作，其职责是：

（1）负责清点核实人数；

（2）按照大会选举办法的要求，对选票进行清点和计算；

（3）准确无误地进行计票；

（4）计票结束后，将计票结果报告总监票人。

（九）选举投票

1. 投票方式

根据《工会基层组织选举工作条例》第 23 条第 1 款中规定：“选举采用无记名投票方式。”无记名投票，是指在选票上不签署自己姓名的一种投票方式。

2. 不得委托他人代为投票

基层工会组织选举是会员行使权力的最直接形式，会员或会员代表一般都应出席会议并亲自投票。因此，《工会基层组织选举工作条例》第 23 条第 1 款中规定：“不能出席会议的选举人，不得委托他人代为投票。”

3. 选票上候选人的名单排序

《工会基层组织选举工作条例》第 23 条第 2 款规定：“选票上候选人的名单按姓氏笔画为序排列。”

4. 选票制作和画写选票

选票制作：印制选票应使用质量较好的纸张。采取工会委员会、经费审查委员会同步选举时，应分别印制选票，并用不同辨色予以区别。

选票上应包括以下项目和内容：选票名称、候选人姓名、画写选票空格、另选他人及画写选票空格、画写选票说明等。建议在每一张选票上加盖工会公章或代章。

选票上候选人的名单按姓氏笔画为序排列。

画写选票：《工会基层组织选举工作条例》第 24 条规定，选举人可以投赞成票或不赞成票，也可以投弃权票。投不赞成票者可以另选他人。

5. 投票顺序

监票人、计票人首先投票，然后主席台的会员代表投票，最后其他会员代表按规定顺序、线路、票箱进行投票。

6. 流动票箱

基层工会组织选举时，选举人出席会员大会或者会员代表大会，在会场投票是投票的主要形式。但是，有一些会员或会员代表因工作原因无法到现场投票，为保证他们行使民主选举权利，《工会基层组织选举工作条例》第 25 条规定："会员或会员代表在选举期间，如不能离开生产、工作岗位，在监票人的监督下，可以在选举单位设立的流动票箱投票。"

（十）选举有效性的确认

确认选举是否有效，是基层工会选举的一个关键环节。要严格按照《工会基层组织选举工作条例》的相关规定作出认定。选举不能与有关法律法规相违背，不能违反《工会基层组织选举工作条例》规定的条件和程序，否则即可认定为无效。具体从以下几方面来判断：（1）候选人应当符合任职条件；（2）选举前履行了有关规定程序；（3）参加选举的人数符合规定；（4）选举收回的票数是否等于或少于发出的选票；（5）检查选举中有无违反《中国工会章程》和有关选举规定的行为。

（十一）被选举人当选的规定

《工会基层组织选举工作条例》第 27 条规定："被选举人获得应到会人数的过半数赞成票时，始得当选。获得过半数赞成票的被选举人人数超过应选名额时，得赞成票多的当选。如遇赞成票数相等不能确定当选人时，应就票数相等的被选举人再次投票，得赞成票多的当选。当选人数少于应选名额时，对不足的名额可以另行选举。如果接近应选名额且符合第 8 条规定，也可以由大会征得多数会员或会员代表的同意减少名额，不再进行选举。"

（十二）选举结果报批

《工会基层组织选举工作条例》第 29 条第 1 款规定："基层工会委员会、常务委员会和主席、副主席的选举结果，报上一级工会批准。上一级工会自接到报告 15 日内应予批复。违反规定程序选举的，上一级工会不得批准，应重新选举。"会员大会或者会员代表大会选举结束后，如果工会主席、副主席或常务委员会委员是由工会委员会选举产生的，应当立即召开新一届工会委员会会议，完成各项选举任务后，将选举结果报上一级工会批准。《工会法》第 12 条第 1 款规定："基层工会、地方各级总工会、全国或者地方产业工会组织的建立，必须报上一级工会批准。"

（十三）基层工会委员会任期的规定

关于基层工会委员会的任期，《工会法》第 16 条规定："基层工会委员会每届任期3年或者5年。各级地方总工会委员会和产业工会委员会每届任期5年。”《工会基层组织选举工作条例》第30条规定：“基层工会委员会每届任期3年或5年，具体任期由会员大会或会员代表大会决定。经选举产生的工会委员会委员、常务委员会委员和主席、副主席可连选连任。基层工会委员会任期届满，应按期换届选举。遇有特殊情况，经上一级工会批准，可以提前或延期换届，延期时间一般不超过半年。上一级工会负责督促指导基层工会组织按期换届。”

第四节　工会会员的发展和会籍管理

一、工会会员的基本条件

《中国工会章程》第1条规定：“凡在中国境内的企业、事业单位、机关、社会组织中，以工资收入为主要生活来源或者与用人单位建立劳动关系的劳动者，不分民族、种族、性别、职业、宗教信仰、教育程度，承认工会章程，都可以加入工会为会员。”这一规定，明确了参加和组织工会是劳动者的权利，同时也明确了劳动者加入工会成为会员的必备条件，主要有以下3方面。

（一）所有加入工会的会员，必须是在中国境内企业、事业单位、机关、社会组织中的劳动者

在我国境内，无论是中国的企业还是外国的企业，或者是外国企业在我国的办事机构、代表处、代理处，以及在我国从事其他活动的事业单位、机关、社会团体和各种类型的社会组织，只要在我国境内，都应依照我国《工会法》及有关法律法规组建工会。

（二）所有入会会员必须是以工资收入为主要生活来源

以工资收入为主要生活来源，这是职工加入工会的必要条件。以工资

收入为主要生活来源，是指生活费用支出的大部分是依赖于个人的工资、津贴、奖金或者其他工资性收入。改革开放以来，我国职工获取劳动报酬的方式和用人单位的分配方式发生了深刻变化，除传统的计时、计件两种基本工资形式外，还有奖金、津贴和浮动工资等新的劳动报酬形式，这些仍属于职工工资性收入。工会是工人阶级的群众组织，加入工会必须是工人阶级的成员。因此，以工资收入为主要生活来源，就成为在企业、事业单位、机关、社会组织中的劳动者加入工会的必要条件。

（三）所有入会会员都必须承认《中国工会章程》

承认《中国工会章程》，这是职工加入工会的前提条件。工会是工人阶级的群众组织，把众多的职工组织在一起，必须有一个共同遵守的章程。《中国工会章程》是中国工会全国代表大会通过的规定工会组织性质、指导思想、奋斗目标、组织原则、体制机制和工会会员的权利义务等工会重大问题的规章，是处理工会内部事务的基本准则。《中国工会章程》在根据《宪法》《工会法》及其他有关法律、法规的前提下，严格规定了中国工会组织的性质、指导思想、工作方针、组织制度和机构、工会会员的权利和义务、工会经费的收支及审查等各个方面的具体内容。因此，一方面，中国工会章程是中国工会各级组织和工会会员必须认真遵守的一项内部规章；另一方面，中国工会章程也必须根据实际情况的变化而进行修改，以使之更加完善。

二、职工加入工会的程序

《中国工会章程》第 2 条规定："职工加入工会，由本人自愿申请，经基层工会委员会批准并发给会员证。"按照这一规定，凡是符合入会条件的职工，只有自愿申请，才可以加入工会成为工会会员。根据中华全国总工会印发的《工会会员会籍管理办法》规定，职工加入工会的基本程序如下。

（一）本人自愿申请

凡是符合条件的职工，均可自愿申请加入工会。职工申请加入工会的方式主要有两种。

1. 口头或书面申请入会

由职工本人通过口头或书面形式提出入会申请，填写《中华全国总工会入会申请书》和《工会会员登记表》，报基层工会委员会。

2. 网上申请入会

由职工通过网站、微博、邮件等网络渠道，向工会组织提供相关信息，表达自己的入会愿望；工会按照线上申请、线下受理、分级审核、全程跟踪等程序，及时受理职工需求，办理相关审批手续。

尚未建立工会的用人单位职工，按照属地和行业就近原则，可以向上级工会提出入会申请，在上级工会的帮助指导下加入工会。用人单位建立工会后，应及时办理会员会籍接转手续。

非全日制等形式灵活就业的职工，可以申请加入所在单位工会，也可以申请加入所在地的乡镇（街道）、开发区（工业园区）、村（社区）工会和区域（行业）工会联合会等。会员会籍由上述工会管理。

农民工输出地工会开展入会宣传，启发农民工入会意识；输入地工会按照属地管理原则，广泛吸收农民工加入工会。农民工会员变更用人单位时，应及时办理会员会籍接转手续，不需重复入会。

（二）基层工会委员会审核

基层工会委员会接到职工入会申请书后，应及时召开会议，研究审查接纳职工入会事项。审查的主要内容有：（1）申请人是否符合入会条件；（2）是否自愿；（3）是否符合入会手续。符合条件和手续的，应当接纳入会，并在职工入会申请书上签署意见。

（三）基层工会委员会批准并发给会员证

经基层工会委员会审核批准，即为中华全国总工会会员，发给《中华全国总工会会员证》（以下简称“会员证”），取得会员会籍，享有会员权利，履行会员义务。工会会员卡（以下简称“会员卡”）也可以作为会员身份凭证。

基层工会可以通过举行入会仪式、集体发放会员证或会员卡等形式，增强会员意识。

基层工会应当建立会员档案，实行会员实名制，动态管理会员信息，保障会员信息安全。

目前，各地在发展农民工入会过程中，为了方便职工入会，简化职工入会手续，采取集体登记入会、劳动力市场入会、街道和社区直接吸收职工入会等方式，有效地提高了工会组建率和职工入会率，最大限度地把职工组织到工会中来。

三、新就业形态劳动者参加和组织工会的权利

《工会法》第3条第2款规定："工会适应企业组织形式、职工队伍结构、劳动关系、就业形态等方面的发展变化，依法维护劳动者参加和组织工会的权利。"这一规定，明确了新就业形态劳动者参加和组织工会的权利，为新就业形态劳动者参加和组织工会提供了重要法律保障。

新就业形态劳动者，是指伴随着互联网、大数据等现代信息科技进步，依托互联网平台实现就业，其就业方式有别于传统的稳定就业和灵活就业的劳动者。与传统意义上的职工相比，新就业形态群体具有组织方式平台化、工作机会互联网化、工作时间碎片化、就业契约去劳动关系化及流动性强、组织程度偏低等特点，权益维护面临许多困难问题。工会作为职工自愿结合的工人阶级群众组织，维护职工合法权益、竭诚服务职工群众是工会的基本职责。新就业形态劳动者是职工队伍的重要组成部分，在推动经济社会高质量发展中发挥着重要作用，工会要把维护他们合法权益的大旗牢牢扛在肩上。组织他们入会是为其提供维权服务最基础的环节，必须放在突出重要的位置予以强调。

《关于维护新就业形态劳动者劳动保障权益的指导意见》（人社部发〔2021〕56号）明确提出："各级工会组织要加强组织和工作有效覆盖，拓宽维权和服务范围，积极吸纳新就业形态劳动者加入工会。加强对劳动者的思想政治引领，引导劳动者理性合法维权。监督企业履行用工责任，维护好劳动者权益。积极与行业协会、头部企业或企业代表组织开展协商，签订行业集体合同或协议，推动制定行业劳动标准。"《中华全国总工

会关于切实维护新就业形态劳动者劳动保障权益的意见》（总工发〔2021〕12 号）提出："加快推进建会入会。加强对新就业形态劳动者入会问题的研究，加快制定出台相关指导性文件，对建立平台企业工会组织和新就业形态劳动者入会予以引导和规范。强化分类指导，明确时间节点，集中推动重点行业企业特别是头部企业及其下属企业、关联企业依法普遍建立工会组织，积极探索适应货车司机、网约车司机、快递员、外卖配送员等不同职业特点的建会入会方式，通过单独建会、联合建会、行业建会、区域建会等多种方式扩大工会组织覆盖面，最大限度吸引新就业形态劳动者加入工会。保持高度政治责任感和敏锐性，切实维护工人阶级和工会组织的团结统一。"

四、工会会员的权利和义务

按照《中国工会章程》规定，会员享有以下 6 项权利。

（一）选举权、被选举权和表决权。选举权，就是会员有选举出席工会代表大会代表和工会组织领导人及工作人员的权利。被选举权，就是凡工会会员都有可以当选为会员代表和各级工会组织的领导职务的权利。

（二）对工会工作进行监督，提出意见和建议，要求撤换或者罢免不称职的工会工作人员。

（三）对国家和社会生活问题及本单位工作提出批评与建议，要求工会组织向有关方面如实反映。

（四）在合法权益受到侵犯时，要求工会给予保护。

（五）工会提供的文化、教育、体育、旅游、疗休养、互助保障、生活救助、法律服务、就业服务等优惠待遇；工会给予的各种奖励。

（六）在工会会议和工会媒体上，参加关于工会工作和职工关心问题的讨论。

按照《中国工会章程》的规定，工会会员应履行以下义务。

（一）认真学习贯彻习近平新时代中国特色社会主义思想，学习政治、经济、文化、法律、科技和工会基本知识等。

（二）积极参加民主管理，努力完成生产和工作任务，立足本职岗位建功立业。

（三）遵守宪法和法律，践行社会主义核心价值观，弘扬中华民族传统美德，恪守社会公德、职业道德、家庭美德、个人品德，遵守劳动纪律。

（四）正确处理国家、集体、个人三者利益关系，向危害国家、社会利益的行为作斗争。

（五）维护中国工人阶级和工会组织的团结统一，发扬阶级友爱，搞好互助互济。

（六）遵守工会章程，执行工会决议，参加工会活动，按月交纳会费。

五、工会会员的会籍管理

工会会员会籍是指工会会员资格，是职工履行入会手续后工会组织确认其为工会会员的依据，是证明工会会员身份的重要凭证和管理工会会员会籍的依据。工会会员会籍管理是工会组织建设的一项重要的基础性工作，是夯实工会基础基层的重要基石。工会会员会籍管理依照《中国工会章程》和2016年全国总工会印发的《工会会员会籍管理办法》进行。工会会员的会籍管理包括工会组织办理职工入会手续、管理会员档案、接转会籍、办理保留会员会籍和取消会员会籍等工作。

（一）工会会员会籍管理的原则

《工会会员会籍管理办法》明确规定了工会会员会籍管理的原则，即"工会会员会籍管理，随劳动（工作）关系流动而变动，会员劳动（工作）关系在哪里，会籍就在哪里，实行一次入会、动态接转"。劳动（工作）关系，是指劳动者与用人单位之间在实现劳动过程中所发生的权利义务关系。劳动（工作）关系是现代社会最重要最基本的社会关系。会员会籍管理要坚持会员劳动（工作）关系在哪里，会员会籍就在哪里，会员会籍随劳动（工作）关系流动而变动的原则。会员劳动（工作）关系发生变化，应按规定办理会籍接转手续，即由调出单位工会填写会员证"工会组织关系接转"栏目中有关内容。会员的《工会会员登记表》随个人档案一并移交。会员以会员证或会员卡等证明其工会会员身份，新的用人单位工会应予以接转登记。

（二）会员会籍档案的管理

会员会籍档案，是基层工会进行会员情况统计、登记、建立名册的依据。职工经批准加入工会的入会申请书和会员登记表作为会员的档案材料，由会员所在基层工会组织负责保管。会员接转关系、保留会员会籍、开除会员会籍的手续和材料，也应当作为会员会籍档案材料进行管理。根据《工会会员会籍管理办法》第11条规定："基层工会应建立会员档案，实行会员实名制，动态管理会员信息，保障会员信息安全。"

（三）会员会籍的接转

《中国工会章程》第5条规定："会员组织关系随劳动（工作）关系变动，凭会员证明接转。"《工会会员会籍管理办法》第12条规定："会员劳动（工作）关系发生变化后，由调出单位工会填写会员证'工会组织关系接转'栏目中有关内容。会员的《工会会员登记表》随个人档案一并移交。会员以会员证或会员卡等证明其工会会员身份，新的用人单位工会应予以接转登记。"

（四）会员会籍的保留

《中国工会章程》第8条规定："会员离休、退休和失业，可保留会籍。保留会籍期间免交会费。工会组织要关心离休、退休和失业会员的生活，积极向有关方面反映他们的愿望和要求。"保留工会会籍的会员，不需要缴纳工会会费，也不享有工会会员的选举权、被选举权和表决权。保留会员会籍一般有以下几种情况：（1）会员已经办理离退休手续；（2）会员失业，尚未安置就业或实现再就业；（3）离开工作岗位，长期不能参加工会组织生活，如参军、离职上学、长期病休、出国等；（4）调离原单位，而调入单位暂没有建立工会组织的；（5）加入工会组织的轮换工、季节工因季节性离开工作单位，以及临时工、合同工等因劳动合同期满终止劳动合同尚未就业的。(6)援外人员，由原单位办理保留会籍手续。(7)工会组织被撤销。

根据《工会会员会籍管理办法》的有关规定，会员退休（含提前退休）后，在原单位工会办理保留会籍手续。退休后再返聘参加工作的会员，保留会籍不作变动。内部退养的会员，其会籍暂不作变动，待其按国家有关规定正式办理退休手续后，办理保留会籍手续。会员失业的，由原用人单位办理保留会籍手续。原用人单位关闭或破产的，可将其会籍转至其居住地的乡镇（街道）或村（社区）工会。重新就业后，由其本人及时与新用人单位接转会员会籍。已经加入工会的职工，在其服兵役期间保留会籍。服兵役期满，复员或转业到用人单位并建立劳动关系的，应及时办理会员会籍接转手续。会员在保留会籍期间免缴会费，不再享有选举权、被选举权和表决权。

办理保留会员会籍，由会员所在工会小组或车间（科室）工会书面报告基层工会核准，由基层工会在其《工会会员登记表》和《工会会员证》备注栏内注明该会员办理保留会籍的时间，由工会小组或车间（科室）工会负责人通知其本人从何时起停止缴纳会费。会员办理保留会籍手续后，离退休人员的会员证可由本人保存；其他保留会籍的职工的会员证由本人保管，待其再就业时再办理工会会员组织关系接转手续。保留会籍的会员，免缴会费，不再享有工会会员的选举权、被选举权和表决权。基层工会应充分运用网络信息技术和平台，做好工会会员数据信息实时更新，实现网上网下深度融合、紧密联动。

工会组织撤销后，会员会籍的保留。在现实中，由于企业的关闭、合并或者破产及其他形式的企业终止，以及机关、事业单位被撤销，使基层工会组织失去了存在的基础，所以基层工会组织也就随之撤销。被撤销工会的工会会员如何处理?《工会法》作出这样的规定，即“被撤销的工会，其会员的会籍可以继续保留”。也就是说，原有的工会会员会籍即会员资格可以继续保留，会员组织关系移交其居住地工会组织管理，待重新就业或者重新确定新的工作单位后，再将其会员组织关系及时转入所在单位工会组织。新的所在单位尚未建立工会组织的，其会员组织关系暂时保留在居住地工会组织中，工会会员保留会籍期间免缴会费，不再享有选举权和被选举权。

（五）会员会籍的取消

1. 会员退会

《中国工会章程》第 6 条规定："会员有退会自由。会员退会由本人向工会小组提出，由基层工会委员会宣布其退会并收回会员证。会员没有正当理由连续六个月不交纳会费、不参加工会组织生活，经教育拒不改正，应当视为自动退会。"根据这一规定，可以看出，工会会员退会有两种情况。第一，退会是工会会员的权利，会员有权提出退出工会的要求并行使退会的权利。第二，退会又是对工会会员违背工会章程、不履行工会会员义务的一种组织处理。两者都是工会作为职工自愿结合的工人阶级群众组织的原则要求和规则的体现。

2. 开除会员会籍

《中国工会章程》第 7 条规定："对不执行工会决议、违反工会章程的会员，给予批评教育。对严重违法犯罪并受到刑事处罚的会员，开除会籍。开除会员会籍，须经工会小组讨论，提出意见，由基层工会委员会决定，报上一级工会备案。"《工会会员会籍管理办法》第 23 条规定："对严重违法犯罪并受到刑事处分的会员，开除会籍。开除会员会籍，须经会员所在工会小组讨论提出意见，由工会基层委员会决定，并报上一级工会备案，同时收回其会员证或会员卡。"根据规定的条件和程序开除会员会籍是保障工会组织的纯洁性和纪律性，加强工会会员队伍建设的重要措施。开除会员会籍，是一项政策性很强的工作，一定要慎重对待。

（1）对于不执行工会决议、违反工会章程的会员，工会组织要及时给予批评教育。对于极少数拒不改正错误，以至发展到违法犯罪的会员，要适时给予开除会籍处分。

（2）对严重违法犯罪并受到刑事处分的会员，根据《中国工会章程》的规定，开除会籍。这主要是指被依法判刑的犯罪分子。依照《中华人民共和国刑法》被判处管制或被宣告缓刑，未被剥夺政治权利的犯罪分子，一般可不做开除会籍处理。

（3）开除会员会籍，须经过会员所在工会小组全体会员讨论，提出书面意见，由基层工会委员会决定并报上一级工会备案，通知本人，同时收回其会员证或会员卡。

(4) 被用人单位给予开除留用察看的会员，在留用察看期间，一般不处理会籍。

(5) 因严重违法犯罪并受到刑事处分而被开除会籍的人员，刑事处分期满后，符合入会条件的，经本人申请可以重新加入工会组织。

 **思考题：**

1. 工会的组织原则及其主要内容是什么？
2. 中国工会全国代表大会有哪些职权？
3. 工会的地方各级代表大会有哪些职权？
4. 各级地方总工会委员会的主要任务是什么？
5. 如何理解产业工会的领导体制？
6. 基层工会如何设立？
7. 基层工会委员会的任务是什么？
8. 简述基层工会会员代表大会的代表。
9. 基层工会会员代表大会的职权有哪些？
10. 基层工会会员代表大会如何召开？
11. 基层工会选举的基本规定有哪些？
12. 基层工会委员会委员名额如何确定？
13. 基层工会组织候选人如何提出？
14. 简述基层工会选举的实施。
15. 劳动者加入工会的条件和程序是什么？
16. 如何维护新就业形态劳动者参加和组织工会的权利？
17. 工会会员享有的基本权利和履行的义务有哪些？
18. 工会会员会籍管理的原则是什么？
19. 工会会员会籍如何接转？
20. 简述工会会员会籍的保留与取消。

【案例 1】

梅州市总工会五个方面强化县级工会工作

2023 年 2 月 23 日 来源：工人日报客户端

广东省梅州市总工会日前制定出台《关于加强县（市、区）级工会工作的实施方案》，成立了由工会主席担任组长的专项工作领导小组，加大经费投入，从五个方面发力，激发县（市、区）级工会“桥头堡”作用。

坚持党的领导，强化思想政治引领功能。梅州工会把深入学习贯彻习近平新时代中国特色社会主义思想作为首要政治任务，深刻领悟“两个确立”的决定性意义，进一步增强“四个意识”、坚定“四个自信”、做到“两个维护”。围绕党的二十大精神开展形式多样、内容丰富的学习宣传贯彻活动。

坚持量质并重，强化工会组织建设功能。投入 57 万元用于新就业形态劳动者建会入会集中行动，做实市新业态行业工委会，全市建成新业态领域基层工会 47 家、涵盖 79 家企业，发展新就业形态劳动者会员 11629 人；实现 8 个县（市、区）辖工业园区工联会全覆盖，市总工会每年给予每个县（市、区）辖工业园区工联会 1 万元经费补贴；实现“法院+工会”机制全覆盖，推进“劳动仲裁+工会”机制建设。

坚持资源整合，强化工会服务阵地建设。以奖补措施推动服务阵地提升效能。实现了 8 个县（市、区）职工服务中心全覆盖，并出台奖补措施。工会主导，整合第三方资源，由工会提供活动场所，第三方提供服务供会员在固定时间免费使用，全面提升文化宫服务效能。依托“粤工惠”综合服务平台，推动梅州工会线上服务阵地建设。自 2023 年起，市总为每个县（市、区）级工会每年配套 1 万元会员普惠活动经费，全市共有 2543 个工会组织登记，实名采集工会会员 24 万人、实名认证 20 万人，实名率达 83%。

坚持绩效导向，强化工会干部队伍建设。印发《关于规范全市社会化工会工作者员额和薪酬管理的通知》，规范社会化工会工作者员额管理和统一了全市工会社工的薪酬标准。举办 2022 年梅州市工会系统社会化工会工作者职业水平考试考前辅导网络培训班，全市118名社会化工会工作者中，23人通过初级职称考试，3人通过中级职称考试。

坚持倾斜基层，加大工作经费保障力度。2022年度工会经费上缴市总工会部分按照65%的比例返还县（市、区）级工会。优化支出结构，围绕工会重点工作有效进行资金配置，为新就业形态劳动者建会入会集中行动、“粤工惠”会员普惠活动、社会化工会工作者队伍建设、产业工人队伍建设列支100多万元。提高县级工人文化宫补助资金。（工人日报-中工网记者 叶小钟 通讯员 叶华安）

【案例2】

强化工会自身建设，提升服务职工能力

2022年6月24日　来源：中工网

基层工会直接联系和服务职工群众，加强基层工会建设，是构建联系广泛、服务职工的工会工作体系的固本之策。南通市崇川区总工会积极适应新形势新任务新要求，持续强化自身建设改革，在全省建立首个和谐劳动关系法律体检中心；在南通市率先启动“别样康乃馨·共筑芳华韵”女职工综合服务工作，首创实施总工会委员提案办法等，有效激发基层工会活力，促进全区工会工作高质量发展。

创新方法，实现基层工会建设新突破

针对基层存在工会组织上下联系不紧密、工会干部兼职过多、工会干部队伍整体素质亟待提高等问题，崇川区总工会着力创新工作方法，不断扩大工会组织的覆盖面，增强工会组织的凝聚力。

崇川区总会同区委组织部共同开展非公企业党建带工建“三创争两提升”活动，出台《深化党工共建助推民营经济高质量发展的实施意见》，确定15家党建带工建示范单位。目前全区党工组织双覆盖的企业有756家；全区90个工会联合会中，工会主席是党员的有69家，占比76.7%；工会班子成员列为党员发展重点培养对象的有40名，从党员中培养工会班子成员35名。建立困难职工帮扶党工联动机制，每年开展帮扶活动30多批次，惠及一线党员职工900多人次。与区委组织部共同召开组建工会协

调会、现场推进会等形式，努力做到组建和规范相结合，发展会员与发挥作用相统一。

他们注重“双措并举、二次覆盖”工作，不断探索和创新建会模式，以龙头企业“单独建”、规模行业“牵头建”，依托区域“联合建”等方式，持续扩大工会组织覆盖面，最大限度地把非公企业职工吸入到工会中来。目前，已创建江苏省“司机之家”示范点1个，组建物流园区工会联合会3家，物流运输企业工会21家，吸纳1500多名货车司机、快递员入会。创新成立省内首家饿了么外卖骑手工会，充分发挥圆融商圈工会“蓄水池”功能，累计覆盖外卖小哥500余人。

针对一些基层工会力量薄弱，少数基层工会存在组织不健全、运行不规范、维权不到位、活力不强、作用发挥不明显、职工群众不够满意等问题，该区总围绕构建区级工会—街道工会—村社区工会“大三级”工会组织网络，加强上级工会对下级工会指导，着力解决区、街道工会人少事多，编制不足，经费紧张等各种实际困难，探索在经济相对发达、企业相对集中、职工相对较多的街道建立总工会，积极争取党委支持，不断充实专职工会干部力量。目前全区已建立街道总工会8家，占街道总数的一半。探索建立完善街道、村（社区）和企业工会协调联动的“小三级”工会体制，形成上下联动、合力增强的基层工会工作局面。

拓展思路，实现工会制度建设新发展

崇川区总工会适应形势发展变化，积极拓展思路，在实践中改进发展巩固相关制度，使工会工作有章可循、有法可依。同时加强对制度执行情况的检查和监督，形成工会工作长效机制，保持工会工作的连续性、规范性和科学运转，不受一时一事一人的影响和干扰，确保各项制度真正落地落实。

建立健全基层工会工作考核、评价和激励机制，增强基层工会干部的责任感，激发他们做好工作的积极性和主动性，切实关心基层工会干部的工作、学习和生活，落实基层工会干部待遇，保护基层工会干部的合法权益。推动党组织把工会干部纳入党政系统交流和提拔使用，与党政干部一视同仁，改变单向交流、只进不出的现象，使工会组织始终充满生机与活力。近年来，区委组织部门从工会干部队伍中提拔转岗干部5名，从其他部门调入工会任职人员6名。有5名工会干部荣获省、市五一劳动奖章。

锐意革新，实现工会能力建设新提升

崇川区总工会积极适应工会职能转变的需要，规范工会的机构设置，配齐配强各级专职工会干部，在南通市率先试行企业兼职工会主席补贴制度，在年终考核的基础上，按照实施细则对全区企业兼职工会主席发放补贴。组织好新任工会主席+上岗培训、各类专门业务培训等，加强业务理论、法律法规、组织建设等知识的学习，解决好兼职工会主席兼而不专的问题，着力打造一支忠诚党的事业、忠实服务职工的工会工作者队伍。

制定岗位责任制度、目标考核制度、评先选优制度、职务晋升制度等规范配套的管理制度，推进工会干部职业化管理，促使职业化工会干部队伍始终保持良好的精神状态，形成人人争先的氛围。完善社会化工会工作者队伍管理、培育、激励等工作机制，对社会化工会工作者实行轮岗交流，把德才兼备的优秀社会化工会工作者选聘到街道（开发区）工会领导岗位，已有4名社会化工会工作者实现轮岗交流，充实了基层工会领导班子力量。（据《江苏工人报》消息 南通市崇川区总工会党组书记、主席 沈建宏）

第四章

职工民主管理

职工民主管理是社会主义民主的重要组成部分，是促进企事业健康发展、维护职工权益的重要机制。各级工会工作者要提高对职工民主管理工作的认识，不断健全和规范职工民主管理制度，切实发挥职工民主管理的积极作用。

第一节　职工民主管理概述

一、职工民主管理的含义

职工民主管理是指企事业单位职工依照有关法律法规和政策规定，参与企事业单位决策、管理和监督的活动。职工民主管理是职工主人翁地位的重要体现，是社会主义民主的重要组成部分。党的二十大报告指出："我们要健全人民当家作主制度体系，扩大人民有序政治参与，保证人民依法实行民主选举、民主协商、民主决策、民主管理、民主监督，发挥人民群众积极性、主动性、创造性，巩固和发展生动活泼、安定团结的政治局面。"

二、职工民主管理的职能

职工民主管理有以下几方面的职能。

（1）审议职能。职工民主管理审议的职能是指职工或职工代表对企事业单位重大决策和生产经营管理方面的重大问题进行审议，提出建议和意见，使之更加科学合理。

（2）决策职能。职工民主管理的决策职能是指职工群众对涉及职工利益的重大问题，就方案的实施作出决定或决议的民主参与活动。

（3）监督职能。监督职能是指企事业单位各项管理活动中，通过职工的参与，对决策的执行情况、职工代表大会的决议落实情况，单位领导的党风廉政建设情况进行群众监督。

（4）维护职能。维护职能是职工群众通过职工民主管理活动，行使法律赋予的民主权利，维护职工利益与国家及企事业单位的整体利益。

（5）协调职能。协调职能是指通过职工民主管理活动有效协调企事业内部的利益矛盾关系，增强组织的凝聚力，促进企事业高质量发展。

（6）教育职能。教育职能是指通过广泛的民主参与，使职工的民主政治意识、文化素质、参与管理的能力不断提高。

三、职工民主管理的重要性和必要性

（一）职工民主管理是全过程人民民主的重要体现

党的二十大报告指出，“全过程人民民主是社会主义民主政治的本质属性，是最广泛、最真实、最管用的民主”。报告还强调“基层民主是全过程人民民主的重要体现”，凸显了基层民主在全面发展全过程人民民主、保障人民当家作主方面既不可或缺又不可替代的重要地位和作用。在企事业单位，实行职工民主管理，让职工群众直接行使民主权利，依法管理自己的事情，是社会主义民主最广泛的实践，是社会主义民主政治建设的基础性工作，有利于更好地保障职工群众的知情权、参与权、表达权、监督权，更好维护职工合法权益。

（二）职工民主管理是贯彻全心全意依靠工人阶级指导方针的基本要求

职工民主管理是工人阶级当家作主的最基本、最直接、最有效的体现形式。贯彻落实全心全意依靠工人阶级指导方针，要体现在政治、经济和社会各个方面，要具体落实到企事业管理的实际工作中，做到相信职工、依靠职工、尊重职工、为了职工，使职工真正感受到主人翁的地位。

（三）职工民主管理是践行“以人为本”理念的具体体现

人在现代社会的发展中起着主导作用，只有通过激发人的积极性、主动性、创造性，生产和社会的发展才能有动力和活力。通过实行职工民主管理，在经营管理者和职工之间架起对话沟通、协商共议、双向支持的平台，建立公开的平等协商机制，就是“以人为本”管理理念的最好写照。

（四）职工民主管理是促进企事业单位高质量发展的重要保障

通过实行职工民主管理，重大决策让职工参与，提交职工代表大会审议，集中群众智慧，可以使决策更加科学、完善。而且，通过实行民主管理，也有利于充分调动和发挥职工群众积极性、主动性、创造性，提高劳动生产率和经济效益，从而促进企事业单位高质量发展。

（五）职工民主管理是维护职工权益的有效途径

职工通过职工代表大会、厂务公开等民主管理形式，对涉及职工权益的重要事项行使审议、通过、决定、选举等权力，使企事业单位的决定充分尊重和听取职工群众的意见，有效地维护职工的各项权益。

（六）职工民主管理是预防腐败的有效手段

预防腐败，监督是关键。实行职工民主管理，让职工享有知情权、建议权、决定权、监督权，通过合法的渠道，有序地表达自己的意愿，实行对企事业领导人的民主监督，能够有效地预防经营管理者的失职渎职甚至贪污腐败行为的发生。

四、职工民主管理的形式

党的二十大报告指出："坚持和完善我国根本政治制度、基本政治制度、重要政治制度，拓展民主渠道，丰富民主形式，确保人民依法通过各种途径和形式管理国家事务，管理经济和文化事业，管理社会事务。"

职工民主管理的形式是多种多样的，主要有以下几种形式。

（一）职工代表大会

职工代表大会制度是职工实行民主管理的基本形式，是职工通过民主选举产生职工代表，组成职工代表大会，在企事业内部行使民主管理权力的制度。它是中国基层民主制度的重要组成部分。

（二）集体协商制度

《劳动法》第 8 条明确规定："劳动者依照法律规定，通过职工大会、职工代表大会或者其他形式，参与民主管理或者就保护劳动者合法权益与用人单位进行平等协商。"《工会法》第 6 条第 2 款规定："工会通过平等协商和集体合同制度等，推动健全劳动关系协调机制，维护职工劳动权益，构建和谐劳动关系。"这些规定为企事业单位建立集体协商制度提供了法律依据。

集体协商，也叫集体谈判，它是工会作为职工方代表与企事业单位就涉及职工权利的事项，为达成一致意见而建立的沟通和协商解决机制。集体协商的内容包括职工的民主管理，签订集体合同和监督集体合同的履行，涉及职工权利的重要规章制度的制定、修改，企事业单位职工的劳动报酬、工作时间和休息休假、保险福利、劳动安全卫生、女职工和未成年工的特殊保护、职工培训及职工文化体育生活，劳动争议的预防和处理以及双方认为需要协商的其他事项。企事业单位工会与用人单位建立集体协商机制，定期或不定期地就上述事项进行平等协商，经协商达成一致意见的，工会一方应当向职工传达，要求职工遵守执行；企事业单位也应当按照协商结果执行。集体协商是工会代表职工与企事业进行商谈的行为，它主要体现了职工的意愿和要求，是职工参与企事业重大问题决策的重要体现。因此，集体协商、签订集体合同制度也是职工民主管理的重要形式。

（三）职工董事、职工监事制度

职工董事、职工监事制度，是指在公司制企业中，由职工民主选举出的职工代表进入董事会、监事会，担任董事、监事，代表职工参与企事业管理、决策和监督的制度。职工董事、职工监事制度的建立是建立现代企业制度的客观要求，是职工代表大会制度的延伸和发展，是公司制企业实行民主协商、民主决策、民主管理和民主监督的必要途径。

职工董事、监事是依照法律规定的程序，由职工代表大会或职工大会民主选举产生的。建立职工董事、职工监事制度，是深化国有企业改革、建立现代企业制度的内在要求；是职工在公司制企业中主人翁地位和权利的体现；是协调劳动关系的客观要求。建立职工董事、职工监事制度，将进一步推进党的全心全意依靠工人阶级指导方针在企事业中的贯彻和落实；进一步完善企业的法人治理结构；加强企事业经营决策者与劳动者之间的联系；保证从源头上维护职工的合法权益；促进职工民主管理。

（四）职工持股会

在一些公司制企业，职工购买了本公司的股票，成为企业的股东，与公司之间又增加了一层产权关系。他们作为股东参加股东会，参与对股权的管理，享受股东权利。但一般来说，职工持股数量有限，而且每人的股份数持有量也不均等，职工分别参加股东会，难以形成统一的意见和维护职工共同利益的力量。因此，有条件的企业应建立职工持股会。职工持股会是由持有本公司股权的职工自愿建立的群众性组织。成立职工持股会的意义在于：有利于集中持股职工的意见和要求，并通过选派代表参加股东大会等形式，充分表达自己的意愿，增加影响企业决策的力度，更好地维护持股职工的利益。

（五）厂务公开

厂务公开就是把企事业重大决策，生产经营管理的重要问题，涉及职工切身利益的问题以及与企事业单位领导班子建设和党风廉政建设密切相关的问题，根据有关法规和制度，通过职工代表大会、厂务公开栏等多种形式，向企事业单位广大职工公开，使职工及时了解厂情，更好地参与企事业决策、管理和监督。推行厂务公开，是新形势下加强职工民主管理的基本要求和有效方法，同时也是坚持以人为本，发展社会主义民主政治，加强党风廉政建设，构建社会主义和谐社会的重要举措。

（六）合理化建议活动

职工合理化建议活动也称“点子工程”，它是职工民主管理的一项重要内容。通过开展这一活动，切实提高职工民主参政意识，最大限度地发掘职工中蕴藏的智慧和热情，为领导层改进工作方法、进行正确决策提供了依据。开展合理化建议活动也是企事业革新挖潜、降低成本、提高劳动生产率、增加经济效益的重要途径，是企事业发展的内在动力。它能够充分调动起全体职工参与企事业管理的积极性，对改善企事业单位管理，提高经济社会效益有着举足轻重的作用。

工会组织是组织开展职工民主管理的职能部门。合理化建议作为广大职工参与民主管理的重要内容，一方面反映了职工的期望，另一方面也表明企事业单位的许多规章制度、运行机制等有待于进一步改进、加强和完善。要使合理化建议活动有效展开，必须根据企事业单位的实际，建立健全各项奖励制度，即对提出的合理化建议给予必要的奖励，通过经济激励促进职工积极提出合理化建议，多出“金点子”、争当“智多星”。

（七）其他形式

如班组民主管理会、民主接待日、民主信箱、民主议事会、民主恳谈会等。

第二节 职工代表大会制度

一、职工代表大会制度的性质和特征

（一）职工代表大会的性质

职工代表大会性质，是指职工代表大会的根本属性。《工会法》第 36 条第 1 款规定："国有企业职工代表大会是企业实行民主管理的基本形式，是职工行使民主管理权力的机构，依照法律规定行使职权。"

（二）职工代表大会的特征

1. 职工代表大会具有广泛的代表性和充分的民主性

职工代表大会由职工代表组成，而职工代表又是按一定的民主程序和一定的比例由职工直接选举产生。他们来自各个部门，既代表职工的意志，又受其监督。另外，职工代表大会议案的提出和决议的作出都要经过一定的民主程序，这样，就保证了职工代表大会的代表性和民主性。

2. 职工代表大会具有法律依据和权威性

我国《宪法》第 16 条第 2 款明确规定："国有企业依照法律规定，通过职工代表大会和其他形式，实行民主管理。"第 17 条第 2 款规定："集体经济组织实行民主管理，依照法律规定选举和罢免管理人员，决定经营管理的重大问题。"1988 年七届人大一次会议通过的《全民所有制工业企业法》第 5 章，专门规定了职工群众的民主管理权利和职工代表大会的 5 项职权。《劳动法》《公司法》《劳动合同法》《安全生产法》等法律法规都规定了企事业单位要通过职工代表大会等形式，实行职工民主管理和民

主监督的内容。这些规定为全面建立和健全职工代表大会制度提供了法律保障。

3. 职工代表大会具有严密的组织制度和组织体系

职工代表大会把民主集中制作为根本组织原则，始终体现着大多数职工的意愿和要求。职工代表大会有多级民主管理网络，有职工代表大会主席团，有专门委员会（小组），有职工代表团（组）长和专门委员会负责人联席会议，有自己的工作机构和活动制度，这种组织上的系统化和工作的经常化、制度化、程序化，为职工民主管理提供了重要的组织制度保障。

4. 职工代表大会制度是我国企业民主管理长期实践的活动结晶

企事业实行职工代表大会制度，符合我国目前生产力发展水平、管理水平和职工群众习惯的要求，长期实践证明，它比其他职工民主管理形式更加切实可行、更加有效。

二、职工代表大会的组织机构

（一）职工代表大会主席团

职工代表大会主席团，是在职工代表大会预备会议上由全体职工代表选举产生，负责职工代表大会会议期间的组织领导工作的机构。主席团成员有工人、技术人员、管理人员和领导干部，其中，工人、技术人员、管理人员不少于50%。

职工代表大会全体会议由大会主席团成员轮流主持。职工代表大会主席团不实行常任制。其具体职责是：

1. 主持召开大会，负责大会期间的各项工作；

2. 研究需要大会通过和表决的事项，草拟大会决议；

3. 听取和综合各项职工代表团（组）对各项议案的审议意见和建议，对提案进行修改；

4. 主持大会的表决和选举工作；

5. 处理大会的其他重要事务。

（二）职工代表大会专门小组（委员会）

职工代表大会专门小组（委员会），是为职工代表大会行使各项职权服务的专门工作机构。设立专门小组（委员会），可以使职工代表大会更好地开展活动，提高工作效率，发挥应有的作用。

1. 职代会专门小组（委员会）的成立

（1）职代会专门小组（委员会）设置，应根据单位的实际需要而确定。一般可设生产经营小组（委员会）；财务经济小组（委员会）；安全劳保、规章制度小组（委员会）；生活福利小组（委员会）；女职工小组（委员会）；宣传、文体小组（委员会）；民主评议干部及工会组织小组（委员会）。

（2）职代会专门小组（委员会）日常工作接受职代会和工会的领导，在工会主持下进行。

（3）职代会各专门小组（委员会）一般平时不脱产。由于工作需要占用生产或者工作时间，有权按照正常出勤享受应得的待遇。

（4）职代会各专门小组（委员会）一般由 5 至 9 人组成。各专门小组（委员会）设主任（组长）1 名，副主任（副组长）1 至 2 名。

（5）各专门小组（委员会）的成员，由职工代表、团（组）酝酿提出名单，工会委员会汇总平衡，经职代会通过产生。

2. 职工代表大会专门小组（委员会）的职责

（1）平时，经常深入职工群众了解和听取关于本工作小组（委员会）负责范围内的工作意见和要求；

（2）会前，征集、汇总职工代表提案；

（3）会中，上报大会提案，并做好大会交办的各项服务工作；

（4）会后，检查监督大会决议和提案的贯彻落实情况，研究处理属本组织权限内的问题；

（5）办理职代会交办的其他事务；

（6）按规定，向职代会报告工作。

（三）职工代表团（组）长和专门小组负责人联席会议

职工代表团（组）长和专门小组负责人联席会议，是在职工代表大会闭会期间为解决临时需要职工代表大会审议或审查的某些重要问题，由企事业工会召集的会议，职工代表大会联席会议制度是职工代表大会制度的重要组成部分。

1. 联席会议的组成人员

联席会议由3方面人员组成：一是企事业工会委员；二是职工代表团（组）长；三是专门小组负责人。

联席会议可以根据会议内容，邀请企事业党政负责人或其他有关人员参加。

2. 召开联席会议的工作程序

（1）联席会议协商处理的议题，由企事业党政、工会、职工代表团（组）长或职代会专门小组提出，经企事业工会委员会讨论确定。

（2）企事业工会将拟定审议的议题及相关材料，提前发给代表团（组）长和专门小组负责人，并由他们征求职工代表和职工群众的意见。

（3）企事业工会收集各代表团（组）长和专门小组的意见后，交有关部门研究形成或进一步修改议案。

（4）召开联席会议时，由提出议案的负责人介绍议案制定的依据、主要内容和目的要求，然后进行认真讨论，各抒己见，在协商一致的基础上形成决议。

（5）联席会议在讨论问题时如出现分歧意见，可以暂时休会，待各方面认识基本一致后，再提交联席会议协商解决。联席会议协商处理问题的结果送交企业负责人，责成有关部门落实，并由职工代表团（组）长传达给职工代表和职工群众。

3. 联席会议的工作制度

联席会议至少每季召开1次，遇有工作需要，随时召开。每次会议必须有2/3以上的人员出席。联席会议由企事业工会召集，由企事业工会主席主持。为保持工作连续性，联席会议可记届、次，并认真做好会议记录，整理好会议档案。

联席会议实行民主协商制。联席会议形成决议前，要尽可能征得企事业行政或有关行政部门同意，尽可能求得协商一致。

三、职工代表大会职权

按照《企业民主管理规定》，职工代表大会行使下列职权。

（1）听取企业主要负责人关于企业发展规划、年度生产经营管理情况，企业改革和制定重要规章制度情况，企业用工、劳动合同和集体合同签订履行情况，企业安全生产情况，企业缴纳社会保险费和住房公积金情况等报告，提出意见和建议。

审议企业制定、修改或者决定的有关劳动报酬、工作时间、休息休假、劳动安全卫生、保险福利、职工培训、劳动纪律以及劳动定额管理等直接涉及劳动者切身利益的规章制度或者重大事项方案，提出意见和建议。

（2）审议通过集体合同草案，按照国家有关规定提取的职工福利基金使用方案、住房公积金和社会保险费缴纳比例和时间的调整方案，劳动模范的推荐人选等重大事项。

（3）选举或者罢免职工董事、职工监事，选举依法进入破产程序企业的债权人会议和债权人委员会中的职工代表，根据授权推荐或者选举企业经营管理人员。

（4）审查监督企业执行劳动法律法规和劳动规章制度情况，民主评议企业领导人员，并提出奖惩建议。

（5）法律法规规定的其他职权。

国有企业和国有控股企业职工代表大会除行使上述职权外，还行使下列职权。

（1）听取和审议企业经营管理主要负责人关于企业投资和重大技术改造、财务预决算、企业业务招待费使用等情况的报告，专业技术职称的评聘、企业公积金的使用、企业的改制等方案，并提出意见和建议。

（2）审议通过企业合并、分立、改制、解散、破产实施方案中职工的裁减、分流和安置方案。

（3）依照法律、行政法规、行政规章规定的其他职权。

四、职工代表

职工代表是企事业单位按照一定的民主程序选举产生、代表广大职工参加职工代表大会、行使民主管理权力的职工。职工代表是职工的代言人，是企事业单位经营管理的参与者，是企事业单位重大决策的参谋。职工代表大会是由职工代表组成的，职工代表的素质直接关系到职工代表大会的质量。因此，选好职工代表，不断提高职工代表的政治、业务、管理水平和参政议政能力，充分发挥职工代表的作用，是坚持和完善职工代表大会制度重要保障。

（一）职工代表的选举产生

1. 职工代表的资格

与用人单位建立劳动关系的职工均可当选为职工代表。

2. 职工代表的比例和人数

企业召开职工代表大会的，职工代表人数按照不少于全体职工人数的5%确定，最少不少于 30 人。职工代表人数超过 100 人的，超出的代表人数可以由企事业与工会协商确定。

3. 职工代表的构成

职工代表大会的代表由工人、技术人员、管理人员、企事业领导人员和其他方面的职工组成。其中，企事业中层以上管理人员和领导人员一般不得超过职工代表总人数的 20%。有女职工和劳务派遣职工的企业，职工代表中应当有适当比例的女职工和劳务派遣职工代表。

4. 选举职工代表的程序

（1）制定选举方案。

（2）进行宣传发动。

（3）推荐职工代表的候选人。

（4）直接选举职工代表。

（5）职工代表资格的审查。

（6）组成各代表团（组）。

（二）职工代表的权利和义务

职工代表享有下列权利。

1. 选举权、被选举权和表决权。

2. 参加职工代表大会及其工作机构组织的民主管理活动。

3. 对企事业领导人员进行评议和质询。

4. 在职工代表大会闭会期间对企事业执行职工代表大会决议情况进行监督、检查。

职工代表应当履行下列义务。

1. 遵守法律法规、企事业规章制度，提高自身素质，积极参与企事业民主管理。

2. 依法履行职工代表职责，听取职工对企事业生产经营管理等方面的意见和建议，以及涉及职工切身利益问题的意见和要求，并客观真实地向企事业反映。

3. 参加企事业职工代表大会组织的各项活动，执行职工代表大会通过的决议，完成职工代表大会交办的工作。

4. 向选举单位的职工报告参加职工代表大会活动和履行职责情况，接受职工的评议和监督。

5. 保守企事业的商业秘密和与知识产权相关的保密事项。

五、职工代表大会的议题和提案

（一）职工代表大会的议题

职工代表大会议题是指列入职工代表大会会议议程和提交职工代表大会审议的问题。

职工代表大会议题要针对企事业单位生产经营管理以及职工切身利益方面的重大问题确定中心议题。

确定职工代表大会议题的一般程序是：（1）会前由工会广泛征求、收集会议议题的意见，在此基础上，与行政协商，提出大会议题的建议；（2）提请党委讨论，形成对大会议题的初步意见；（3）将初步形成的议题发给职工代表团（组）讨论和修改；(4) 在广泛征求意见的基础上，将议题提交职工代表大会预备会议审议通过。

（二）职工代表大会提案的征集和处理

1. 提案的概念：职工代表大会提案是提请职工代表大会讨论、决定、处理的方案和建议。

2. 提案的内容：主要是针对本单位的生产经营管理、改革改制、内部分配、规章制度、劳动保护、生活福利、职工教育和民主管理等方面的建议和意见。

3. 提案的形式：应采用书面形式，包括以下几部分。

(1) 案由（或命题）——提案的题目，用简明的文字说明提案要求解决的问题，案由和提案内容要一致。

(2) 提案者——提出提案的代表姓名或单位名称。并写上通信地址、电话号码。联名提案时，发起人应当作为第一提案人。

(3) 案由分析——提出提案的理由、原因或根据。它是提案的核心部分，要有情况、有分析、实事求是，简明扼要，切忌笼统、空泛、失实。

(4) 建议、办法和要求——针对案由反映的问题，提出自己对解决问题的主张和办法。

(5) 一事一案——一件提案只能写一件事，一事一案。

4. 提案征集处理的程序如下。

(1) 发出提案征集通知，发放提案征集表。

(2) 职工代表填写提案表。

(3) 收集提案并送交工会或提案委员会。

(4) 对提案进行审查，符合条件的立案，不符合条件的退回并予以说明。

(5) 对已立案的提案要进行整理、分类登记。

(6) 处理。分送有关领导或有关部门负责处理实施。有关重大问题的提案应提交职工代表大会讨论。

(7) 监督检查。工会或提案委员会对提案的落实情况进行监督检查，并在下届职工代表大会上报告提案处理及落实的情况。

六、职工代表大会的会议制度

1. 职工代表大会每年至少召开 1 次，每次必须有 2/3 以上的职工代表出席。

2. 职工代表大会每届任期为 3 年或者 5 年。具体任期由职工代表大会根据本单位的实际情况确定。

职工代表大会因故需要提前或者延期换届的，应当由职工代表大会或者其授权的机构决定。

3. 职工代表大会议题和议案应当由企事业工会听取职工意见后与企事业协商确定，并在会议召开 7 日前以书面形式送达职工代表。

4. 职工代表大会选举和表决相关事项，必须按照少数服从多数的原则，经全体职工代表的过半数通过。对重要事项的表决，应当采用无记名投票的方式分项表决。

5. 职工代表大会在其职权范围内依法审议通过的决议和事项具有约束力，非经职工代表大会同意不得变更或撤销。企事业应当提请职工代表大会审议、通过、决定的事项，未按照法定程序审议、通过或者决定的无效。

七、职工代表大会的召开

（一）召开预备会议

预备会由工会主持召开，全体职工代表参加。大会主席团选举产生后，即由主席团主持。

预备会的程序包括。

1. 选举大会主席团，通过大会主席团名单和大会秘书长名单。

2. 由工会主席报告本届（次）职代会的筹备情况，提出大会议题和议程的建议。

3. 通过代表资格审查委员会（小组）作的代表资格审查报告。

4. 讨论通过职代会议题和议程。

5. 决定大会其他有关事项。

（二）召开职工代表大会

职工代表大会的主要程序一般如下。

1. 大会执行主席核实出席大会的职工代表人数。到会职工代表超过代表总数的2/3，即可宣布开会。

2. 由企事业领导人作工作报告。

3. 由企事业行政有关负责人作专题议案的报告。

4. 由工会主席及职工代表大会专门小组负责人就上次职工代表大会决议落实情况、职工代表提案处理情况、集体合同执行情况等向大会作出报告。

5. 企事业工会主席就职工代表大会闭会期间，职工代表团（组）长和专门小组负责人联席会议处理的重大事项，向大会作出说明，提请大会确认。

6. 以职工代表团（组）为单位，就以上报告、议案分组进行讨论。

7. 各代表团（组）应指定专人认真记录职工代表的讨论发言，整理归纳后，将讨论意见向主席团汇报。

8. 大会发言。

9. 选举。

10. 对有关的各项方案和大会决议、决定草案进行表决。

11. 致闭幕词，宣布大会结束。

八、企事业工会是职工代表大会的工作机构

企事业工会委员会作为职工代表大会的工作机构，负责职工代表大会的日常工作。

企事业工会委员会作为职工代表大会的工作机构，负责职工代表大会的日常工作，履行下列职责：

（1）提出职工代表大会代表选举方案，组织职工选举职工代表和代表团（组）长；

（2）征集职工代表提案，提出职工代表大会议题的建议；

（3）负责职工代表大会会议的筹备和组织工作，提出职工代表大会的议程建议；

（4）提出职工代表大会主席团组成方案和组成人员建议名单；提出专门委员会（小组）的设立方案和组成人员建议名单；

（5）向职工代表大会报告职工代表大会决议的执行情况和职工代表大会提案的办理情况、厂务公开的实行情况等；

（6）在职工代表大会闭会期间，负责组织专门委员会（小组）和职工代表就企业职工代表大会决议的执行情况和职工代表大会提案的办理情况、厂务公开的实行情况等，开展巡视、检查、质询等监督活动；

（7）受理职工代表的申诉和建议，维护职工代表的合法权益；

（8）向职工进行民主管理的宣传教育，组织职工代表开展学习和培训，提高职工代表素质；

（9）建立和管理职工代表大会工作档案。

第三节 厂务公开

一、厂务公开的概念

厂务公开就是把企事业单位的重大决策、生产经营管理的重要问题、涉及职工切身利益的重要事项以及与企事业单位领导班子建设和党风廉政建设密切相关的问题，根据有关法律法规和制度，通过职工代表大会、厂务公开栏等多种形式，向广大职工公开，使职工及时了解厂情，更好地参与企事业单位决策、管理和监督。厂务公开是对所有的企事业单位的公开制度的简称，具体到企事业单位，也可以称企务公开、司务公开、局务公开、院务公开、所务公开、校务公开，等等。厂务公开是基层民主政治建设的有机组成部分，是一项重要的民主政治制度。

二、厂务公开应当遵循的原则

根据《企业民主管理规定》，企业实行厂务公开应当遵循的原则是：

（1）合法原则；

（2）及时原则；

（3）真实原则；

（4）有利于职工权益维护和企事业发展的原则。

实行厂务公开应当保守企业商业秘密以及与知识产权相关的保密事项。

三、厂务公开的主要内容

根据《企业民主管理规定》，企业应当向职工公开下列事项：

1. 经营管理的基本情况；

2. 招用职工及签订劳动合同的情况；

3. 集体合同文本和劳动规章制度的内容；

4. 奖励处罚职工、单方解除劳动合同的情况以及裁员的方案和结果，评选劳动模范和优秀职工的条件、名额和结果；

5. 劳动安全卫生标准、安全事故发生情况及处理结果；

6. 社会保险以及企业年金的缴费情况；

7. 职工教育经费提取、使用和职工培训计划及执行的情况；

8. 劳动争议及处理结果情况；

9. 法律法规规定的其他事项。

国有企业、集体企业及其控股企业除公开上述相关事项外，还应当公开下列事项：

1. 投资和生产经营管理重大决策方案等重大事项，企业中长期发展规划；

2. 年度生产经营目标及完成情况，企业担保，大额资金使用、大额资产处置情况，工程建设项目的招投标，大宗物资采购供应，产品销售和盈亏情况，承包租赁合同履行情况，内部经济责任制落实情况，重要规章制度制定等重大事项；

3. 职工提薪晋级、工资奖金收入分配情况，专业技术职称的评聘情况；

4. 中层领导人员、重要岗位人员的选聘和任用情况，企业领导人员薪酬、职务消费和兼职情况，以及出国出境费用支出等廉洁自律规定执行情况，职工代表大会民主评议企业领导人员的结果；

5. 依照国家有关规定应当公开的其他事项。

四、厂务公开的形式

厂务公开的形式比较多，主要形式是职工代表大会。

厂务公开的日常形式还应包括厂务公开栏、厂情发布会、党政工联席会和企业内部信息网络、广播、电视、厂报、墙报等，并可根据实际情况不断创新。

五、厂务公开的程序

厂务公开应在厂务公开领导小组的领导下按照严格的程序进行。

（一）收集预审

可由厂务公开专项工作小组整理汇总各专项公开内容，提交领导小组审查确定，保证公开的内容全面、真实。

（二）定时定点公布

根据需要公开的内容，可采取不同形式，逐项进行报告、通报或张榜公布。

（三）征询意见

厂务公开以后，要及时以适当方式听取职工群众的反映和意见。除职工代表大会上充分发扬民主、讨论审议以外，可采取设立意见箱，或通过职工代表向群众直接收集的方式，听取群众的意见。

（四）建立厂务公开档案

将每次公开的内容、时间、承办部门、人员和职工提出的问题及答复、处理结果整理成文字材料，由厂务公开领导小组或工会妥善保存备查。

第四节　职工董事、职工监事制度

一、职工董事、职工监事制度的含义

职工董事、职工监事制度，是依照法律规定，通过职工代表大会（或职工大会及其他形式，下同）民主选举一定数量的职工代表，进入董事会、监事会，代表职工行使参与企业决策权利、发挥监督作用的制度。

为了进一步加强公司制企业职工董事制度、职工监事制度建设，全国总工会发布《关于加强公司制企业职工董事制度、职工监事制度建设的意见》。

二、职工董事、职工监事候选人条件和人数比例

（一）职工董事、职工监事候选人应符合以下基本条件：与公司存在劳动关系；能够代表和反映职工合理诉求，维护职工和公司合法权益，为职工群众信赖和拥护；熟悉公司经营管理或具有相关的工作经验，熟知劳动法律法规，有较强的协调沟通能力；遵纪守法，品行端正，秉公办事，廉洁自律；符合法律法规和公司章程规定的其他条件。遵循职工董事、职工监事任职回避原则，坚持公司高级管理人员和监事不得兼任职工董事，公司高级管理人员和董事不得兼任职工监事。公司高管的近亲属，不宜担（兼）任职工董事、职工监事。

（二）职工董事、职工监事的人数和具体比例应依法在公司章程中作出明确规定。国有及国有控股公司，其董事会成员中应当有公司职工代表；引导和支持国有及国有控股公司以外的其他公司董事会成员中配备适当比例的职工董事，力促董事会成员中至少有 1 名职工董事。所有公司监

事会中职工监事的比例不低于1/3。督促公司在设立（或改制）的初始阶段，依照相关法律规定在董事会、监事会中预留职工董事、职工监事的席位，并在公司章程中予以明确规定。

（三）职工持股会选派到董事会、监事会的董事、监事，一般不占职工董事、职工监事的名额。

三、依法规范职工董事、职工监事产生的程序

（一）职工董事、职工监事的候选人，可以由公司工会根据自荐、推荐情况，在充分听取职工意见的基础上提名，也可以由1/3以上的职工代表或者1/10以上的职工联名推举，还可以由职代会联席会议提名。公司工会主席、副主席一般应作为职工董事、职工监事候选人人选。

（二）职工董事、职工监事应由公司职代会以无记名投票方式差额选举，并经职代会全体代表的过半数同意方可当选。尚未建立职代会的，应在企业党组织的领导和上级工会的指导下，先行建立职代会。

（三）职工董事、职工监事由职代会选举产生后，应进行任前公示，与其他董事、监事一样履行相关手续，并报上级工会和有关部门（机构）备案。公司工会应做好向上级工会报备的相关工作。

四、依法规范职工董事、职工监事履行职责

（一）依法明确职工董事、职工监事的职权、义务和责任

职工董事、职工监事依法享有与公司其他董事、监事同等权利，在董事会、监事会研究决定公司重大问题时，职工董事、职工监事应充分发表意见，履行代表职工利益、反映职工合理诉求、维护职工和公司合法权益的职责与义务，并承担相应责任。

1. 职工董事依法行使下列职权：参加董事会会议，行使董事的发言权和表决权；在董事会研究决定公司重大问题时充分发表意见，确定公司高级管理人员的聘任、解聘时，如实反映职代会民主评议高级管理人员情况；对涉及职工合法权益或大多数职工切身利益的董事会议案、方案提出

意见和建议；就涉及职工切身利益的规章制度或者重大事项，提出董事会议题，依法提请召开董事会会议，反映职工合理要求，维护职工合法权益；列席与其职责相关的公司行政办公会议和有关生产经营工作的重要会议；要求公司工会、公司有关部门通报相关情况，提供相关资料；向公司工会、上级工会或有关部门如实反映情况；法律法规、规章制度和公司章程规定的其他权利。

2. 职工监事依法行使下列职权：参加监事会会议，行使监事的发言权和表决权；参与监督检查公司对涉及职工切身利益的法律法规、规章制度和公司章程的贯彻执行情况；监督检查公司职工工资、劳动保护、社会保险、福利及劳动合同、集体合同等制度规定的落实情况；听取和监督公司的经营管理情况；参与对公司的财务检查和对公司董事会、经理层人员履行职责的监督；就涉及职工切身利益的规章制度或者重大事项，提出监事会议题，提议召开监事会会议；列席董事会会议，可对董事会决议事项提出质询或者建议；列席与其职责相关的公司行政办公会议和有关生产经营工作的重要会议；要求公司工会、公司有关部门通报相关情况，提供相关资料；向公司工会、上级工会或有关部门如实反映情况；法律法规、规章制度和公司章程规定的其他权利。

3. 职工董事、职工监事应当履行以下义务：认真学习党的理论和路线方针政策，学习国家法律法规，积极参加相关培训，提高自身思想政治素质和相关业务素质；遵守法律法规和公司章程及各项规章制度，执行股东会、董事会、监事会的决议，保守公司秘密，认真履行职责；及时了解企业管理和发展状况，经常深入职工群众广泛听取意见和建议，在董事会、监事会上真实准确、全面充分地反映职工的合理诉求；执行职代会的决议，在董事会、监事会会议上，按照职代会的相关决议或在充分考虑职代会决议和意见的基础上发表意见，行使表决权；建立履职档案，对履行职责情况进行书面记录并妥善保存；每年至少 1 次向公司职代会报告工作，接受监督、质询、民主评议；法律法规和公司章程规定的其他义务。

职工董事、职工监事向公司职代会作述职报告的主要内容包括：（1）全年出席董事会、监事会会议情况，包括未出席会议的原因、次数；

（2）在董事会、监事会会议上发表意见和参与表决的情况，包括投出弃权或者反对票的情况及原因；（3）对公司劳动关系重大问题和职工切身利益重要事项进行调查，反映职代会意见和职工利益诉求，与董事会、监事会其他成员及公司管理层进行交流磋商等情况；（4）参加教育培训情况；（5）根据相关法律法规、规范性文件和公司章程，履行职工董事、职工监事权利义务其他需要报告的情况。

4. 职工董事、职工监事应担负的责任。董事会、监事会的决议、决定违反法律法规或者公司章程、股东大会决议，致使公司遭受严重损失的，参与决议或决定的职工董事、职工监事应当按照有关法律法规和公司章程的规定，承担相应责任。但经证明在表决时曾表明异议或者代表职代会意见并载于会议记录的，可以免除责任。

职工董事、职工监事在收到董事会、监事会议题议案，审议发现有损害职工利益的内容，或者与已有的职代会意见相悖，必要时应向董事长、监事会主席提出暂缓审议该项议题或议案的建议，并及时向职代会报告。因故不能参加董事会、监事会会议时，应以书面形式委托其他董事、监事代为反映意见，并在委托书中明确授权范围。

（二）严格规范职工董事、职工监事的任期、罢免和补选

1. 职工董事、职工监事的任期与其他董事、监事的任期相同，每届任期不超过 3 年，任期届满后可以连选连任。职工董事、职工监事因辞职、患病、工作调动等离职的，或因劳动关系变更、终止、解除等不能履行职责时，经职代会通过终止其任职资格。

2. 职工董事、职工监事有下列行为之一的，由公司职代会依法罢免：公司职代会对其述职进行无记名民主评议，结果为不称职的；不能如实反映公司职代会的决议、决定，在参与公司决策、履行监督职责时不代表职工利益行使权利，损害职工合法权益的；拒绝向公司职代会报告工作的；有其他不依法履行职工董事、职工监事职责行为的。

罢免职工董事、职工监事，须由 1/3 以上职工代表或者 1/10 以上职工联名提出罢免议案，并经职代会讨论通过。职代会讨论罢免职工董事、职工监事有关事项时，职工董事、职工监事有权在会上提出申辩理由或书面

申辩意见。罢免议案须采用无记名投票方式，经职代会全体代表的过半数同意方获通过。罢免案通过后，公司工会应当将罢免结果报上级工会和有关部门备案。

3. 职工董事、职工监事出现空缺的，应当由公司工会尽快组织补选，补选程序与产生程序相同。在新补选职工董事、职工监事就任前，原职工董事、职工监事仍应当依照法律法规和公司章程的规定，履行其职责。

五、完善职工董事、职工监事履行职责的必要保障

履职权益保障。公司应当为职工董事、职工监事依法履行职责提供必要的工作条件，保证其履职所必需的工作时间，其在履行职责期间除享受正常的工资和福利待遇外，履职所发生的费用比照其他董事、监事办理。职工董事、职工监事为履行职责，必要时可聘请律师或会计师等协助其工作，费用应依法参照有关规定由公司或公司工会承担。职工董事、职工监事在任职期间，除法定情形外，公司不得与其解除劳动合同。职工董事、职工监事在任期内和任期届满后，公司不得因其履行职责的原因，对其降职、减薪或采取其他形式进行打击报复。

工作制度保障。公司工会要推动公司依法完善职工董事制度、职工监事制度相关配套制度，为充分发挥职工董事、职工监事的作用提供制度保障。建立培训制度，公司要在职工董事、职工监事任职前和任职期间组织其参加岗位适应性学习培训，不断提高其业务素质和履职能力。建立调研制度，职工董事、职工监事应通过工会和职代会建立起与广大职工群众联系的渠道，通过召开职工群众座谈会、职工代表团（组）长和职代会专门小组（委员会）负责人联席会议、职工代表巡视检查等形式，直接征求和听取职工群众的意见。

信息服务保障。公司应协助职工董事、职工监事全面了解公司情况，及时向职工董事、职工监事提供公司生产经营管理等方面的资料和信息。职代会下设工作机构要及时向职工董事、职工监事提供职代会的议题、议案和决议等材料，协助其开展专题调研和巡视检查，及时反映职工的有关意见和建议。公司工会要通过各种有效途径，为职工董事、职工监事提供

专业意见和相关咨询。

思考题：

1. 实行职工民主管理的重要性和必要性是什么？
2. 职工代表大会的组织机构有哪些？
3. 职工代表大会的职权有哪些？
4. 如何征集职工代表大会提案？
5. 职工代表有哪些权利和义务？
6. 企事业单位工会委员会作为职工代表大会工作机构应当履行哪些职责？
7. 厂务公开的主要内容有哪些？
8. 厂务公开的形式主要有哪些？
9. 职工董事、职工监事有哪些职权？
10. 如何完善职工董事、职工监事履行职责的必要保障？

【案例 1】

河北承德市总工会精准发力提升企业民主管理质效

2023 年 6 月 16 日　来源：工人日报客户端

河北省承德市总工会日前召开全市“民主管理进民企”暨加强新就业形态企业民主管理工作交流推进会，各县（市、区）总工会交流经验，梳理存在的问题和不足，对下一步推进企业民主管理制度改革进行安排部署。这是承德市总工会精准发力提升企业民主管理质效的一个具体事例。

据介绍，为认真落实以职代会为基本形式的企业民主管理制度改革，承德市总工会制定印发《2023 年企事业单位民主管理制度改革工作要点及任务分解》，对各项工作任务进行细化分解、明确具体要求和完成时限，进一步压实责任，制定 5 项措施推动各项工作落地落实。

抓好扩面。着力深化“民主管理进民企”活动，推动符合条件的非公企业厂务公开、职代会建制数量稳步提高、工作质效稳步提升，同时将企业民主管理工作向新业态企业扩面延伸。

抓好规范。调整完善市、县两级厂务公开协调机构，印制《企业民主管理工作实用手册》，举办专题业务培训班，推进职代会操作流程和运行机制规范化建设。健全完善工作台账，打造市级厂务公开民主管理示范单位和先进单位。

抓好示范。建立市、县两级民主管理教学示范点、民主管理教学师资库，开展优秀职工代表提案征集活动和“全过程人民民主在基层企业事业单位落实”理论征文。

抓出特色。制定出台《进一步加强新时代区域性行业性职代会建设的实施意见》，探索新业态、平台经济企业民主管理形式，利用职工服务网、微信公众号等积极宣传展示基层企业民主管理制度改革经验成果，营造浓厚氛围。

抓好机制建设。建立定期调度、督导检查、考核评价、奖励激励等制度。承德市总工会将厂务公开、职代会制度建设情况作为今后评选五一劳动奖、“模范职工之家”、“省市级劳动关系和谐企业”和授予企业经营管理者劳动模范等荣誉称号的审核条件等。

为确保企业民主管理制度改革取得实效，承德市要求各级工会和各单位要充分认识加强企业民主管理工作的重要意义，把握要求，聚焦重点，高质量高标准推进民主管理工作。同时将压实责任，强化保障，确保企业民主管理制度改革不断取得新进展。(中工网−工人日报记者 李昱霖 通讯员 黄春辉)

 【案例 2】

坚持“四抓四促”深化厂务公开民主管理

2021 年 5 月 17 日　来源：湖北省黄石市总工会

近年来，黄石市总工会积极适应新形势新情况新变化，坚持“抓组织促合力、抓重点促推力、抓创新促动力、抓融入促活力”，不断推进厂务公开民主管理工作。

一、抓组织，促民主管理工作形成合力

市委、市政府高度重视厂务公开民主管理工作，以创建全国和谐劳动关系综合实验区为契机，将厂务公开民主管理与其他工作同部署、同落实、同检查、同考核。

一是党政重视，领导有力。市委、市政府将全市各类企业建立职工代表大会、厂务公开以及平等协商等制度，纳入政府绩效目标考核体系，纳入“法治黄石”建设范畴。成立了以市委常委、总工会主席任组长，人大、政协等数十家单位参加的市厂务公开民主管理协调领导小组。2019年，我市国有及国有控股企业（含企业化经营事业单位）职代会和厂务公开建制率100%；我市非公有制规模以上企业职代会和厂务公开建制率95%；区域（行业）职代会和厂务公开建制率90%；全市教育系统和卫生系统事务公开建制率100%。

二是分工协作，形成合力。市厂务公开民主管理协调领导小组每年定期召开会议，联合开展督导检查。市人社局、市市场监管局将厂务公开民主管理情况纳入劳动用工或企业规范经营的监督检查范围。市经信局、市工商联将厂务公开民主管理的实效作为评选诚信企业、“双十佳”企业的重要条件。市财政局将厂务公开民主管理工作纳入年度预算，每年下拨固定工作经费。市国资委、市教育局和市卫生健康委加大对所辖企事业单位厂务公开民主管理工作的督导检查。

三是坚持研究，理论聚识。搭建全市民主管理研究平台，坚持每年定期召开全市工会主席民主管理理论研讨会，邀请市人大、市政协和市厂务公开民主管理协调领导小组成员单位相关负责人参加会议。通过理论研讨，提出民主管理应以源头介入、管理进入、评价融入的“三入”方式与现代企业管理融合，激发企业的内生需要，保障职工民主权利。

二、抓重点，促民主管理工作强化推力

以制度建设为重点，进一步规范职代会运作，不断丰富公开渠道和内容，确保厂务公开民主管理工作有序推进。

一是加强职代会制度建设。出台《关于规范召开企业职工代表大会的意见》，明确企业重大改革方案，特别是关系到职工切身利益的重大问题，应提交职代会审议通过。在全市规模以上的企业中推行“三达标”，即一线职工代表比例达标、职工代表到会率达标、职代会建制率达标。

二是推动厂务公开工作发展。全市90%以上的企事业单位通过厂务公开栏、意见箱、OA系统等渠道，将企业中长期发展规划、年度生产经营目标、重要规章制度以及“五险一金”缴纳情况进行公开，并及时更新相关厂务公开内容。

三是源头维护职工权益。通过推进ISO9000厂务公开控制程序，指导企业规范签订集体合同、劳动合同，开展工资协商等，维护职工合法权益。每年选取一定数量的重点企业，有针对性地开展厂务公开、职代会和工资集体协商三项制度联动推进。

三、抓创新，促民主管理工作提升动力

适应企业实际和职工需求，积极探索厂务公开民主管理工作的新模式新方法，使厂务公开民主管理工作落地见效。

一是探索职工代表工作新模式。试点开展“职工代表工作室”，实行企业职工代表轮流值班制度。推进“1+3+3”职工代表联系沟通新模式，即1名企业负责人长期联系3名职工代表，3名职工代表再各自联系3名重要岗位职工，定期见面沟通，征求相关工作意见和听取职工意见建议，并按程序交办落实，建立职工代表履职尽责的长效机制。

二是搭建“互联网+”民主管理平台。综合利用互联网、手机APP、QQ群、微信群、网上云学院等手段，消除信息壁垒，探索网上职代会，构建适应职工需求的有效沟通渠道。2020年抗疫期间，大冶有色、邮储银行等单位利用互联网视频会议系统组织召开职代会，有力推动了企业复工复产。

四、抓融入，促民主管理工作激发活力

围绕企业改革发展、工会组织建设、党风廉政建设等工作的重点，找准厂务公开民主管理工作的切入点。

一是将厂务公开民主管理融入企业改革改制。参与制定《黄石市化解钢铁煤炭行业过剩产能职工安置工作实施办法》，确保每一个企业的职工安置方案一定要经过职代会研究审议通过，强调中央和省级奖补资金应优先用于化解过剩产能过程中的职工安置。

二是将厂务公开民主管理融入现代企业管理。开展企业民主管理与现代企业管理、和谐劳动关系、企业文化建设、职工劳动竞赛和职工权益保障“五个结合”活动，进一步完善企业管理，推动企业与职工形成命运共同体。

三是将厂务公开民主管理融入工会重点工作。将职代会建设与工会组建同部署、同推进、同检查、同考核。根据企业人数规模制定不同的民主管理工作标准，组织开展厂务公开民主管理达标单位创建工作。

四是将厂务公开民主管理融入党风廉政建设。坚持开展职代会民主评议领导干部，把群众意见和评议结果作为重要考察内容，以群众满意信服作为衡量领导干部标准。强化对领导班子和主要骨干的监督制约，建立完善企事业单位领导班子及领导干部向职代会报告和在职代会上述职述廉制度。

第五章

平等协商与集体合同制度

在用人单位中建立平等协商与集体合同制度，是维护劳动关系双方合法权益，规范用人单位和职工双方行为，共谋发展的一项重要法律保障，是市场经济条件下协调劳动关系的重要法律制度。各级工会组织要深入贯彻落实中共中央、国务院《关于构建和谐劳动关系的意见》精神，进一步推进平等协商与集体合同工作科学化、规范化和法治化建设，切实促进用人单位完善用工机制，保护职工合法权益，实现用人单位与职工互利共赢。

第一节　平等协商与集体合同工作概述

一、平等协商与集体合同概念

平等协商是指用人单位工会代表职工与用人单位就涉及职工合法权益等事项依据法律规定而进行平等商谈的行为。平等协商是集体合同订立的法定程序之一，通常采用协商会议形式。用人单位工会应当与用人单位之间围绕有关调整劳动关系事宜和集体合同的订立进行平等协商，并建立平等协商制度。

集体合同是指用人单位工会代表职工与用人单位根据法律、法规、规章的规定，就劳动报酬、工作时间、休息休假、劳动安全卫生、职业培训、保险福利等事项，通过平等协商签订的书面协议。集体合同一般又分为综合集体合同和专项集体合同。

我国《劳动法》规定："企业职工一方与企业可以就劳动报酬、工作时间、休息休假、劳动安全卫生、保险福利等事项，签订集体合同。""集体合同由工会代表职工与企业签订；没有建立工会的企业，由职工推举的代表与企业签订。"《工会法》第 6 条第 2 款规定："工会通过平等协商和集体合同制度等，推动健全劳动关系协调机制，维护职工劳动权益，构建和谐劳动关系。"第 21 条第 2 款规定："工会代表职工与企业、实行企业化管理的事业单位、社会组织进行平等协商，依法签订集体合同。集体合同草案应当提交职工代表大会或者全体职工讨论通过。"

二、平等协商与集体合同的基本特征

（一）平等协商和集体合同的当事人是特定的

平等协商和集体合同的当事人中，用人单位方面可以是团体，也可以是单个雇主；但劳动者一方必须是团体，一般是具有社团法人资格的工会；未建立工会的，则由职工推举的职工代表担任。

（二）平等协商和集体合同的签订是一种合法的法律行为

既然是一种法律行为，就意味着双方当事人按照法律法规，经过平等协商达成一致意见，签订集体合同后，互相之间就产生了权利义务关系，这种权利义务关系对双方具有法律约束力，受国家法律保护。任何一方不履行义务，就要承担相应的责任。

（三）当事人双方的义务性质不同

集体合同双方当事人互相承担义务，但又不同于一般的商务合同。集体合同规定用人单位承担的义务都具有法律性质。用人单位不履行义务，责任人就要承担法律责任。而工会承担的义务具有道义性质，工会一般不承担法律责任。

（四）集体合同是当事人之间有关劳动关系的协议，是劳动合同的依据

从集体合同的内容和目的看，集体合同是有关劳动关系的协议。签订集体合同，从用人单位一方看，有利于调动劳动者的积极性，提高劳动效率；从劳动者一方看，则有利于改善劳动和生活条件。集体合同作为用人单位和劳动者双方的劳动关系协议，是用人单位劳动关系的准则，其法律效力高于劳动合同，因此也就成了劳动合同的依据。

（五）集体合同是要式合同

集体合同签订必须符合国家法律法规的要求。同时，集体合同要以书面形式订立，并经过主管机关登记备案，才具有法律效力。

（六）平等协商和集体合同制度的推行，适用于各类不同所有制企业和企业化管理的事业单位、社会组织

三、平等协商和签订集体合同的原则

（一）合法原则

平等协商和签订集体合同双方主体的资格、程序、内容、形式等必

须符合《劳动法》和其他有关法律、法规的规定。

（二）平等合作和协商一致的原则

参与协商的工会组织与用人单位不存在隶属关系，双方法律地位是平等的。任何一方不能倚仗权势，通过胁迫手段把自己的意志强加给对方，订立不平等合同。双方要本着合作的态度，力求协商一致解决问题。

（三）权利与义务相结合的原则

《劳动法》虽然是以保障劳动者权益为宗旨的，但这种权利是与义务相结合的。因此，参加平等协商的双方既享有权利又承担义务。

（四）兼顾各方利益的原则

工会在代表职工同用人单位进行协商谈判时，既要维护职工的合法利益，又要从用人单位实际出发，把改善职工劳动、生活条件与本单位的发展结合起来。

（五）维护正常生产、工作秩序的原则

在平等协商的过程中，双方应保持良好的合作态度。当意见僵持难以形成统一时，可暂时休会。休会期间必须保证生产经营的正常秩序。

第二节　平等协商与集体合同的内容

一、平等协商和集体合同中有关劳动条件和标准方面的内容

（一）劳动报酬

主要包括：职工工资水平、工资分配制度、工资标准和工资分配方式；工资支付办法；加班、加点工资及津贴、补贴标准和奖金分配办法；工资调整办法；试用期及病假、事假等期间的工资待遇；特殊情况下职工工资（生活费）支付办法，其他劳动报酬分配办法；等等。

（二）工作时间

主要包括企业的工时制度、加班加点办法、特殊工种的工作时间、劳动定额标准。

（三）休息休假

主要包括日休息时间、周休息安排、年休假办法，不能实行标准工时职工的休息休假，其他假期。

（四）劳动安全卫生

主要包括企业劳动安全卫生责任制、劳动条件和技术措施、安全操作规程、劳动保护用品发放标准、定期健康检查等。

（五）补充保险和福利

主要包括社会保险的种类和范围、基本福利制度和福利设施、医疗期延长等。

（六）女职工和未成年工的特殊保护

主要包括女职工和未成年工禁忌从事的劳动、女职工“四期”保护、女职工和未成年工的定期健康检查、未成年工的使用和登记制度。

（七）职业技能培训

主要包括职业技能培训项目规划及培训计划、职业技能培训费用的提取和使用、保障和改善职业技能培训的措施。

二、平等协商和集体合同中有关劳动管理的内容

（一）劳动合同管理

劳动合同管理主要包括劳动合同签订时间，确定劳动合同期限的条件，劳动合同变更、解除、续订的一般原则及无固定期限劳动合同的终止条件，试用期的条件和期限。

（二）用人单位裁员

裁员内容主要包括裁员的方案、裁员的程序、裁员的实施办法和补偿标准。

（三）用人单位对职工的奖惩

奖惩主要包括劳动纪律、考核奖惩制度、奖惩程序。

三、集体合同本身的一般性规定

（1）集体合同期限。

集体合同期限，即集体合同的有效时间。集体合同必须明确规定集体合同的期限。根据《集体合同规定》，集体合同的期限为 1 至 3 年。

（2）订立、变更、解除、终止、续订集体合同的条件和协商程序。

（3）双方履行集体合同的权利和义务。

（4）违反集体合同的责任。

（5）因履行集体合同发生争议时协商处理的约定

（6）集体合同的监督检查。

四、集体合同中双方认为应当协商约定的其他内容

（一）劳动争议的预防和处理

包括劳动争议预警的措施、办法和制度，劳动争议调解的组织、制度、程序和处理办法。

（二）职工民主管理

包括用人单位职工民主管理的组织形式、内容、程序、职权范围及厂务公开制度、职工代表参加董事会和监事会制度等。

（三）工会工作

根据《劳动法》《工会法》等法律法规的规定，工会代表和维护职工的合法权益，依法独立自主地开展工作。

第三节 平等协商与集体合同的签订程序

开展平等协商要严格履行程序，协商过程要充分表达职工群众和企事业方的意愿和要求，协商内容要得到双方的一致认可。

一、平等协商前的准备工作

（一）用人单位工会在协商前要深入本单位广泛调查，摸清情况，收集职工和有关部门对平等协商、集体合同的意见和建议。

（二）平等协商的主体

平等协商的主体是指对有关劳动关系问题享有协商谈判、订立（或变更、解除）协议的权利，并承担相应责任和义务的当事人。

1. 用人单位一方的主体

（1）用人单位即具有法人资格的企业和实行企业化管理的事业单位，或企业法人根据情况授权委托的分支机构。

（2）雇主或雇主代表组织。

（3）小企业以进行平等协商为目的的区域性行业性企业联合会组织。

2. 职工一方的主体

与用人单位一方主体相对应的全体职工，或全体职工按照法定程序选举推举产生的职工代表。

（三）协商代表的产生

协商代表应按照规范程序产生。

1. 协商代表的概念和构成

协商代表是指按照法定程序产生并有权代表本方利益进行平等协商的人员。

协商双方代表构成的情况如下。

(1) 集体协商双方的代表人数应当对等，每方至少3人，并各确定1名首席代表。

(2) 职工一方的协商代表由本单位工会选派。未建立工会的，由本单位职工民主推荐，并经本单位半数以上职工同意。职工一方的首席代表由本单位工会主席担任。工会主席可以书面委托其他协商代表代理首席代表。工会主席空缺的，首席代表由工会主要负责人担任。未建立工会的，职工一方的首席代表从协商代表中民主推举产生。

(3) 用人单位一方的协商代表，由用人单位法定代表人指派，首席代表由单位法定代表人担任或由其书面委托的其他管理人员担任。

(4) 双方首席代表可以书面委托专家、学者、律师等专业人员作为本方的协商代表，但委托人数不得超过本方代表的1/3。

(5) 用人单位协商代表与职工代表不得兼任。

(6) 协商代表因特殊情况造成空缺，应按上述规定，在空缺之日起15日内产生新的代表。

2. 协商代表的职责

(1) 参加平等协商。

(2) 接受本方人员质询，及时向本方人员公布协商情况并征求意见。

(3) 提供与平等协商有关的情况和资料。

(4) 代表本方参加平等协商争议处理。

(5) 监督集体合同或专项集体合同的履行。

(6) 保守在平等协商过程中知悉的用人单位的商业秘密以及协商过程中个人意见。

(7) 维护本单位正常的生产、工作秩序。

(8) 法律、法规和规章规定的其他职责。

3. 协商代表的保护

(1) 用人单位一方不得以任何借口，对工会干部和职工协商代表进行打击报复。

（2）职工协商代表担任代表期间，用人单位无正当理由不得调整其工作岗位。

（3）职工协商代表在其履行协商代表职责期间劳动者合同期满的，劳动合同期限自动延长至完成履行其协商代表职责之时。

（四）收集有关资料和数据

广泛收集有关资料，包括国家、地方的有关劳动法律、法规、政策，企事业外部的信息资料和企事业内部的信息资料，作为拟定协商议题和起草集体合同文本的依据。

（五）起草集体合同

集体合同作为一种法律文书，草案可以由平等协商的任何一方协商代表起草，还可以由双方共同组成人员起草。

（六）确定集体协商记录员

共同确定1名非协商代表担任集体协商记录员。记录员应保持中立、公正，并为集体协商双方保密。

二、平等协商的进行

（一）提出要约，商定规则

平等协商的双方均可就签订集体合同或专项集体合同以及相关事宜，以书面形式向对方提出进行平等协商的要求。

一方提出平等协商要求的，另一方应当在收到平等协商要求之日起20日内以书面形式给予回应。如果应允，双方应确定协商意向，并共同商定协商时间、地点、参加人员、协商议程等程序性规定。同时，协商双方共同确定1名非协商代表担任平等协商记录员。

（二）正式协商

平等协商采取协商会议形式，由双方首席代表轮流主持，基本议程有4项。

1. 宣布议程和会议纪律。

2. 协商发起方首席代表提出协商的具体内容和要求，协商受约方首席代表就对方的要求作出回应。

3. 协商双方代表本着互相信任、以诚相待和良好的合作态度，就商谈事项发表各自意见，开展充分讨论。

4. 双方首席代表归纳意见，就协商一致的意见提出共同确认的表述方法。

（三）平等协商的结果

平等协商的结果可分为签订集体合同和协商中止两种情况。

1. 签订集体合同

集体合同既可以是专项集体合同，也可以是全面的集体合同。集体合同草案由职工代表大会或职工大会审议通过，由双方首席代表签字盖章，报送登记，公布实施。

2. 协商中止

如在平等协商中未能达成一致意见或出现事先未预料的问题时，经双方同意，可以中止协商。中止期限及下次协商时间、地点、内容由双方协商。

三、签订集体合同

（一）职工代表大会或职工大会审议通过集体合同草案

职工代表大会或职工大会审议通过集体合同草案是法定程序，是《劳动法》赋予职工代表大会或职工大会的职权。

区域性行业性集体合同经协商一致的集体合同草案进入职工审议程序时，各地工会一般采取3种方式解决。

一是对于区域性行业性集体合同覆盖范围内的企事业已经建立职代会制度的，应将集体合同草案提交企事业职代会审议通过。

二是对于未建立职代会的企事业，通过全体职工大会讨论通过，或张榜公布，或印发小册子等宣传材料发给职工，直接听取职工的意见和建议，取得职工的认可。

三是适应非公有制企业民主管理制度的发展要求，积极探索建立区域性行业性的联合职代会制度或企业集群职代会制度，来解决这些地区的区域性行业性集体合同草案的审议通过办法和途径，使职代会制度和集体合同制度互为促进，协调发展。

（二）集体合同的签字、审核备案和公布

1. 集体合同草案文本经用人单位职工代表大会或职工大会审议通过，由双方首席代表签字。

2. 集体合同签订或变更后，应自双方首席代表签字之日起 10 日内，由企事业协商代表将集体合同报送当地劳动保障行政部门审查备案。集体合同审查实行属地管辖，具体管辖范围由省级劳动保障行政部门规定。

集体合同报送的主要内容有：

（1）用人单位基本情况及法人资格证明；

（2）双方协商代表材料、首席代表的基本情况及代表资格证明材料；

（3）集体协商记录；

（4）职代会或职工大会审议意见；

（5）集体合同文本；

（6）对集体协商以及对集体合同的说明；

（7）集体合同附件材料。

劳动保障行政部门对集体合同有异议的，应在收到集体合同报审材料后 15 日内将《审查意见书》送达双方协商代表。《审查意见书》的内容应包括：集体合同当事人双方的名称和地址、劳动保障行政部门收到集体合同的时间、审查意见、做出审查意见的时间、加盖劳动保障行政部门的印章。

劳动保障部门自收到集体合同文本之日起 15 日内未提出异议的，集体合同即行生效。

3. 集体合同生效后，由协商代表以适当方式及时向本方人员公布。

四、集体合同的变更、解除和终止

（一）变更或解除集体合同的条件

1. 用人单位因被兼并、解散、破产等原因，致使集体合同无法履行或

部分无法履行的。

2. 因不可抗力等原因致使集体合同无法履行或部分无法履行的。

3. 集体合同约定的变更或解除条件出现的。

4. 法律、法规、规章规定的其他情形。

变更或解除集体合同的程序与签订集体合同的程序基本相同。即提出建议、召开协商会议、召开职工代表大会或职工大会、备案、协议生效。

（二）集体合同的终止

集体合同的法律关系是当事人之间具有一定时间性的权利义务关系，这种关系不会永远存在下去，任何合同在时间上都是有期限的。当集体合同期满或双方约定的终止条件出现时，集体合同即行终止。在集体合同终止前，要着手做好签订新的集体合同的准备工作。

第四节　集体合同的监督检查及争议的处理

一、集体合同监督检查的概念

集体合同的监督检查是指劳动保障行政部门、上级工会、企事业以及职工群众等对已生效集体合同的履行进行检查监督的行为。监督检查是建立和完善集体合同制度、全面履行集体合同的基本保障，也是防止劳动争议发生，加强双方联系与合作的重要手段。

二、集体合同监督检查的形式

（一）建立联合监督检查小组

集体合同生效后，签订集体合同的双方要成立由用人单位指定的代表、工会和职工代表组成的监督检查小组，负责对集体合同的履行情况进行监督检查。

（二）用人单位对集体合同的监督检查

用人单位对集体合同的履行负有主要义务。用人单位应当组织生产经营管理人员监督检查集体合同的履行情况，监督各部门履行各自的义务。

（三）用人单位工会对集体合同的监督检查

工会对集体合同的监督检查，是工会享有的基本的劳动法律监督权利之一。这种权利包括对用人单位履行集体合同的情况进行监督、参与调查处理、提出意见要求改正、要求劳动监察部门处理、提请仲裁或诉讼。

（四）上级工会对集体合同的监督检查

集体合同文本签字后，在报送劳动保障行政部门审查的同时，工会还应将集体合同文本报上一级工会。上一级工会要加强对企事业工会的指导，并对集体合同的履行情况进行监督检查。

三、平等协商和集体合同争议处理的原则

平等协商争议，是指在平等协商的过程中，当事人双方就一些问题不能达成一致意见而发生的争议。在处理平等协商争议和集体合同争议时，应遵循以下原则：

第一，争议双方不得采取过激行为；

第二，注重双方自行协商解决分歧；

第三，遵循“三方原则”；

第四，客观、及时、公正。

四、平等协商争议处理的机构、程序

（一）平等协商争议处理机构

平等协商过程中发生争议，双方当事人不能协商解决的，当事人一方或双方可以书面形式向劳动保障行政部门提出协调处理申请；未提出申请的，劳动保障行政部门认为必要时也可以协调处理。劳动保障行政部门应当组织同级工会和用人单位等三方面的人员，共同协调处理平等协商争议。

（二）平等协商争议处理实行属地管辖，具体管辖范围由省级劳动保障行政部门规定

平等协商过程中发生争议，可以根据管辖范围的规定，向有管辖权的劳动保障行政部门提出协调处理申请。

（三）平等协商争议处理的期限

协调处理平等协商争议，应当自受理协调处理申请之日起 30 日结束协调处理工作。期满未结束的，可以适当延长协调期限，但延长期限不得超过 15 日。

（四）平等协商协调处理程序

1. 受理协商处理申请。
2. 调查了解争议的情况。
3. 研究制订协调处理争议的方案。
4. 对争议进行协调处理。
5. 制作《协调处理协议书》。

（五）《协调处理协议书》的内容

《协调处理协议书》应当载明协调处理申请、争议的事实和协商结果，双方当事人就某些协商事项不能达成一致的，应将继续协商的有关事项予以载明。《协调处理协议书》由平等协商争议处理人员和争议双方首席代表签字盖章后生效。

五、履行集体合同争议的处理

《劳动法》第 84 条第 2 款规定："因履行集体合同发生争议，当事人协商解决不成的，可以向劳动争议仲裁委员会申请仲裁；对仲裁裁决不服的，可以自收到仲裁裁决书之日起 15 日内向人民法院提起诉讼。"

第五节 区域性行业性平等协商与集体合同

一、区域性行业性平等协商与集体合同的内涵

区域性行业性平等协商是指在一定区域和行业范围内，由街道、乡镇、社区以及行业工会组织，与相应的企业组织或所属企业，依据法律法规，就劳动报酬、工作时间、休息休假、劳动安全卫生、保险福利等事项，开展平等协商签订集体合同的行为。

协商范围主要是在小型企业或同行业企业比较集中的乡镇、街道、社区和工业园区开展。

二、区域性行业性平等协商与集体合同和企业平等协商与集体合同的不同

（1）主体不同。企业平等协商和集体合同的主体一方是企业或企业化管理的事业单位、社会组织工会，另一方是企业或企业化管理的事业单位、社会组织。而区域性行业性平等协商和集体合同的主体一方是地方工会联合会或乡镇、街道工会或行业工会组织，另一方是相应的企业组织或所属企业。

（2）内容不同。企业平等协商和集体合同是从企业的实际情况出发，内容比较具体、特定。而区域性行业性平等协商和集体合同确定的是带有共性的劳动问题，内容比较宽泛。

（3）作用不同。企业平等协商和集体合同调整本企业的劳动关系，区域性行业性平等协商和集体合同调整本地区或本行业的劳动关系。

（4）效力不同。企业平等协商和集体合同只适用于本企业，对企业劳动关系双方具有约束力。而区域性行业性平等协商和集体合同适用于本地区本行业，本地区本行业的有关企业都应当执行。

三、企业集体合同与区域性行业性集体合同的效力

一般来讲，区域性行业性集体合同的效力优于企业集体合同。在企业集体合同与区域性行业性集体合同内容不一致时，一般应当优先适用后者；但是如果企业集体合同就某一事项作了特别规定，而又不与区域性行业性集体合同基本原则相冲突，则优先适用该规定；如果效力等级相同的区域性行业性集体合同适用于同一劳动关系且内容又相异时，效力发生在前的集体合同做了特别规定，则依其规定；没有特别规定时，适用职业范围较小的集体合同；如果不是关于职业性质规定的，优先适用行业或地方性的范围较大的集体合同。

四、推行区域性行业性平等协商和集体合同制度应坚持的原则

（1）坚持平等协商与签订集体合同相协调，重在平等协商。

（2）坚持把职工关心的热点、难点问题作为平等协商的重点内容。

（3）坚持把推行区域性行业性集体合同制度与建立现代企业制度相结合。

思考题：

1. 平等协商与签订集体合同应坚持的原则是什么？
2. 集体合同的内容主要有哪些？
3. 签订集体合同的程序是什么？
4. 集体合同监督检查的形式有哪些？
5. 简述平等协商和集体合同争议的处理。
6. 如何理解区域性行业性平等协商与集体合同？

【案例】

安阳市总工会实施五项举措提升新就业形态劳动者权益保障水平

2023 年 7 月 20 日　来源：安阳日报

随着互联网经济的迅速发展，新就业形态劳动者群体不断扩大，快递

员、外卖员、网约车司机等每天活跃在大街小巷，成为产业工人大军中不可或缺的一部分。今年年初以来，市总工会创新实施技能培训、精准关爱、集体协商、户外驿站、心理干预五项举措，提升新就业形态劳动者权益保障水平。

技能培训提素质。市总工会以安阳工匠学院为主阵地，优选高等学校、企业培训中心、社会培训机构等，打造“工匠学院+培训基地+实训工厂”的人才培训链条，建立以全国劳模、中原大工匠、专家教授为主的特聘导师团队，将计划性培训、“菜单式”培训、互动化讲授有机结合，为新就业形态劳动者技能提升、成长成才搭建平台，近年共培训新就业形态劳动者500余人次。同时，市总工会坚持以竞赛促素质提升，举办安阳市首届交通行业网约客运服务驾驶技能竞赛，全市网约客运8家企业千余名驾驶员参赛；举办第六届快递员职业技能竞赛，全市30家快递企业的选手参加竞赛，营造了比学赶超的良好氛围，新就业形态劳动者素质得到明显提升。

集体协商维权益。市总工会构建“市总（县区总）工会+产业工会+行业主管部门+行业协会+行业工会联合会+企业”的“1+5”工作新模式，指导基层工会、相关行业工会找准突破口，促使货运公司、家政服务、快递公司等重点行业和企业签订《工资专项集体合同》，进一步维护新就业形态劳动者合法权益。今年，新就业形态行业、企业签订集体合同32份，覆盖企业118家，覆盖职工13484人，同比分别增长43.7%、63.6%、51.3%。

户外驿站暖人心。市总工会关心关爱快递员、外卖员、网约车司机、货车司机等新就业形态劳动者，着眼户外劳动者“累了能歇脚、渴了能喝水、没电能充电、饭凉能加热、伤了能急救、热了能乘凉、冷了能取暖”等实际需求，坚持全域规划、上下联动、共建共享、统筹推进，因地制宜在全市范围内打造户外劳动者爱心驿站，提供及时、贴心、人性化的服务，实现户外劳动者15分钟可享受驿站服务的目标。截至目前，全市共建设户外劳动者爱心驿站492家。

精准关爱优服务。市总工会依托省职工医院，为1028名新就业形态劳动者进行免费体检，建立完善职工健康档案，持续跟踪其健康状况，并多方筹集资金，为1769名新就业形态劳动者赠送2023年职工医疗互助保障，为新就业形态劳动者及时就医和享受更高水平的医疗服务提供支持。此外，在做好传统“四季送”服务的基础上，市总工会指导市新业态工会联合会深入走访慰问，广泛开展送宣讲、送健康、送平安、送温暖、送技能、送岗位、送维权、送服务“八送”活动，扩大对新就业形态劳动者的覆盖面，截至目前，共为1265名新就业形态劳动者撑起“保护伞”。

心理干预护健康。市总工会依托“安工心港”服务平台，发挥工会心理咨询志愿者服务团队作用，为新就业形态劳动者提供职场减压、子女教育、人际关系处理、情绪控制、女职工心理健康等专业心理服务。针对新就业形态劳动者的工作特点，市总工会特邀高校心理健康教育专家，走进企业、走近职工，开展线下心理疏导培训和心理减压专题培训；充分利用互联网平台，通过微信公众号举办线上科普讲座，推送心理健康防护基本常识，录播心理健康课程，以抖音、短视频等形式广泛宣传。同时，市总工会开展职工心理咨询师培训，引导更多新就业形态劳动者参与心理咨询服务，不断延伸职工心理健康服务触角，护航新就业形态劳动者心理和身心健康。近年，市总工会共为200余人次新就业形态劳动者提供心理咨询服务。（记者 魏兰）

第六章

工资集体协商

社会主义市场经济的进一步确立和不断完善，要求用人单位改变单方面决定工资的状况，建立充分体现公平正义的利益平衡机制。工资集体协商就是通过劳动关系双方充分沟通，对工资分配问题形成共识、达成协议，共同决定用人单位工资收入分配问题。推动用人单位工资集体协商制度的建立和完善，是法律赋予工会的职责，各级工会要切实掌握了解有关工资集体协商的基本理论和有关规定，依法推动用人单位普遍开展工资集体协商工作，充分发挥工资集体协商作用。

第一节 工资集体协商概述

一、工资集体协商的概念

工资集体协商是指工会代表职工与用人单位依法就用人单位内部工资分配制度、工资分配形式、工资支付办法、工资标准等事项，为签订工资专项集体合同而进行商谈的行为。工资集体协商是实现劳动关系双方共同参与、共同决定劳动者工资的一种收入分配方式，是工资正常增长机制和支付保障机制中的重要组成部分。

工资集体协商的结果既可以形成工资专项集体合同，也可以作为集体合同的一个组成部分或附件，与集体合同具有同等的法律效力。

二、开展工资集体协商的重要意义

（1）开展工资集体协商，是贯彻新发展理念，构建和谐社会的必然要求。建设社会主义和谐社会，首先要确保社会和谐稳定，确保治安状况良好，确保经济运行稳健，确保安全生产状况稳定好转，确保社会公共安全，确保人民安居乐业。改革开放以来，我们在取得巨大经济效益的同时，也产生了一些矛盾，比如收入差距扩大，劳动关系紧张等问题。因此，必须采取适当措施提高职工工资水平，稳定劳动关系。

（2）开展工资集体协商，是顺应经济社会发展规律，推进依法治会的内在需要。推行企业工资集体协商制度，是《全民所有制工业企业法》《工会法》《劳动法》《劳动合同法》等法律法规的刚性要求。企业工资集体协商作为市场经济条件下一种新的工资分配决定机制，用合同的形式来规范市场主体的权利和义务，符合市场经济的平等性、契约性原则。

（3）开展工资集体协商是深化分配制度改革、建立适应社会主义市场经济要求的企业工资分配机制的关键环节。通过开展工资集体协商，建立适应社会主义市场经济要求的企业工资分配共决机制和正常的调整机制，既能保证职工的合法权益，又能保障企业的经营效益，从而达到维护职工合法权益与促进企业高质量发展的“双赢”目标，真正实现在共建中共享，在共享中共建。

(4) 开展工资集体协商，是工会维权的重要手段。工会代表职工与企业方进行工资集体协商，不但是时代赋予的重要职责，更是工会安身立命的根本所在。

(5) 开展工资集体协商，是加强企业民主管理的现实需要。通过开展工资集体协商这项工作，保障了广大职工在工资决策中与企业经营者平等对话、民主协商的地位，强化职工的主人翁意识，从而调动职工的积极性、主动性，增强了企业的凝聚力和向心力，推动企业高质量发展。

三、开展工资集体协商的原则

(一) 遵守法律、法规及国家有关规定

遵守国家法律、法规、政策的规定，是开展工资集体协商的首要原则。这就要求协商双方强化法律意识，熟悉并掌握有关的规定要求，做到主体、内容、程序、形式等合法合规，保障工资集体协商工作落到实处。

(二) 相互尊重、平等协商

工资集体协商的前提是相互尊重，真诚沟通。在协商中，劳动关系双方都应承认和公正对待对方依法享有的平等地位及利益主张的权利，任何一方都不应采取回避、拒绝或歧视的态度，要把协商建立在尊重对方的基础上，实现共决、共赢、共享。

(三) 坚持双赢原则

开展工资集体协商，必须兼顾双方合法权益，将用人单位的长远利益与职工的具体利益相结合，把劳动关系双方权益有效结合起来，通过协商，谋求与实现劳动关系双方权益的共赢，达到促进企业发展、维护职工权益的目的。

（四）诚实守信、公平合作

在工资集体协商中，协商双方都要坦诚互信，恪守承诺，切实承担起法律责任。同时，协商双方要能够维护工资专项集体合同的法律尊严，使签订的工资专项集体合同能够通过劳动关系双方的共同努力得到切实履行。

第二节　工资集体协商的内容

一、工资的概念

工资是劳动者被用人单位录用后按照规定参加劳动而作为劳动报酬领取的、由用人单位定期支付的一定数额的货币。从企业来说，工资是一种资本性投入，是企业的人工成本。从职工来说，工资是将劳动力使用权暂时让渡给企业，在企业支配下劳动而获得的一种报酬，是职工的主要经济来源。

在我国，工资分配主要坚持按劳分配原则、同工同酬原则、工资水平随着经济发展逐步提高的原则。

二、工资集体协商的内容

工资集体协商的内容，是指在工资集体协商中需要协商的并应当在工资专项集体合同中明确规定的双方当事人的权利和义务以及其他问题。它是工资集体协商的核心问题，也是广大职工非常关心的问题。根据有关规定，工资集体协商主要包括以下内容。

（一）工资分配制度

工资分配制度是确定和支付职工劳动报酬的原则、形式、办法和规定的总称。

我国现行工资分配制度如下。

1. 等级工资制。即根据工作的复杂程度、繁重程度、风险程度、精确程度等因素将各类工作进行等级划分并规定相应的工资标准的一种工资制度。主要包括：技术等级工资制、岗位等级工资制、职务等级工资制。

2. 结构工资制。是指基于工资的不同职能，将工资总额划分为若干相对独立的工资单元，一般包括6部分，即基本工资、岗位工资、绩效工资、技能工资、浮动工资、年功工资。

3. 岗位技能工资制。是以按劳分配为原则，以劳动技能、劳动责任、劳动强度和劳动条件等基本劳动要素评价为基础，以岗位和技能为主要内容的企业基本工资制度。

4. 岗位薪点工资制。即在对岗位的劳动责任、劳动技能、劳动强度和劳动条件评价的基础上，用点数和点值来确定职工实际劳动报酬的一种工资分配制度。

5. 绩效工资制。即将职工的工资与个人工作业绩挂钩的一种工资制度。

6. 提成工资制。提成工资制是企业实际销售收入减去成本开支和应缴纳的各种税费后，剩余部分在企业和职工之间按不同比例分成。提成的方式主要有全额提成和超额提成两种。

（二）工资分配形式

工资分配形式，也叫工资形式，是对职工实际劳动付出量和相应劳动报酬所得量进行具体的计算与支付的方法。可划分为计时工资和计件工资两种基本形式。

计时工资是最基本的工资形式之一。它是根据劳动者本人的技术、业务等级水平，或者劳动者所在岗位、职务的劳动等级，预先规定相应的工资标准，按照劳动者的实际有效工作时间计付工资的形式。包括小时工资制、日工资制、周工资制、月工资制和年薪制等具体形式。我国主要实行的是月工资制。

计件工资是目前我国大部分企业采用的工资形式。计件工资是企业按照劳动者生产的合格产品的数量和预先规定的计件单价来计发工资的一种形式。具体形式主要有：直接无限计件工资、有限计件工资、超额计件工资、累进计件工资、间接计件工资。

（三）职工年度平均工资水平及其调整幅度

职工年度平均工资水平，即职工在某一年度平均工资的高低程度。

工资水平是指一定区域和一定时间内劳动者平均工资收入的高低程度。职工平均工资指企业、事业、机关单位的职工在一定时期内平均每人所得的货币工资额，是一定时期内全部职工工资总额除以这一时期内职工人数后所得的平均工资，一般分为年平均工资，月平均工资，其与每个人自己拿到的工资或工资单上的工资是有差别的，是反映职工工资水平的主要指标。工资水平分为企业工资水平和个人实得工资水平。工资集体协商只解决企业工资水平调整问题。

工资调整幅度，指的是劳动者的工资调整的比例，通常计算方法为：调整前的工资/调整后的工资×100%。

根据《工资集体协商试行办法》第 8 条规定，协商确定职工年度工资水平应符合国家有关工资分配的宏观调控政策，并综合参考下列因素：

1. 地区、行业、企业的人工成本水平；
2. 地区、行业的职工平均工资水平；
3. 当地政府发布的工资指导线、劳动力市场工资指导价位；
4. 本地区城镇居民消费价格指数；
5. 企业劳动生产率和经济效益；
6. 国有资产保值增值；
7. 上年度企业职工工资总额和职工平均工资水平；
8. 其他与工资集体协商相关的情况。

（四）加班加点工资

我国《劳动法》规定的加班加点工资标准如下。

1. 用人单位依法安排劳动者在日法定标准工作时间以外延长工作时间的，按照不低于劳动合同规定的劳动者本人小时工资标准的 150% 支付劳动者工资。

2. 用人单位依法安排劳动者在休息日工作，而又不能安排补休的，按照不低于劳动合同规定的劳动者本人日或小时工资标准的200%支付劳动者工资。

3. 用人单位依法安排劳动者在法定节假日工作的，按照不低于劳动合同规定的劳动者本人日或小时工资标准的300%支付劳动者工资。

（五）最低工资

最低工资是指劳动者在法定工作时间或依法签订的劳动合同约定的工作时间内提供了正常劳动的前提下，用人单位依法应支付的最低劳动报酬。

正常劳动，是指劳动者按依法签订的劳动合同约定，在法定工作时间或劳动合同约定的工作时间内从事的劳动。劳动者依法享受带薪年休假、探亲假、婚丧假、生育（产）假、节育手术假等国家规定的休假期间，以及法定工作时间内依法参加社会活动期间，视为提供了正常劳动。

《劳动法》第49条规定，确定和调整最低工资标准应当综合参考下列因素：①劳动者本人及平均赡养人口的最低生活费用；②社会平均工资水平；③劳动生产率；④就业状况；⑤地区之间经济发展水平的差异。

《最低工资规定》第10条规定："最低工资标准每两年至少调整1次。"

（六）奖金、津贴、补贴

奖金是一种以货币形式支付的物质奖励形式，是对在劳动中有突出贡献的职工的劳动报酬，是一种工资辅助形式。

津贴是指为了补偿职工额外和特殊的劳动消耗，或为了保障职工的工资水平不受特殊条件影响而给予物质补偿的一种辅助工资形式。

补贴也是一种辅助工资形式。一般把属于工作（生产）性质的叫津贴，把属于生活性质的叫补贴。

（七）试用期工资

试用期是指劳动关系还处于非正式状态，用人单位对劳动者是否合格进行考核，劳动者对用人单位是否符合自己要求进行了解的期限，包括在劳动合同期限内。

《劳动合同法》规定，劳动合同期限 3 个月以上不满 1 年的，试用期不得超过 1 个月；劳动合同期限 1 年以上不满 3 年的，试用期不得超过 2 个月；3 年以上固定期限和无固定期限的劳动合同，试用期不得超过 6 个月。

（八）工资支付制度

企业工资支付制度主要包括：工资支付项目、工资支付形式、工资支付对象、工资支付时间、工资支付要求、特殊情况下的工资支付。

（九）工资专项集体合同的期限

工资专项集体合同的期限，是指工资专项集体合同的有效存续期间。根据《工资集体协商试行办法》规定，工资集体协商一般情况下 1 年进行 1 次。因此，工资专项集体合同的期限一般为 1 年。

（十）变更、解除工资专项集体合同的程序

变更、解除工资专项集体合同的条件与程序，可以由工会与企业平等协商，在工资专项集体合同中约定。

（十一）工资专项集体合同的终止条件

工资专项集体合同终止，是指由于一定法律事实的出现而使工资专项集体合同当事人之间的权利义务关系消灭。一般工资专项集体合同终止的主要原因有工资专项集体合同因完全履行而终止、工资专项集体合同期满而终止、工资专项集体合同当事人一方发出解约通知而终止、工资专项集体合同因免除而终止。

（十二）工资专项集体合同履行情况的监督检查

（十三）工资专项集体合同履行过程中发生争议的处理

（十四）工资专项集体合同的违约责任。违约责任的形式一般有支付违约金、支付赔偿金、继续履行、行政责任等

（十五）双方认为应当协商约定的其他事项

第三节　工资集体协商的程序

一、确定工资集体协商代表

工资集体协商代表是指按照法定程序产生并有权代表本方利益进行工资集体协商的人员。

（一）工资集体协商代表的产生和构成

1. 工资集体协商代表应依照法定程序产生。工资集体协商双方的代表人数应当对等，每方至少 3 人，并各确定 1 名首席代表。

2. 职工一方的工资集体协商代表由本单位工会选派。未建立工会的，由上级工会指导本单位职工推举职工为工资集体协商代表，并经本单位半数以上职工同意。

职工一方的首席代表由本单位工会主席担任。工会主席不能参加的，可以书面形式委托其他协商代表代理首席代表。工会主席空缺的，首席代表由工会主要负责人担任。未建立工会的，职工一方的首席代表从职工集体协商代表中民主推举产生。

用人单位一方的工资集体协商代表，由用人单位法定代表人指派，首席代表由用人单位法定代表人担任或由其书面委托的其他管理人员担任。

3. 工资集体协商双方首席代表可以书面委托本单位以外的专业人员作为本方协商代表。委托人数不得超过 1/3。首席代表不得由非本单位人员担任。

4. 用人单位协商代表与职工协商代表不得相互兼任。

（二）工资集体协商代表的职责

1. 参加工资集体协商；

2. 接受本方人员质询，及时向本方人员公布协商情况并征求意见；

3. 提供与工资集体协商有关的情况和资料；

4. 代表本方参加工资集体协商争议的处理；

5. 监督工资专项集体合同的履行；

6. 法律、法规和规章规定的其他职责。

（三）工资集体协商代表的权利和义务

工资集体协商代表有以下权利：

1. 提出工资集体协商的要求及协商事项；

2. 要求对方提供与工资集体协商有关的情况和资料；

3. 对协商规则等程序性事项提出意见和建议；

4. 依法进行工资集体协商；

5. 代表本方参与订立、变更、解除工资专项集体合同；

6. 接受首席代表委托，代签合同；

7. 企业内的协商代表参加工资集体协商视为提供了正常劳动。

同时，工资集体协商代表还应承担下列义务：

1. 应当维护本单位正常的生产、工作秩序，不得采取威胁、收买、欺骗等行为；

2. 应当如实向对方提供与工资集体协商有关的情况和资料；

3. 应当保守在工资集体协商过程中知悉的用人单位的商业秘密；

4. 依照有关法律、法规和平等合作的原则，从企业的实际情况出发，进行工资集体协商；

5. 尊重对方协商代表的人格，不得采取歧视性、胁迫性行为；

6. 切实代表本方的利益，及时与所代表方沟通工资集体协商的情况；

7. 协商代表和记录员对协商过程中的个人意见保密。

二、提出协商要约

工资集体协商要约，是工资集体协商主体的任何一方依法就签订工资专项集体合同相关事宜，以书面形式向对方提出进行工资集体协商要求的行为。

职工和企业任何一方均可提出进行工资集体协商的要求。工资集体协商的提出方应向另一方提出书面的协商意向书，明确协商的时间、地点、内容等，另一方接到协商意向书后，应于20日内予以书面答复。同意协商的，双方应当约定协商开始的日期。

企业工会提出协商要约有困难的或在其他特殊情况下，其上级工会可依法代替基层工会向企业提出协商要约。工会提出协商要约后，企业方不按期回应或拒绝进行工资集体协商的，上级工会应依法下达“整改建议书”，提出整改建议；对逾期不改的企业，工会可提请劳动保障部门责令其改正，直至追究其行政或法律责任。

三、协商前的准备工作

1. 大力宣传，营造氛围；
2. 认真学习，熟悉和掌握有关法律法规规章；
3. 广泛搜集了解与工资集体协商有关的情况和资料；
4. 充分征求职工的意见；
5. 明确协商代表分工；
6. 制定工资集体协商实施方案；
7. 确定工资集体协商记录员；
8. 起草工资集体协商文本。

四、正式协商

工资集体协商采取协商会议形式进行，协商会议由双方首席代表轮流主持。协商会议的一般程序是：宣布议程和会议纪律；一方首席代表提出协商的具体内容和要求，另一方首席代表就对方的要求作出回应；协商双方就商谈事项发表各自意见，开展充分讨论；双方首席代表归纳意见；达成一致的，应当形成工资专项集体合同草案，由双方首席代表签字。

协商未达成一致意见或出现事先未预料到的情况时，经双方同意，可以暂时中止协商。具体中止期限及下次协商的时间、地点和内容由双方共同商定。

五、职工（代表）大会讨论通过

工资专项集体合同草案应当提交职工（代表）大会讨论通过，召开职工（代表）大会讨论工资专项集体合同草案时，会议工作程序与职工（代表）大会召开的程序一样。

六、首席代表签字

工资专项集体合同草案经职工（代表）大会审议通过后，由工资集体协商双方首席代表在正式文本上签字。

七、审查备案

工资专项集体合同签订后，应当自双方首席代表签字之日起 10 日内，由用人单位一方将文本 1 式 3 份报送劳动保障行政部门审查。劳动保障行政部门对报送的工资专项集体合同应当办理登记手续。同时，由企业工会报送上一级工会备案。

劳动保障行政部门经审查对工资专项集体合同无异议，应及时向协商双方送达《工资专项集体合同审查意见书》，工资专项集体合同即行生效。工资专项集体合同向劳动保障行政部门报送经过 15 日后，合同双方未收到劳动保障行政部门的《工资专项集体合同审查意见书》，视为已经劳动保障行政部门同意，该工资专项集体合同即行生效。

八、公布实施

工资专项集体合同生效后，协商双方应于 5 日内将工资专项集体合同以适当形式向本方全体人员公布。

第四节　行业性区域性工资集体协商

一、行业性工资集体协商

行业性工资集体协商是指在同行业企业相对集中的区域由行业工会组织代表职工与同级企业代表或企业代表组织，就行业内企业职工工资水平、劳动定额标准、最低工资标准等事项，进行集体协商、签订行业性工资专项集体合同的行为。

二、区域性工资集体协商

区域性工资集体协商是指在一定的区域（乡镇、区、街道、村、经济开发区、工业园区等）内，由区域工会组织与相应的区域企业组织或企业方推选产生的代表，依照国家法律、法规，就工资分配办法、工资分配形式、工资收入水平等事项开展工资集体协商，在协商一致的基础上，签订覆盖本地区所有企业的区域性工资集体协议。

三、开展行业性区域性工资集体协商要关注的几个问题

（一）确定协商主体

行业性工资集体协商的主体一般由行业工会或工会联合会与行业内企业代表组织、企业方推荐产生的代表或行业所属各企业进行协商；没有组建行业工会的，可由行业所在区域的工会代行行业工会的职能，与企业代表组织进行协商。

区域性工资集体协商是由区域工会组织与相应的企业代表组织或区域内经所有企业民主推选或授权委托等方式产生的企业方协商代表进行工资集体协商，也可由区域工会组织与区域内所属企业分别进行工资集体协

商，签订工资专项集体合同。

（二）把握协商程序

行业性区域性工资集体协商与企业工资集体协商的程序相同。

（三）明确协商内容

行业性区域性工资集体协商内容的确定，必须从本行业本区域实际情况出发有所侧重。

四、企业、行业、区域性工资集体协商的区别

（一）协商主体不同

企业工资集体协商是以企业工会和企业行政方代表为协商主体。企业方协商代表的产生是由企业方法定代表人指定的；职工方协商代表由本单位工会选派，未建工会的企业由职工民主推举代表，并得到半数以上职工的同意。在企业工会向企业行政方提出要约存在困难时，也可以由上级工会代为向企业行政方提出要约。

行业性工资集体协商主体的确定一般有 4 种情况：由行业工会或联合会与行业内企业代表组织进行协商；由行业工会与行业内企业方推荐产生的代表进行协商；由行业工会与行业所属各企业行政进行协商；未组建行业工会的，可以由行业所在区域的工会代行行业工会职能，与企业代表组织进行协商。行业性工资集体协商时，职工方协商代表由行业工会选派，首席代表由行业工会主席担任。

区域性工资集体协商主体的确定通常有 3 种：以区域工会组织与对应的企业代表组织为主体协商；在没有区域企业代表组织的情况下，由区域工会组织与区域内所属企业分别进行平等协商；由区域工会组织与区域内以全体企业民主推选或授权委托等方式产生的企业方协商代表进行平等协商。

（二）协商程序的简繁程度不同

企业工资集体协商，由于只涉及企业内部，因此，所需资料和协商程序都相对比较容易。行业、区域工资集体协商由于涉及企业多，因而资料收集和协商程序相对而言复杂一些。

（三）协商内容的侧重点不同

企业开展工资集体协商，主要是就单个企业内部的工资分配制度、工资分配形式、工资收入水平、企业年度工资收入水平及调整幅度等事项进行平等协商；区域性工资集体协商的重点是制定本区域内职工最低工资标准；行业性工资集体协商主要是协商确定行业工资标准，制定行业统一的劳动者定额、工时工价标准等。

（四）法律效力不同

企业签订的工资专项集体合同，其法律效力只限于本企业和企业内的全体职工；区域性工资专项集体合同具有约束本区域内所有企业和职工的法律效力；行业性工资专项集体合同具有约束本行业内所有企业和职工的法律效力。区域性、行业性工资专项集体合同覆盖范围，远远大于企业工资专项集体合同。

五、进一步提高行业性区域性工资集体协商的实效

1. 加大宣传力度，不断凝聚社会共识。通过各种形式大力宣传行业性区域性工资集体协商对于规范劳动关系双方行为、化解劳动关系矛盾、实现互利共赢的积极作用，积极传递正能量，推动形成党政高度重视、企业普遍认同、职工积极参与、社会舆论大力支持的集体协商良好氛围。

2. 突出问题导向，全面聚焦提质增效。把行业性区域性工资集体协商工作重心真正转移到提质增效上来，更好发挥工资集体协商调整劳动关系的基础性作用。

3. 抓好行业协商，有效破解现实难题。要深入研究、逐步破解阻碍行业性区域性工资集体协商深化发展的一系列问题，包括双方协商主体的建立及代表性问题，内容不具体、效力不完整等问题。要善于总结行业性区域性工资集体协商已有的成果并加以推广，发挥产业工会优势和作用，更好地参与、指导行业工资集体协商。

4. 抓好分类指导，提高协商针对性。从实际出发，结合各行各业、各个地区的特点，提出不同的协商指导意见，提高协商的针对性、时效性。

5. 努力建设一支懂法律、能代表、会维护、善协商的工会集体协商工作队伍。组织专家学者研究工资集体协商有关理论和实践问题，为深入开展行业性区域性工资集体协商提供智力支持。加强专职集体协商指导员队伍建设，加大培训力度，不断提升工资集体协商工作人员的水平能力。

6. 借助“互联网+”，建立工资集体协商信息资源共享和评估体系。

思考题：

1. 开展工资集体协商的重要意义是什么？
2. 工资集体协商的原则是什么？
3. 工资集体协商的主要内容有哪些？
4. 协商确定职工年度工资水平应当参考哪些因素？
5. 简述工资集体协商的程序。
6. 企业、行业、区域性工资集体协商的区别是什么？

【案例 1】

江苏南通工会开展能级工资集体协商技能竞赛

2023 年 7 月 21 日　来源：工人日报客户端

“设立技工等级津贴，按 1 至 5 级分别给予 100 至 500 元技工津贴”“鼓励职工创新创造，加大五小创新、重大成果奖励”“增强企业凝聚力，设立职工工龄补贴”……7 月 20 日，江苏省南通市总工会举行“深化产业工人队伍建设改革，推进能级工资协商制度落实”全市集体协商技能竞赛，来自全市（县、区）总工会的 8 个代表队 32 名参赛选手，分别围绕薪酬待遇、福利保障、技能培训等议题进行模拟协商。

一边是“工会主席”领着“经审主任”“女工主任”和“一线职工代表”的职工方联袂而来，一边是“企业法人”带着 3 位“管理人员”组成的行政方严阵以待。

“此次协商议题如下：一是按 8%的目标确定工资增幅，工资分配比例向低职级职工倾斜；二是提高生产一线员工的高温补贴标准为 300 元/月；三是加强女职工权益保障，特别是产前检查和哺乳期间，适当减少劳动量，保证工资收入。”周天成是此次模拟协商中作为职工方首席协商代表、工会主席，在发言中抛出协商重点。

“今年，公司经营不理想，按8%确定工资增幅，负担较大。”“企业方首席代表”王其祥回应称，近年来市场竞争激烈，企业销售额虽有一定程度增长，但整体利润增幅部分难以保证职工工资增长目标。

“公司现有300多名职工，工资增幅为8%，人力成本仅增加了48万元。不涨薪职工流失率可能高达25%，公司在继续招聘和培训方面的付出将超过职工增资预期。”周天成现场算了笔账。

“参加这次集体协商竞赛练兵，既要事先做好各种准备，包括各种法律政策、职工工作生活现状等信息，还要考虑协商中对方可能的应对方案以及应对技巧和措施，确实对我有很大的锻炼，同时，竞赛中还可以观摩其他兄弟县市代表队的表现，让我收获满满。”如东县代表队参赛队员张天文介绍说。

目前，南通市共有专兼职工集体协商指导员1638人。去年，南通市总工会联合市人社局、邮政管理局等单位，在全国率先成立快递行业协调劳动关系三方委员会，指导快递行业工会与快递行业协会开展集体协商，签订了《快递行业集体合同》《快递行业工资专项集体合同》，明确南通快递行业职工在劳动用工管理、劳动报酬支付、最低工资标准、工作时间和休息休假等方面的基本权益，让全市1.2万名快递行业职工受惠。截至2022年12月底，南通市共签订集体合同19710份，覆盖企业23530家，覆盖职工140多万人，职工权益得到充分保障。（中工网-工人日报记者 黄洪涛 通讯员 韩石华）

【案例2】

推进“谈薪”解“薪结”

——湖南工会积极探索工资集体协商新模式

2023年7月21日 来源：华声在线

近年来，湖南省各级工会积极整合资源，组织召开联席会议，推动出台优惠政策，联合人社、工商联等相关单位，积极探索工资集体协商新模式，维护职工劳动经济权益，较好解决职工烦“薪”事。

扩面提质，探索“谈薪”模式

马王堆汽配城是长沙市芙蓉区一处大型专业汽车配件及汽车维修综合型市场，拥有汽车配件经营门店400余家、汽车维修门店80余家。芙蓉区总工会将推进工资集体协商覆盖汽修行业作为重点工作，由该区总工会谭钦之任工资集体协商指导员。

“市场内职工人数多，会员单位大都为个体经营户且规模不一，不仅要合理确定行业工资标准，还要考量职工需求，协商工作面临诸多困难。”谭钦之多次走访调研，进行座谈交流，最终以“保障工会福利”为切入点，推动企业方、职工方就最低工资标准、节日福利等达成共识。

浏阳市则探索开展社区区域性集体协商。今年5月24日，该市集里街道新屋岭社区召开一届一次职代会，37名职工代表一致审议通过了此前由社区工会联合会和社区企业协商确定的集体协商合同草案，确立了区域内企业最低工资标准上涨4%、小时工资标准18元，明确了职工体检、女职工特殊福利等具体事项。

典型示范，破解“谈薪”难题

“工资集体协商不仅没增加企业负担，反而帮企业降低职工流失率约30%。”7月11日，郴州市祥通速递公司副总经理谢亚平感慨地说。

2022年9月底，郴州市快递行业职工代表大会通过了包含“快递员每周至少休息1天、月最低工资不低于3100元、工作满一年的快递员全额办理职工医疗互助”等条款的行业集体合同。自此，当地快递行业职工倍感困扰的几乎全年无休、请假难等情况得到有效缓解，职工队伍稳定性明显增强。

在2023年湖南省新就业形态劳动者建会入会工作推进会上，郴州快递行业工资集体协商的经验获评“十大创新案例”。

省总工会注重分类指导、典型引导，联合省直相关单位组织开展工资集体协商典型示范企业、行业评选，让全省企业“学有目标，赶有榜样”。

建强队伍，提高“谈薪”能力

“协商是一场很难的考试。”说起前不久公司举行的工资集体协商会，沅江辣妹子食品股份有限公司职工方代表余亮介绍，公司工会做足准备工作，历时3小时平等协商，促使企、职双方就最低工资标准、年度平均工资水平及调整幅度、奖金及福利待遇等事项达成一致。

“全省工会高度重视工会专职集体协商指导员队伍建设工作，着力建设一支专业化规范化队伍。”省总工会相关负责人介绍，近两年来，全省各级工会积极组织开展工资集体协商指导员培训班，各市州工会均举办了集体协商竞赛活动，让集体协商指导员系统了解法律法规政策知识，熟悉掌握协商程序和技巧，帮助集体协商指导员提升“谈薪”实战能力。

截至目前，湖南省已签订有效期内工资集体协议2.6万多份，覆盖企业7万多家，覆盖职工380多万人，省内已建工会企业工资集体协商建制率动态保持在93%以上。(华声在线全媒体记者 彭雅惠 通讯员 王桂平)

第七章

工会经济技术工作

工会经济技术工作直接体现了以经济建设为中心和全心全意依靠工人阶级根本指导方针的要求，是调动和发挥广大职工群众支持和投身社会主义现代化建设的积极性和创造性，推动经济和社会高质量发展的有效方法，也是工会动员和组织广大职工参与国家和企事业单位、社会组织的经济管理，提高工会参政议政水平，体现工会建设职能的手段。

第一节　工会经济技术工作概述

一、工会经济技术工作的基本特点

工会经济技术工作，也称群众经济技术工作，是指工会组织围绕完成企业事业生产工作任务，推动科技进步，促进经济社会高质量发展而开展的一系列活动。它有以下特点。

（一）自主性

一是在工作目标上，以推动经济发展、促进企事业进步，提高经济效益为中心。二是在工作形式上，以动员广大职工参与并为职工所欢迎、所接受为标准。

（二）群众性

工会开展经济技术工作必须能够广泛吸引广大职工群众踊跃参与，从而彰显广大职工的积极性和创造性。

（三）多样性

职工经济技术活动的内容和形式是多种多样的，它涉及企事业生产经营和管理的各个方面。它既可以解决实际问题，又可以克服潜在不足。

（四）针对性

职工经济技术活动具有极强的操作性。它表现为一系列的规则、要求和标准。它而是从实际出发，以具体的对象、项目和操作程式为前提并得到一定的可检查的结果。

（五）效益性

职工经济技术活动必须有实际意义，产生的效果必须有价值，尤其是要通过数量、质量、成本标准、质量检验等具体标准来体现，对企事业生产经营必须产生经济效益和社会效益。

二、工会经济技术工作的作用

（1）工会经济技术工作是调动职工积极性和创造性的有效方法。工会经济技术工作的最大功效在于把广大职工的积极性、主动性和聪明才干进行有组织、有目的的调动和发掘，增强广大职工的主人翁责任感和积极参与企事业生产经营的热情，使职工群众真正施展聪明才智、发挥创造热情，投入全面建成社会主义现代化强国的伟大事业中来。

（2）工会经济技术工作是促进经济社会高质量发展、维护职工利益的重要内容。工会经济技术工作充分利用其直接为经济建设服务的优势，组织和发动职工参与生产经营管理，促进企事业高质量发展，提高职工的科技文化素质和创新能力，使广大职工获得经济利益，增强企事业竞争的能力，从而保障了广大职工的具体利益，也为巩固职工主人翁地位创造了条件。

（3）工会经济技术工作有利于提高职工素质，增强自主创新能力。工会经济技术工作可以发挥传统优势，诸如通过组织开展岗位练兵、技术比武、师徒帮教、技术协作、技术培训和成果评选表彰等活动，积极协助政府和企事业加快培养急需的技术技能型、复合技能型、知识技能型人才，不断提高职工的职业技能水平和技术素质，为实现“十四五”规划增强科技进步和自主创新能力，为企事业发展提供人才储备和技术保证，推动科教兴国和人才强国战略的落实。

三、工会经济技术工作的任务

在新时代，工会经济技术工作要服务新时代新目标，围绕国家重大战略、重大工程、重大项目、重点产业，广泛深入持久开展“建功‘十四五’、奋进新征程”主题劳动和技能竞赛。组织职工积极参加技术革新、技术协作、发明创造、合理化建议、网上练兵和“小发明、小创造、小革新、小设计、小建议”等群众性创新活动。具体来说，工会经济技术工作的主要作用如下。

（一）大力提高职工技术素质

健全产业工人技能形成制度体系，重点推动完善现代职业教育制度、职工技能培训制度、高技能人才培养机制、“互联网+”培训机制等，畅通技术工人成长成才通道；实施高技能领军人才和优秀产业技术紧缺人才境外培训计划；构建“互联网+职工素质建设工程”模式，完善中国职工经济技术信息化服务平台。工会组织要把全面提高职工素质作为一项战略任务来抓，利用其自身优势，广泛开展岗位练兵、技术比武、技术培训等活动，把造就一批高技能人才与普遍提高职工技能水平结合起来，造就一支梯次合理、素质优良、新老衔接、能够适应技术进步要求和现代化建设需要的高素质职工队伍。

（二）在增强自主创新能力中发挥作用

工会组织要围绕增强自主创新能力，大力开展合理化建议、技术革新、技术攻关、发明创造活动，引导职工在技术创新的实践中发挥聪明才智，推动创新型企业和创新型国家的建设。要在职工中深入实施以推动技术进步为主题，以开发具有自主知识产权的核心技术为重点，激励广大职工为建设创新型企业和创新型国家贡献智慧和力量。

（三）推动经济社会高质量发展

各级工会组织必须适应职工队伍规模结构、就业方式、分配方式、利益诉求、思想观念的深刻变化，适应新技术新业态新模式背景下劳动关系的深刻调整，提高贯彻新发展理念的思想自觉和行动自觉。要围绕推动经济结构调整和经济发展方式转变，广泛开展多种形式的建功立业活动，促进经济社会高质量发展，为全面建成社会主义现代化强国贡献智慧和力量。

（四）大力弘扬劳模精神、劳动精神、工匠精神

加大对劳动模范和先进工作者的宣传力度，讲好劳模故事、讲好劳动故事、讲好工匠故事，营造劳动光荣的社会风尚和精益求精的敬业风气。进一步做好劳模培养选树和管理服务工作，完善全国工会劳模工作管理平台，推动完善劳模政策，提升劳模地位，落实劳模待遇，形成尊重劳动、

尊重知识、尊重人才、尊重创造的良好氛围。

（五）参与经济和科技政策及法规的研究制定

工会组织要通过对社会经济生活中涉及和影响职工利益的经济政策问题进行调查研究，参与地方政府经济科技法规、政策和发展规划的研究制定，提高工会参政议政能力，为党委和政府决策提供依据。

第二节　工会经济技术工作的内容

一、劳动和技能竞赛

（一）劳动和技能竞赛的现实意义

劳动和技能竞赛是一项最广泛的职工群众活动，也是一项涉及范围和领域最宽广的活动。劳动竞赛是在社会主义条件下，广大劳动者以劳动生产为内容展开的竞赛活动；技能竞赛是依据国家职业技能标准，结合生产和经营工作实际开展的以突出操作技能和解决实际问题能力为重点的、有组织的群众性竞赛活动。开展社会主义劳动和技能竞赛，可以增强广大劳动者的集体主义精神，创造和推广新的生产技术和操作方法，改善劳动组织，发挥劳动者的积极性、主动性和创造性，对于提高劳动生产率，完成和超额完成生产工作任务，提高经济社会效益，促进企事业高质量发展，具有巨大的推动作用。

劳动和竞赛的现实意义主要包括几个方面。首先，发展和谐稳定的劳动关系，需要工会在实践中正确把握好促进企事业发展、维护职工权益的相互关系。其中，为促进企事业发展，劳动和技能竞赛无疑是有效的切入点。其次，劳动和技能竞赛有利于提升企事业的核心竞争力。企事业的竞争优势靠的是创新，而劳动竞赛通过比、学、赶、帮、超能够为企事业创新不断拓展领域。再次，劳动和技能竞赛有利于提高企事业单位科学技术水平。最后，劳动和技能竞赛有利于全面提升职工队伍素质。

（二）劳动和技能竞赛的原则

组织劳动和技能竞赛的基本原则包括宣传劳动和技能竞赛、评比竞赛结果、运用竞赛优胜经验3个方面。在竞赛中具体表现为“互相学习、互相帮助、取长补短、共同提高”，由此决定了劳动和技能竞赛以“比、学、赶、帮、超”为主要活动方式。在改革创新新时代，劳动和技能竞赛所遵循的原则得到进一步延伸：

1. 服务经济社会建设、服务企事业发展；

2. 服务职工权益保障、有利于广大职工参加；

3. 坚持精神鼓励为主、物质鼓励为辅，精神鼓励和物质鼓励有机结合；

4. 倡导“互相学习、互相帮助、取长补短、共同提高”。

（三）劳动和技能竞赛的方式

按照竞赛的组织方式分为如下几种。

1. 定额达标式竞赛。即围绕企事业发展目标确定竞赛内容，在此基础上将竞赛目标具体分解、层层落实。

2. 协议式竞赛。即由劳动关系双方代表通过签订协议方式，明确竞赛任务的分工和各自的责、权、利，使企事业发展目标和职工切身利益有机结合在一起。

3. 横向联合式竞赛。即在不同的部门、企事业、行业之间，为完成共同的任务而开展的联合协作竞赛。

按照竞赛内容分为以下几种。

1. 突出创造性的劳动和技能竞赛。许多企事业在市场竞争中，力求以先进的指标、核心的技术和服务、优质的产品和最佳的经济效益立足市场，这种创造性劳动和技能竞赛的内容，使企事业最能见到实效，因而受到了企事业和职工的欢迎。

2. 提高经济效益的劳动和技能竞赛。新形势下的劳动和技能竞赛内容坚持以经济效益为中心，把提高质量、降低消耗、节约成本、增加盈利、开发新产品和提高劳动生产率作为重点，千方百计地挖掘潜力，盘活现有资产，促进企事业的发展。

3. 推动技术进步的劳动和技能竞赛。许多企事业在开展劳动和技能竞赛时，大力推广应用新技术，消化吸收引进新技术和新设备，大力开展技术革新、技术攻关、技术协作、发明创造和合理化建议等活动，在推动技术进步方面获得丰硕成果。如“五小”（小发明、小创造、小革新、小设计、小建议）竞赛。

4. 提高劳动者素质的劳动和技能竞赛。现在，基层企事业都把劳动者的素质作为劳动和技能竞赛的重要内容，大力开展群众性的技术培训、技术比赛和技术练兵、拜师学艺等活动，千方百计地为提高职工群众的素质服务。

按照竞赛特点可分为如下几种。

1. 生产型竞赛。即为调动职工积极性、主动性，促进某一生产任务完成而开展的竞赛活动。

2. 智能型竞赛。即为开发职工智能，促进技术进步和加强经营管理而开展的竞赛活动。

3. 技能型竞赛。即为帮助职工掌握操作技法，促进职工技能水平普遍提高而开展的竞赛活动。

（四）劳动和技能竞赛的实施程序

1. 制订竞赛方案。组织劳动和竞赛首先要确定竞赛目标、原则、组织领导、实施内容等；明确竞赛具体实施方案，其中包括竞赛条件、竞赛管理及奖励办法等。竞赛活动一般由企事业行政牵头，工会等相关部门配合参加，日常具体工作通常由工会负责。

2. 宣传发动群众。让广大职工了解竞赛活动方案，宣传竞赛的意义、目的、目标、方法，形成竞赛的气氛和声势，让职工关注竞赛、参与竞赛。

3. 劳动和技能竞赛的组织方法。一是做好开赛前的准备。选择好竞赛目标，做好可行性研究。二是做好比赛的服务工作。解决职工的后顾之忧，做好竞赛的分类指导，及时检查监督。三是做好比赛的总结、评比、表彰工作。

4. 劳动和技能竞赛的组织领导。强有力的领导是开展劳动和技能竞赛的组织保证。各级工会组织是劳动和技能竞赛的组织领导机构。

二、合理化建议活动

合理化建议活动，是指工会组织职工就有关改进和完善企事业单位生产、技术、经营和管理等方面提出改进意见、相关解决措施或办法的活动。职工合理化建议活动也称“点子工程”，它是职工民主管理的一项重要内容，是企事业运用集体智慧、群策群力促进企事业发展的一个重要手段。

（一）合理化建议的内容

1. 在管理理论、管理技术上有创建，对提高生产经营管理、科学技术水平、提高经济效益和社会效益有指导和促进作用。

2. 在管理组织、制度、机构等方面提出改革办法和改进方案，对提高工作效率和应变能力或服务能力有显著效果。

3. 应用国内外现代化管理手段和技术，取得经济效益和社会效益。

4. 在提高产品质量，改进产品结构，开发新产品方面有积极作用。

5. 在改进生产设备、设施及生产工具；生产安全和劳动安全卫生；节约能源，降低消耗，采用新技术、新工艺、新材料，节约原材料等方面有重要作用。

（二）合理化建议活动的特征

1. 广泛性。包括一线员工、技术人员、管理人员、营销人员以及财务、劳资、培训等部门的人员，都可围绕本岗位或企事业其他部门的工作，提出意见或建议。

2. 实验性。所提意见或建议能否运用到生产、经营、管理活动中去，必须经过科学论证，研究其可行性以及成本和效益，做出采纳与否的决定。

3. 效益性。合理化建议一旦实施应有实际效用，或可实现增产节约，或可直接计算效益；在实际工作中要注意定期（以月、季、半年或1年）

为单位进行统计，其统计指标有：(1) 提出率：即某一时期所提合理化建议的件数与平均在册职工之比；(2) 采纳率：即经科学论证可采纳的件数与实际所提件数之比； (3) 实施率：即实施的件数与创造的总体效益之比。

（三）合理化建议活动的步骤

1. 通过宣传动员做好合理化建议的征集工作。在建议征集过程中，应注意建议的实用性和解决问题的可行性。

2. 组织有关专业人员对建议进行可行性分析并作出采纳或否定的决定。凡决定采纳的建议项目，应及时组织实施，在实施过程中做好建议项目的管理。

3. 对建议产生的效果进行评比与奖励。在评比过程中，一般按照合理化建议的提出率、采纳率和实施率 3 项指标进行，并且在奖励中按照建议创造经济效益的大小分档进行，对于那些不能直接计算经济效益的项目，可根据其作用大小、技术先进程度、推广范围等评定相应等次的奖励。

三、职工技术协作活动

职工技术协作是职工群众自愿结合，发扬工人阶级主人翁精神和协作风格，在企事业间、部门间、行业间、地区间进行有组织的技术攻关、技术开发、技术交流，通过技术应用、推广和创新，为经济建设作贡献的群众性生产技术活动。职工技协是中国工人阶级的伟大创举，在深入实施科教兴国战略、人才强国战略、创新驱动发展战略中发挥着重要作用。

（一）职工技术协作活动的主要任务

1. 立足企事业，开展技术创新、技术挖潜和技术改进活动，不断完善和推进企事业生产技术；

2. 开展企事业之间，企事业和高校及科研单位之间的技术交流和技术合作活动，共同解决企事业在技术开发、技术改造、技术成果消化吸收等方面遇到的问题；

3. 根据企事业技术进步的需要，组织技术培训、技术攻关和技术比赛等活动，有计划、有步骤、有目的地提高职工队伍的技术水平；

4. 开展有偿技术服务，按照技术市场的通行规则，推动技术的广泛应用；

5. 在技术协作组织的协调下，集中相关技术力量支持那些技术较薄弱的企事业、行业和地区。

（二）开展职工技术协作工作的基本要求

1. 贴近企事业，贴近生产技术发展的最前沿，通过组织形式、工作内容、运作方式、活动范围等方面的不断创新，赋予职工技协新的生命力。

2. 职工技术协作作为工会经济技术工作的重要组成部分，应充分彰显工会在推进我国经济技术方面的群众化优势，坚持为基层服务，坚持技协以职工为主体的方向，坚持发挥职工群众技术的强大优势。

（三）新时代职工技术协作工作的重点

1. 找准位置，发挥优势，增强自主创新能力；

2. 拓宽活动领域，从公有制企事业向非公有制企事业发展，从传统产业向新兴产业延伸；

3. 积极参与技术市场建设，促进科技成果转化；

4. 发挥技术协作优势，为促进区域协调发展作贡献；

5. 建好队伍，提升水平；

6. 发挥社团功能，提高为会员服务的能力。

四、劳动模范工作

伟大的时代需要伟大的精神，伟大的精神来自伟大的人民。在新时代，我们要大力弘扬劳模精神。劳动模范身上体现的“爱岗敬业、争创一流，艰苦奋斗、勇于创新，淡泊名利、甘于奉献”的劳模精神，是伟大时代精神的生动体现。习近平总书记指出：“我们要始终弘扬劳模精神、劳动精神，为中国经济社会发展汇聚强大正能量。”

做好劳动模范工作，是工会一项重要而神圣的任务。《工会法》规定：“根据政府委托，工会与有关部门共同做好劳动模范和先进生产（工作）

者的评选、表彰、培养和管理工作。”

（一）劳动模范工作的主要内容

1. 评选、表彰劳动模范，培养劳模群体；
2. 切实关心劳模生活，落实劳模待遇；
3. 进一步探索和完善劳模管理工作机制；
4. 建立健全劳模培养、继续教育的激励机制；
5. 发挥劳模骨干带头作用，为劳模施展才干搭建平台；
6. 强化劳模和工匠人才创新工作室创建工作；
7. 大力弘扬劳模精神，营造劳动光荣、知识崇高、人才宝贵、创造伟大的社会氛围。

（二）劳动模范的评选、表彰

1. 评选劳动模范的基本条件

热爱祖国，坚持党的基本路线，在政治、思想和行动上同以习近平同志为核心的党中央保持一致，在本职工作岗位上艰苦奋斗、勇于开拓创新，为经济建设和社会发展作出突出贡献，并具有广泛的群众基础。劳模评选工作应坚持面向基层，面向经济建设第一线，并以普通工人、农民工和知识分子为主。

2. 劳模评选的基本程序

劳模评选应在广泛听取群众意见的基础上，经过必要的民主程序，做到公开、公正，优中选优，确保评选质量。劳模人选应通过所在基层单位推荐，经本单位职工大会或职工代表大会讨论同意并经主管部门审查。劳模人选产生后，还应面向群众和社会进行公示。

3. 对劳模的表彰奖励

在社会主义市场经济条件下，对劳模的奖励应体现精神鼓励和物质奖励并重。同时，应在社会范围大力宣传劳模精神和时代风采，使劳模的奉献精神和为国家或企事业作出的突出贡献得到社会的承认和尊重，使劳模成为人们学习的榜样和楷模。

4. 对劳模的培养和教育

对劳模的培养和教育方式丰富多样，如选送劳模到大专院校或国外学习深造，定期安排劳模参加相关专业的培训，也可通过建立劳模协会和劳模联系制度为劳模提供所需的各种文化交流活动。

（三）劳动模范的日常管理

1. 严格坚持评选劳模的基本标准。

2. 坚持面向基层，面向经济建设一线，以广大职工群众为主，实行民主评选的原则。

3. 维护劳模的正当权益，关心劳模的工作、学习和生活，尤其应关心那些困难劳模的工作和生活，及时解决劳模遇到的各种困难和问题。用好全国劳模专项补助资金，深入开展劳模定期走访慰问、及时帮扶救助、开展健康体检和疗休养等工作。

4. 总结、传播和推广劳模创造的先进工作经验，大力弘扬劳模的敬业精神、崇高品质和先进思想。

5. 重视研究劳模工作有关理论，不断提高劳模工作的管理水平和从事劳模日常管理工作人员的自身素质。

（四）新时代劳模工作的基本思路

1. 学习贯彻习近平总书记在全国劳动模范和先进工作者表彰大会上重要讲话精神，加大对劳动模范和先进工作者的宣传力度，讲好劳模故事、讲好劳动故事、讲好工匠故事，营造劳动光荣的社会风尚和精益求精的敬业风气。

2. 进一步做好劳模培养选树和管理服务工作，完善全国工会劳模工作管理平台，推动完善劳模政策，提升劳模地位，落实劳模待遇，形成尊重劳动、尊重知识、尊重人才、尊重创造良好氛围。

3. 加大劳模教育培养力度，鼓励各级工会开展劳模教育培训，叫响做实由劳模学员、劳模辅导员、劳模学院、劳模宣讲团等构成的“劳模+”品牌。

第三节　群众性经济技术创新工程

一、群众性经济技术创新工程的内涵

（1）以职工为主体，并体现和贯穿于工会群众性经济技术创新工程的全过程和各项具体活动之中。

（2）实施范围主要集中在与社会物质生产密切相关的产业、行业、部门和各类经济组织中。

（3）任务重点主要围绕生产经营、科技研发、技术创新、劳动技能、管理服务、物流与信息等诸多方面。

（4）以创新为主旨，以灵活有效、形式多样、受职工欢迎的活动方式为载体。

（5）由工会发起和组织实施，由政府、企业行政和社会各界在人力、物力、财力、智力等方面予以通力合作与支持。

二、群众性经济技术创新工程的主要特征

（一）知识化

知识化即工会群众性经济技术创新工程的组织过程、实施项目、成果实现等在内容、手段、途径和方法等方面，均体现出知识的创新、创先、创优、创水平。

（二）人本化

人本化即始终坚持以人为本的理念，使职工成为主导经济技术进步的首要资源，使知识型、技能型、创新型职工队伍建设充分彰显人力资本的创造价值。

（三）创新性

创新性即工会群众性经济技术创新工程无论在目标与任务还是在参与主体与实施过程等各个环节，均能够与时俱进。

三、群众性经济技术创新工程的组织、管理与实施

（一）组织领导

由于工会群众性经济技术创新工程领域广、项目多、职工参与踊跃，因此加强对此项工作的组织领导是保证活动扎实开展的前提条件。组织领导架构可在地方、产业和基层企事业三个层面分别设置，其基本职责是：（1）制订中长期发展规划和年度计划，并协调各方力量组织实施；（2）总结交流和推广开展群众性经济技术创新工程的先进经验与做法；（3）运用宣传媒体展示先进典型和成果，扩大创新工程的社会影响力；（4）通过检查、考核、评优等相关制度，确保此项工作稳步推进。

（二）项目管理

项目管理是“创新工程”得以顺利实施的重要保证，而制定科学的评估标准则是项目管理的关键所在，对于推动“创新工程”的科学化、制度化、规范化具有重要意义。评估标准的制定应着眼于“创新工程”整体水平的提升，把方案制订、目标任务、活动开展、成果绩效作为评估主要内容，把提升职工素质、推动经济技术与科技创新以及实现经济效益指标作为评估重点。评估标准的制定应遵循以下原则：（1）统一性原则，即评估标准能够广泛兼顾群众性经济技术创新活动的各类成果形式；（2）科学性原则，即评估标准能够客观、真实地反映创新成果，做到定量和定性评估相结合；（3）公平、公正的原则，即评估标准的制定、实施和考核结果应公开透明、实事求是。

（三）保障体系

“创新工程”制度保障体系建设主要涉及两个方面，一是要求组织领导者树立现代创新理念，形成行政与工会及相关社会组织相互支持、密切配合、职工群众与专业技术人员相互结合的工作格局与良好氛围；二是健

全完善保障体系各项制度建设，诸如激励制度、管理制度、创新扶持制度、职工技能培训制度、成果推广制度等。

（四）实施平台

工会群众性经济技术创新工程实施的关键在于通过活动的开展，为职工劳动技能和综合素质的全面提升打造发展平台，具体涉及以下方面：一是深入开展创建学习型组织，引导职工争做知识型、技能型、创新型劳动者；二是整合工会内部教育培训资源，发挥工会院校和各种培训机构在技能型人才培养中的综合效应，同时保障资金投入和职工职业技能实训基地建设；三是健全职业资格和职业技能等级认证制度，不断完善技能培训考核评价体系；四是适应“创新工程”领域的逐步拓展，为使愈益广泛的职工群众踊跃参与其中，工会应能够拥有更多的资源和手段。

第四节 弘扬劳模精神、劳动精神、工匠精神

2020 年 11 月 24 日习近平总书记在全国劳动模范和先进工作者表彰大会上的讲话中指出，“在长期实践中，我们培育形成了爱岗敬业、争创一流、艰苦奋斗、勇于创新、淡泊名利、甘于奉献的劳模精神，崇尚劳动、热爱劳动、辛勤劳动、诚实劳动的劳动精神，执着专注、精益求精、一丝不苟、追求卓越的工匠精神”。在新时代新征程上，我们要深入学习贯彻习近平总书记重要讲话精神，深刻认识和大力弘扬劳模精神、劳动精神、工匠精神，汇聚起亿万职工群众团结奋斗的磅礴力量。

一、劳模精神、劳动精神、工匠精神的科学内涵

劳模精神、劳动精神、工匠精神是以爱国主义为核心的民族精神和以改革创新为核心的时代精神的生动体现，是鼓舞全党全国各族人民勇敢前进的强大精神动力，是中华民族披荆斩棘、走向胜利的重要法宝。大力弘

扬三种精神，对于鼓舞和激励全党全国各族人民为全面建成社会主义现代化强国而奋斗，具有重大意义。

（一）劳模精神

劳模精神是工人阶级先进性的集中体现，是工人阶级主人翁意识的集中体现，是社会主义核心价值观的生动诠释，是文化自信的重要支撑，是实现中华民族伟大复兴中国梦的重要力量。习近平总书记将劳模精神概括为“爱岗敬业、争创一流、艰苦奋斗、勇于创新、淡泊名利、甘于奉献”。

爱岗敬业，是指以尊重恭敬态度来对待自己的岗位、热爱自己的工作。是忠于职守的职业精神。

争创一流，就是要增强争先创优意识，锐意进取，瞄准一流水平、对照一流标准、争创一流业绩。

艰苦奋斗，是一种不怕艰难困苦，奋发图强，艰苦创业的精神，是中华民族的优良传统。

勇于创新，就是敢为人先、突破常规。

淡泊名利，就是轻视外在的名声与利益，不计较得失，不计较名利。

甘于奉献，就是心甘情愿地为国家、人民、社会、集体或他人无私奉献自己的一切，是劳模精神的底色。

（二）劳动精神

习近平总书记将劳动精神概括为“崇尚劳动、热爱劳动、辛勤劳动、诚实劳动”。

崇尚劳动，是指对劳动的尊重和推崇，这是价值层面的高度认同。

热爱劳动，是指满腔热忱地去从事人类创造物质和精神财富活动，将对劳动的价值认同转化为劳动热情，这是情感层面的强烈表达。

辛勤劳动，是指辛辛苦苦、勤勤恳恳从事生产劳动，是实践过程中的行动状态。这是基本要求。

诚实劳动，是言行一致、脚踏实地、诚实守信的劳动行为，是境界层面的行动准则。

（三）工匠精神

习近平总书记把工匠精神概括为“执着专注、精益求精、一丝不苟、追求卓越”。

执着专注，即耐心、执着、坚持的精神，保持定力。这是思想层面的要求。

精益求精，是指在既有成绩基础上仍然严格要求，是技艺、产品、质量、境界不断提升的过程。这是操守层面的要求。

一丝不苟，指做事十分认真、细致，来不得半点马虎将就。这是作风层面的要求。

追求卓越，是指永不自满、永不停滞，追求极致完美的态度和行为。这是品质层面的要求。

劳模精神、劳动精神、工匠精神具有内在联系。劳模精神反映劳动模范在生产实践中的职业素养、职业能力、职业品质，弘扬劳模精神强调用劳模的先进思想、模范行动影响和带动全社会。劳动精神是劳动者劳动意识、劳动理念、劳动态度、劳动习惯的集中展示，弘扬劳动精神强调正确认识劳动是人类的本质活动。工匠精神不仅是大国工匠群体特有的品质，更是广大技术工人心无旁骛钻研技能的专业素质、职业精神，弘扬工匠精神强调在追求卓越中超越自己。劳动精神是劳模精神、工匠精神的根基，离开劳动创造，劳模精神和工匠精神就是无源之水、无本之木。劳模精神和工匠精神是劳动精神向更高水平的发展、在更高层次的升华。

二、大力弘扬劳模精神、劳动精神、工匠精神

奋进新征程，我们要牢牢把握为实现中华民族伟大复兴中国梦而奋斗的工人运动时代主题，大力弘扬劳模精神、劳动精神、工匠精神，团结带领广大职工为全面建成社会主义现代化强国、实现中华民族伟大复兴的中国梦不懈奋斗。

（一）必须坚持党的领导

引领职工群众坚定不移听党话、跟党走。大力弘扬劳模精神、劳动精神、工匠精神，必须毫不动摇坚持党的领导，深入学习贯彻习近平新时代中国特色社会主义思想，不断增强“四个意识”、坚定“四个自信”、做到

“两个维护”，确保工会工作正确政治方向。要在全社会大力宣传劳模精神、劳动精神、工匠精神，广泛开展“中国梦·劳动美”、劳动创造幸福等主题宣传教育活动，进一步擦亮叫响“最美职工”“大国工匠”等品牌，在全社会大力宣传劳动模范和先进工作者典型事迹，讲好劳模故事、讲好劳动故事、讲好工匠故事，让劳模精神、劳动精神、工匠精神深入人心，让劳动模范的感人故事家喻户晓，引导职工群众自觉把人生理想、家庭幸福融入国家富强、民族复兴的伟业之中，争做新时代的奋斗者，通过劳动创造更加美好的生活。

（二）充分调动职工群众建功立业的积极性主动性创造性

要紧密结合时代特征和社会实际，充分发挥劳模精神、劳动精神、工匠精神的价值。把全心全意依靠工人阶级方针贯彻到党和国家政策制定、工作推进全过程，落实到企业生产经营各方面，做到在政治上保证、制度上落实、素质上提高、权益上维护。牢牢把握我国工人运动时代主题，组织职工广泛深入持久开展各种形式的劳动和技能竞赛，深化技术革新、技术协作、合理化建议和“小发明、小创造、小革新、小设计、小建议”等群众性创新活动，为推动高质量发展作出更大贡献。

（三）努力建设高素质劳动大军

劳动者素质对一个国家、一个民族、一个企事业单位的发展至关重要。综合国力的竞争归根到底是人才的竞争、劳动者素质的竞争。大力弘扬劳模精神、劳动精神、工匠精神，必须落实到提高劳动者素质上。深化产业工人队伍建设改革，落实产业工人思想引领、建功立业、素质提升、地位提高、队伍壮大等措施，努力建设一支知识型、技能型、创新型劳动大军。

（四）不断增强职工群众的获得感、幸福感、安全感

让人民群众过上更加幸福的好日子是我们党始终不渝的奋斗目标。大力弘扬劳模精神、劳动精神、工匠精神，是为了实现职工群众对美好生活的向往。要贯彻落实党中央关于扎实推进共同富裕的决策部署，推动实现多劳者多得、技高者多得，提高劳动报酬在初次分配中的比重，增加劳动

者特别是一线职工劳动报酬。要坚持以人民为中心的发展思想，扎实有效做好职工权益维护工作，着力维护好新就业形态劳动者、农民工、城市困难职工等群体合法权益，健全劳动关系协调机制，努力使他们的获得感幸福感安全感成色更足。坚持从职工群众多样化需求出发开展工作，加快构建联系广泛、服务职工的工会工作体系，不断提高职工生活品质。

思考题：

1. 工会经济技术工作有什么重要作用？
2. 工会经济技术工作的任务是什么？
3. 劳动和技能竞赛的重要意义是什么？有哪些方式？
4. 合理化建议的内容是什么？
5. 职工技术协作活动的主要任务是什么？
6. 工会劳动模范工作的基本内容是什么？
7. 群众性经济技术创新工程的内涵是什么？
8. 如何理解劳模精神、劳动精神、工匠精神的科学内涵？
9. 如何大力弘扬劳模精神、劳动精神、工匠精神？

【案例 1】

河南南阳：以班组竞赛激励一线工人争做技术能手

2023 年 8 月 3 日　来源：中工网

河南省南阳市总工会决定在全市广大职工中开展以技术革新、技术协作、发明创造、合理化建议、网上练兵和“五小”等为主要形式，以创建“工人先锋号”为载体，开展班组竞赛活动，提升工人技能水平，提升企业核心竞争力。

实行党政领导、工会牵头、齐抓共管的组织领导体制，提高班组管理水平。要求以部门管理、培训、检查、考核纵向一体化模式，对班组建设工作进行统一部署、统一协调、统一检查、统一考核、统一总评，培育一批懂管理、会经营的先进班组，以现场经验交流形式，不断完善和提升班组的生产、技术、经营管理的理念和水平。

同时，要求不断提高班组现场管理水平，尤其是生产现场管理：改善生产现场，消除“跑、冒、漏、滴”和“脏、乱、差”状况，提高产品质量，提高职工素质，提高企业管理水平，有利于保证安全生产、提高经济效益和增强企业竞争力；形成以班组管理为活动平台，以人的素质为核心因素，以整理、整顿、清扫和清洁为环境因素，以安全、环保为目标因素的生产现场动态管理系统，从而为职工创造一个安全、卫生、舒适的工作环境；以“三树立三提高、五个确保”，即树立以人为本理念、提高主人翁意识，树立班组协作精神、提高业务技能，树立追求一流理念、提高创新能力，确保产品质量稳定，确保安全生产，确保计划完成率，确保设备使用完好，确保生产现场整洁。切实提高班组现场管理水平，实现班组建设规范化管理。

市总工会要求，要紧紧围绕工会中心任务，紧密结合实际，以创建“工人先锋号”为载体贯穿于班组建设的始终，积极推进工作创新。不断加强“工人先锋号”创建活动体制化、制度化、品牌化建设，特别要在“创”和“建”上做文章、见成效。要找准位置、体现特色、发挥作用，努力实现其管理制度的标准化。要以创建“学习型、创新型、节能型、安全型、和谐型”五型班组为抓手，促进班组建设与企业发展相结合。广泛开展劳动和技能竞赛活动，要最大限度地把职工群众吸引和组织到劳动、技能竞赛活动中来，激励和引导广大职工争做技术能手。（河南工人日报记者 陈微娴）

【案例2】

劳模工匠话心声

——黑龙江北安市总工会劳模工匠宣讲活动侧记

2023年8月3日　来源：中工网

在思想上汇聚奋进力量，在行动上向榜样看齐。

5月末，黑龙江省北安市总工会开展了“弘扬二十大精神　劳模工匠话心声”宣讲活动。活动中，省劳动模范、黑河工匠、黑河市劳动模范、北安市劳动模范4名劳模、工匠，结合自身的奋斗经历、成长故事，用最质朴的语言、最真挚的感情，分享了学习宣传贯彻党的二十大精神以及弘扬劳模精神、劳动精神的深刻感悟，赢得了广大职工、师生的共鸣和好评。

“党的二十大会议期间，为了能够保障安全优质播出，确保黑龙江人民广播电台九一八台重要广播电视转播工作万无一失。我们24小时在单位值守，加大了技术保障力度。”黑河工匠、黑龙江人民广播电台九一八台党支部书记王金旭说，九一八台担负着中央、省、地、市11套广播节目和18套电视节目的转播工作，是党宣传战线的“喉舌”。为更好地将党的声音传到千家万户，在重大活动直播临近前，他都组织带领机务人员认真检修播出设备，使全台发射机指标都达到部颁甲级标准。他宣讲时说，将充分发挥“劳模和工匠人才创新工作室”作用，常态化开展“业务大讲堂”等活动，重点培养一批青年技术骨干力量进入安全播出主战场。

“宣讲活动更像一面镜子，能让宣讲人再学习、再领会党的二十大精神，也为大家对照工作深度思考、互相借鉴学习经验搭建了交流平台。”黑河市劳动模范、市人社局副局长潘国海对此次宣讲活动感触颇深。在他看来，找出不足、创新工作、共同提高，是此次宣讲活动更深层次的意义。而他紧紧围绕党的二十大报告相关内容，针对北安市人社局近年来在构建和谐劳动关系、劳动保障监察执法、劳资双方合法权益维护等方面的案例进行的宣讲，让大家了解了人社部门深入开展能力作风建设“工作落实年”的具体举措和长远目标。

北安市劳动模范、和平小学教师郝欣格外重视此次宣讲，提炼重点、推敲内容、丰富事例，仅宣讲初稿她就反复梳理了十多遍。党的二十大报告关于教育的论述有很多，怎样将重要论述、新的提法吃透？用更易于接受的形式呈现给大家，达到更好的宣讲效果？郝欣从回顾党的百年奋斗史到践行为党育人、为国育才的使命，从坚守职业道德规范到打造良好班风、学风，紧扣宣讲主题，结合自己20余年的从教经历，从不同角度，用一个个真实案例，表达了以劳模精神鞭策自己、引领他人的决心，以及引导青少年坚定不移听党话、跟党走的信心，展现了一名教育一线工作者的初心使命和奋斗历程。

“作为黑龙江省唯一入围国务院推荐的300家县级医院综合服务能力达标医院，我们必须在贯彻落实党的二十大精神方面作好表率，为全市人民健康发展提供有力保障。”宣讲中，省劳动模范、北安市第一人民医院院长王远超的话语铿锵有力、掷地有声。他把贯彻落实党的二十大精神与实际工作紧密结合，从深入推进体制改革、不断完善基础设施、大力推进医疗惠民活动三个方面，阐述了医院全体医护人员坚持以人民健康为中心，加大“智慧化”医院建设，破解就医难题、降低就医成本等亮点工作。

“下一步，北安市总工会劳模工匠宣讲团将陆续走进社区、企业进行巡回宣讲，在全市营造‘学习劳模工匠、崇尚劳模工匠、争当劳模工匠’的浓厚氛围，进一步激发广大职工奋进新征程、建功新时代的劳动热情，在建设中国式现代化新北安实践中展现新担当新作为！”北安市总工会主席周志坚说。(黑龙江工人日报记者　郭艳军)

【案例3】

烟台市总工会以“产改”为契机，探索选才、育才、用才的工匠建设体系劳模工匠成创新发展的“领头羊”

2023年2月3日　来源：中工网-工人日报

山东核电设备制造有限公司刘伟团队研发的“狭长空间自动化无轨焊接机器人”实现了200毫米×200毫米狭小截面、15米长距离的角焊缝自动焊接，填补了国内外相关领域空白；山东恒邦冶炼股份有限公司解维平团队研发的“复杂含锑金精矿封闭浸出高效电积新技术”项目，3年来为企业新增利润4886万元……在2022年山东省职工创新创效动员大会上，山东省烟台市斩获6项大奖，劳模工匠成了创新发展的“领头羊”。

这是烟台市总工会以产业工人队伍建设改革为契机，大力实施“烟台工匠”建设工程的一次生动写照。

作为山东省首批“产改”试点城市，近年来烟台市总工会瞄准产业链强链，紧扣当地行业发展急需人才的需求，联合多部门精心组织实施“烟台工匠”建设工程，形成了选才、育才、用才的工匠建设体系，走出一条赋能一线职工、高质量发展的“产改”之路。

“选才”聚焦重点领域选树工匠

最近荣获“烟台大工匠”称号的孙序志，是山东蓬翔汽车有限公司车桥厂的一名维修电工。毕业于技工学校的他，如今已是公司的技能带头人、高级技师，在设备智能化、节能降耗创新改造等方面，取得多项成果。其中《悬挂支架与平衡轴热装设备项目》《法兰盘钻攻专机项目》为公司创造了100多万元的经济效益。

“以前一线工人只能评技师，现在只要肯下功夫、干出成绩，也能参与高层次人才评定，更有奔头了。”在孙序志看来，以“工作业绩、实际贡献”作为工匠评审条件，进一步激发和鼓励了产业工人争先创优、干事创业的热情。

2018年，烟台市总工会启动“烟台工匠”建设工程，瞄准高质量发展重点领域，建立了立足区域、面向产业、服务企业的工匠选才体系。评选不受年龄、性别、学历、职级、职称、工作年限等条件限制，以工作业绩为评价重点，把品德、技能、业绩和知识作为衡量的主要标准。目前，全市涌现出全国行业大工匠5人、齐鲁大工匠4人、齐鲁工匠10人、评选烟台大工匠、烟台工匠100人，企业工匠万余名。

烟台市总部署工匠培养链、选树链向现代海洋、装备制造等主导产业倾斜，全市90%以上的全国行业大工匠、齐鲁大工匠、齐鲁工匠和烟台大工匠集中在此，成为烟台市主导产业技能人才建设的长远性举措。

深入开展“百万职工大阅兵、十万精英大比武”活动，每年组织不少于100个工种的职业技能大赛，层层设立“工匠擂台”，形成以竞赛挖掘工匠的职工职业技能竞赛体系。重点协助龙头企业、瞪羚企业、独角兽企业等高成长性企业，扶持建立一批工匠孵化工作室、工匠孵化基地。

目前，全市创建各级工匠创新工作室2400多家，建立70家工匠孵化基地，带动20多万人次学本领、提技能，成为企业培育工匠人才的前沿阵地。

“育才”多方联动助力人才成长

“完全被工匠的坚守和执着折服”“希望我将来也能成为技术大拿”……

在山东省劳模工匠线上宣讲活动中，齐鲁大工匠、烟台中集来福士海洋工程有限公司管路安装班长杨德将分享了自己的奋斗故事，众多网友纷纷转发视频并点赞留言。

近年来，烟台市总工会开展常态化“劳模工匠巡回宣讲进基层”活动，组织劳模、工匠深入企业车间、厂矿班组、社区学校巡回宣讲超1.3万场次。发挥2400多个劳模创新工作室、工匠孵化工作室、工人先锋号等示范岗位集体效能，以集体领头人为思想政治“示范员”和“宣讲员”，突出精神和技艺双传承，一人带动一群人。

“工匠培育是一项系统工程，不仅要培育尊崇工匠精神的社会风尚，还要构建相应的培育机制。”烟台市总工会生产保护部部长史秀波介绍，市总工会整合相关部门、企业和职业院校等优势资源，构筑起多方联动助力人才成长的工作格局。

烟台市总工会联合13个部门先后出台《烟台市工匠孵化基地管理办法》《烟台市“金蓝领”培训基地及计划》等，形成多部门联动、齐抓共推的合力。在山东省率先成立了“烟台工匠学院”和“工匠孵化联盟”，从全市职业院校和骨干企业中，择优挂牌70家市级工匠孵化基地，创新校企联合办学、工学交替等工匠培育模式，实现了“校园小工匠”向“企业工匠”转换的无缝对接。

“用才”创新创效点燃发展引擎

从独立设计专用钻孔攻丝机床到成功申报《数控立式直驱回转工作台试验研究报告》为山东省重点研发计划课题，烟台环球机床装备股份有限公司电气工程师、机床维修技师高飞凭借多项革新创造，获得10项国家专利，并为企业节约各种费用10多万元。2022年，他被授予“烟台大工匠”荣誉称号。

“我有今天的成绩是站在师傅的肩膀上。”高飞说，自己从一名技术小白成长为技术大拿，得感谢师傅——山东省首席技师、山东省技术能手、烟台十大工匠林浩。通过林浩劳模（工匠）孵化创新工作室开展的“传帮带”活动，让高飞这些年轻人快速吸取养分、积累经验，提升个人业务能力，激发他们的创新热情，也为企业发展注入了新生力量。

为了用匠才带动更多人才创新创造，烟台市总工会搭建新旧动能转换创新创效平台，围绕一线生产技术难题，积极开展匠师带徒、工匠讲堂、技术帮扶、揭榜攻关等活动，让工匠和学徒共同攻坚克难、解决技术难题成为常态，实现工匠和职工教学相长、共同创新创效。仅2021年，在山东省科技领军企业中，烟台就有26家企业脱颖而出；各级工匠带领一线职工共完成技术革新6万多项，推广应用新技术7800多项。

烟台市总工会党组书记、常务副主席黄亚林表示，下一步，烟台市总工会将全面回顾、深入总结“产改”经验，进一步夯实工匠人才建设，加快建设一支知识型、技能型、创新型高素质产业工人大军，为实现烟台高质量发展提供人才支撑。（中工网-工人日报记者 杨明清 张嫱 通讯员 宋洁）

第八章

工会宣传教育工作

工会宣传教育工作是党的宣传思想工作的重要组成部分，是工会工作的重要组成部分。在新时代，工会宣教工作应以习近平新时代中国特色社会主义思想为指导，加强职工思想政治工作，以理想信念教育职工，以社会主义核心价值观引领职工，以先进职工文化感染职工，全面提高职工素质，为全面建成社会主义现代化强国、实现中华民族伟大复兴的中国梦提供坚实的人才保障、精神动力、智力支持、舆论环境和思想保证。

第一节 工会宣传教育工作概述

一、工会宣传教育工作的指导思想

工会宣传教育工作在工会工作中具有基础性、全局性、先导性的作用，是工会履行引导职工听党话跟党走政治职责的重要体现。工会宣传教育工作应服从于党和国家工作大局、服务于职工群众、服务于工运事业。工会应坚持用党的理论武装职工，用先进的文化培育职工，用正确的舆论引导职工，用高尚的精神塑造职工，用优秀的作品鼓舞职工，用真诚的服务赢得职工。

二、工会宣传教育工作的作用

在新时代工会宣传教育工作的作用主要体现在以下几个方面。

1. 有利于坚定广大职工的马克思主义信仰和建设中国特色社会主义的信念，巩固职工队伍在党的方针政策指导下团结奋斗的共同思想基础。

2. 有利于进一步贯彻落实新发展理念，团结动员广大职工为全面建成社会主义现代化强国，实现中华民族伟大复兴的中国梦建功立业。

3. 有利于全面提高职工素质，更好地保持和发展工人阶级先进性，巩固党执政的阶级基础和群众基础，加强党的执政能力建设。

4. 有利于工会更好地履职维护职工合法权益、竭诚服务职工群众的基本职责，推进工会自身建设与改革，增强工会组织的活力和凝聚力。

三、工会宣传教育工作的主要任务

（一）以习近平新时代中国特色社会主义思想武装职工

做好工会宣传教育工作的重中之重是用习近平新时代中国特色社会主

义思想武装广大职工。完善党的创新理论和工会理论下基层长效机制，落实基层联系点、送教到基层等制度，建立健全企业班组常态化学习制度，组织专家、学者、先进人物等广泛开展有特色、接地气、入人心的宣传宣讲活动，推动习近平新时代中国特色社会主义思想进企业、进车间、进学校、进教材、进头脑，打牢广大职工团结奋斗的思想基础。

（二）以理想信念教育职工

深化中国特色社会主义和中国梦宣传教育，加强爱国主义、集体主义、社会主义教育，弘扬党和人民在各个历史时期奋斗中形成的伟大精神，深入开展“永远跟党走”“党旗在基层一线高高飘扬”等系列主题宣传教育活动，在广大职工中唱响共产党好、社会主义好、改革开放好、伟大祖国好、各族人民好的时代主旋律。广泛开展党史学习教育，高质量完成学习教育各项任务，引领广大职工学史明理、学史增信、学史崇德、学史力行。深入开展党史、新中国史、改革开放史、社会主义发展史宣传教育，引导广大职工群众深刻认识中国共产党为什么能、马克思主义为什么行、中国特色社会主义为什么好，增强听党话、跟党走的思想自觉和行动自觉。

（三）以社会主义核心价值观引领职工

坚持把社会主义核心价值观融入职工生产生活，内化为职工的情感认同和行为习惯。深入开展以劳动创造幸福为主题的宣传教育，推动建立健全新时代劳动教育理论和实践体系。深化以职业道德为重点的社会公德、职业道德、家庭美德、个人品德等“四德”建设。积极参与群众性精神文明创建活动，推进家庭、家教、家风建设，广泛开展学雷锋志愿活动，展示新时代职工文明形象。

（四）以先进职工文化感染职工

推动建立健全党委领导、行政支持、工会运作、职工参与的职工文化共建共享机制。丰富职工文化产品供给。打造“中国梦·劳动美”系列职工文化品牌，广泛组织开展职工运动会、职工文艺展演、职工艺术节等职工文体活动。加强职工文化阵地建设，推动在街道社区、产业园区、商圈楼宇等职工聚集区建设职工文化场馆，构建立体化、多元化职工文化服务网络。建好、管好、用好职工书屋。创新文化服务方式。搭建“互联网+职工文化”平台，推动职工文化网络化传播，为职工提供“菜单式”“订单式”文化服务；持续开展“阅读经典好书争当时代工匠”“玫瑰书香”等主题阅读活动。加强职工文化人才队伍建设，打造一支专业化、社团化、志愿化相结合的职工文化人才队伍，培育一批德艺双馨、具有一定社会影响力的职工文化建设领军人才，创作一批思想性强、艺术性高、社会影响大、群众口碑好的精品力作。

（五）大力宣传先进典型和工会重点工作

1. 要加强典型选树宣传，深入做好“大国工匠”“最美职工”品牌，讲好劳模故事、劳动故事、工匠故事。

2. 深入宣传工人阶级主力军作用和工会工作创新发展所取得的成绩。

3. 广泛宣传工人阶级的伟大品格和劳模精神、劳动精神、工匠精神。

4. 要聚焦社会关注、群体关切、维权服务，突出建会入会，提高工会新闻宣传的指导性、时效性、针对性，加强新就业形态劳动者宣传引导。

5. 全面宣传报道工会组织在构建和谐劳动关系、维护职工合法权益、服务职工群众中发挥的积极作用，进一步扩大工会工作的影响力、凝聚力，推动工运事业的发展。

第二节　工会职工教育工作

一、工会职工教育工作的内容

工会职工教育工作是指工会帮助职工不断提高思想政治素质、职业道德、科学文化水平、业务技术能力等所开展的活动。工会职工教育工作是工会教育职能的体现，是工会发挥“大学校”作用的基本要求。

在思想政治素质和职业道德教育方面，工会要在职工群众中着力开展中国特色社会主义理论、党的路线方针政策、爱国主义、集体主义、社会主义、民主与法治教育，开展社会主义核心价值观和理想信念教育，增强职工的民族自强心和自信心。同时，要经常开展工人阶级优良传统和伟大品格的教育，大力弘扬新时代的劳模精神、劳动精神、工匠精神。

在科学文化知识、业务技术能力教育方面，工会可以通过多种灵活有效的形式把职业教育或技能培训、技能竞赛贯穿于生产实践活动之中，倡导、鼓励、帮助和引导职工群众自主学习、岗位成才、创新立业。

二、工会职工教育工作的基本任务与主要措施

（一）工会职工教育工作的基本任务

1. 加强思想道德素质建设，增强“四个意识”、坚定“四个自信”、做到“两个维护”。始终把学习贯彻习近平新时代中国特色社会主义思想作为首要政治任务，落实《中国共产党宣传工作条例》《新时代公民道德建设实施纲要》《新时代爱国主义教育实施纲要》，落实加强和改进新时代产业工人队伍思想政治工作要求，打牢广大职工团结奋斗的共同思想基础，引领职工坚定不移听党话、矢志不渝跟党走。

2. 加强科学文化素质建设，提升职工队伍知识化水平。实施全民科学

素质行动，弘扬科学精神，增加职工提升学历层次、科学文化素养和从业能力的机会与途径；引导职工养成善于学习、勤于思考的习惯，实现学以养德、学以增智、学以致用。

3. 加强技术技能素质建设，促进优秀技术工人脱颖而出。贯彻尊重劳动、尊重知识、尊重人才、尊重创造方针，推动落实《国务院关于推行终身职业技能培训制度的意见》《关于提高技术工人待遇的意见》，激励更多劳动者特别是青年人走技能成才、技能报国之路，培养更多高技能人才和大国工匠。

4. 加强民主法治素质建设，提高职工守法自觉和维权能力。完善工会维权服务工作体系，加强新就业形态群体权益保障，推动健全保障职工主人翁地位的各项制度安排。增强职工法律意识，提高职工依法维权的能力。

5 加强健康安全素质建设，促进安全生产和体面劳动。传播普及健康理念和传染病防控知识，促进群众性安全生产和职业病防治工作，增强职工安全生产、健康生活以及应对突发公共卫生事件的素养和能力。

6. 加强社会文明素质建设，培育健康文明、昂扬向上、全员参与的职工文化。深化群众性精神文明创建活动，推动广大职工形成适应新时代要求的思想观念、精神风貌、文明风尚、行为规范。

7. 加强工会教育工作者队伍建设，不断提升工会教育工作者的业务水平和工作能力，为实现工会教育工作的整体推进提供坚强的组织保证。

（二）工会职工教育工作的主要措施

1. 思想道德素质建设方面

强化理论武装。紧密结合职工生产生活实际，运用传播领域新技术新手段，开展多形式、分层次、广覆盖的学习贯彻习近平新时代中国特色社会主义思想主题教育。通过理论宣讲、演讲比赛、知识竞赛等方式，用职工群众听得懂、听得进的语言，把党的创新理论讲透彻、讲鲜活。建立健全企业班组常态化学习制度，用“小故事”讲“大道理”，推动习近平新时代中国特色社会主义思想进基层、进企业、进车间、进头脑。

突出理想信念教育。深化中国特色社会主义和“中国梦·劳动美”

“网聚职工正能量 争做中国好网民”等主题宣传教育活动，壮大网络思政教育力量，推动形势任务、理想信念教育常态化制度化。

加强道德修养。坚持以社会主义核心价值观为引领，结合传统节日、重大节庆，传承勤俭节约、艰苦奋斗等中华民族传统美德，动员职工广泛参与以职业道德建设为重点的“四德”建设，加强家庭、家教、家风建设。开展以劳动创造幸福为主题的宣传教育，选树宣传劳动模范、大国工匠、最美职工，组织“大国工匠进校园”“劳模进校园”活动，弘扬劳模精神、劳动精神、工匠精神。

2. 科学文化素质建设方面

传播科学思想。充分利用工会媒体，结合科普日、科技周、健康中国行等活动，发挥职工技协作用，开展形式多样的主题科普活动，宣传创新、协调、绿色、开放、共享的新发展理念。倡导科学方法，提升科学素养，抵制愚昧落后。

践行终身学习理念。推动完善现代职业教育制度，促进学历、非学历教育与职业培训衔接互认。利用现有资源及资源服务平台，搭建职工优质网络学习资源公共服务平台，建立网络课程、视频公开课、微课等多种类型的网络资源开放目录，发展在线教育和远程教育。

鼓励职工提升学历。深化农民工“求学圆梦行动”，资助奖励更多职工实现学历与能力双提升。鼓励教育机构为职工提供网上报名、学习、考试、补贴申领等优质便捷的入学和学习方式。

3. 技术技能素质建设方面

广泛开展岗位练兵和技能竞赛。围绕“十四五”时期国家重大战略、重大工程、重大项目、重点产业，组织职工广泛深入持久开展各种形式的劳动和技能竞赛。健全完善劳动和技能竞赛机制体系，推动竞赛在促进区域联动、体现产业特色、丰富载体内容、加强机制建设等方面实现新突破，取得新进展。组织职工积极参与“五小”等群众性经济技术创新活动。

落实终身职业技能培训制度。推动各级工会整合培训资源，把学历教育、技能提升、就业培训统一起来，为产业工人提供普惠性、均等化的职业技能培训。实施“互联网+职业技能培训计划”，加强工匠学院、线下培训基地建设，丰富培训形式内容，为职工技能鉴定考试、职业生涯规划提供咨询服务。

促进形成尊重技能的社会风尚。推进高技能人才待遇、技能要素参与分配等纳入工资集体协商范围，推动完善和落实技术工人培养、使用、评价、考核机制，支持劳模和工匠人才（职工）创新工作室创建活动，打造大国工匠品牌。

4. 民主法治素质建设方面

加大普法力度。以“八五”普法为抓手，深入开展“宪法宣传周”“法治宣传周”等各种形式的法律宣传活动，重点宣传《宪法》《民法典》《工会法》《劳动法》《劳动合同法》《安全生产法》《妇女权益保障法》等法律法规。

扩大法律服务覆盖面。贯彻落实总体国家安全观，完善工会维权服务体系，加强对被拖欠工资农民工的法律援助和生活救助。开展“尊法守法·携手筑梦”服务农民工公益法律服务行动，推动建立健全劳动争议协商解决机制、企业劳动争议调解委员会和行业性、区域性调解组织。建设工会法律服务网上平台，组织开展网上法律服务工作。

组织职工参与民主管理和集体协商工作。健全以职工代表大会为基本形式的企业民主管理制度体系，推进厂务公开制度化、规范化，完善职工董事、职工监事制度。围绕就业培训、工资收入、劳动保护、职工福利、职业培训等劳动关系重要问题开展协商协调。开展形式多样的职工代表提案征集活动，丰富职工民主参与形式。

5. 健康安全素质建设方面

开展职业安全健康教育。聚焦重点行业、重点项目、重点人群，加强安全教育培训，围绕安全生产薄弱环节，加大重点行业领域开展“安康杯”竞赛活动力度。

提升健康教育质量。灵活运用各类媒体，通过健康讲堂、讲座等形式，普及传染病防治科学知识，传播公共卫生健康知识，开展增强忧患意识、防范化解重大突发公共卫生风险宣传教育。推广建立企业“心理驿站”，加大对职工的人文关怀，帮助职工缓解心理压力。

推动工会劳动保护工作创新发展。发挥工会劳动保护监督检查员和特聘煤矿群众监督员作用，通过集体协商、职工代表大会等途径，督促用人单位按照《工会法》《安全生产法》《职业病防治法》等法规政策要求，落实劳动保护主体责任。

6. 社会文明素质建设方面

打造职工志愿服务品牌。推进以“农民工平安返乡”“关爱困难职工”等为主题的“送温暖”职工志愿服务，拓展职工志愿服务内容，推动岗位学雷锋活动覆盖各行各业。发挥产业工会作用，常态化开展以文明礼仪知识普及、法律宣传、普通话推广、扶贫助困、教育医疗服务等为主要内容的职工志愿服务活动，引导职工积极参与文明企业、文明车间、文明班组等群众性精神文明创建活动。

推进职工文化建设。贯彻落实《关于加强新时代职工文化建设的指导意见》，以“五一”特别节目、“中国梦·劳动美”文化活动等为载体，推动特色鲜明、思想性艺术性俱佳的职工文化品牌和精品不断涌现。发挥各类职工文化体育阵地和职工文艺团体作用，传播传承弘扬中华优秀传统文化、革命文化、社会主义先进文化。开展形式多样的线上线下阅读学习活动和“文化送温暖”活动，发展积极健康的工会网络文化。

第三节　工会宣传工作

一、工会宣传工作

工会新闻宣传工作既是党的工运事业的重要组成部分，也是党的新闻宣传工作的重要组成部分。工会宣传工作与新闻工作既有区别又有联系。我国各级工会拥有不同形式的从事新闻工作的媒介平台，从而为工会宣传工作的开展提供了有利条件。实践中，只有正确地把握好宣传工作的思想导向性与新闻工作的客观真实性之间的相互关系，才能使工会宣传工作取得应有成效。

二、工会宣传工作概述

（一）工会宣传工作的内涵、原则与要求

根据《中国工会章程》的规定，工会宣传工作的内涵是服务工会会员、服务广大职工群众、服务工运事业。在工会各项工作中，宣传工作发挥着不可替代的思想政治引领、理想信念教育，弘扬社会主义核心价值观，塑造职工群体特色文化等重要作用。这些作用紧紧围绕着引导职工、影响职工、宣传职工，把职工群众紧密团结在以习近平同志为核心的党中央周围，以高尚的精神、崇高的理想、伟大的事业不断激励各族职工以巨大热情和创造才能投身党和国家的工作大局。

工会宣传工作的原则是：以马列主义、毛泽东思想、邓小平理论、“三个代表”重要思想、科学发展观、习近平新时代中国特色社会主义思想为指导，认真学习宣传习近平总书记关于工人阶级和工会工作的重要论述，学习宣传贯彻党的二十大精神，以“中国梦·劳动美”为主旨，坚定不移地走中国特色社会主义工会发展道路，推动落实党的全心全意依靠工人阶级根本指导方针，解放思想，实事求是，与时俱进，以高度的道路自信、理论自信、制度自信、文化自信，用科学的思想影响职工，用正确的宣传引领职工，用崇高的信仰鼓舞职工，以优秀的作品感染职工，坚持“团结、稳定、鼓劲和正面宣传为主”的方针，切实遵循宣传工作贴近实际、贴近生活、贴近群众的“三贴近”原则。

工会宣传工作的要求主要是：坚持和贯彻党的路线、方针和政策；深化“中国梦·劳动美”主题教育，大力弘扬劳模精神、劳动精神、工匠精神，发挥工会报刊、职工书屋、互联网平台等宣传阵地作用，增强传播力、引导力、影响力；聚焦社会关注、群体关切、维权服务，突出建会入会，提高工会新闻宣传的指导性、时效性、针对性，加强新就业形态劳动

者宣传引导。树立“大宣传”理念，强化组织领导，聚焦主责主业，加强协调配合，突出融合发展，创新方式方法，提升工作本领，引导工会宣传干部走好群众路线，团结动员亿万职工为全面建成社会主义现代化强国作出新的更大贡献。

（二）工会宣传工作的职责与特点

工会宣传工作的职责主要包括如下内容。

1. 引导广大职工积极践行社会主义核心价值观，汇聚为实现中国梦奋斗的正能量，使职工能够自觉把个人愿望与中国梦紧密联系在一起，以领跑者的风貌解读中国梦、以劳动者的佳绩共创中国梦、以创新者的姿态拥抱中国梦。

2. 着力壮大新时代主流思想舆论，大力宣传工人阶级和工会工作，深入做好新就业形态劳动者宣传引导工作，做好“最美职工”“大国工匠”等宣传品牌，提升工会网上舆论引导能力，坚决维护劳动领域意识形态安全。

3. 创新职工宣传思想工作形式，把宣传工作与帮扶和解决职工切身利益问题和实际困难结合起来。

4. 加强法治宣传，培养职工树立自尊自信、理性平和、积极向上的社会心态以及应有的社会公德、职业道德、家庭美德和个人品德。

5. 以全新的宣传形式激发广大职工创造活力，为全面深化改革、推动高质量发展、全面建成社会主义现代化强国建功立业，唱响“劳动光荣、工人伟大”的时代主旋律，让劳动最光荣、劳动最崇高、劳动最伟大、劳动最美丽在全社会蔚然成风。

6. 大力促进广大职工精神生活共同富裕，把提升职工队伍整体素质作为战略任务来抓，打造健康文明、昂扬向上、全员参与的职工文化，打造“工”字系列职工文化特色品牌，发挥好各类职工文化阵地作用。

7. 始终把群众路线作为宣传工作的根本路线，牢固树立群众观点，坚持以职工为本，宣传职工、服务职工、引导职工自觉做坚持中国道路的实践者、弘扬中国精神的承载者、凝聚中国力量的主力军。

8. 要坚持党对工会宣传教育工作的全面领导，建强工会宣传教育干部人才队伍，构建工会大宣传工作格局。

9. 创新方式方法增强工作实效，不断提升工会宣传教育工作质量水平，努力在潜移默化中强化引导、在润物无声中成风化人。

工会新闻宣传工作的特点主要表现在：一是围绕工会的基本职责来开展，把握正确舆论导向，全面、准确、及时地表达广大职工的意愿与诉求；二是始终聚焦主题，突出热点，直面难点，打造亮点，重点关注职工群众关心的问题；三是拓宽渠道、创新方式，丰富宣传媒介形式，展现工会宣传工作的正能量；四是以人为本，强化宣传工作的针对性、实效性、吸引力和感染力。

（三）工会宣传工作与媒介传播

工会新闻宣传工作应当有效借助工会自有媒介和社会公共媒介，并通过二者的有机结合推阐自己的宣传理念、导向和主张，以期起到教育职工、影响职工、团结职工和鼓舞职工的社会作用。

三、工会宣传工作的主要途径

（一）舆论

舆论是公众关于现实社会以及社会中的各种现象、问题所表达的信念、态度、意见和情绪表现的总和。坚持正确的舆论引导，是推动经济社会发展的一项极其重要的任务。舆论是工会宣传工作的重要途径，其特点是工会针对特定的问题或社会现象，通过公开表达某种意见、主张、呼声或态度来反映自己的立场。一般而言，舆论的表达对受众并没有强制性，而是由受众通过对舆论表达是非曲直的客观判断形成自己的看法、评价或观点。

（二）纸媒体与影视媒体

纸媒体是以纸张为载体发布新闻或者资讯的媒体，如报纸、杂志等。影视媒体是科学技术与艺术发展的结晶，有很强兼容性，是一种以视觉形象为主，时空兼备，声画结合的媒体。长期以来，传统纸媒体始终是工会宣传工作媒介选择的主要途径之一，然而伴随现代传媒科技的发展，影视媒介愈益成为各级工会宣传工作创新拓展的重要领域，并成为工会宣传工作以其生动、鲜活、直观方式贴近职工、影响受众的重要途径。

（三）网络媒体

网络媒体和传统的电视、报纸、杂志、广播等媒体一样，都是传播信息的渠道，是交流、传播信息的工具、载体。其特点是信息量大、传播范围广、保留时间长、开放性强、交互性沟通性强、实效性强，而且成本低、效率高。在互联网时代，伴随着网络媒体的深度发展，自媒体又称公民媒体应运而生，其特点是公民个人参与度高，成为普通大众经由数字科技与全球知识体系相连后，获得或分享传播者亲历的事实、新闻等信息的便捷途径。在这种背景下，客观上就要求工会的宣传工作能够紧随时代步伐，树立重视使用网络媒体的理念，建设工会网络媒体运行的长效机制，建设工会网络媒体的工会宣传队伍，建设科学高效的工会网络媒体运行模式，使工会宣传的内容更加理性、客观和公正，更加贴近职工群众的需求，进一步提高工会工作的影响力。

四、工会宣传工作的组织保障

工会宣传工作的组织保障主要包括以下几个方面。

（一）加强工会宣传工作组织建设

1. 高度重视工会宣传工作，不仅应认识到位、目标明确，而且要措施得力、组织健全。

2. 应始终关注媒介传播的发展变化，积极主动地应对新传播媒介的挑战。

3. 加强对工会宣传工作专兼职干部的教育培训，提高工会宣教干部的政治素养、业务能力、新闻宣传工作能力，建设讲政治、顾大局、善学习、勤思考、精业务的工会宣教队伍。

（二）做好工会宣传工作的策划

工会宣传工作的策划主要包括以下内容：

1. 科学制订工会宣传工作日常计划，诸如年度、季度、月度工作计划，并把握好彼此衔接；

2. 为推动完成某项工作而周密地做好配套的宣传工作策划；

3. 以创新举措和务实方式设计出内容新颖、针对性强、形式独特、广受欢迎的策划方案等。

（三）健全完善工会宣传工作考核标准

健全完善考核标准应把握以下原则：

1. 工会宣传工作应具有针对性且达到预期目标；

2. 工会宣传工作能够为广大职工受众所喜爱、所接受；

3. 工会宣传工作能够与党和国家整体宣传工作的基本要求保持一致；

4. 工会宣传工作能够同工会其他工作相融合，并为工会整体工作推进营造有利条件。

第四节 工会职工文化体育工作

一、职工文化概述

（一）职工文化的概念

职工文化是指以劳模为代表的先进职工群体在长期实践中创造的，被广大职工和企事业认同共享的，由工会提炼和塑造并在职工群众中推广、践行和展示的职工价值理念、职工行为规范和职工精神风貌的总和。职工文化是中国特色社会主义文化的重要组成部分，是强化思想政治引领、凝聚职工奋斗力量的重要内容。职工文化的内容主要包括团队精神、职工道德风尚、职工文化素质、职工文化阵地建设、职工文化体育活动等方面。

文化的本质功能是以文化人。职工文化建设是全面提高职工素质、丰富职工精神文化生活、激发职工劳动热情和创造活力的重要载体。加强职工文化建设，对维护职工精神文化权益、促进劳动关系和谐稳定发展、推动社会主义文化大发展大繁荣具有十分重要的意义。2018 年 10 月 29 日，习近平总书记在同中华全国总工会新一届领导班子成员集体谈话时强调，要坚持以社会主义核心价值观引领职工，深化“中国梦·劳动美”主题教育，打造健康文明、昂扬向上、全员参与的职工文化。

为深入贯彻落实习近平总书记关于新时代中国特色社会主义文化建设、关于工人阶级和工会工作的重要论述精神，打造健康文明、昂扬向上、全员参与的职工文化，推动新时代职工文化繁荣发展，助力实现 2035 年建成文化强国的奋斗目标，全国总工会办公厅于 2020 年 11 月印发了《关于加强新时代职工文化建设的指导意见》（以下简称《意见》），对新时代职工文化建设的指导思想、基本原则、任务目标、重大举措等提出了明确要求。

（二）职工文化的特点

1. 职工文化的本质是“文化”，职工文化是由先进职工群体创造的；

2. 职工文化具有先进性，即以劳模为代表的先进职工群体的先进价值理念是职工文化的灵魂；

3. 职工文化具有有效性，是培养和塑造先进职工群体的一种有效手段；

4. 职工文化具有管理属性，是在企业认同和支持下开展的职工群众自我教育、自我管理和自我提升的一种方式；

5. 职工文化是由工会提炼和塑造的，是工会宣传教育工作的核心内容；

6. 职工文化是职工群众的文化，源于职工、作用于职工。

（三）职工文化建设的主要内容

1. 塑造职工价值理念

职工价值理念是指职工群众的人生目标、伦理观念、理想信念、个人信仰和审美情趣等价值观念的总和。其主要特点表现在：

（1）内生性，即职工价值理念是先进职工群体在长期的成功实践中自然形成的；

（2）实用性，即职工价值理念对提升职工群众整体素质具有较强的指导意义和实用价值；

（3）有个性，即职工价值理念是不同职工群体间差异的本质特征，职工价值理念的内容主要涉及职工的责任、职工理想和职工信念等方面。

2. 形成职工行为规范

职工行为规范是将职工价值理念具体化为职工群众日常行为应遵循的相关制度和规范。推动形成职工行为规范应把握的主要原则有：

（1）发挥职工价值理念的指导作用；

（2）营造良好的职工文化氛围；

（3）体现职工群众的主体作用；

（4）明确职工行为规范的内容。

3. 展示职工精神风貌

职工精神风貌是指职工群众的行为风格、精神气质、道德修养、心理状态、生活志趣、业余爱好、身心素质的总和。

塑造职工精神风貌应遵循的原则主要包括：

（1）以铸魂为核心；

（2）以素质提升为手段；

（3）以化人为目标。

在上述原则指导下，职工精神风貌的内容主要涉及职工行为习惯、职工道德品质、职工文体特长等。

（四）职工文化与企业文化的关系

1. 地位对等

企业的发展寓于职工文化和企业文化相互结合与转换之中。也就是说，职工文化包含着企业文化的内容，同样企业文化也包含着职工文化的内容。这是因为，职工是企业的，企业也是职工的；职工离不开企业，企业更离不开职工。因此，职工文化与企业文化是并列关系，二者地位对等。

2. 内容互补

职工文化建设是职工提高职业技能素质、丰富精神文化生活、激发劳动热情和创造活力的重要载体，企业文化建设是体现企业形象特点、增强凝聚力、提高竞争力的必要手段。可见，职工文化建设提高职工素质的核心在于为职工立魂，引导职工实现其人生追求和展现其应有的精神风貌；企业文化建设提高企业核心竞争力的关键则在于为企业立心，描绘企业蓝图和统一职工的思想观念。

3. 相得益彰

实践表明，企业文化历百年而不衰的“长寿”基因不仅在于企业文化，还在于职工文化。职工文化是企业“长寿”基因的基石，企业文化是企业“长寿”基因的动因。职工文化助职工成功，企业文化促企业成功，只有二者共同成长、协调发展、相得益彰，企业方能保持可持续发展。

4. 目标一致

两种文化在发展重点上各有侧重，分别以提升企业职工群众整体素质和提高企业市场竞争力为战略重点，但二者在终极目标上是一致的，都是为了实现企业高质量的发展。

二、工会在职工文化建设中的主要任务与活动方式

（一）工会在职工文化建设中的主要任务

1. 加强职工思想政治引领；
2. 发现、选树、表彰和培养劳动模范和先进典型人物；
3. 挖掘和提炼先进职工文化；
4. 宣传和推广先进职工文化；
5. 推动实施和建设先进职工文化。

（二）工会在职工文化建设中的活动方式

1. 活动平台，诸如组织职工群众开展融学习、创新、娱乐于一体的知识竞赛、演讲比赛、体育比赛、文艺演出等多种文体活动。

2. 阵地平台，诸如工人文化宫、俱乐部、职工书屋、体育馆、健身房等职工文化活动阵地。

3. 品牌平台，努力打造“工”字品牌，诸如发挥职工文化基地的示范

作用，实施职工素质建设工程，举办各种健康向上的职工艺术节、职工运动会、职工书屋等以培育各具特色的职工文化品牌。

4. 人才平台，诸如培养和扶持职工群众中涌现出的各类职工文化人才和积极分子，形成专业文化工作者和职工文化积极分子专兼结合的职工文化建设队伍。

三、加强新时代职工文化建设

（一）基本原则

1. 坚持党的领导。各级工会党组织要切实担负起政治责任，加强对职工文化建设的政治领导、思想领导、组织领导。

2. 坚持正确导向。职工文化建设必须始终把坚持正确方向、价值取向和艺术导向放在首位，充分发挥思想政治引领作用，促进广大职工在理想信念、价值理念、道德观念上紧紧团结在一起。

3. 坚持公益性方向。职工文化阵地是国家公共文化服务体系的有机组成部分。要始终坚持把社会效益放在首位，推动建立政府、工会、企业、社会等多渠道的资金保障体系，使其充分履行公益性服务职能。

4. 坚持共建共享。坚持党委领导、行政支持、工会运作、职工参与的职工文化共建机制，坚持力量和资源向基层倾斜，使发展成果惠及更多职工。

5. 坚持改革创新。适应新时代的发展和要求，充分运用互联网技术，推进职工文化建设理念思路、内容形式、方法手段改革创新，提升职工文化感召力和影响力。

（二）任务目标

根据全国总工会《意见》精神，新时代职工文化建设的任务目标是：坚持中国特色社会主义文化发展道路，坚持弘扬中华优秀传统文化、革命文化和社会主义先进文化，加强职工思想政治引领，培育践行社会主义核心价值观，积极推进职业道德建设，繁荣发展职工文艺，团结带领广大职工听党话跟党走。推动党委领导、行政支持、工会运作、职工参与的职工文化共建机制不断健全，布局合理、契合需求、作用突出、公益彰显的职工文化阵地管理、运行和保障机制日趋完善，特色鲜明、思想性艺术性俱佳的职工文化品牌和精品不断涌现，专业化、社团化、志愿化相结合的职工文化人才队伍优化壮大，职工群众文化获得感显著增强，经过5年的努力，推出一批职工文化阵地建设示范典型，打造一批职工文化创作培训基地，培育一批德艺双馨、具有一定社会影响力的职工文化建设领军人才，创作一批思想性强、艺术性高、社会影响大、群众口碑好的精品力作。

（三）重大举措

1. 坚持正确导向。坚持用习近平新时代中国特色社会主义思想教育引导职工，通过接地气、易于被职工接受的方式推动党的创新理论进企业、进车间、进班组，引导广大职工坚定理想信念。

2. 着力打造“中国梦·劳动美”系列职工文化品牌。持续深化“中国梦·劳动美”品牌内涵，创新载体和形式，广泛开展“中国梦·劳动美”主题全国职工演讲比赛、知识竞赛、摄影、视频和书画大赛、全健排舞比赛以及各类群众性健身活动，不断提升吸引力和感染力。

3. 鼓励地方广泛开展“工”字特色职工文化活动。探索项目制培育创作带有“工”字特征、体现“工”字内涵、彰显“工”字精神的优秀职工文化活动和作品。

4. 丰富职工文化产品供给。把满足职工精神文化需求作为职工文化建设的出发点和落脚点，因地制宜、因时制宜，采用职工群众喜闻乐见的方式，提供丰富多样的文化服务。

5. 加强职工文化阵地建设。深入落实《公共文化服务保障法》，落实《中华全国总工会关于加强和规范工人文化宫管理的意见（试行）》等文件精神，推进工人文化宫、职工书屋等职工文化阵地建设，积极争取当地政府将工人文化宫、职工书屋建设纳入地方公共文化服务体系建设范围，在建设资金、场地、税费减免等方面给予优惠扶持，以购买服务、项目补贴、定向资助、贷款贴息等方式，对工人文化宫、职工书屋提供公共文化服务给予支持。

6. 构建面向社区园区便利化、普惠化的文化设施网络。着力优化职工文化阵地布局，聚焦中小企业和农民工、新就业形态职工，积极争取政府部门支持，发挥企业积极性，在街道社区、产业园区、商圈楼宇等职工聚集区建设职工文化场馆、职工书屋等，构建“企业—产业园区—社区—镇街—楼宇”圈层式文化服务网络，打造布局合理、覆盖广泛、资源集成、服务共享的职工文化服务体系，让职工就近、便捷、高效地得到文化服务。

7. 提升职工文化阵地管理和服务水平。工人文化宫、职工书屋等各类职工文体活动场馆，以及职工文艺院团、文化团体是意识形态的重要阵地，各级工会要严格落实意识形态工作责任制，按照谁主管谁负责和属地管理原则，管好导向、管好阵地、管好队伍，做到守土有责、守土担责、守土尽责。

8. 推动职工文化与新技术、新模式、新媒体有机融合，提高网络文化产品制作和供给能力。

9. 推动职工文体活动线上线下齐头并进。推广健康文明的网络文体活动，广泛开展网上健步走比赛、工间操网络展播，以及网上摄影书画展、文艺会演、微视频展播、“随手拍”、云上演出等线上线下并行的灵活多样、趣味便利、大众化文体活动。

四、职工体育工作

体育是社会发展与人类文明进步的一个标志，体育事业发展水平是一个国家综合国力和社会文明程度的重要体现。职工体育是在企业、事业单位、机关、社会组织等单位职工中开展的体育锻炼活动。职工体育是国家群众体育的重要组成部分，是职工群众广泛参与的体育活动。职工体育以职工喜闻乐见的运动项目和适合职业岗位劳动特点的各种有益于健身和娱乐的锻炼项目为主。目的是提高职工健康水平，调节情绪，增强对各种环境的适应能力和防止职业病。

（一）职工体育工作的主要任务

1. 制订职工体育工作的发展规划，充分调动职工群众参与体育活动的积极性，最大限度地满足广大职工体育健身需求，提高职工身体素质，达到全民健身的目标。

2. 改善职工体育健身的条件与环境，为职工群众参加体育健身活动提供必要的设施和良好的服务。

3. 依托各级职工文化体育协会，推进职工体育工作机制创新，健全职工体育活动组织。

（二）职工体育工作的途径和方式

1. 以中国职工文化体育协会为龙头，健全完善职工文化体育工作体系；

2. 开展不同层次、不同类型、丰富多彩的职工文体活动；

3. 通过评比表彰，选树职工文体工作优秀单位，促进工会文体工作整体水平不断提高。

思考题：

1. 工会宣传教育工作的作用有哪些？

2. 工会宣传教育工作的主要任务是什么？

3. 工会职工教育工作的基本任务是什么？

4. 工会职工教育工作的主要措施有哪些？

5. 工会宣传工作的原则和要求是什么？

6. 职工文化建设的主要内容是什么？

7. 工会在职工文化建设中主要任务和活动方式是什么？

8. 如何加强职工文化建设？

9. 职工体育工作的主要任务是什么？

【案例1】

喜迎山东省工会第十六次代表大会系列报道之一
山东：唱响时代主旋律　凝聚奋进正能量

2023年7月28日　来源：中工网

五年来，山东工会认真履行党赋予工会组织的政治责任，拓展阵地、丰富载体、创新形式，扎实做好宣传思想工作，使广大职工在理想信念、价值理念、道德观念上紧紧团结在一起，汇聚起团结奋进的磅礴力量。

劳模精神、劳动精神、工匠精神是以爱国主义为核心的民族精神和以改革创新为核心的时代精神的生动体现，是鼓舞全党全国各族人民风雨无阻、勇敢前进的强大精神动力。五年来，山东工会深入开展劳模工匠宣讲活动，组建全省工会系统“千人宣讲团”、百名“劳模工匠”基层党组织书记宣讲团、党的二十大精神劳模工匠骨干宣讲团，开展宣传宣讲活动30余万场，每年覆盖职工超千万人次。制作展播劳模工匠宣讲视频20个，点播次数超190万；“劳动最光荣　奋进新征程”《灯塔大课堂》专题课程点播次数超65.5万。“劳动我最美”短视频互动点播次数累计达12.4亿。“劳动最光荣”主题征文活动获奖作品以《时代文学》（增刊）形式出版。联合选树发布30名“齐鲁最美职工”，其中白晓卉、杜立芝被选树为“齐鲁时代楷模”，推荐王树军、亓传周、管益辉为全国“最美职工”，推动形成崇尚劳动、热爱劳动的社会风尚。

社会主义核心价值观是凝聚人心、汇聚民力的强大力量，必须坚持以社会主义核心价值观引领职工，深化“中国梦·劳动美”主题教育。五年来，山东工会深入开展“中国梦·劳动美”主题宣传教育活动，线上线下相结合举办“时代新人说”全省职工演讲比赛，展播演讲视频1129个，4870多万人次参与投票。组队参加“劳动筑梦”全国职工演讲比赛，获金奖、第一名。组织184.3万人次参加“中国梦·劳动美——凝心铸魂跟党走　团结奋斗新征程”全国职工学习党的二十大精神知识竞赛，获总决赛团体一等奖。建成面向全国的劳模精神劳动精神工匠精神教育基地、山东工人运动历史展览馆、红色工运教育基地等一批全国、全省职工爱国主义教育基地。组织举办7场全国职工党史学习教育读书活动。组织136万人次参加全国职工党史知识竞赛，数量居全国第一，夺得总决赛第一名、获金奖。

职工文化是中国特色社会主义文化的重要组成部分，是强化思想政治引领、凝聚职工奋斗力量的重要内容。五年来，山东工会加强文化阵地建设管理，深入开展工人文化宫整治提升行动，126家工人文化宫焕发生机活力。加强职工书屋建设，创建全国工会职工书屋示范点183个。深入开展一线职工“求学圆梦行动”，帮助16783名职工提升学历。持续开展

“网聚职工正能量　争做中国好网民”主题活动、山东工会新媒体原创作品大赛、“职工达人秀”征集等活动，培育积极向上的职工网络文化。成功举办第八届全省职工运动会，51支代表队、3600多名运动员参加9个线下项目、1178场比赛，3个线上项目有1264万人次参与、365万人次完赛。举办庆祝新中国成立70周年全省职工文艺演出、书法绘画摄影展、“劳动者之歌”交响音乐会等活动，满足职工群众日益增长的高品质文化生活需求。

加快推动媒体融合发展，形成网上网下同心圆，使广大职工在理想信念、价值理念、道德观念上紧紧团结在一起，让正能量更强劲、主旋律更高昂。五年来，山东工会加快推进工会媒体融合发展，整合成立全省工会融媒体中心，开设全国工会系统首档省级媒体电视栏目《工会新时空》，已播出205期；开通《职工天地》杂志强国号、“山东工会”视频号，上线山东工会“云播平台”，制作展播“山东工会·职工大讲堂”192期，以“山东工会”微信公众号为平台整合全省工会187家新媒体，形成强大传播矩阵。

笃行致远，唯实励新。新征程上，山东各级工会将认真履行政治责任，持续深化党的创新理论武装，用好宣传教育阵地，加强职工文化建设，不断巩固广大职工团结奋斗的共同思想基础，为推进中国式现代化山东实践贡献智慧和力量。（庞玉强　刘娜汝）

【案例2】

安徽省总工会打造职工素质建设工程品牌项目

2023年6月16日　来源：中工网

近年来，安徽省总工会加强职工思想道德素质、科学文化素质建设，突出增加职工提升学历层次、科学文化素养和从业能力的机会与途径，广泛开展劳模工匠大师进校园等文明实践活动，为广大产业工人及其生力军种下“劳动的种子”。

求学圆梦计划　培养农民工成为“四有”工人

安徽省教育厅、省总工会联合印发了省“求学圆梦行动”实施方案，遴选确定26所高等学校、职业院校，按照宽进严出的原则，对通过成人高校全国统一考试的农民工考生，实行省最低录取控制线下降50分择优录取。

根据农民工个性发展规律和工作岗位需要，安徽各级总工会与企业共同研制工学结合人才培养方案。蚌埠市总工会联合蚌埠技师学院、安徽柳工起重机等公司，扶持校企合作培育“金牌蓝领”。由工会协调，在农民工集中的代表性行业开设定向培养班，安徽财贸轻纺烟草工会在安徽国际商务职业学院，每班招收60位行业内农民工。依托安徽继续教育网络园区，开发适合农民工需求的在线教育资源。

2018年安徽省政府办公厅下发《关于新形势下进一步支持工会工作的通知》，再次明确重申，企业要按规定足额提取职工教育培训经费。全省各级工会结合实际，全额或部分补贴方式逐步加大农民工学历提升经费投入。近年来合肥市总工会依托合肥职工大学全额资助2000多名农民工上大学。在各级工会推动下，省农民工通过学历和能力提升，正逐渐发展为有地位、有作为、有技术、有奔头的“四有”工人。

劳模工匠大师进校园　打造高校思政教育品牌

安徽省总工会积极争取把劳模工匠大师进校园纳入“文化名家暨非遗进校园”等全省“五进校园”活动，与省委宣传部、省委教育工委等多家单位部门建立常态化工作联系制度，共同制订、实施活动方案。

省总工会建立“劳模工匠宣讲人才库”，甄选与学校办学特色、专业设置和学生学习生活相贴近的劳模工匠典型，为全省70余所职业院校提供针对性的宣讲人、宣讲主题。由省委教育工委向劳模工匠大师颁发校外导师聘书，劳模工匠大师和学生签订对口专业“师带徒协议”。推动校企共建共享“劳模创新工作室”，创造条件组织学生进“劳模创新工作室”实地锤炼技能技艺。

2018年安徽省劳模工匠大师进校园首场活动以来，全省各级工会联合相关部门先后开展了“劳模伴我成长”“明日工匠”“劳模大讲堂”“青春对话劳模”“开学第一课”等上规模的活动年均200余场次，以创新型“劳模思政课”，面向职业院校学生掀起了一场向劳模工匠学习热。

新时代职工文明实践中心　搭建职工教育新平台

安徽省县以上工会组建劳模（工会干部、职工）宣讲团165个，围绕不同主题，以“讲、诵、演、访、唱、展”等职工喜闻乐见的方式，开展劳模工匠大师“五进”宣讲活动年均1000余场次、线上观看达1000万人次、点赞数百万次。

全省各级工会统筹发挥劳模等先进典型来自各行各业作用，建设新时代职工文明实践劳模志愿服务队1100余支，常态化开展志愿服务活动。各级工会在各种实践活动中结合“我为群众办实事”，深入职工群众问需问计，开展职工文艺小分队慰问、职工免费体检、公交出行补贴、“送清凉”“送温暖”等工会特色活动。（中工网记者　王鑫　姚怡梦）

第九章

工会劳动保护工作

劳动保护工作直接关系到职工的生命安全与身体健康，是职工根本利益所在，是构建和谐劳动关系的内在要求，也是工会履行维权服务职责的重要任务。加强工会劳动保护工作，对于保障职工生命安全和身体健康、促进经济社会高质量发展有着非常重要的意义。

第一节　工会劳动保护工作概述

一、工会劳动保护概念

劳动保护是指为了保障劳动者在生产劳动过程中的安全与健康，从法律、制度、组织管理、教育培训、技术、设备等方面采取的一系列综合措施的总称，也叫劳动安全卫生保护。

工会劳动保护是指工会依据法律赋予工会的职权，监督企事业和有关方面贯彻国家有关劳动安全卫生的法律法规，发动职工群众参与企事业安全生产和职业病防治工作，督促企事业不断改善劳动条件，维护职工在生产劳动过程中的安全与健康的合法权益。工会劳动保护工作是法律赋予工会组织维护职工安全健康权益的一项重要职责，是工会工作的一项重要任务，在国家安全生产和职业病防治工作中发挥着重要作用。

二、工会劳动保护的对象和目的

工会劳动保护的对象是指在我国境内依靠劳动取得工资收入的劳动者。根据不同行业性质，包括工矿企业、农林牧渔企业和财贸、交通运输、服务行业的劳动者；根据不同企事业经济类型，包括公有制企事业单位、其他各种所有制企事业单位的劳动者。

工会劳动保护的主要目的是预防和减少生产安全事故和职业病的发生，维护职工群众在生产劳动过程中的安全与健康，保障企事业生产、工作的顺利进行，促进经济社会高质量发展。

三、充分认识新时代工会劳动保护工作的重要性

加强工会劳动保护工作，是贯彻落实习近平总书记关于安全生产工作

系列重要指示批示精神的根本要求，是促进企事业安全发展的有效举措，是维护职工安全健康权益的必然要求，是团结动员广大职工为国家安全生产和职业病防治形势持续稳定好转建功立业的具体体现。新时代工会劳动保护工作只能加强，不能削弱；只能改进提高，不能停滞不前。各级工会要深刻领会习近平总书记关于安全生产工作系列重要指示批示精神，提高政治站位，从增强“四个意识”、坚定“四个自信”、做到“两个维护”的政治高度，充分认识做好工会劳动保护工作的重要性，以认真负责的态度和有力有效的措施切实把工会劳动保护工作抓紧抓实抓好。

四、安全生产工作的指导思想、基本方针、基本原则、工作机制

（一）安全生产工作的指导思想

1. 安全生产工作坚持中国共产党的领导

《安全生产法》第 3 条第 1 款规定，安全生产工作坚持中国共产党的领导。中共中央、国务院《关于推进安全生产领域改革发展的意见》明确提出，地方各级党委要认真贯彻执行党的安全生产方针，在统揽本地区经济社会发展全局中同步推进安全生产工作，定期研究决定安全生产重大问题。

2. 安全生产工作的基本理念

《安全生产法》第 3 条第 2 款规定：“安全生产工作应当以人为本，坚持人民至上、生命至上，把保护人民生命安全摆在首位，树牢安全发展理念，坚持安全第一、预防为主、综合治理的方针，从源头上防范化解重大安全风险。”这一规定明确了安全生产工作的基本理念：一是安全生产工作以人为本，坚持人民至上，生命至上，把保护人民生命安全摆在首位。以人为本，就是要以人的生命和健康为本。作为生产经营单位，在生产经营活动中，要做到以人为本，就要以尊重职工、爱护职工、维护职工的人身安全为出发点，以消灭生产经营活动中的潜在隐患为主要目的。要关心职工人身安全和身体健康，不断改善劳动条件和工作环境。真正能做到发

展为了人，发展依靠人，绝不能以牺牲人的生命健康作为代价发展经济。二是树牢安全发展的理念。坚持以人民为中心的发展思想，既要让人民富起来，又要让人民的安全和健康得到切实保障。发展是安全的基础和保障，安全是发展的前提和条件。安全发展理念要求在安全生产工作中坚持统筹兼顾，协调发展，正确处理安全生产与经济社会发展、安全生产与速度质量效益的关系，坚持把安全生产放在重要位置，促进区域、行业领域的科学、安全、可持续发展。要自觉坚持安全发展，使经济社会发展切实建立在安全保障能力不断增强、劳动者生命安全和身体健康得到切实保障的基础上，确保人民群众平安幸福地享有经济发展和社会进步的成果。要大力实施安全发展战略，坚持依法依规，综合治理。健全完善安全生产法律法规、制度标准体系，严格安全生产执法，严厉打击非法违法行为，综合运用法律、行政、经济等手段，推动安全生产工作规范、有序、高效开展。

（二）安全生产工作的基本方针

根据安全生产法规定，安全生产工作应当坚持“安全第一、预防为主、综合治理”的方针，从源头上防范化解重大安全风险。这一方针是开展安全生产工作总的指导方针，是长期实践的经验总结。

1. 安全第一

在生产经营活动中，在处理保证安全与实现生产经营活动的其他各项目标的关系上，要始终把安全特别是从业人员、其他人员的人身安全放在首要位置，实行“安全优先”的原则。在确保安全的前提下，努力实现生产经营的其他目标。当安全工作与其他活动发生冲突和矛盾时，其他活动要服从安全，绝不能以牺牲人的生命、健康为代价换取发展和效益。

2. 预防为主

预防为主，是安全生产工作的重要任务和价值所在，是实现安全生产的根本途径；预防为主，就是要把预防生产安全事故的发生放在安全生产工作的首位。对安全生产的管理，主要不是在发生事故后去组织抢救，进行事故调查，找原因、追责任、堵漏洞，而是要谋事在先、尊重科学、探索规律，采取有效的事前控制措施，千方百计预防事故的发生，做到防患于未然，将事故消灭在萌芽状态。

3. 综合治理

综合治理，就是要综合运用法律、经济、行政、科技等手段，从发展规划、行业管理、安全投入、科技进步、经济政策、教育培训、安全文化以及责任追究等方面着手，建立安全生产长效机制。综合治理，秉承“安全发展”的理念，从遵循和适应安全生产的规律出发，运用法律、经济、行政等手段，多管齐下，并充分发挥社会、职工、舆论的监督作用，形成标本兼治、齐抓共管的格局。

4. 从源头上防范化解重大安全风险

要健全风险防范化解机制、坚持从源头上防范化解重大安全风险，真正把问题解决在萌芽之时、成灾之前。实践一再表明，许多事故的发生，都经历了从无到有、从小到大、从量变到质变的动态发展过程。因此，从以事故处置为主的被动反应模式向以风险预防为主的主动管控模式转变，是一种更经济、更安全、更有效的应急管理策略。具体而言，就是要严格安全生产市场准入，经济社会发展要以安全为前提，严防风险演变、隐患升级导致生产安全事故发生。

（三）安全生产工作的基本原则

《安全生产法》规定了“三个必须”原则，即安全生产工作实行管行业必须管安全、管业务必须管安全、管生产经营必须管安全。“三个必须”原则明确了政府部门的安全监管职责。管行业必须管安全，明确了负有安全监管职责的各个部门，要在各自的职责范围内，对所负责行业、领域的安全生产工作实施监督管理。同时，“三个必须”原则也明确了生产经营单位的决策层和管理层的安全管理职责。管业务必须管安全，管生产经营必须管安全，具体到生产经营单位中，就是主要负责人是安全生产的第一责任人，其他负责人都要根据分管的业务，对安全生产工作承担一定的职责，负担一定的责任。在厘清责任、分清界限的同时，“三个必须”原则还要求负有安全监管职责的部门之间要相互配合、齐抓共管、信息共享、资源共用，依法加强安全生产监督管理工作，切实形成监管合力。

（四）安全生产工作机制

按照安全生产法的规定，安全生产工作要建立生产经营单位负责、职工参与、政府监管、行业自律和社会监督的机制。

1. 生产经营单位负责

生产经营单位负责，就是要求落实生产经营单位的安全生产主体责任，生产经营单位必须严格遵守和执行安全生产法律法规、规章制度与技术标准，依法依规加强安全生产，加大安全投入，健全安全管理机构，加强对从业人员的培训，保持安全设施设备的完好有效。

2. 职工参与

一方面，职工是生产经营活动的直接操作者，安全生产首先涉及职工的人身安全。另一方面，做好安全生产工作需要职工积极配合，承担遵章守纪、按章操作等义务。没有职工的参与和配合，不可能真正做好安全生产工作。

3. 政府监管

在强化和落实生产经营单位主体责任、保障职工参与的同时，还必须充分发挥政府在安全生产方面的监管作用，以国家强制力为后盾，保证安全生产法律、法规以及相关标准得到切实遵守，及时查处、纠正安全生产违法行为，消除事故隐患。

4. 行业自律

行业自律，主要是指行业协会等行业组织要自我约束。一方面各个行业要遵守国家法律、法规和政策，另一方面行业组织要通过行规行约制约本行业生产经营单位的行为。通过行业间的自律，促使相当一部分生产经营单位能从自身安全生产的需要和保护从业人员生命健康的角度出发，自觉开展安全生产工作，切实履行生产经营单位的法定职责和社会责任。

5. 社会监督

社会监督，就是要充分发挥社会监督的作用，任何单位和个人有权对违反安全生产的行为进行检举和控告。发挥新闻媒体的舆论监督作用。有关部门和地方要进一步畅通安全生产的社会监督渠道，通过设立举报电话，接受人民群众的公开监督。

上述 5 个方面互相配合、互相促进，共同构成五位一体的安全生产工作机制。

五、职业病防治的方针和机制

（一）职业病防治方针

根据《职业病防治法》规定，我国职业病防治的方针是：预防为主、防治结合。

1. 预防为主

预防为主是指在职业病防治工作中，要把预防职业病的发生作为根本的目的和首要措施，控制职业病危害源头，并在一切职业活动中尽可能消除和控制职业病危害因素的产生，使工作场所职业卫生状况达到不损害劳动者健康的水平。

2. 防治结合

在突出预防为主的同时，要坚持防治结合。“防”是为了不产生职业病危害，“治”是为了在职业病危害产生后，尽可能降低职业病危害的后果和损失。这里的“治”有两方面含义：一是治理。这是在法律中的主要含义，是指对已存在的职业病危害的识别、评价和控制过程。特别是在当前我国现有职业病危害普遍存在的情况下，必须列入政府的治理计划，限期治理。二是治疗保障。是指职业病患者获得医疗、康复保障的法律规定。

（二）职业病防治机制

根据《职业病防治法》规定，我国职业病防治机制“建立用人单位负责、行政机关监管、行业自律、职工参与和社会监督的机制”。

1. 用人单位负责

职业活动是以用人单位为基础进行的，职业活动中产生的职业病危害因素是用人单位所能控制的。因此，用人单位是职业病防治的主体，应认真落实预防、控制措施，加强职业健康管理和职业病人救治，规范用工行为等主体责任。《职业病防治法》规定："用人单位的主要负责人对本单位的职业病防治工作全面负责。"

2. 行政机关监管

职业卫生监督管理机关应按照职责分工，依法履行职业卫生监管职责。

3. 行业自律

通过行业规范约束行业内的企业行为，促使企业从自身健康发展的需求和保护劳动者健康的角度出发，自觉开展职业病防治工作。

4. 职工参与

职工对违反职业病防治法律、法规以及危及生命健康的行为有权提出批评、检举和控告。《职业病防治法》规定："工会组织依法对职业病防治工作进行监督，维护劳动者的合法权益。用人单位制定或者修改有关职业病防治的规章制度，应当听取工会组织的意见。"

5. 社会监督

任何单位和个人有权对违反《职业病防治法》的行为进行检举和控告。

第二节　新时代工会劳动保护基本任务

一、积极推动事关职工安全健康权益法律法规和政策的制定和完善

1. 深入开展调查研究。针对工会劳动保护工作面临的新形势、新任务、新情况和职工群众最关心、最关注的难点热点问题开展调查研究，深入分析问题产生的原因，提出有针对性、可操作的对策措施建议。通过各

级人大和政协议案提案、参与同级政府联席会议、参与各级安全生产委员会等渠道，及时反映涉及职工安全健康的利益诉求，推动实际问题的解决。

2. 积极参与法律法规和政策的制定修改。积极参与安全生产、职业病防治、工伤保险、女职工劳动保护等事关职工安全健康权益的法律法规和政策的制定完善，提出工会主张，反映职工的意愿和合理诉求，切实从源头上维护职工合法权益。把基层在实践中创造出的可借鉴可复制的好经验好做法总结提炼出来，上升到法律法规政策层面，积极推动涉及职工安全健康权益的法律法规政策的不断完善。

二、督促企业做好安全生产和职业病防治工作

1. 督促企业落实主体责任。切实履行法律赋予工会的监督职责，督促企业贯彻落实安全生产相关法律法规，履行安全生产主体责任和企业全员安全生产责任制，执行安全生产规章制度和操作规程，加强现场安全管理和重大危险源监控，强化关键设施装置安全运行维护和落实安全防范措施。督促建立健全职业病防治责任制，采取职业病防治管理措施，采用有效的职业病防护设施。加大资金投入，实施安全生产和职业病防治教育培训计划，提高企业安全生产和职业病防治水平。

2. 落实职工在安全生产和职业病防治中的民主权利。督促企业充分发挥职代会作用，保障广大职工的知情权、参与权、表达权、监督权。在制定涉及职工安全健康合法权益的规章制度、确定涉及安全生产和职业病防治的重大事项时，要广泛征求职工意见，经过职代会审议通过。在开展劳动安全卫生集体协商、签订专项集体合同时，要与职工认真协商达成共识，经职代会审议通过。积极推动企业建立健全重大隐患治理情况向负有安全生产监督管理职责的部门和企业职代会“双报告”制度。

3. 参与安全生产监督检查。积极配合协助政府或企业开展安全生产和职业病防治监督检查，促进企业和职工增强安全意识，消除生产过程中的不安全因素。工会要主动监督、敢于监督、善于监督，对监督检查中发现的违章指挥、强令职工冒险作业、生产设备安全隐患突出、职工培训不足

等危害职工安全健康权益的重大问题，要依法采取相应措施予以制止，并向政府相关部门反映，提出工会的处理意见，督促、跟踪企业及时整改。

4. 参加职工伤亡事故和职业病危害事故的调查处理。按照《工会法》《安全生产法》《生产安全事故报告和调查处理条例》《职业病防治法》的规定，依法参加职工伤亡事故和职业病危害事故调查处理。要旗帜鲜明维护伤亡职工的合法权益，按照事故原因未查清不放过、责任人员未处理不放过、整改措施未落实不放过、有关人员未受到教育不放过的“四不放过”原则，提出工会组织的意见和建议。及时做好职工伤亡事故和职业病危害事故的信息上报和统计分析工作，研究事故发生规律，协助事故单位制定和改进工作措施，预防同类事故反复发生，保护更多职工免受伤害。

5. 参与监督“三同时”的实施。生产经营单位工会要督促本单位新建、改建或扩建的工程项目严格落实法律法规和标准规范，劳动安全卫生设施必须与主体工程同时设计、同时施工、同时投入生产和使用，对不符合“三同时”规定或安全卫生设施不达标的，要向有关部门反映，提出改进意见和建议，并督促整改。

三、切实提升职工的安全意识和安全技能

1. 加大宣传力度。积极配合政府或企业开展“安全生产月”、《职业病防治法》宣传周等活动，积极营造良好的安全生产和职业病防治氛围。充分利用宣传栏、职工书屋、工人文化宫等工会宣传阵地，通过网络、短视频等新媒体工具多角度、全方位向企业和广大职工宣传习近平总书记关于安全生产和职业病防治的重要指示精神，宣传党中央、国务院关于安全生产和职业病防治的重大决策部署，宣传安全生产和职业病防治的法律法规和技术规范，引导企业和职工树立正确的安全价值观和行为准则，建设健康向上的安全文化。

2. 强化教育培训。督促和协助企业做好职工安全生产和职业病防治教育培训工作，落实新入职员工、车间班组、企业“三级”安全教育培训，特别是农民工上岗前的安全生产和职业病防治知识培训。充分发挥工会“大学校”作用，通过举办学习培训班、组织职工开展针对安全生产和职

业病防治的“小发明、小创造、小革新、小设计、小建议”活动、探索开展职工劳动保护技能竞赛等形式，培养职工的安全意识和安全习惯，提高职工的事故防范、应急处置和自我保护能力，不断提升职工的安全技能和水平。

四、充分调动职工群众参与安全生产和职业病防治的积极性

1. 深入开展“安康杯”竞赛。进一步贯彻《关于进一步深化全国“安康杯”竞赛活动的指导意见》，深入研究和准确把握竞赛的特点和规律，创新竞赛活动的形式和内容，探索开展互联网+“安康杯”竞赛活动方式，不断扩大竞赛活动的覆盖面。严格规范竞赛活动的评选、表彰和管理工作，提升竞赛活动的规范化水平，提高竞赛活动的质量和效果。把开展“安康杯”竞赛与工会组建、劳动和技能竞赛、创建劳动关系和谐企业活动等有机结合起来，相互促进、相得益彰，推动竞赛广泛深入持久开展。

2. 组织职工开展隐患排查治理。按照《中华全国总工会关于组织职工开展安全生产隐患排查治理工作的意见》的要求，充分调动广大职工的积极性和主动性，组织动员职工立足岗位开展隐患排查，把隐患当事故来对待，力争把事故隐患解决在萌芽状态。要建立安全生产奖励举报制度，公布举报电话，设立举报电子邮箱，畅通举报渠道，为广大职工参与举报生产事故和严重职业危害提供便利。要认真受理举报的问题，保护举报人的合法权益，及时将举报内容向当地政府或该企业反映，对举报信息内容经核属实的，依据事故隐患分级给予奖励，所需经费由各级工会从年度经费预算中列支。

3. 加强安全型班组建设。协助企业充分发挥班组在企业安全生产与职业病防治中的基础性作用，进一步完善和强化班组安全管理，逐步实现班组安全管理标准化、规范化、制度化，把“安全第一、预防为主、综合治理”的安全生产方针落实到班组，把班组打造成安全生产和职业病防治的第一道防线。把安全型班组建设与建设职工小家和创建“工人先锋号”等活动紧密结合起来，切实提高班组安全建设水平。

4. 做好特殊条件、特殊环境下劳动保护工作。推动加强和规范高温、低温、有毒有害等特殊工作环境劳动者的职业健康保护，强化重点行业和工种职工劳动保护措施落实情况的监督检查。督促用人单位加强从业职工的健康监护，规范建立职业健康监护档案并定期评估，落实防暑降温、防寒保暖、劳动保护用品发放等措施。积极开展暑期“送清凉”活动，做好工会户外劳动者服务站点建设工作，细化服务项目，解决户外作业职工的实际困难。

第三节　工会劳动保护组织及其职责

一、工会劳动保护职能机构

工会劳动保护职能机构是工会具体负责劳动保护工作的职能部门，是工会劳动保护工作的具体承担者。各级工会设立劳动保护部门，配备相应的劳动保护干部，是保证工会劳动保护监督检查职责落到实处的重要前提。

我国工会劳动保护职能机构体系由国家、地方、产业和企事业单位组成。国家一级，在中华全国总工会设立劳动保护机构，负责全国工会系统的劳动保护工作；地方一级，在省、市总工会设立劳动保护机构，县级总工会设专人，负责本行政区域内工会系统劳动保护工作；在产业工会，设立劳动保护机构，负责相关产业工会系统劳动保护工作；企事业单位一级，在大型企事业单位工会一般设有劳动保护机构，中小型企事业单位设专人，负责本单位工会劳动保护工作。

工会劳动保护职能机构的主要职责包括如下方面。

（1）参与劳动安全卫生法律、法规、标准和重大决策、措施的制定，监督劳动安全卫生法律、法规和政策的贯彻落实。

（2）监督检查本地区、本行业和企事业单位的劳动安全卫生工作，对劳动安全卫生现状进行分析和研究，对危害职工劳动安全卫生健康的问题进行调查，向政府有关部门、企事业单位反映需要解决的问题，提出整改意见和建议。

（3）制止违章指挥和违章作业。在监督检查中，发现存在事故隐患、职业病危害和违反国家劳动安全卫生法律、法规的问题，要求企事业单位进行整改，监督企事业单位采取防范事故和职业病危害的措施；发现重大事故隐患或严重的职业病危害，向企事业单位或当地有关部门发出书面整改建议，并督促解决；对拒不整改的，提请政府有关部门采取强制性措施。

（4）发现重大事故隐患和严重的职业病危害危及职工生命安全紧急情况，向企事业行政或现场指挥人员要求采取紧急避险措施，包括立即从危险区域内撤出作业人员，支持或组织职工采取必要的避险措施并立即报告。

（5）依法参加生产安全事故的调查处理，监督企事业单位采取防范措施，对造成伤亡事故和经济损失的责任者，提出处理意见和建议。

（6）参加新建、扩建和技术改造工程项目的劳动安全卫生设施的设计审查和竣工验收，对劳动条件和安全卫生设施存在的问题提出意见和建议。

（7）监督和协助企事业单位严格执行国家劳动安全卫生规程技术标准，建立健全劳动安全卫生制度，监督检查劳动安全卫生设施的运转情况，监督检查劳动安全卫生技术计划的执行及经费投入、使用情况。

（8）依法帮助、指导职工签订劳动合同，通过劳动合同明确劳动者在劳动安全卫生方面的权利和用人单位在劳动安全卫生方面的责任。

（9）参与集体合同有关劳动保护条款的平等协商与签订工作，并对合同相关条款的执行情况进行监督检查。

（10）宣传国家劳动安全卫生法律、法规、政策及企事业单位的各项规章制度，组织职工开展形式多样的安全生产活动，教育职工遵章守纪，帮助职工提高安全生产意识和安全生产技术技能。

（11）督促企事业单位按照国家有关规定发放劳动安全卫生防护用品、

用具，监督企事业单位定期对职工进行职业性健康检查。监督企事业单位履行对职业病患者的诊断、治疗和康复的责任，督促落实工伤待遇及相关赔偿，督促和协助落实有关女职工和未成年工特殊劳动保护的有关规定。

二、工会劳动保护监督检查员

（一）工会劳动保护监督检查员的设立

《监督检查员工作条例》规定："在县（含）以上总工会、产业工会中设立工会劳动保护监督检查员。可聘请有关方面熟悉劳动保护业务的人员担任兼职工会劳动保护监督检查员。"监督检查员在所隶属的总工会和产业工会的领导下开展监督检查工作，代表工会组织执行监督检查任务。

1. 工会劳动保护监督检查员的条件

《监督检查员工作条例》对工会劳动保护监督检查员的条件提出了明确的要求："工会劳动保护监督检查员应具有大专以上文化程度，具有一定的生产实践经验，并从事工会劳动保护工作1年以上，应有较高的政策、业务水平，熟悉和掌握有关劳动安全卫生法律法规和劳动保护业务；科级以上、从事5年以上劳动保护工作的工会干部也可以担任工会劳动保护监督检查员。工会劳动保护监督检查员任命前必须经过劳动保护岗位培训，考核合格。"

2. 工会劳动保护监督检查员的审批、任命和备案

按照《监督检查员工作条例》规定，中华全国总工会，省、自治区、直辖市总工会，全国产业工会，省辖市总工会对工会劳动保护监督检查员有审批任命权。

省、自治区、直辖市总工会，全国产业工会和中华全国总工会有关部门的工会劳动保护监督检查员由中华全国总工会审批任命。

县级总工会的劳动保护监督检查员由省辖市总工会审批任命，报省、自治区、直辖市总工会备案。

工会劳动保护监督检查员任命前必须经过劳动保护岗位培训并考核合格。岗位培训由任命单位负责组织，受训人员经考试合格由培训单位颁发

岗位培训合格证书。

工会劳动保护监督检查员证件由中华全国总工会统一印制。

（二）工会劳动保护监督检查员的职权

根据《监督检查员工作条例》规定，工会劳动保护监督检查员代表工会组织行使下列职权。

1. 参与立法和决策。工会劳动保护监督检查员“参与劳动安全卫生法律法规、标准和重大决策、措施的制定，监督劳动安全卫生法律法规和政策的贯彻执行”。

2. 调查研究。根据规定，工会劳动保护监督检查员“监督检查本地区、行业和企事业的劳动安全卫生工作，对劳动安全卫生状况进行分析，对危害职工劳动安全与健康的问题进行调查，向政府及有关部门、企事业单位反映需要解决的问题，提出整改治理的建议”。

3. 监督隐患整改。工会劳动保护监督检查员“在监督检查时，发现存在事故隐患、职业危害和违反国家劳动安全卫生法律法规的问题，有权要求企事业进行整改，监督企事业采取防范事故和职业危害的措施；发现存在严重事故隐患或职业危害的提请所隶属的工会组织向企事业单位发出书面整改建议，并督促企事业单位解决；对拒不整改的，提请政府有关部门采取强制性措施”。

4. 紧急避险建议权。工会劳动保护监督检查员“在生产过程中发现明显重大事故隐患和严重职业危害，并危及职工生命安全的紧急情况时，有权向企事业行政或现场指挥人员要求采取紧急措施，包括立即从危险区内撤出作业人员。同时支持或组织职工采取必要的避险措施并立即报告”。

5. 参与事故调查处理。工会劳动保护监督检查员“依法参加职工伤亡事故的调查和处理，监督企事业单位采取防范措施，对造成伤亡事故和经济损失的责任者，提出处理意见。对触犯法律的责任者，建议追究其法律责任”。在参加伤亡事故的调查处理时，要敢于坚持原则，实事求是，维护职工的合法权益。

6. 参加“三同时”审查验收。工会劳动保护监督检查员“参加新建、扩建和技术改造工程项目劳动安全卫生设施的设计审查和竣工验收，对劳动条件和安全卫生设施存在的问题提出意见和建议”。

7. 监督与协助企事业做好劳动安全卫生工作。工会劳动保护监督检查员要“监督和协助企事业单位严格执行国家劳动安全卫生规程和标准，建立、健全劳动安全卫生制度；监督检查劳动安全卫生设施；监督检查技术措施计划的执行及经费投入、使用的情况；监督检查企事业单位的安全生产状况”。

8. 支持基层工会劳动保护工作。工会劳动保护监督检查员要“支持基层工会劳动保护监督检查委员会和工会小组劳动保护检查员开展工作，在劳动保护业务上给予指导”。对基层工会劳动保护监督检查委员会和工会小组劳动保护检查员反映的问题和要求及时给予答复，并帮助解决，同时要将基层工会劳动保护情况向领导反映。

三、基层工会劳动保护监督检查委员会

全国总工会颁布的《监督检查委员会工作条例》对基层工会劳动保护监督检查委员会的设立、职权等作了明确规定。

（一）基层工会劳动保护监督检查委员会的设立

《监督检查委员会工作条例》规定：“企事业工会及所属分厂、车间工会设立工会劳动保护监督检查委员会（或工会劳动保护监督检查小组，下同）。”也就是说，所有企事业都应根据实际情况建立工会劳动保护监督检查委员会或小组。一般来说，企事业、车间人数较少的（职工 50 人以下）可建立工会劳动保护监督检查小组。

乡镇工会、城市街道工会及基层工会联合会也可设立工会劳动保护监督检查委员会。

工会劳动保护监督检查委员会由同级工会提名，报上级工会备案。委员会委员的数量，应根据企事业、车间的职工人数来定，一般由 5~15 人组成。主任委员 1 人，副主任委员 1~2 人，由工会主席或者副主席担任由行政干部或工会有关负责人担任；委员若干人；女职工相对集中的单位，应设女职工委员。人数较少的企事业、车间，可组成 3 人工会劳动保护监

督检查小组。

（二）基层工会劳动保护监督检查委员会委员资格确定和任期

基层工会劳动保护监督检查委员会委员可从工会劳动保护干部及热心于工会劳动保护工作的企业、车间一线工人、工程技术人员、医务人员、行政职能部门的干部中推荐。但行政管理人员不得超过委员会总人数的1/3。

工会劳动保护监督检查委员会的任期原则上与同级工会委员会的任期一致，工会委员会换届后，应对工会劳动保护监督检查委员会进行调整、更换。为有利于工作的开展，每年也可根据实际情况进行委员的调整和补充。委员会委员一旦缺员，应及时进行补充。如果企事业、车间工会委员会发生合并、撤销等变化，工会劳动保护监督检查委员会也应及时进行相应撤销或重新建立。

（三）基层工会劳动保护监督检查委员会的职权

根据《监督检查委员会工作条例》的规定，工会劳动保护监督检查委员会的职权主要有以下 10 项。

1. 监督和协助。认真监督和协助本单位贯彻执行国家劳动安全卫生法律法规，监督落实安全生产责任制和规章制度，参加涉及职工劳动安全与健康规章制度的制定，参与本单位劳动安全卫生措施、计划和经费投入等方案的制定和实施，对劳动安全卫生的决策、措施提出意见和建议。

2. 调查研究。即工会劳动保护监督检查委员会成员应主动深入班组，调查、了解、分析企事业、车间、班组劳动安全卫生状况，向企事业单位和有关方面反映职工对劳动安全卫生工作的意见、建议和要求。督促和协助企事业单位解决劳动安全卫生方面存在的问题，改善劳动条件和作业环境。

3. 劳动保护民主管理。工会劳动保护监督检查委员会要积极开展劳动保护的民主管理活动，参与本单位劳动安全卫生专项集体合同的协商与签订，维护职工劳动安全卫生的权利、休息休假的权利和享受工伤保险的权利。对集体合同、劳动合同中劳动安全卫生条款的执行情况进行监督检查。

4. 制止“双违”和安全检查。工会劳动保护监督检查委员会要制止违章指挥、违章作业。组织或协同行政进行安全生产检查，组织职工代表对劳动安全卫生工作进行督查。对事故隐患和职业危害作业点建立档案，监督整改和治理，并督促企事业单位防范事故和职业危害。

5. 提出整改意见。工会劳动保护监督检查委员会对违反国家法律法规、不符合劳动安全卫生标准规定的问题，提出整改意见；问题严重的，向企事业行政提出书面整改意见；对拒不整改的，要求政府有关部门采取强制性措施。

6. 参加“三同时”审查验收。工会劳动保护监督检查委员会监督检查新建、扩建和技术改造工程项目的劳动安全卫生设施与主体工程同时设计、同时施工、同时投产使用。

7. 参加事故调查和处理。工会劳动保护监督检查委员会参加职工伤亡事故的调查和处理，查清事故原因和责任，提出对事故责任者的处理意见，监督和协助企事业单位采取防范措施，对发生的职工伤亡事故和职业病进行研究、分析，总结教训，提出建议。

8. 要求紧急避险。工会劳动保护监督检查委员会在生产过程中发现明显重大事故隐患和严重职业病危害，并危及职工生命安全的紧急情况时，要求企事业行政或者现场指挥人员采取紧急措施，包括立即从危险区内撤出作业人员。同时支持或组织职工采取必要的避险措施并立即报告。

9. 宣传与教育。基层工会要把对职工的安全卫生宣传教育作为一项长期的重要任务来抓，要充分利用广播、电视、报刊、宣传栏、知识竞赛等多种形式，宣传国家劳动安全卫生法律法规、政策及企事业的规章制度，结合实际情况，组织和发动职工开展安全生产活动，教育职工遵章守纪，提高职工的安全意识和技能。

10. 维护职工劳动安全卫生权益。工会劳动保护监督检查委员会应督促企事业单位按国家有关规定发放劳动安全卫生防护用品、用具，监督企事业单位定期对职工进行健康检查。监督企事业单位履行对职业病人的诊断、治疗和康复的责任，督促落实工伤待遇及职业病损害赔偿。监督和协助企事业单位落实女职工和未成年工特殊保护的有关规定。

四、工会小组劳动保护检查员

《检查员工作条例》对工会小组劳动保护检查员的设立、职权等作了明确规定。

（一）工会小组劳动保护检查员的设立

根据《检查员工作条例》规定，在工、交、财贸、基本建设等行业的企事业生产班组中，设立工会小组劳动保护检查员。这一规定强调在工、交、财贸、基本建设等事故多发行业的生产班组中必须设立工会小组劳动保护检查员，突出了工会劳动保护监督的重点是在生产班组。

工会小组劳动保护检查员经民主推选产生。工会小组劳动保护检查员是本班组职工劳动安全卫生权益的维护者。谁能而且热心从事群众性劳动保护工作，本班组职工最清楚，也最有发言权。因此，工会小组劳动保护检查员应当由所在班组职工群众民主推选产生。

工会小组劳动保护检查员应具有一定的劳动安全卫生知识，敢于坚持原则，责任心强。因为工会小组劳动保护检查员肩负着落实规章制度、查询相关信息、开展群众教育、制止“双违”、进行安全检查和紧急避险、现场急救等多项职责，所以工会小组劳动保护检查员应具有一定的劳动安全卫生知识和很强的事业心。同时，作为普通职工的工会小组劳动保护检查员，在监督检查工作中还承受着各方面的压力，一方面是行政要求完成生产任务，提高企业的经济效益；另一方面是职工群众的生命安全，这就要求工会小组劳动保护检查员要敢于坚持原则，要有较强的责任心。

（二）工会小组劳动保护检查员的职权

根据《检查员工作条例》规定，工会小组劳动保护检查员的职权如下。

1. 协助落实法律法规和规章制度。即协助班组长落实国家劳动安全卫生法律法规及企事业规章制度，创建安全生产合格班组。

2. 维护职工的知情权。工会小组劳动保护检查员应主动查询工作场所存在的职业病危害和企事业单位相应的防范措施，带头行使职工对作业场所有害因素和防范措施的知情权。

3. 监督和协助班组开展安全教育工作。督促和协助班组长对本班组人员进行安全教育，提高安全生产意识和技术技能是工会小组劳动保护检查员的教育职责。工会小组劳动保护检查员要督促班组长对班组成员进行安全教育，使之成为经常化、制度化的工作。

4. 制止“双违”。制止违章指挥、违章作业是工会小组劳动保护检查员的重要职责。在纠正违章时要讲究方式方法，注意通过安全法律法规教育，增强职工的法治观念，提高遵章守纪，抵制违章指挥、违章作业的自觉性。

5. 督促解决安全检查中发现的隐患。工会小组劳动保护检查员应经常对生产设备、防护设施、工作环境进行监督检查，及时了解、掌握和发现工作场所、岗位所存在的致伤、致病和不良工作条件的危险和各种隐患，对于发现的隐患要及时报告，督促解决。对隐患整改的全过程要进行监督，直至彻底消除隐患。

6. 组织紧急避险。工会小组劳动保护检查员在生产劳动过程中一旦发现危及职工生命安全的紧急情况，应立即报告，组织职工采取必要的避险措施。要坚持原则，在无法确定事故发生的时间，又有事故发生迹象的情况下，必须依照“安全第一，确保万无一失”的原则，采取积极的措施制止事故的发生，或将事故影响和损失控制在最小范围，同时将作业区域内的职工撤离危险现场，确保职工的生命安全。

7. 事故抢险和现场急救。发生伤亡事故后，工会小组劳动保护检查员要迅速参加抢险、急救工作，协助保护事故现场，并立即上报。

8. 监督企事业单位提供符合国家规定的劳动条件。工会小组劳动保护检查员有监督企事业是否为本班组提供符合国家规定的劳动条件以及个人防护用品的责任，并有义务代表本班组员工向企事业单位提出不断改善劳动条件和作业环境的建议。

9. 因进行正常监督检查活动而受到打击报复时，有权上告，要求严肃处理。

工会组织对工会小组劳动保护检查员的工作应予以支持。对作出贡献的工会小组劳动保护检查员，上级工会组织应给予表彰和奖励。工会组织还可以与企事业行政协商，给予有贡献的工会小组劳动保护检查员一些优惠待遇。

1. 什么是工会劳动保护工作？

2. 工会劳动保护工作的重要性是什么？

3. 简述我国安全生产工作指导思想、基本方针、基本原则、工作机制。

4. 我国职业病防治的方针、机制是什么？

5. 简述新时代工会劳动保护的基本任务。

6. 工会劳动保护监督检查员有哪些职权？

7. 基层工会劳动保护监督检查委员会有哪些职权？

8. 工会小组劳动保护检查员有哪些职权？

海南省总工会着力保障职工安全健康权益
推动企业落实全员安全生产责任制

2023 年 3 月 22 日　来源：中工网－工人日报

中工网讯记者日前获悉，海南省总工会以预防生产安全事故和控制职业病危害为重点，深入广泛开展安全宣传教育，着力营造全社会防范化解重大安全风险的浓厚氛围。截至目前，共有 17 个市级、县级总工会成立安全生产工作领导小组。

近年来，海南省总工会不断加强对《劳动保护监督检查条例》《安全生产法》《职业病防治法》等法律法规的宣传贯彻落实。利用工人文化宫、职工书屋等工会宣传阵地，开展安全生产宣传和职工安全知识技能培训，提升职工的安全素质。深入工地、厂矿等高危企业、生产场所，发放安全生产宣传挂图、综合安全百问百答知识手册、《安全生产法》单行本等安全生产宣传资料，放映安全生产教育宣传片。累计发放宣传海报、宣传册等资料 3 万份，播放宣传片 110 场。

与此同时，海南省总工会扎实开展“安康杯”竞赛，围绕“防风险、除隐患、遏事故”，重点在建筑、交通、石油、化工、电力等高危行业开展竞赛，推动企业全员安全生产责任制的落实，广泛组织重点企业开展职工应急处置演练、班组安全技能培训、安全生产合理化建议等群众性安全生产活动。举办不同形式的“安康杯”知识竞赛，提高广大职工的安全意识。开展石油化工、交通运输、船舶运输、电力、建筑等行业多个工种的技能竞赛。在海南省总工会引导下，中建三局集团（海南）有限公司大力开展安全技能培训、举办安全知识竞赛、发放安全手册、推动应急演练等，为建设者的安全及健康保驾护航。2022 年以来，该公司获评全国安全生产标准化工地 1 个，省市级安全文明工地 4 个，并成功承办海南省安全文明现场观摩会。

此外，海南省总工会指导市县、产业系统和基层工会落实防暑降温安全生产检查活动，督促企事业单位落实职工劳保用品，以及高温补贴发放政策，维护职工安全健康权益。推进户外劳动者服务站点建设，截至目前，全省已建成户外劳动者服务站点 397 个，依托环岛高速公路建设 5 个司机之家，服务户外劳动者 11 万余人次。（中工网–工人日报记者 赖书闻）

【案例 2】

上海市浦东新区消防救援支队对某置业有限公司、某消防技术工程有限公司及其主要负责人行政处罚案

基本案情：

2022 年 2 月 22 日，上海市浦东新区消防救援支队消防监督员对某置业有限公司进行“双随机”检查时，发现该公司地上第 1~12 层西侧消防电梯前室正压送风口均被石膏板封堵。消防监督员随即对为其提供消防设施维保的某消防技术工程有限公司开展消防技术服务质量检查，通过调阅检测当天监控视频，发现该公司工作人员未出现在某置业有限公司第 1~12 层西侧消防电梯前室的任一楼层进行具体部位检测，便出具了“正压送风系统运转正常”的年度检测报告。某置业有限公司行为违反了《中华人民共和国消防法》第 16 条第 1 款第 2 项的规定；某消防技术工程有限公司

行为违反了《中华人民共和国消防法》第34条、《社会消防技术服务管理规定》第18条第2项的规定。

处理结果：

综合考虑案件办理过程中，涉事企业积极配合执法部门及时整改，未造成严重后果，且前期未被行政处罚过，外部正处于疫情防控期间，企业经营困难。综合考虑多种因素，上海市浦东新区消防救援支队依照消防行政处罚裁量的有关规定，经集体决定后，依据《中华人民共和国消防法》第60条第1款第1项的规定，对某置业有限公司作出罚款人民币1万元的行政处罚决定；依据《中华人民共和国消防法》第69条第1款的规定，对某消防技术工程有限公司作出罚款人民币5万元，并处没收违法所得6000元的行政处罚决定；对某消防技术工程有限公司法定代表人作出罚款人民币1万元的行政处罚决定。

典型意义：

社会单位依法委托消防技术服务机构开展建筑消防设施维护保养检测和消防安全评估，消防技术服务质量直接关系委托单位的消防安全，劣质服务可能会造成重大消防安全隐患。通过服务质量核查，充分厘清服务机构与委托单位的责任边界，有利于推动主体责任落实，形成服务机构、委托单位、监管部门“共治共管”消防技术服务质量的良性局面，有效维护社会单位消防安全。本案涉事企业在明知前室正压送风口均被石膏板吊顶封堵的情况下，依然要求技术服务机构出具合格的检测报告，此类现象在维保和检测市场绝非偶然现象，严肃追究业主和消防技术服务机构的违法行为，释放从严监管的强烈信号，对于提升单位落实消防安全主体责任起到了很好的震慑作用。同时结合违法情节，统筹考虑单位前期管理情况和外部环境因素，坚持处罚与教育相结合的原则，按照自由裁量基准较轻的量罚幅度实施处罚，有助于减轻疫情下企业负担，致力于营造良好的营商环境，实现“情理法”有机融合。

第十章

工会保障工作

工会保障工作是工会履行维权服务职责的基本要求，是工会工作的重要组成部分。工会保障工作的主要任务是维护职工的劳动经济权益。劳动就业、收入分配、社会保障既是广大职工最关心、最直接、最现实的利益问题，也是党和政府高度重视与关注的民生和社会问题。各级工会应切实履行基本职责，充分发挥工会保障部门的作用，为职工群众办好事、办实事、解难事，增强职工群众获得感、幸福感、安全感。工会社会保障工作主要包括劳动就业、收入分配、社会保险和困难帮扶等内容。

第一节　工会劳动就业工作

劳动就业是劳动者的基本权利，是最基本的民生。工会劳动就业工作是指工会在促进就业和维护劳动者在劳动合同、劳动定员定额、工时休假、教育培训等方面依法享有的平等权利所开展的活动或工作。

一、劳动就业

劳动就业是指具有劳动能力的人，运用生产资料从事合法社会劳动，并获得相应劳动报酬或经营收入的经济活动。大力促进职工就业再就业，推动健全社会保障，切实维护劳动者就业权利，是工会的基础性和经常性的工作。

工会促进劳动就业的主要内容包括如下。

（1）加强对职工劳动经济权益相关政策的源头参与。工会积极参与涉及劳动者切身利益的劳动法律法规和政策的研究制定，推动政府促进就业政策的出台。通过源头参与、过程参与、重点参与，更好地维护职工的劳动就业权益。促进完善公平就业机制，保障城乡劳动者平等享有与劳动相关的各项社会保障和公共服务。

（2）积极落实制度保障要求。工会要履行职能、督促检查，积极推动落实就业优先政策。发挥职工代表大会在保护职工就业权益方面的作用，促进劳动法律法规落到实处，促进企业实行合理的用工方式和用工政策。

（3）拓宽渠道、创新就业帮扶形式。为广大职工提供就业服务和就业帮扶。工会组织针对不同特定求职群体，开展具有区域和产业集群特色和更具针对性、专业化、精细化的就业服务活动，为广大职工提供就业服务和就业帮扶。工会可以通过培训机构与用工单位的订单式培训建立合作关系，组织下岗分流职工、农民工开展有针对性的、不同层次的免费技能培训，提高就业能力，帮助下岗职工、农民工重新就业。

（4）开展职业介绍服务，形成工会就业、创业服务体系。要深化工会就业创业服务，广泛开展工会就业创业系列服务活动月以及“阳光就业暖心行动”等活动。要发挥工会组织的网络优势，由原来的实体化求职服务平台逐步扩展到网络服务平台，实现工会就业服务手段现代化，形成工会就业服务长期化、日常化和规范化的工作机制，提高工会就业服务的质量和水平，探索开展职业技能培训、就业服务，形成一体化就业服务体系。在协助落实就业、再就业的政策的同时，还要适应大众创业、万众创新的新格局，对有创业意愿、创业能力的职工、农民工进行创业专题培训及职业经理人培训，积极争取有关政府主管部门支持，争取“创业扶持”项目，提供创业援助资金等，协助职工、农民工实现创业。

二、劳动定员和劳动定额

劳动定额和劳动定员涉及劳动者的工作量、劳动时间、劳动强度和工资报酬等，是劳动标准的重要组成部分。

根据企业确定的产品方向和生产规模及先进合理的劳动定额，按照生产工作需要，以提高工效，节省人力为原则，确定以适度劳动为核心，制定合理的劳动定额和劳动定员标准，完善劳动者工时标准制度，保障劳动者的休息、休假权，落实劳动者合理的休息时间和休假时间。

工会通过集体协商和签订集体合同，根据本单位的生产实际需要，协商确定劳动定额和劳动定员，并对企业的定额定员管理及履行情况实施监督检查。

第二节　工会工资工作

工资是职工生活的基本来源和保障，是职工的最基本经济利益。维护职工的劳动报酬权，是社会主义市场经济条件下，工会维护职工合法权益，协调劳动关系，更好地保护和调动广大职工的积极性、创造性，促进经济发展和企业效益提高的重要工作内容。

一、工资概述

（一）工资的基本概念

1. 工资是指用人单位根据国家有关规定或者劳动合同的约定，以货币形式直接支付给本单位劳动者的劳动报酬。工资是劳动者劳动收入的主要组成部分，是劳动者生活的主要或唯一的来源，是劳动者的核心利益。

2. 工资总额是指企业在一定时期内实际支付给全部职工的劳动报酬总额。按照国家统计局的规定，工资总额主要包括：计时工资、计件工资、奖金、各种津贴和补贴、加班加点工资以及特殊情况下支付的工资。

（二）工资分配的原则

工资分配的原则，是由立法确认的贯穿于整个工资制度的基本准则，是实现工资制度立法目的的核心组成部分。《劳动法》第46条规定："工资分配应当遵循按劳分配原则，实行同工同酬。工资水平在经济发展的基础上逐步提高。国家对工资总量实行宏观调控。"这一规定，明确了我国工资分配的原则。

1. 按劳分配原则

按劳分配是分配个人消费品的社会主义原则，是指把劳动量作为个人消费品分配的主要标准和形式，按照劳动者的劳动数量和质量分配个人消费品，多劳多得，少劳少得。实行按劳分配原则，要体现奖勤罚懒，奖优罚劣，多劳多得，少劳少得。在我国以公有制为基础的市场经济条件下，按劳分配原则是工资分配的核心原则，我国劳动法的基本工资制度，就是依据这一原则建立的。

2. 同工同酬原则

同工同酬是指用人单位对于从事相同工作岗位、付出相同劳动、取得相同工作业绩的劳动者，支付大体相同的劳动报酬。实行同工同酬，要求对所有劳动者不分性别、年龄、种族、民族，只要付出同等劳动，就付给同等的劳动报酬。同工同酬必须具备3个条件：一是劳动者的工作岗位、工作内容相同；二是在相同的工作岗位上付出了与别人同样的劳动工作量；三是同样的工作量取得了相同的工作业绩。

3. 工资水平适应经济发展原则

生产决定分配，只有经济发展才能提供更多的可分配的社会产品；只有社会生产力发展了，才能有提高工资水平的物质基础。因此工资水平必须与经济发展水平相适应。

4. 工资总量宏观调控原则

工资总量宏观调控是指国家根据既定的宏观经济、社会目标，对地区、部门（产业）、单位工资总量的确定和互相关系，综合运用经济、行政和法律等多种手段进行调节和控制，以实现资源优化配置和国民经济协调发展，使消费基金的增长与生产基金的增长相协调，消费与生产比例关系趋于合理。工资总量宏观调控的内容主要包括：界定工资总额，调控地区、部门（行业）工资水平以及调控用人单位工资总额等几个方面。

二、影响工资确定的因素

影响工资制度和工资水平的因素通常分为内部影响因素和外部影响因素。

（1）内部影响因素包括：企业的薪酬战略，职位的价值，劳动者的技能水平、人工成本、经济效益和企业的工资支付能力。

（2）外部影响因素包括：相关法律法规政策，产品市场竞争，劳动力市场供求状况，市场工资率及当地的物价指数，等。

三、工资确定和调整的依据

（1）工资确定的基础依据。满足劳动者基本生活需要是工资确定的最基本依据。

（2）工资确定的市场依据。主要与劳动力供求关系、工会自身实力及政府有关工资的法律制度有关。

（3）工资确定的技术性依据。在完全市场竞争条件下，企业以经济效益为工资调整的技术依据。既要考虑企业支付工资的能力，也要考虑劳动者迫使企业支付工资的能力。

（4）工资调整的依据。工资调整的时间和幅度，需要考虑生活费用依据、企业产品销售价格依据和工资晋级依据。

四、最低工资制度

最低工资标准是指劳动者在法定工作时间或依法签订的劳动合同约定的工作时间内提供了正常劳动的前提下，用人单位依法应支付的最低劳动报酬。

（一）最低工资标准的确定

1. 最低工资标准的形式。最低工资标准一般采取月最低工资标准和小时最低工资标准的形式。

2. 确定和调整最低工资标准，应参考的因素。根据《劳动法》等有关法律法规规定，确定和调整最低工资标准，应参考下列因素：（1）劳动者本人及平均赡养人口的最低生活费用。（2）城镇居民消费价格指数。（3）职工个人缴纳的社会保险费和住房公积金。（4）职工平均工资。（5）经济发展水平。（6）就业状况等因素。

3. 最低工资标准的确定和调整方案。最低工资标准的确定和调整方案，由省、自治区、直辖市人民政府劳动保障行政部门会同同级工会、企业联合会/企业家协会研究拟订，并将拟订的方案报送人力资源和社会保障部。人力资源和社会保障部对方案可以提出修订意见，若在方案收到后14日内未提出修订意见的，视为同意。省、自治区、直辖市劳动保障行政部门应将本地区最低工资标准方案报省、自治区、直辖市人民政府批准，并在批准后7日内在当地政府公报上和至少1种全地区性报纸上发布。

（二）最低工资标准的执行

1. 根据《劳动法》《最低工资规定》，在劳动者提供正常劳动的情况下，用人单位应支付给劳动者的工资在剔除下列各项以后，不得低于当地最低工资标准：

（1）延长工作时间工资；

（2）中班、夜班、高温、低温、井下、有毒有害等特殊工作环境、条件下的津贴；

（3）法律、法规和国家规定的劳动者福利待遇等。

2. 实行计件工资或提成工资等工资形式的用人单位，在科学合理的劳动定额基础上，其支付劳动者的工资不得低于相应的最低工资标准。

3. 劳动者与用人单位形成或建立劳动关系后，试用、熟练、见习期间，在法定工作时间内提供了正常劳动，其所在的用人单位应当支付其不低于最低工资标准的工资。

工资集体协商双方应当根据国家法律法规规定，结合企业实际，在不低于当地最低工资标准的基础上，协商确定本企业的最低工资标准。

五、工会工资工作的主要内容

（一）推动最低工资保障制度的实施

最低工资标准有利于规范企业工资支付行为、保障职工的合法权益、促进经济发展和社会稳定。以促进经济发展、合理提高劳动者工资水平为原则，工会积极推动劳动保障部门完善最低工资正常调整机制；在集体合同或专项工资集体合同中对最低工资等作具体规定，推动和监督企业严格执行最低工资制度。

（二）积极开展工资集体协商

工资集体协商是指工会或职工代表与企业代表依法就企业内部工资分配制度、工资分配形式、工资收入水平等事项进行平等协商，在协商一致的基础上签订工资协议的行为。工资协议可以作为集体合同的附件，与集体合同具有同等效力。积极稳妥推行工资集体协商和行业性、区域性工资集体协商，形成"企业协商谈增长，行业协商谈标准，区域协商谈底线"的多元协商模式。企业的经济效益是职工劳动的成果，把促进企业发展与维护职工劳动报酬权有机地结合起来，通过共同协商确定职工工资水平增长的合理有效方案，以工资集体协议的形式建立职工工资的正常增长机制和支付保障机制，切实保障广大职工分享企业与社会发展的经济成果。

（三）积极参与和推动收入分配改革

逐步理顺收入分配关系，做好国有企业负责人薪酬制度改革实施工作，进一步健全企业工资决定和正常增长机制。通过调查研究，工会代表职工提出自己的观点和主张，推动收入分配制度的改革，坚持多劳多得，鼓励勤劳致富，促进机会公平，增加低收入者收入，扩大中等收入群体，缩小收入差距，使广大职工分享经济社会发展的成果。

（四）推进带薪休假制度的实施

《职工带薪年休假条例》自2008年实施以来，效果差强人意。落实带薪休假制度、保障劳动者休息休假权利，已经引起全社会高度重视。尊重和保障职工的休息权，需要处理好工作时间、工作效率与工作任务三者关系。各级工会和工会干部需要促进企业规范加班行为，严格执行工作时间与休息休假制度，保障职工休息休假权。

第三节 工会社会保险工作

工会作为职工利益的表达者和维护者，在保障工作中积极参与和推动社会保险制度的建立、完善、运行，并促使其充分发挥作用。

一、社会保险基本知识

社会保险是由国家通过立法形式，为依靠劳动收入生活的劳动者及其家庭成员保障基本生活条件，促进社会和谐稳定而设定的保险。社会保险是社会保障制度的核心内容。

我国社会保险制度主要包括养老保险、医疗保险、失业保险、工伤保险和生育保险。5项社会保险全面实现了社会统筹，其中养老和医疗保险实行社会统筹和个人账户相结合的制度模式。

（一）养老保险

养老保险是劳动者达到法定退休年龄后，保障晚年基本生活的一种社会保障制度。我国大力推进多层次养老保险体系建设。

1. 基本养老保险制度：是社会统筹与个人账户相结合的养老保险制度。个人所缴部分全部进入个人账户，以做实个人账户。

2. 企业年金：是企业补充养老保险，在参加基本养老保险的基础上，有条件的企业可为职工建立企业年金。企业年金费用由企业和职工个人共同缴纳，实行基金完全积累，采用个人账户方式进行管理。

此外，在机关事业单位建立职业年金制度，职业年金所需费用由单位和个人共同承担。同时鼓励开展个人储蓄性养老保险或商业人寿保险等。

（二）医疗保险

医疗保险是又一项重要的社会保险制度，是指劳动者及其家庭成员因患病接受医疗机构的医疗服务产生的医疗费用给予保障的制度。

由于疾病风险和医疗服务需求的特殊性，医疗保险具有以下特点：一是支付方式为非定额的费用补偿；二是补偿期短，受益时间长；三是涉及部门多，关系复杂；四是医疗服务消费的不确定性和被动性。

医疗保险包括基本医疗保险、大病医疗保险、企业补充医疗保险等。

（三）失业保险

失业保险是指国家通过立法强制实行的，由政府负责建立基金，对非因本人意愿中断就业而失去工资收入的劳动者提供一定时期的物质帮助及再就业服务的一项社会保险制度。它是社会保障体系的重要组成部分，是社会保险的主要项目之一。

失业保险主要有以下特点。

一是普遍性。它主要是为了保障有工资收入的劳动者失业后的基本生活而建立的，其覆盖范围包括劳动力队伍中的大部分成员。

二是强制性。它是通过国家制定法律、法规来强制实施的。

三是互济性。失业保险基金主要来源于社会筹集，由单位、个人和国家三方共同负担。失业保险基金在统筹地区内统一调度使用以发挥互济功能。

四是待遇的期限性。失业保险待遇只能在法定期限内享受，超过法定期限，即使仍处于失业状态也不能享受失业保险待遇，以实现失业保险促进就业的功能。

（四）工伤保险

工伤保险，也称职业伤害保险，是指劳动者在工作中或在规定的某些特殊情况下，因遭受意外伤害和患职业病，保障劳动者及其家属生活的社会保险制度。通常包括两个方面：一是劳动者本人因工伤造成暂时或永久丧失劳动能力时，可以从国家和社会获得医疗救治、职业康复、经济补偿等物质帮助；二是劳动者本人因工伤死亡时，其遗属可以从国家和社会获得遗属抚恤、丧葬补助等物质帮助。

1. 工伤保险工作的主要内容

工伤保险工作的主要内容包括工伤范围的认定、工伤鉴定、工伤保险待遇、工伤保险基金、工伤预防与职业康复。

2. 工伤保险待遇

工伤保险待遇包括医疗待遇、伤残待遇、死亡待遇。

3. 工伤补偿与工伤预防、职业康复相结合

工伤保险首要的任务是工伤补偿，同时工伤补偿、工伤预防与职业康复密切相连。加强安全生产，减少事故发生和发生事故及时抢救治疗，帮助劳动者尽快恢复健康更有意义。

（五）生育保险

生育保险是指国家和企业为怀孕、分娩、哺乳和节育女性提供医疗服务、生育津贴、产假和休假的一项社会保险制度。其目的是帮助职业妇女恢复劳动能力，重返工作岗位。

生育保险在社会保险体系中，具有扩大再生产的特性，基金规模较小，支付期限较短。生育保险按属地原则组织。由用人单位向社会保险经办机构缴纳，建立起生育保险基金。职工个人不缴纳生育保险费。

2019 年 3 月，国务院办公厅发布了《关于全面推进生育保险和职工基本医疗保险合并实施的意见》明确，生育保险基金并入职工基本医疗保险基金，统一征缴，统筹层次一致。

二、工会社会保险工作的主要内容

（一）注重源头参与，工会代表职工参与政策法规的研究和制定

工会代表广大职工在参与国家有关社会保险方面的法律、法规和政策的研究制定过程中，切实反映广大职工的意愿与呼声。推动完善职工社会保险制度和分层分类社会救助体系，健全覆盖全民、统筹城乡、公平统一、可持续的多层次社会保障体系。

（二）多渠道参与，监督政策法规的贯彻落实和社会保险基金的管理使用

各级工会通过参与人大、政协及政府有关部门的联合督察组、社会保险监督委员会、职工代表大会、厂务公开等渠道，积极开展有关社会保险的监督检查，有力地促进社会保障政策法规落实。

（三）构建职工互助保障体系

职工互助保障是职工自愿参加、资金以职工个人缴费为主、职工互助互济性质的一种保障形式，是对国家法定社会保障的一种补充形式。职工互助保障主要包括职工养老互助保障、医疗互助保障、伤残互助保障以及综合性的互助保障等项目。

（四）协助政府共同做好退休职工管理服务工作

各级工会在党委的领导下，与政府有关部门密切配合，积极开展退休职工管理服务工作，不断改善和提高退休职工的社会保障待遇。

第四节　工会生活保障工作

工会生活保障工作是工会对生活方面遇到困难的职工及时给予帮扶，从而摆脱困境的一项重要工作，是直接联系和服务职工的一项基础性工作，是我国综合性社会救助体系的重要组成部分。

一、社会救助和社会福利

（一）社会救助和社会福利

1. 社会救助

社会救助，是指国家和其他社会主体对于遭受自然灾害、失去劳动能力或者其他低收入公民给予物质帮助或精神救助，以维持其基本生活需求，保障其最低生活水平的各种措施。其最根本目的就是扶贫济困，保障困难群体的最低生活需求。

2. 社会福利

社会福利是政府和社会通过专业化的福利机构为社会上的特殊群体以及一般社会成员解决实际困难。社会福利的保障水平高于基本生活水平。社会福利提供的主要是服务而非现金和实物。

（二）社会救助的主要内容

社会救助是我国社会保障的核心内容之一。根据我国政府2014年颁布实施的《社会救助暂行办法》规定，目前我国社会救助主要内容包括最低生活保障、特困人员供养、受灾人员救助、医疗救助、教育救助、住房救助、就业救助、临时救助，等等。

（三）促进职工福利的改善

1. 福利津贴。职工在中班、夜班、高温、低温、有毒、有害等特殊工作环境条件下享有津贴补助。

2. 住房公积金。住房公积金是单位及其在职职工缴存的长期住房储金，是住房分配货币化、社会化和法治化的主要形式。住房公积金，实行专户存储，归职工个人所有。住房公积金的福利性体现在除职工缴存的住房公积金外，单位也要为职工缴纳一定的金额，而且住房公积金贷款的利率低于商业性贷款。

3. 福利设施。工会为职工提供的福利设施，丰富职工的文化生活，主要包括文化宫、俱乐部、图书馆、职工书屋、体育场、健身房、游乐室等。

4. 福利服务。工会为职工提供的服务包括定期的职工体检、特殊工种的体检与健康疗休养和女职工的年体检，及逢年过节给职工发放的福利，也包括职工生日礼物等。

根据全国总工会规定，基层工会逢年过节可以向全体会员发放节日慰问品。逢年过节的年节是指国家规定的法定节日（即新年、春节、清明节、劳动节、端午节、中秋节和国庆节）和经自治区以上人民政府批准设立的民族节日。节日慰问品原则上为符合中国传统节日习惯的用品和职工群众必需的生活用品等，基层工会可结合实际采取便捷灵活的发放方式。工会会员生日慰问可以发放生日蛋糕等实物慰问品，也可以发放指定蛋糕店的蛋糕券。

工会会员结婚生育时，可以给予一定金额的慰问品。工会会员生病住院、工会会员或其直系亲属去世时，可以给予一定金额的慰问金。工会会员退休离岗，可以发放一定金额的纪念品。

二、工会生活保障的主要内容

工会始终把关心和改善职工生活作为重要工作内容。不仅要推动政府社会救助制度的出台和完善，而且要监督和推动社会救助法规政策的贯彻和落实，还要深入开展各种形式的扶贫帮困活动。送温暖工程和困难职工帮扶中心（职工服务中心）是工会帮扶职工的两个重要平台和载体，是工会主动服务大局、承担社会责任、参与社会管理的重要体现。从基本生活救助扩展到就业、就学、医疗、法律援助等全方位的帮扶；从对国有企业困难职工帮扶扩大到对包括农民工在内的各类困难职工的帮扶。各级工会组织逐步形成以帮扶中心为载体的困难职工帮扶体系。

（一）送温暖工程

实施送温暖工程是工会履行维权服务职责，帮扶困难职工的一项品牌工程。送温暖工程已成为政府支持、职工认可、社会欢迎的民心工程。

送温暖工程的主要内容如下：（1）开展送温暖活动；（2）完善特困职工档案制度；（3）建立送温暖工程基金；（4）推行领导干部联系困难职工制度；（5）积极协助政府做好下岗、失业人员再就业工作；（6）大力开展职工互助互济工作；（7）建立工会困难职工帮扶中心（职工服务中心）。

工会送温暖工程是政府社会保障制度的有效补充。工会送温暖工程的工作重心逐步从保障困难职工的生活向帮扶困难职工群体摆脱贫困转移。

（二）加强工会服务阵地建设

推进“会、站、家”一体化建设，加强枢纽型社会组织平台功能建设。培育壮大基层工会服务阵地，拓展服务项目，整合社会资源，推动开放共享，实现区域内职工活动与服务基本覆盖。按照“突出公益、聚焦主业、自主经营、依法监管”的工作要求，更好发挥工人疗休养院、工人文化宫、职工互助保障组织等服务职工的作用。

（三）健全困难职工家庭常态化帮扶机制

积极参与社会救助制度顶层设计，促进困难职工帮扶与社会救助体系相衔接。巩固拓展解困脱困工作成果，健全困难职工家庭生活状况监测预警机制和常态化帮扶机制。积极争取各级财政、社会资源、工会经费等多渠道投入帮扶资金，对深度困难、相对困难、意外致困等不同困难类型的困难职工家庭精准帮扶、分类施策，形成层次清晰、各有侧重、有机衔接的梯度帮扶工作格局。引入公益慈善、爱心企业、志愿服务、专业机构等各类社会资源，推进困难职工帮扶与政府救助、公益慈善力量有机结合。推进“以工代赈”式救助帮扶，强化物质帮扶与扶志、扶智相结合，有效激发困难职工家庭解困脱困的内生动力。

（四）实施提升职工生活品质行动

以精准服务为导向，以满足职工美好生活需要为目标，制定实施工会提升职工生活品质行动方案，推行工会服务职工工作项目清单制度；建立工会帮扶工作智能化平台，健全工会服务职工满意度评价机制。开展帮扶中心赋能增效和幸福企业建设试点工作，提升职工服务中心（困难职工帮扶中心）综合服务职工功能，深入推进职工生活幸福型企业建设工作，精准对接社会资源与职工需求，培育一批服务项目，引导企业改善职工生产生活条件。

（五）打造服务职工系列品牌

健全完善常态化送温暖机制，继续叫响做实送温暖、金秋助学、阳光就业、职工医疗互助、工会法律援助、关爱农民工子女等工会工作传统品牌。

 **思考题：**

1. 工会如何做好劳动就业工作？
2. 我国工资分配的原则是什么？
3. 简述最低工资制度。
4. 如何发挥工会在收入分配中的作用？
5. 简述社会保险的主要内容。
6. 工会如何做好社会保险工作？
7. 工会生活保障的主要内容有哪些？
8. 如何实施提升职工生活品质行动？

 **【案例 1】**

广东各级工会打造高质量职工疗休养服务体系

2023 年 8 月 2 日　来源：中工网

广东是制造业大省，处于劳动一线的职工队伍非常庞大，做好职工疗休养活动是维护广大职工经济权益、健康权益、发展权益的重要体现，同时还有利于推动形成爱岗敬业、崇尚劳动的社会氛围。自 2022 年 6 月，全省技术工人和先进职工疗休养活动在江门启动以来，广东各级工会精心谋划，扎实推进，多层次打造一个高质量的职工疗休养体系，助力“百县千镇万村高质量发展工程”、文旅消费提质增效和经济社会高质量发展，取得显著成效。数据显示，2022 年，全省各级工会组织近 30 万名职工群众（含家属），参与疗休养活动，辐射带动文旅消费超过 5 亿元。今年，省、市两级工会将继续投入 4000 多万元开展技术工人和先进职工疗休养活动。截至今年 6 月底，已有 8.7 万名职工和家属参与。

为不断满足广大职工对高质量疗休养的新期盼，近日，省总举办首次技术工人和先进职工疗休养工作经验交流活动，记者采访了疗休养活动开展较好的地市工会、基层企事业单位工会和接待能力较好的疗休养基地代表，提供可复制的工作经验，进一步推动技术工人和先进职工疗休养工作。

地市工会：整合优质资源 扩大受益群体

做优职工疗休养，还要整合优质资源，扩大疗休养活动的覆盖面和受益面。深圳市总工会以疗休养工作为切入点，探索建立职工疗休养推动乡村振兴工作机制，在新疆、西藏、江西等对口帮扶协作地区认定挂牌“深圳市技术工人疗休养基地”22家，广泛动员基层单位组织职工赴对口帮扶地区开展疗休养。

“我们强化地区联动，与江西吉安、陕西汉中等对口合作地区把加强疗休养项目合作列入工作要点；强化部门联动，联合文旅等六部门发出倡议鼓励旅行社承办疗休养活动，帮助企业纾困发展。”东莞市总工会副主席何志雄介绍，在“全市工会上下联动、省内外地区联动、跨部门多企业政企联动”三位联动体系下，东莞有效促进疗休养服务向更多地区、更多行业、更多职工覆盖。

中山工会向上级工会争取，把技术工人的范围拓展到专业技术人员和技能人员。同时还包括市级及以上劳模（含五一劳动奖章获得者）、各级工匠人才、各级劳动竞赛或职业技能竞赛获奖者，专精特新、单项冠军、国家小巨人企业优秀职工等。通过基层工会推荐、镇街总工会遴选、市总工会把关，确保疗休养对象的先进性、代表性。

企业工会：突出服务意识 推进全员疗休养

一张一弛，文武之道。工会推出职工疗休养活动，就是要让一线职工在紧张的劳动之外，拥有一个休息调整的机会。广州发展集团作为广州市属国有控股上市的综合能源企业集团，业务涉及燃煤燃气及新能源发电、城市燃气、危化品物流仓储、能源金融等，职工队伍有6000多人，其中苦、脏、累、险、高温等基层一线岗位员工占比较高。该集团从2018年开始，按照相关规定，使用企业职工福利费组织开展全员省内三天两晚疗休养，5年来投入经费近4000万元。

凡事预则立，不预则废。广船国际有限公司工会按每年初的工作计划，根据公司经营生产的实际情况合理安排疗休养活动，确保员工参加疗休养与生产工作两不误。活动开展前，公司工会制订具体活动方案，明确负责人、活动时间、对象、人数、地点、费用预算等内容及制定相应安全措施。每 2 年为 1 个疗休养周期，每年启动时按当期公司员工总人数 50% 的比例组织实施。疗休养期内“凡参加工作满 1 年的公司在岗员工”均可参加；同一个疗休养期内可另行组织一次“历年荣获市级及以上的劳动模范”和疗休养期内评为“十杰”的员工疗休养。2023 年预计投入 340 万元，服务职工 5334 人。

广东省南丰强制隔离戒毒所工会做强疗休养、教育培训和全民健身项目，坚持疗休养与教育培训结合，拓深疗休养工作内涵外延。比如，今年的疗休养走出基地开展红色教育，加入党的二十大精神宣讲、民法典解读等内容，取得了良好效果。

疗休养基地：立足资源禀赋　打造疗养品牌

广东劳模疗休养基地创新文旅产品，以红色教育为引领，制订“疗休”并重、“医养”结合的活动方案，安排中医体质辨证、健康理疗和中药热敷、特色温泉水疗、无边际泳池、海上观光、海洋探索、电影欣赏等一系列有益身心的活动，打造一场有收获、有特色的山海惠州疗休养之旅。

韶关丹霞丰源温泉酒店构建以“绿色”为底色的疗休养主题，将恩村、上寨村、石塘村等古村落纳入疗休养行程，融入客家山歌、篝火晚会、竹竿舞蹈、制茶工艺等传统文化项目，丰富职工文体活动；创制以本地农副产品为原料的疗休养“菜单”，融入粤湘赣口味，菜品丰富，绿色环保，保障职工饮食健康；利用独有的“硫黄+苏打”双温泉优势，打造满足职工不同需求的温泉康养特色主题区，帮助职工放松身体、愉悦心情。

龙门地派温泉度假村疗休养基地成立疗休养团队接待专班，制定工会系统特色疗休养线路，通过多活动、多互动、多吸氧、低强度的特色服务，为疗休养职工调理身心。（南方工报全媒体记者　王艳）

【案例2】

鄂尔多斯市总工会“四个强化” 服务新就业形态劳动者

2022年6月20日 来源：中工网

今年以来，内蒙古鄂尔多斯市总工会按照自治区总工会关于新就业形态劳动者工会工作的要求，通过“四个强化”服务聚焦新就业形态劳动者，最大力度推进工会组织覆盖、工作覆盖和服务覆盖，最大限度将新就业形态劳动者吸引到工会中来，最大限度将党和政府的温暖送到职工心中。

一、强化思想政治引领

将提高新就业形态劳动者思想觉悟和自身素质，做好思想引领和凝心聚力作为重要任务，广泛宣传党关心关爱新就业形态劳动者群体的政策举措，在开展“中国梦、劳动美”“永远跟党走、奋进新征程”“劳动创造幸福”等工会主题宣传教育活动及进基层理论宣讲工作中，重点覆盖新就业形态劳动者群体，在职工文化赋能上重点向新就业形态劳动者倾斜，大力选树新业态、新就业群体先进典型，团结引领广大新就业形态劳动者坚定不移听党话、跟党走。针对新就业形态劳动者职业特点和需求，积极开展职业教育培训、岗位技能培训、职业技能竞赛、心理健康教育等活动，近期计划筹办全市快递行业职工职业技能竞赛，进一步激励广大新就业形态劳动者提升素质、建功立业。

二、强化工会组织覆盖

在往年开展“八大群体”建会入会取得阶段性成效的基础上，我市积极探索、勇于实践，通过“头部企业重点建、依托协会行业建、区域工会兜底建”等模式，全力推动全市新就业形态劳动者建会入会工作。指导全市各级工会组织以互联网平台企业、快递加盟企业、外卖配送代理商等关联企业为突破口，积极开展新就业形态劳动者建会入会工作。4月19日，举办全市“揭榜领题”新就业形态劳动者集中入会仪式，推动顺丰快递、美团、网约车司机、网络平台直播员等170余名职工代表集中加入工会组织。全市各旗区总工会共开展集中入会行动9次，入会会员622人，集中慰问10次，慰问职工1306人。截至目前，全市已成立市中小微企业工联会、快递行业工联会，建立以新就业形态劳动者为主体的工会组织154个，发展会员9119人。

三、强化职工权益维护

在新就业形态劳动者集中的头部企业建立协商协调机制，加强集体协商专职指导员队伍建设，提升集体协商实效。4月份，市总工会积极对接南方发达地区工会，最终选取深圳市总工会联合开展集体协商指导员“一对一”结对指导活动。5月份，市总工会对东胜区、康巴什区、伊旗等中心城区范围内的外卖、快递、网络平台直播员、网约车等行业就业者就劳动定额、工作时间、劳动保护等问题进行走访调研，展开平台企业集体协商专项行动；组织开展“劳动筑梦、法治相随”新业态、新就业群体公益法律服务专项行动，将新业态重点平台企业纳入工会劳动用工“法律体检”范围，排查企业用工法律风险，督促企业依法规范用工，教育引导劳动者依法规范自身行为。引导有条件的平台企业建立职代会制度，实行厂务公开。结合“尊法守法、携手筑梦”法治服务农牧民工公益行动、全市职工法律知识竞赛、宪法宣传周、进企业“法治体检”等活动，重点宣传《宪法》《工会法》《内蒙古自治区工会劳动法律监督条例》《保障农民工工资支付条例》等涉及职工切身利益的法律法规，不断夯实全民守法基础。

四、强化精准精细服务

今年，市总工会携手70家大中小型各类企业在鄂尔多斯手机直播平台开展为期4天“春风送温暖　就业送真情”2022年“直播带岗”网络招聘会，结合新就业形态劳动者的就业创业需求，集中为有就业意愿的农村劳动者、农牧民工、就业困难人员、零就业家庭成员及高校毕业生等新就业群体提供近千个工作岗位的就业服务。4月份，市总工会深入开展“工会进万家、新就业形态劳动者温暖行动”服务月活动，以“六送”为重点，累计走访慰问新就业形态劳动者3370人，免费健康体检新就业形态劳动者60人；建成服务新就业形态劳动者等重点群体的工会户外劳动者服务站点28个，服务职工9000人次。

今后，市总工会将始终把推进新就业形态劳动者党建带工建作为一项重大任务，结合维护劳动领域政治安全工作，进一步加强组织领导，用好政府与工会联席会议、产改联席会议等机制，加强与相关行政部门、行业协会、平台企业、从业者的统筹协调，聚焦重点行业、重点领域，加大创新和探索实践力度，破解制度性、政策性难题，推动经费、力量、阵地等资源向基层延伸倾斜，最大限度地将新就业形态劳动者吸纳到工会中来，真正让这部分职工感受温暖、享受服务、接受管理。（据鄂尔多斯市总工会微信公众号消息 王彩霞 张娜）

第十一章

工会女职工工作

广大女职工肩负着光荣而神圣的使命，发挥着不可替代的主力军作用。工会女职工组织要认真履职、积极作为，坚定不移走中国特色社会主义工会发展道路，坚决贯彻男女平等基本国策，主动、依法、科学维护女职工合法权益和特殊利益，团结动员广大女职工在建设中国特色社会主义的伟大事业中真正发挥“半边天”作用。

第一节 工会女职工工作概述

一、工会女职工组织的性质

工会女职工组织是在同级工会委员会领导下和上一级工会女职工委员会指导下、依法代表和维护女职工合法权益和特殊利益的具有民主性、代表性的组织。其性质主要体现在以下几方面。

（1）工会女职工组织是工会内部的组织。女职工委员会是同级工会委员会领导下的，以性别为界的职工组织。一般是指以群体劳动方式从事一定经济和社会活动并以工资形式取得个人收入的女性。在企业、机关、事业单位、社会组织中工作，并由其支付工资的各类女性工作者，都属于女职工范畴。女职工委员会不是独立于工会之外的“第二工会”，也有别于妇联。它是在工会的统一领导下的女会员的组织。其职能、任务、工作方针的确立是以工会的职能、任务和工作方针为依据。无论在什么时期，女职工委员会组织的活动和工作必须围绕工人运动的基本活动和工作，结合女职工的特点来进行。

（2）工会女职工组织具有代表性。女职工委员会与其他妇女群众团体不同，她的组成对象是清一色的工人阶级队伍中的女性成员。女职工委员会是女职工利益的代表者。有权代表女职工参加国家事务的管理和企事业的民主管理；有权代表女职工参与涉及女职工利益的法律、法规、政策的制定，并代表女职工监督实施。

（3）工会女职工组织具有民主性。民主性主要体现在两个方面：一方面女职工委员会的主要负责人是经过民主协商或民主选举而产生的；另一方面，从方式上来看，女职工委员会主要采取民主的方式根据女职工的意愿开展工作。

（4）工会女职工组织是代表和维护女职工合法权益和特殊利益的组

织。作为女职工权益的代表者，当女职工在政治、经济、文化、社会、家庭等方面的合法权益受到侵害时，女职工组织应同一切歧视、虐待、侮辱、迫害女职工的行为做斗争，成为女职工的“娘家”。

二、工会女职工工作的特点

工会女职工工作作为工会工作中不可分割的一个重要组成部分，它体现着工会工作的一般规律。但工会女职工工作由于各方面因素的影响，与工会的其他方面工作相比，其个性尤其鲜明，充分体现其工作上的特点。

（1）女职工工作的特殊性。女职工工作的特殊性是由其自身条件——女职工生理上、心理上的特点及其特殊要求而决定的。工会作为职工群众的组织，除了反映和解决男女职工的共同要求外，还必须专门关心和研究女职工的特点和特殊要求，帮助她们解决一些认识和实际问题，从而调动她们的积极性、主动性、创造性。因此，工会女职工组织要精心研究女职工的特点，不断总结女职工工作的规律。工会的女职工工作是其他业务部门难以替代的，不是可有可无，不是无足轻重，更不能取而代之。

（2）女职工工作的综合性。女职工工作的综合性是由对女职工需要做多方面的工作的性质所决定的，它包括3方面的含义：一是凡有女职工的地方，都有女职工工作；二是女职工工作不能孤立地进行，要善于协调社会各个方面的力量共同开展工作；三是各级工会职能部门，要配合支持协助女职工工作部门做好女职工工作。

（3）女职工工作的相对独立性。女职工工作的特殊性、综合性决定了它的相对独立性。独立性，是指工会要建立女职工委员会，依法独立负责地进行工作；相对独立，是指女职工委员会要在工会委员会的领导下开展工作。这样，才能更好地表达和维护女职工的合法权益和特殊利益，并保护工人运动的整体性和统一性。

以上3个特点是工会女职工工作的一般规律。在不同的历史时期，女职工工作又要体现时代特征。工会女职工组织要不断适应形势发展的变化，与时俱进地做好女职工工作。

三、工会女职工工作的重要意义

(1) 女职工是工人阶级队伍重要的组成部分，是中国共产党的阶级基础和群众基础，是先进生产力和生产关系的代表，是维护安定团结的强大社会力量。做好女职工工作，对于增强党的阶级基础、扩大党的群众基础，巩固党的执政地位有着非常重要的意义。

(2) 在全面建成社会主义现代化强国、实现中华民族伟大复兴的中国梦的历史进程中，女职工的作用不可替代。全面建成社会主义现代化强国、实现中华民族伟大复兴的中国梦，需要广大女职工充分发挥“半边天”的作用。女职工还是社会良好风尚和精神文明建设的积极参与者和实践者，在树立良好的职业道德，营造健康和谐的家庭美德的方面发挥自己独特优势。

(3) 女职工工作是工会工作的一项重要内容，也是党的群众工作的重要组成部分。女职工是工人阶级的重要组成部分，工会女职工组织是女职工合法权益和特殊利益的代表者和维护者，最大限度地把女职工组织到工会中来，依法维护女职工合法权益和特殊利益，竭诚为女职工服务，有利于更好地调动女职工的积极性、主动性和创造性，对于促进经济社会高质量发展具有十分重要的意义。

四、工会女职工工作的基本原则

工会女职工工作应当遵循以下原则。

(1) 坚持党的领导。切实把党的意志和主张贯彻到工会女职工工作的全过程、各方面，牢牢把握工会女职工工作正确政治方向。

(2) 坚持服务大局。立足新发展阶段，贯彻新发展理念，构建新发展格局，使女职工充分发挥“半边天”作用。

(3) 坚持需求导向。坚持以职工为本，适应职工队伍深刻变化和劳动关系深刻调整，聚焦广大女职工急难愁盼问题，增强维权服务工作的针对性和实效性。

（4）坚持大抓基层。树立落实到基层、落实靠基层理念，加强基层工会女职工组织建设，强化上级工会与基层工会女职工组织的联系和工作指导，使基层工会女职工组织建起来、转起来、活起来。

（5）坚持改革创新。紧紧围绕保持和增强政治性、先进性、群众性，着力健全推动工会女职工工作创新发展的制度机制，激发工会女职工组织的内生动力。

（6）坚持系统观念。加强统筹谋划，广泛汇聚资源，强化保障落实，努力构建全会重视、上下联动、各方支持、合力推进的工会女职工工作格局。

第二节　工会女职工组织建设

一、工会女职工组织机构

工会女职工组织机构大致可以分为全国性机构、地方性机构、产业性机构和基层组织。全国性机构为中华全国总工会女职工委员会，女职工部为常设工作机构。全国总工会女职工委员会是各地方工会女职工委员会和全国各产业工会女职工委员会的领导机关。地方性机构为地方各级工会女职工委员会。地方工会女职工委员会是所属基层或产业工会女职工组织的领导机关。地方工会女职工委员会的日常工作机构是地方总工会的女职工部。产业性机构为产业工会女职工委员会。除若干特殊产业外，各地方产业工会女职工委员会以地方工会女职工委员会领导为主，同时接受上级产业工会女职工委员会指导。产业工会特别是女职工集中的产业工会，可以根据需要设立女职工部作为工作机构。女职工基层组织为企业、事业单位、机关、社会组织的工会女职工委员会。

二、工会女职工委员会的组织制度

（1）女职工委员会应与工会委员会同时建立。各级工会建立女职工委员会。女职工委员会与工会委员会同时建立。企业、事业单位、机关、社会组织等基层工会委员会有女会员 10 人以上的建立女职工委员会，不足 10 人的设女职工委员。基层工会女职工委员会主任、副主任与工会委员会同时报上级工会审批。

（2）省、自治区、直辖市、地（市、州）总工会女职工委员会，实行垂直领导的产业工会女职工委员会，大型企业、事业单位、机关和其他社会组织等工会女职工委员会应设立办公室（女职工部），负责女职工委员会的日常工作；县级、乡镇（街道）、村（社区）工会和中、小企事业单位、机关等工会女职工委员会根据工作需要设专职或兼职工作人员，也可以设立办公室（女职工部）。

（3）女职工委员会委员由同级工会委员会提名，在充分协商的基础上产生，也可召开女职工大会或女职工代表大会选举产生。注重提高女劳动模范、一线女职工和基层工会女职工工作者在工会女职工委员会委员中的比例。县以上工会女职工委员会根据工作需要可聘请顾问若干人。

（4）县和县以上工会女职工委员会常务委员会由主任 1 人、副主任若干人、常委若干人组成。

（5）在工会代表大会、职工代表大会、教职工代表大会中，女职工代表的比例应与女职工占职工总数的比例相适应。

（6）工会女职工委员会是县或县以上妇联的团体会员，通过县以上地方工会接受妇联的业务指导。

三、工会女职工组织的建设

（一）工会女职工委员会的组建程序

1. 工会组建女职工委员会时，由工会筹备组或工会委员会以书面形式向上级工会和同级党组织提出组建女职工委员会的请示报告。内容包括：

单位性质、女职工状况、筹建准备情况等。上级工会女职工委员会应对筹建准备工作给予指导。

2. 经上级工会女职工委员会同意后，工会筹备组或基层工会委员会组织召开女职工代表大会选举新一届女职工委员会。

3. 选举结束后，工会委员会应将新一届女职工委员会的选举结果以书面形式报上级工会和女职工委员会。

4. 选举产生的女职工委员会经上级工会委员会批准后，应在女职工代表大会上予以宣布。

（二）工会女职工组织建设的重点

1. 要最大限度地把女职工组织到工会女职工组织中来，坚持哪里有工会，哪里就要建立工会女职工组织的原则。

2. 坚持以工会组织建设带动工会女职工组织建设的原则。在组建工会的同时建立女职工委员会，并配备好相应的专、兼职干部，落实好干部待遇。

3. 在基层组织建设中，不同企业应有不同的侧重点。公有制企业组织建设的重点是巩固组织基础，激发组织活力，使之更好地发挥作用；改制企业组织建设的重点是在重组工会的同时，同步建立健全工会女职工组织；党政机关、科教文卫系统组织建设工作的重点是进一步扩大覆盖面。当前，基层工会女职工组织体系要覆盖的重点领域是新经济组织，重点是把新经济组织中的女职工组织到工会中来。

四、工会女职工干部队伍建设

（一）工会女职工干部配备

女职工委员会主任由同级工会女主席或女副主席担任，也可经民主协商，按照相应条件配备，享受同级工会副主席待遇。女职工委员会主任应提名为同级工会委员会或常务委员会委员候选人。

女职工200人以上的企业、事业单位工会女职工委员会，应配备专职女职工工作干部。

（二）女职工委员会的任期

女职工委员会委员任期与同级工会委员会委员任期相同。在任期内，由于委员的工作变动等原因需要调整时，由工会女职工委员会提出相应的替补、增补人选，经同级工会委员会审议通过予以替补、增补，并报上级工会女职工委员会备案。

（三）工会女职工干部的素质要求

工会女职工干部既是广大职工活动的组织者和领导者，又是一个社会工作者，是女职工队伍的中坚力量。工会女职工干部自身素质的高低，是工会女职工组织能否有效发挥作用的关键。《工会女职工委员会工作条例》规定："各级工会女职工委员会要按照革命化、年轻化、知识化、专业化的要求和德才兼备、以德为先、任人唯贤的原则，努力建设一支政治坚定、业务扎实、作风过硬、廉洁自律、热爱女职工工作，深受女职工信赖的干部队伍。"具体来说，新时代工会女职工干部应当具备以下基本素质。

1. 具有较高的政治思想素质。首先，工会女职工干部必须具有坚定的共产主义政治信仰，坚持自觉接受党的领导，以习近平新时代中国特色社会主义思想武装头脑，增强"四个意识"、坚定"四个自信"、做到"两个维护"，始终在思想上政治上行动上同以习近平同志为核心的党中央保持高度一致。其次，具有对女职工高度负责、全心全意为女职工服务的思想觉悟，这是赢得女职工信任和拥护的关键。再次，要有与时俱进、开拓创新、不畏艰苦的工作精神。最后，要具有遵纪守法、坚持原则、严于律己、宽以待人的人格魅力，使自己成为女职工值得信赖和尊敬的人。

2. 拥有广博的知识和较强的政策水平。工会女职工工作处于不断发展的社会环境中，面对开放的服务对象，要求工会女职工干部素质不断提高，工作内容、工作方式和工作质量不断改进。在工作的深度和广度上，必须在传统的女职工工作基础上向规范化、科学化方向发展。与此相关，要求工会女职工干部，必须具有相关的业务专长，除了了解和掌握工会女职工工作业务知识外，还要不断地学习哲学、教育学、心理学、社会学、伦理学和美学等一些基本常识，学习法律法规政策等，更好地维护女职工的合法权益和特殊利益。

3. 具备强烈的责任感和执着的事业心。工会女职工干部把做好女职工工作当作一项政治任务来抓，要把提高女职工觉悟、促进社会经济发展、维护女职工合法权益、竭诚为女职工服务、保护男女平等等各项具体工作真正当作一项为之奋斗的事业来干，具有执着追求精神、吃苦奉献精神和爱岗敬业精神。

4. 具有统筹全局的组织协调能力。一是坚定的执行力；二是团结群众的能力；三是综合协调能力。

5. 熟悉工会和女职工工作业务。工会女职工干部要想在工作中有所作为，除了具备良好的敬业精神外，还必须熟悉工会基本理论、业务知识和女职工工作主要内容、方法，掌握工会女职工工作规律。要通过认真学习，深入基层，调查研究，掌握本领，造就一支政治坚定、业务精通、善于代表和维护女职工合法权益的工会女职工领导人才队伍。

（四）产生程序

女职工委员会委员由同级工会委员会提名，在充分协商的基础上产生，也可召开女职工大会或女职工代表大会选举产生。县以上工会女职工委员会根据工作需要可聘请顾问若干人。

基层工会女职工委员会主任、副主任与工会委员会同时报上级工会审批。

五、工会女职工委员会的工作制度

（1）女职工委员会实行民主集中制。凡属重大问题，要广泛听取女职工意见，由委员会或常务委员会进行充分的民主讨论后作出决定。

（2）女职工委员会根据工作需要制定有关制度，每年召开 1 至 2 次常务委员会和委员会会议，也可临时召开会议。

（3）工会女职工委员会要定期向同级工会委员会和上级工会女职工委员会报告工作。

（4）县以上各级工会女职工委员会要把工作重心放在基层，增强基层女职工组织的活力，为广大女职工服务。

工会女职工组织机构健全，工作制度规范。建立向同级工会委员会和上级工会女职工委员会报告工作制度；建立本级工会女职工委员会例会制度；建立工作目标管理制度，工作有计划、有总结、有考核；建立工作档案动态管理制度，及时了解、掌握女职工工作相关情况；建立教育培训制度，对女职工工作干部定期开展培训。

第三节 工会女职工组织的基本任务

根据《工会女职工委员会工作条例》《中华全国总工会关于加强新时代工会女职工工作的意见》规定，工会女职工委员会的基本任务如下。

一、加强对女职工思想政治引领

坚持用习近平新时代中国特色社会主义思想武装女职工，不断增进广大女职工对新时代党的创新理论的政治认同、思想认同、情感认同。强化理想信念教育，深化中国特色社会主义和中国梦宣传教育，引导女职工坚定不移听党话、跟党走。大力弘扬劳模精神、劳动精神、工匠精神，组织开展巾帼劳模工匠论坛、宣讲等活动，进一步发挥先进典型示范引领作用。加强新时代家庭家教家风建设，倡导开展“培育好家风——女职工在行动”主题实践活动，推动社会主义核心价值观在家庭落地生根。

二、深化提升素质建功立业工程

贯彻落实产业工人队伍建设改革各项部署，充分发挥技能强国——全国产业工人学习社区、工匠学院等阵地作用，落实科技创新巾帼行动，加强女职工数字技能培训，培育女职工创新工作室，助力女职工成长成才。

引导女职工积极参与“建功‘十四五’、奋进新征程”主题劳动和技能竞赛，广泛深入持久开展具有女职工特色的区域性、行业性劳动和技能竞赛，推动竞赛向新产业新业态新组织拓展。

三、维护女职工的合法权益和特殊利益

《工会女职工委员会工作条例》规定，工会女职工委员会“依法维护女职工在政治、经济、文化、社会和家庭等方面的合法权益和特殊利益，同一切歧视、虐待、摧残、迫害女职工的行为作斗争”。

（一）维护女职工的合法权益

女职工的合法权益是指女职工除享受《宪法》及其他法律规定的公民、职工应当享有的同等权益外，还享有国家对妇女和女职工规定的合法权益。

1. 维护女职工的政治权益

积极参与女职工合法权益和特殊利益相关的法律法规和政策的研究制定，代表女职工参政议政。组织女职工参与国家事务和企业、事业单位的民主管理。坚持在使用和提拔干部上男女平等，在女职工较多的行业和部门配备一定数量的女领导干部，选拔和培养女干部等。

2. 维护女职工的文化教育权益

依据有关法律法规的规定，为女职工提供较多的学习培训机会，为女职工提高文化技术素质创造条件，全面提高女职工的整体素质。

3. 维护女职工的劳动权益

维护女职工的劳动经济权利，配合和监督企业做好保障女职工就业、工资、社会保险等各项权益的实施和落实。

4. 维护女职工的财产和婚姻家庭权益

教育和帮助女职工学习和掌握法律知识，维护自己在家庭和婚姻中的合法权益，发挥女职工在家庭文明建设中的重要作用。

5. 维护女职工的人身权益

通过积极参与侵害女职工生命健康权、人身自由权、名誉权、肖像

权、隐私权、荣誉权、人格尊严权等人身权利案件的调查处理，配合、督促有关行政、司法部门严格处理有关女职工的侵权案件，及时了解女职工的呼声，帮助解决女职工所遇到的困难，使女职工的各项人身权益得到切实保障。

（二）维护女职工的特殊利益

女职工的特殊利益是指女职工除享受国家规定的妇女应享有的合法权益外，还享有国家针对女职工生理、心理特点而制定的特殊利益保护措施。

第一，女职工有与男职工不同的特殊生理特征，因此女职工在劳动中需要特殊保护。一方面，男女两性在生理上的差别，决定了女职工不宜从事特别繁重的体力劳动；另一方面，女性生理机能决定了女职工有经期、孕期、产期、哺乳期（简称“四期”）的生理变化，在此期间需要进行特殊保护。

第二，由于女职工扮演双重社会角色，家务劳动和社会劳动一肩挑，使女职工的精力和体力承受特殊压力。

第三，现实生活中还存在性别歧视现象，女职工权益被侵害的现象还时有发生。女职工的这种特殊性，决定了女职工有特殊利益和特殊要求。

（三）工会女职工组织维护女职工合法权益和特殊利益的有效机制

《工会女职工委员会工作条例》规定，工会女职工委员会参与有关保护女职工权益的法律、法规、规章、政策的制定和完善，监督、协助有关部门贯彻实施。代表和组织女职工依法依规参加本单位的民主管理和民主监督。参与平等协商、签订集体合同和女职工权益保护等专项集体合同工作，并参与监督执行。指导和帮助女职工与用人单位签订并履行劳动合同。参与涉及女职工特殊利益的劳动关系协调和劳动争议调解，及时反映侵害女职工权益问题，督促和参与侵权案件的调查处理。做好对女职工的关爱服务，加强对困难女职工的帮扶救助。

四、提升女职工生活品质

落实国家生育政策及配套支持措施，支持有条件的用人单位为职工提供托育服务，推动将托育服务纳入职工之家建设和企业提升职工生活品质试点工作，推进工会爱心托管服务，加强女职工休息哺乳室建设，做好职工子女关爱服务，创建家庭友好型工作场所。高度关注女职工劳动保护和身心健康，加大女职工劳动安全卫生知识教育培训力度，推动特定行业、企业等开展女职工职业病检查；扩大宫颈癌、乳腺癌筛查受益人群和覆盖范围，加强女职工人文关怀和心理疏导工作。深化工会婚恋交友服务，教育引导职工树立正确婚恋观，开展更加符合职工需求及特点的婚恋交友活动。

五、开展家庭文明建设工作

开展家庭文明建设工作，围绕尊老爱幼、男女平等、夫妻和睦、勤俭持家、邻里团结等内容，充分发挥女职工在弘扬中华民族家庭美德、树立良好家风方面的独特作用。

六、营造有利于女职工全面发展的社会环境

工会女职工委员会推动营造有利于女职工全面发展的社会环境，发现、培养、宣传和推荐优秀女性人才，组织开展女职工先进集体和个人表彰或表扬，规范完善“五一巾帼奖”评选管理工作；在全国五一劳动奖章等评选表彰中重视并保障女职工比例。

七、会同工会有关部门和社会有关方面共同做好女职工工作

工会女职工委员会会同工会有关部门和社会有关方面共同做好女职工工作。在有关方面研究决定涉及女职工利益问题时，积极提出意见建议。

第四节 女职工工作的方法

一、女职工工作的基本方法

群众路线的方法是女职工工作的基本方法。群众路线的方法包含了两个方面：一是一切为了群众，一切依靠群众；二是从群众中来，到群众中去。这两个方面紧密相连，不可分割。女职工干部在掌握和运用群众路线的工作方法时，关键是要做到尊重职工，信任职工，服务于职工，全心全意依靠职工群众。

（1）尊重、信任、服务于女职工。广大的女职工在遇到困难时，对女职工干部充满了热切的期盼，希望女职工干部为她们说话办事，排忧解难。因此在女职工工作中要把女职工放在第一位。

（2）依靠广大女会员和积极分子做好女职工工作。女职工工作是群众工作，面广、内容多、情况复杂，仅仅依靠少数的专职女职工干部难以完成，必须依靠广大积极分子来一起做。在工作中不仅要给积极分子压担子，而且要教工作方法，提高她们的工作能力。要关心她们的工作、学习和生活，工作有成绩要表扬和鼓励，生活有困难要支持和帮助，把她们紧紧团结在工会的周围，发挥她们的积极性，创造性。

二、女职工工作的具体方法

（1）调查研究的方法。深入实际，调查研究，我们才能了解女职工的愿望和要求，掌握女职工的思想脉搏，才能了解女职工工作的薄弱环节，工作中的不足，开展女职工工作才能更具有针对性。

（2）协调关系的方法。在女职工工作中，面临着组织内外、上下等各种复杂的关系，只有协调好各种关系，才能提高女职工工作的效率。在目前女职工工作主要是对内协调调动好工会各个部门的关系和力量，对外要主动协调好与妇联、劳动、教育、卫生、政法等部门的关系，取得有关部门的支持，共同做好女职工工作。

（3）以身作则的方法。作为女职工干部，只有不断提高自身的素质、提高工作能力，在工作中严格要求自己、以身作则，才能获得女职工的信任和支持。

（4）典型引路的方法。基层女职工干部要善于发现、总结和宣传各种先进人物的先进事迹和典型经验，用先进典型的事迹来引导女职工自觉投身于全面建成社会主义现代化强国的伟大实践中。

三、女职工工作方法的创新

（1）工作手段创新，开展女职工工作要充分运用先进的通信工具，如网络、电话等提高工作效率。

（2）程序创新，做好女职工工作要尽量避免形式化、复杂化的工作程序，工作程序要精简，高效，从实际出发。

（3）载体创新，女职工活动要坚持结合单位生产经营，开展一些主题鲜明，形式多样，内容丰富，思想健康，喜闻乐见的活动，活动形式的选择要新颖，有时代感。

思考题：

1. 工会女职工工作有哪些特点？
2. 工会女职工工作的重要意义是什么？
3. 工会女职工工作应当遵循的基本原则是什么？
4. 工会女职工委员会如何建立？
5. 简述工会女职工委员会的基本任务。
6. 如何维护女职工的合法权益和特殊利益？
7. 女职工工作的基本方法有哪些？

【案例1】

贵州工会落实“她服务”　情暖“半边天”

2023年3月20日　来源：中工网

2022年，全省工会女职工组织积极回应女职工新需求新期盼，通过不断拓展工会爱心托管服务、开展公益性“两癌”筛查等，持续提升女职工获得感、幸福感、安全感。仅去年，全省工会自行或联合其他部门投入资金1449万元，为12.85万名女职工开展“两癌”筛查。

在权益保护方面，以《贵州省女职工劳动保护特别规定》（以下简称《特别规定》）正式颁布实施为契机，组织编写《贵州省女职工维权微手册》《特别规定释义》，制作发布《特别规定》动画宣传视频，开展《特别规定》网上知识竞答活动、“情系女职工　法在你身边”知识竞赛，普及女职工劳动权益和特殊利益等相关法律知识。活动期间，开展集中维权普法宣传和培训230余场次，发布维权宣传资料近8万份，19.5万余人次参与活动，帮助5000余名女性劳动者解决现实问题，为3357名女职工提供义诊等健康体检活动。

在关爱服务方面，组织开展女职工素质提升培训活动，全省5万余名女职工参与；继续深入开展“护工就业行动”技能培训，举办培训班29期培训1483人，近千人实现就业，开辟了女职工和女务工人员创业就业“快车道”；筹集发放慰问资金730多万元，慰问幼儿园、学校980所，儿童9.7万人；投入资金374余万元新建“工会爱心之家”55个；不断探索工会爱心托管服务，创建家庭友好型工作场所，对申报的23家“工会爱心托管班”进行评审，优选12家共补助资金12万元；持续推进“母婴温馨小屋”建设，从全省申报的120个“母婴温馨小屋”中择优评选出省级小屋86个，投入补助资金25.8万元。

在做优品牌方面，主动适应单身青年职工群体多元化需求，提升“爱在工会·缘来是你”婚恋交友服务品牌质量，开展单身青年职工婚恋交友状况专题调研，形成综合成果上报全总；开展单身职工现场交友联谊活动128场（次），举办集体婚礼1场，参与职工近万人；扩大“两癌”筛查覆盖面，推动用人单位组织女职工体检，提供重点面向困难企业女职工、新就业形态女性劳动者等群体的公益性“两癌”筛查服务，12.85万女职工受益。

同时，推动形成女职工普惠服务新格局，充分利用“贵州工会云”平台，定期发布女职工身心健康、科学育儿等资讯内容，目前已发布母婴小屋建设信息200余条，知识图文近300条，小屋地图标识300余个。在“专家课程”栏目发布16期，板块浏览量达3万人次，为广大女职工普及健康知识提供更为方便快捷的服务。

下一步，全省工会女职工组织将继续延伸触角，在开展“六一”儿童节慰问、做好女职工健康关爱、深化职工子女爱心托育托管服务、加强“母婴温馨小屋”等女职工休息哺乳室建设、解决广大单身职工婚恋交友问题等多个方面下功夫，让女职工有更多的获得感幸福感安全感。（劳动时报全媒体记者 程瑞林）

【案例2】

牡丹江市总工会努力构建女职工维权服务新屏障

2023年3月21日 来源：中工网

邀请“五师一室”志愿者围绕女职工劳动纠纷维权、《民法典》婚姻编、女职工心理健康疏导和女职工专项集体合同等重点内容开展线上集中宣讲，不断提升女职工的维权意识和法律素养；广泛发动全市女职工参与各类法律知识竞赛，取得以赛促学的良好效果；在企业，组织女职工开展形式多样的宣讲普法活动，营造广大女职工尊法学法守法用法的良好氛围；在户外，邀请法律援助志愿者为职工群众现场讲解女职工劳动保护、女职工权益保障等相关法律法规，努力扩大普法宣传面……

近年来，黑龙江省牡丹江市总工会女职工委员会深入学习宣传贯彻落实党的二十大精神，着力打造普法学习、志愿维权、心理关爱、集体协商等四位一体工作格局，以抓志愿服务队伍、建设维权长效机制为工作重点，凝聚合力，努力构建女职工维权服务新屏障。

在大力加强普法宣传，着力提高女职工维权意识上，以“情系女职工·法在您身边”“尊法守法·携手筑梦”为主题，坚持开展女职工维权月行动，着力提高女职工懂法、守法、用法意识。以每年3月为集中维权月，结合实际，整合资源，搭建平台，通过线上线下宣传专栏、专题讲座、巡讲培训、以案释法等形式，开展普法宣传活动。截至2022年年底，牡丹江市总工会共编辑印发10000册《学习〈黑龙江省女职工劳动保护条例〉应知应会口袋本》《职工维权手册》2000份，下发《黑龙江省女职工劳动保护条例》折页4000份，共组织开展专家解读1次，专题辅导讲座5场，学习交流座谈会10场，知识竞赛2场，进企业、车间、班组等一线宣传104次，覆盖女职工20000余人。

在着力建好三支队伍，加强女职工维权人才支撑上，针对女职工特点和需求，着力建好心理服务、专项集体合同签订和劳动维权调解员队伍，加强女职工维权人才智力支持。

将心理咨询师、家庭亲子阅读指导师、热心工会工作的女工干部纳入女职工心理健康志愿服务队伍。以“玫瑰书香·阅见美好”为主题，大力开展女职工阅读活动、征文活动、手办制作等，加强女职工的情绪疏导，建立和谐家庭关系。截至目前，共开展各类阅读分享活动20余场，印发《巾帼风采·情暖雪城》征文作品集500册，培育最美女职工阅读者50名，阅读组织20个。将心理健康辅导培训纳入职工疗休养日程，为8期劳模疗休养活动派出16名志愿者开展法律和心理健康知识讲座。

高度重视女职工权益保护专项集体合同工作，选聘专兼职集体协商指导员77人，建立微信学习交流群，每周进行一次学习讨论交流。2022年7月，以全市养老院护工护理员工作现状调查分析为基础，开展护理行业的女职工专项集体协商竞赛，来自全市养老院、家政培训机构等行业的10支队伍参加比赛，通过竞赛，加快锤炼一支高素质、善沟通、会协商、有担当的集体协商队伍。目前，牡丹江市（含各县区）已建工会组织的企业2317家，在职职工7万余人，其中，有2155家企业签订女职工权益保护专项集体合同，其中国有企业55家，非公企业1970家，家政、快递、保安等新就业形态领域行业130家，占应签单位总数的93%，覆盖女职工3万余人。

结合女职工劳动特点，以及家政、护工护理员、女性农民工等行业特点，持续招募女职工劳动调解员，新招募工会调解员83名，出台工会调解专家和调解员名册。共接受女职工委托办理法律援助案件25件，调解涉及女职工权益纠纷60件，为职工挽回劳动报酬等经济损失100余万元。

在建设联动协调机制，凝聚女职工维权服务合力上，坚持以女职工“五期”保护为重点，将心理咨询师、劳动调解员队伍陆续入驻全市爱心托管班、母婴爱心屋和爱心驿站，制作志愿服务联系卡，女职工在爱心屋或驿站休息期间，可通过联系卡联系志愿者，接受规范的咨询服务。目前，各志愿服务队伍全部入住女职工流动较多的政务服务大厅、客运站、机场、旅游服务中心等工会阵地33家，切实把女职工维权服务带到女职工身边。联合市人社局、市卫生健康委、市医保局，开展女职工产假等权益专项执法行动检查，通过查阅用人单位女职工保障、工资表（卫生费）、考勤表（孕期、哺乳期延长工作时间和夜班）、劳动合同、集体合同等资料，现场查看女职工卫生室、孕妇休息室、哺乳室等设施，以及召开女职工座谈等方式开展专项执法检查行动。共参加专项执法检查行动7次，共检查女职工较多的企业152家，涉及女职工3155人次，督促5家用人单位制定女职工劳动保护措施及相关制度，不断提高女职工维权服务实效，让牡丹江市广大女职工享受到实实在在的实惠。

撑起一片伞，保护半边天！牡丹江市总工会女职工委员会将继续切实维护女职工合法权益，激发女职工参与经济建设的积极性、主动性和创造性，在全面建设社会主义现代化牡丹江中巾帼建功。（据黑龙江省总工会微信公众号消息 韩琦）

第十二章

依法构建和谐劳动关系

构建和谐劳动关系，事关改革发展稳定大局。协调劳动关系、确保劳动关系和谐稳定，是各级工会的重要任务，工会组织要高度重视，主动作为，积极运用法治思维和法治方式构建和谐劳动关系。

第一节　劳动关系概述

一、劳动关系概念

劳动关系是指劳动者与用人单位在实现劳动过程中形成的社会经济关系。劳动关系是社会关系的重要组成部分，其发展状态是社会和谐的晴雨表、风向标。劳动关系的和谐是社会和谐、安定的重要基础，也是社会经济发展的重要条件。为了构建和谐劳动关系，中共中央、国务院 2015 年 3 月 21 日印发了《关于构建和谐劳动关系的意见》，系统阐述了构建中国特色和谐劳动关系的重大意义、指导思想、基本原则、目标任务和政策措施。

二、劳动关系的特点

（1）劳动关系的本质是劳动者将其所有的劳动力与用人单位的生产资料相结合。这种结合关系从用人单位的角度观察就是对劳动力的使用，将劳动者提供的劳动力作为一种生产要素纳入其生产过程。它是人们在运用劳动能力、作用于劳动对象、实现劳动过程中发生的。

（2）劳动关系具有自然关系和社会关系的双重属性。劳动关系不仅表现为单纯的劳动力的使用和被使用的关系，还包含着复杂的社会经济、政治、文化、道德等社会关系。

（3）劳动关系是一种平等性与隶属性兼有的社会关系。劳动者是劳动力的所有者，用人单位是劳动力的使用者，双方是平等的主体，可以平等地建立、变更、终止劳动关系。但劳动关系一旦形成，劳动关系的一方——劳动者，要成为另一方——所在用人单位的成员。用人单位作为劳动力使用者，要安排劳动者在组织内和生产资料结合，而劳动者则要通过运用自身的劳动能力，完成用人单位交给的各项生产任务，并遵守单位内部的规章制度。这种从属性的劳动组织关系具有很强的隶属性质，即成为一种隶属主体间的以指挥和服从为特征的管理关系。

（4）劳动关系是人身关系和财产关系相结合的社会关系。由于劳动者是以让渡劳动力使用权来换取生活资料，用人单位要向劳动者支付工资等物质待遇。就此意义而言，劳动关系是一种以劳动力交易为内容的财产关系。但是，由于劳动力的存在和支出与劳动者人身不可须臾分离，劳动者向用人单位提供劳动力，实际上就是劳动者将其人身在一定限度内交给用人单位，因而劳动关系就其本质意义上说又是一种人身关系。

（5）劳动关系是对抗性质与非对抗性质兼有的社会关系。劳动者与用人单位在利益目标上存在冲突，劳动者追求工资福利最大化，用人单位追求利润最大化，因而双方存在一定的对抗性。但是双方之间的利益也是一种相互依存的关系，双方的根本利益是一致的，双方只有加强合作，才能实现各自的利益，因而双方之间又是一种非对抗性的合作关系。

三、劳动关系的构成要素

1. 主体。指参加劳动法律关系享有权利承担义务的当事人，包括劳动者和用人单位。作为劳动关系主体的劳动者，外国人、无国籍人要成为我国劳动法律关系的主体必须符合我国《劳动法》关于劳动能力的规定。作为劳动关系主体的用人单位，主要指法人和非法人组织。

2. 客体。指劳动关系主体的权利义务共同指向的对象。主要包括物和行为。物是指能够满足人们生活需要，可以为人类所控制，具有一定经济价值的物质实体；行为，主要指劳动行为和劳动管理行为。

3. 内容。指劳动法律关系的主体依法享有的劳动权利和承担的劳动义务。

第二节　构建和谐劳动关系的重大意义、指导思想、工作原则和目标任务

一、重大意义

党的二十大报告指出："健全劳动法律法规，完善劳动关系协商协调机制，完善劳动者权益保障制度，加强灵活就业和新就业形态劳动者权益保障。"中共中央、国务院《关于构建和谐劳动关系的意见》明确指出：在新的历史条件下，努力构建中国特色和谐劳动关系，是加强和创新社会管理、保障和改善民生的重要内容，是建设社会主义和谐社会的重要基础，是经济持续健康发展的重要保证，是增强党的执政基础、巩固党的执政地位的必然要求。

二、指导思想

构建和谐劳动关系的指导思想是：以马克思列宁主义、毛泽东思想、邓小平理论、"三个代表"重要思想、科学发展观、习近平新时代中国特色社会主义思想为指导，贯彻落实党中央和国务院的决策部署，坚持促进企事业发展、维护职工权益，坚持正确处理改革发展稳定关系，推动中国特色和谐劳动关系的建设和发展，最大限度增加劳动关系和谐因素，最大限度减少不和谐因素，促进经济持续健康发展和社会和谐稳定，凝聚广大职工为全面建成社会主义现代化强国、实现中华民族伟大复兴的中国梦贡献力量。

三、工作原则

（1）坚持以人为本。把解决广大职工最关心、最直接、最现实的利益问

题，切实维护其根本权益，作为构建和谐劳动关系的根本出发点和落脚点。

（2）坚持依法构建。健全劳动保障法律法规，增强企事业依法用工意识，提高职工依法维权能力，加强劳动保障执法监督和劳动纠纷调处，依法处理劳动关系矛盾，把劳动关系的建立、运行、监督、调处的全过程纳入法治化轨道。

（3）坚持共建共享。统筹处理好促进企事业发展和维护职工权益的关系，调动劳动关系主体双方的积极性、主动性，推动企事业和职工协商共事、机制共建、效益共创、利益共享。

（4）坚持改革创新。从我国基本经济制度出发，统筹考虑公有制经济、非公有制经济和混合所有制经济的特点，不断探究和把握社会主义市场经济条件下劳动关系的规律性，积极稳妥推进具有中国特色的劳动关系工作理论、体制、制度、机制和方法创新。

四、目标任务

加强调整劳动关系的法律、体制、制度、机制和能力建设，加快健全党委领导、政府负责、社会协同、企事业和职工参与、法治保障的工作体制，加快形成源头治理、动态管理、应急处置相结合的工作机制，实现劳动用工更加规范，职工工资合理增长，劳动条件不断改善，职工安全健康得到切实保障，社会保险全面覆盖，人文关怀日益加强，有效预防和化解劳动关系矛盾，建立规范有序、公正合理、互利共赢、和谐稳定的劳动关系。

第三节　构建和谐劳动关系的基本要求

一、依法保障职工基本权益

要切实保障职工取得劳动报酬的权利。完善并落实工资支付规定，健全工资支付监控、工资保证金和欠薪应急周转金制度，探索建立欠薪保障金制度，落实清偿欠薪的施工总承包企业负责制，依法惩处拒不支付劳动报酬等违法犯罪行为，保障职工特别是农民工按时足额领到工资报酬。

要切实保障职工休息休假的权利。完善并落实国家关于职工工作时间、全国年节及纪念日假期、带薪年休假等规定，规范企事业单位实行特殊工时制度的审批管理，督促企业依法安排职工休息休假。企事业单位因生产经营需要安排职工延长工作时间的，应与工会和职工协商，并依法足额支付加班加点工资。加强劳动定额定员标准化工作，推动劳动定额定员国家标准、行业标准的制定修订，指导企事业单位制定实施科学合理的劳动定额定员标准，保障职工的休息权利。

要切实保障职工获得劳动安全卫生保护的权利。加强劳动安全卫生执法监督，督促企事业单位健全并落实劳动安全卫生责任制，严格执行国家劳动安全卫生保护标准，加大安全生产投入，强化安全生产和职业卫生教育培训，提供符合国家规定的劳动安全卫生条件和劳动保护用品，对从事有职业危害作业的职工按照国家规定进行上岗前、在岗期间和离岗时的职业健康检查，加强女职工和未成年工特殊劳动保护，最大限度地减少生产安全事故和职业病危害。

要切实保障职工享受社会保险和接受职业技能培训的权利。认真贯彻实施社会保险法，继续完善社会保险关系转移接续办法，努力实现社会保险全面覆盖，落实广大职工特别是农民工和劳务派遣工的社会保险权益。督促企业依法为职工缴纳各项社会保险费，鼓励有条件的企业按照法律法规和有关规定为职工建立补充保险。加强对职工的职业技能培训，鼓励职工参加学历教育和继续教育，提高职工文化知识水平和技能水平。

二、健全劳动关系协调机制

要全面实行劳动合同制度。贯彻落实好劳动合同法等法律法规，加强对企事业单位实行劳动合同制度的监督、指导和服务，在用工季节性强、职工流动性大的行业推广简易劳动合同示范文本，依法规范劳动合同订立、履行、变更、解除、终止等行为，切实提高劳动合同签订率和履行质量。

要推行集体协商和集体合同制度。以非公有制企业为重点对象，依法推进工资集体协商，不断扩大覆盖面、增强实效性，形成反映人力资源市场供求关系和企事业经济效益的工资决定机制和正常增长机制。完善工资指导线制度，加快建立统一规范的企事业薪酬调查和信息发布制度，为开展工资集体协商提供参考。推动企业与职工就工作条件、劳动定额、女职工特殊保护等开展集体协商，订立集体合同。加强集体协商代表能力建设，提高协商水平。加强对集体协商过程的指导，督促企事业和职工认真履行集体合同。

要健全协调劳动关系三方机制。完善协调劳动关系三方机制组织体系，建立健全由人力资源社会保障部门会同工会和企业联合会、工商业联合会等企业代表组织组成的三方机制，根据实际需要推动工业园区、乡镇（街道）和产业系统建立三方机制。加强和创新三方机制组织建设，建立健全协调劳动关系三方委员会，由同级政府领导担任委员会主任。完善三方机制职能，健全工作制度，充分发挥政府、工会和企业代表组织共同研究解决有关劳动关系重大问题的重要作用。

三、加强企事业单位民主管理制度建设

党的二十大报告指出："全心全意依靠工人阶级，健全以职工代表大会为基本形式的企事业单位民主管理制度，维护职工合法权益。"要健全企事业民主管理制度，完善以职工代表大会为基本形式的企业民主管理制度，丰富职工民主参与形式，畅通职工民主参与渠道，依法保障职工的知情权、参与权、表达权、监督权。推进企事业普遍建立职工代表大会，认真落实职工代表大会职权，充分发挥职工代表大会在企事业发展重大决策和涉及职工切身利益等重大事项上的重要作用。

要推进厂务公开制度化、规范化。进一步提高厂务公开建制率，加强国有企业改制重组过程中的厂务公开，积极稳妥推进非公有制企业厂务公开制度建设。完善公开程序，充实公开内容，创新公开形式，探索和推行经理接待日、劳资恳谈会、总经理信箱等多种形式的公开。

要推行职工董事、职工监事制度。按照公司法规定，在公司制企业建立职工董事、职工监事制度。依法规范职工董事、职工监事履职规则，充分发挥职工董事、职工监事作用。

四、健全劳动关系矛盾调处机制

要健全劳动保障监察制度。全面推进劳动保障监察网格化、网络化管理，实现监察执法向主动预防和统筹城乡转变。创新监察执法方式，规范执法行为，进一步畅通举报投诉渠道，扩大日常巡视检查和书面审查覆盖范围，强化对突出问题的专项整治。建立健全违法行为预警防控机制，完善多部门综合治理和监察执法与刑事司法联动机制，加大对非法用工尤其是大案要案的查处力度，严厉打击使用童工、强迫劳动、拒不支付劳动报酬等违法犯罪行为。

要健全劳动争议调解仲裁机制。坚持预防为主、基层为主、调解为主的工作方针，加强企事业劳动争议调解委员会建设，推动各类企业普遍建立内部劳动争议协商调解机制。大力推动乡镇（街道）、村（社区）依法建立劳动争议调解组织，支持工会、商（协）会依法建立行业性、区域性劳动争议调解组织。完善劳动争议调解制度，大力加强专业性劳动争议调解工作，健全人民调解、行政调解、仲裁调解、司法调解联动工作体系，充分发挥协商、调解在处理劳动争议中的基础性作用。完善劳动人事争议仲裁办案制度，规范办案程序，加大仲裁办案督查力度，进一步提高仲裁效能和办案质量，促进案件仲裁终结。加强裁审衔接与工作协调，积极探索建立诉讼与仲裁程序有效衔接、裁审标准统一的新规则、新制度。

五、营造构建和谐劳动关系的良好环境

（1）加强对职工的教育引导。在广大职工中加强思想政治教育，引导职工树立正确的世界观、人生观、价值观，追求高尚的职业理想，培养良好的职业道德，增强对企业的责任感、认同感和归属感，爱岗敬业、遵守纪律、诚实守信，自觉履行劳动义务。加强有关法律法规政策宣传工作，

在努力解决职工切身利益问题的同时，引导职工正确对待社会利益关系调整，合理确定提高工资收入等诉求预期，以理性合法形式表达利益诉求、解决利益矛盾、维护自身权益。

（2）加强对职工的人文关怀。培育富有特色的企业精神和健康向上的企业文化，为职工构建共同的精神家园。注重职工的精神需求和心理健康，及时了解掌握职工思想动态，有针对性地做好思想引导和心理疏导工作，建立心理危机干预预警机制。加强企业文体娱乐设施建设，积极组织职工开展喜闻乐见、丰富多彩的文化体育活动，丰富职工文化生活。

（3）教育引导企事业经营者积极履行社会责任。加强广大企业经营者的思想政治教育，引导其践行社会主义核心价值观，牢固树立爱国、敬业、诚信、守法、奉献精神，切实承担报效国家、服务社会、造福职工的社会责任。教育引导企业经营者自觉关心爱护职工，努力改善职工的工作、学习和生活条件，帮助他们排忧解难，加大对困难职工的帮扶力度。建立符合我国国情的企业社会责任标准体系和评价体系，营造鼓励企业履行社会责任的环境。

（4）优化企事业发展环境。加强和改进政府的管理服务，减少和规范涉企行政审批事项，提高审批事项的工作效率，激发市场主体创造活力。加大对中小企业政策扶持力度，特别是推进扶持小微企业发展的各项政策落实落地，进一步减轻企业负担。

（5）加强构建和谐劳动关系的法治保障。进一步完善劳动法、劳动合同法、安全生产法、职业病防治法、社会保险法、劳动争议调解仲裁法等法律的配套法规、规章和政策，加快完善基本劳动标准、集体协商和集体合同、企业工资、劳动保障监察、企业民主管理、协调劳动关系三方机制等方面的制度，逐步健全劳动保障法律法规体系。

第四节 充分发挥工会在构建和谐劳动关系中的积极作用

一、工会要切实做好协调劳动关系有关工作

（1）坚持构建和谐劳动关系的指导思想、工作原则，努力实现构建和谐劳动关系的目标任务。各级工会要认真落实党中央和国务院的决策部署，坚持促进企事业发展、维护职工权益，坚持正确处理改革发展稳定关系，推动中国特色和谐劳动关系的建设和发展，促进经济持续健康发展和社会和谐稳定。要坚持以人为本、依法构建、共建共享、改革创新的工作原则。要以职工为本，切实维护职工根本权益；推动把劳动关系的建立、运行、监督、调处的全过程纳入法治化轨道；统筹处理好促进企业发展和维护职工权益的关系，调动劳动关系主体双方的积极性、主动性，推动企业和职工协商共事、机制共建、效益共创、利益共享；不断探究和把握社会主义市场经济条件下劳动关系的规律性，积极稳妥推进具有中国特色的劳动关系工作理论、体制、制度、机制和方法创新。通过努力，推动实现劳动用工更加规范，职工工资合理增长，劳动条件不断改善，职工安全健康得到切实保障，社会保险全面覆盖，人文关怀日益加强，有效预防和化解劳动关系矛盾，建立规范有序、公正合理、互利共赢、和谐稳定的劳动关系的目标任务。

（2）突出工作重点，推动构建和谐劳动关系。一要把维护职工合法权益作为构建和谐劳动关系的主线，坚持以职工为本，推动解决广大职工最关心、最直接、最现实的利益问题，切实维护其根本权益，使职工的合法权益和合理诉求得到充分的保障。二要主动参与劳动法律法规和政策规章的制定，及时全面反映职工群众的愿望诉求和工会的意见主张，积极配合做好人大执法检查、政府行政监察和政协视察，推动劳动法律法规和政策

规章的贯彻执行。三要推动健全劳动关系协调机制，充分发挥劳动合同、集体合同制度对调整劳动关系的基础性作用，积极参与三方机制工作，协商解决涉及劳动关系的重大问题。四要推动加强企事业民主管理制度建设，依法保障职工的知情权、参与权、表达权、监督权。五要推动健全劳动关系矛盾调处机制，健全预防、预警、调处机制，加强矛盾纠纷排查，努力把劳动关系矛盾化解在基层、解决在萌芽状态，更好地实现劳动关系的平稳运行。六要加强宣传和对职工的教育引导，营造构建和谐劳动关系的良好环境。

（3）推动健全工作体制和机制，为构建和谐劳动关系提供保障。要推动各级政府把构建和谐劳动关系纳入当地经济社会发展规划和政府目标责任考核体系，依法推动各类企事业普遍建立工会，深入推进区域性、行业性工会联合会和县（市、区）、乡镇（街道）、村（社区）、工业园区工会组织建设。推动建立健全县级以上政府与同级总工会联席会议制度。深入推动和谐劳动关系创建活动，扩大创建活动在广大企业特别是中小企业的覆盖面，丰富创建内容，规范创建标准，改进创建评价，完善激励措施，做好典型表彰，把创建活动进一步打造成推进构建和谐劳动关系的良好平台和载体。

二、工会要在推动健全完善构建和谐劳动关系制度机制中发挥重要作用

构建和谐劳动关系是一个持续动态协调利益关系、不断化解劳动关系矛盾、促进劳动关系和谐的过程，需要建立健全一整套促进劳动关系和谐的制度机制。各级工会要在推动健全完善构建和谐劳动关系制度机制中发挥重要作用。

一是充分发挥工会在全面实行劳动合同制度中的作用。工会要积极参与劳动合同方面的法律法规政策的制定，宣传教育和引导职工签订劳动合同，帮助和指导职工签订劳动合同，加强对劳动合同执行情况的监督检查，协助劳动行政部门及企业建立和完善劳动合同管理制度。

二是大力推动建立健全集体合同制度。当前，各级工会要落实好国家

协调劳动关系三方《关于推进实施集体合同制度攻坚计划的通知》和《关于提升集体协商质量增强集体合同实效的意见》，扩大集体协商覆盖面，切实提高协商质量，充分发挥集体合同制度调整劳动关系的基础性作用。

三是切实加强企业民主管理制度建设。工会要推动建立健全以职代会为基本形式的企业民主管理制度，充分发挥其在企业发展重大决策和涉及职工切身利益等重大事项上的重要作用。要推进厂务公开制度化、规范化，完善公开程序，充实公开内容，创新公开形式，提高公开效果。在公司制企业推行职工董事、职工监事制度，充分发挥职工董事、职工监事作用，在董事会、监事会研究决定公司重大问题时，充分发表意见，反映职工合理诉求，维护职工和公司合法权益。

四是积极参与劳动关系矛盾调处。工会要积极配合人大执法检查、政府行政监察、政协委员视察，开展劳动法律法规和工会法的监督检查，推动严格执法。推行工会劳动法律监督意见书和建议书制度、重大典型劳动违法案件曝光和公开谴责制度，充分发挥工会劳动法律监督作用。要推动各类企业普遍建立劳动争议调解组织，大力推动乡镇（街道）、村（社区）依法建立劳动争议调解组织，依法建立行业性、区域性劳动争议调解组织。充实各类劳动争议调解、仲裁组织中的工会代表，不断提高工会代表的履职能力，切实做好劳动争议协商、调解、仲裁工作。建立健全职工法律服务体系，完善职工法律援助制度，为职工提供及时有效的法律服务和援助。加强对劳动关系形势的分析研判，建立劳动关系群体性纠纷的经常性排查和动态监测预警制度。

五是主动参与协调劳动关系三方机制工作。工会要推动三方就劳动关系状况、发展趋势以及劳动关系方面带有全局性、倾向性的问题进行协商，就具有重大影响的集体劳动争议或群体性事件进行调查研究，就劳动关系领域的重大问题统一研究应对措施、协调采取一致行动，积极推动涉及劳动关系问题的法律法规和政策的制定，及时就劳动关系领域制度性、全局性问题提出政策建议，为构建和谐劳动关系提供机制保障。要推动完善三方机制的组织体系，建立健全协调劳动关系三方委员会，探索建立三方组成的专业化内设机构，增强三方机制的工作实效。

三、工会要发挥集体合同制度对调整劳动关系的基础性作用

（1）推动形成全社会广泛认同集体协商的理念。通过持续的宣传引导，提升社会各界对集体合同制度的认知度和认可度，推动形成通过集体协商促进构建和谐劳动关系的浓厚氛围。

（2）推动提升集体协商质量、增强集体合同实效。要在巩固集体协商建制面的基础上，大力提升集体协商质量。要注重提高职工群众知晓率和参与率，开展集体协商职工满意度测评，建立集体协商质量评估体系，真正让广大职工成为集体协商的主要推动者、积极参与者和最大受益者。大力推进区域性、行业性集体协商，形成区域、行业、企业协商相互衔接配套的集体协商体系。

（3）促进形成政府主导集体协商制度机制建设的格局。这是完善社会主义市场经济体制的客观要求，是建立完善集体协商机制的内在需要。要借鉴市场经济国家推进集体协商机制建设的经验，由政府负责制定规则、劳动关系双方通过协商谈判达成共识，不断完善集体协商制度。

（4）进一步推动完善集体合同制度的法律法规。

四、工会要教育引导职工参与构建和谐劳动关系

工会作为职工利益的代表者和维护者，具有密切联系职工群众的政治优势和优良传统，要切实承担起教育和引导职工推动构建和谐劳动关系的重要职责。

团结引导广大职工积极推进企业发展。企业发展了，职工的利益才会有保障，构建和谐劳动关系才有物质基础。要在广大职工中加强思想政治教育，引导广大职工树立正确的世界观、人生观、价值观，追求高尚的职业理想，培养良好的职业道德，增强对企业的责任感、认同感和归属感，爱岗敬业、遵守纪律、诚实守信，自觉履行劳动义务，通过辛勤劳动、诚实劳动、创造性劳动，提高自身素质，拓宽发展渠道，拓展发展空间，实现自身价值，促进企业发展。

加强对职工的人文关怀。推动培育富有特色的企业精神和健康向上的企业文化、职工文化，为职工构建共同的精神家园。注重职工的精神需求和心理健康，及时了解掌握职工思想动态，有针对性地做好思想引导和心理疏导工作。推进企业文体娱乐设施建设，积极组织职工开展喜闻乐见、丰富多彩的文化体育活动，丰富职工文化生活。

引导广大职工理性合法表达利益诉求。职工理性合法表达利益诉求，既可以有效实现自身利益，又有利于保持劳动关系和谐。要加强有关法律政策的宣传，引导广大职工成为社会主义法治的忠实崇尚者、自觉遵守者、坚定捍卫者。在积极推动解决职工切身利益问题的同时，引导职工正确对待社会利益关系调整，合理确定提高工资收入等诉求预期，以理性合法形式表达利益诉求、解决利益矛盾、维护自身权益，以实际行动为构建和谐劳动关系作贡献。

五、推进新时代和谐劳动关系创建活动

和谐劳动关系创建活动是构建中国特色和谐劳动关系的重要载体。为认真贯彻党的二十大精神，全面落实中共中央、国务院关于构建和谐劳动关系的决策部署，推动新时代和谐劳动关系创建活动深入开展，2023 年 1 月国家协调劳动关系三方下发《关于推进新时代和谐劳动关系创建活动的意见》（以下简称《意见》），要求在全国各类企业持续推进新时代和谐劳动关系创建活动。

《意见》强调，深入推进新时代和谐劳动关系创建活动要坚持 5 个基本原则，即坚持党的全面领导，坚持增进民生福祉，坚持法治规范保障，坚持文化凝心聚力，坚持创新稳健并重。同时，明确目标任务，力争到 2027 年年底各类企业及企业聚集区域普遍开展创建活动，实现创建内容更加丰富、创建标准更加规范、创建评价更加科学、创建激励措施更加完善，创建企业基本达到创建标准，和谐劳动关系理念得到广泛认同，规范有序、公正合理、互利共赢、和谐稳定的劳动关系进一步形成。

《意见》确定了企业、工业园区、街道（乡镇）的创建重点内容和创建标准，即对企业开展创建活动的，重点围绕建立健全企业党组织，全面

落实劳动合同和集体合同制度，加强企业民主管理，依法保障职工劳动报酬、休息休假、社会保险、职业技能培训等基本权益，促进职工工资合理增长，加强劳动保护，强化劳动争议预防，培育企业关心关爱职工、职工爱岗爱企的和谐文化等开展；对工业园区、乡镇（街道）开展创建活动的，重点围绕党委领导的构建和谐劳动关系工作机制，建立健全劳动关系协调机制、矛盾调处机制、权益保障机制，加强劳动保障法律宣传、用工指导服务，布局劳动关系基层服务站点等开展。

《意见》将企业创建标准明确为 9 个方面，工业园区、乡镇（街道）创建标准明确为 7 个方面，确保企业、工业园区、乡镇（街道）看得清、够得着、可参与。值得关注的是，《意见》要求创建企业要针对工资等职工关心的问题定期开展集体协商并签订集体合同；要定期召开职工（代表）大会，按规定将涉及职工切身利益的规章制度和重大事项经过职工（代表）大会审议通过。同时，要做到职工培训制度健全，职工教育经费足额到位，建立职工健康服务体系，职工满意度较高等。

思考题：

1. 劳动关系有哪些特点？
2. 构建和谐劳动关系的重大意义是什么？
3. 构建和谐劳动关系的工作原则和目标任务是什么？
4. 简述构建和谐劳动关系的基本要求。
5. 如何健全劳动关系协调机制？
6. 如何健全劳动关系矛盾调处机制？
7. 如何营造构建和谐劳动关系的良好环境？
8. 如何充分发挥工会在构建和谐劳动关系中的积极作用？
9. 如何推进新时代和谐劳动关系创建活动？

【案例 1】

劳动者拒绝违法超时加班安排，用人单位能否解除劳动合同基本案情

张某于 2020 年 6 月入职某快递公司，双方订立的劳动合同约定试用期

为 3 个月，试用期月工资为 8000 元，工作时间执行某快递公司规章制度相关规定。某快递公司规章制度规定，工作时间为早 9 时至晚 9 时，每周工作 6 天。2 个月后，张某以工作时间严重超过法律规定上限为由拒绝超时加班安排，某快递公司即以张某在试用期间被证明不符合录用条件为由与其解除劳动合同。张某向劳动人事争议仲裁委员会（简称仲裁委员会）申请仲裁。

申请人请求

请求裁决某快递公司支付违法解除劳动合同赔偿金 8000 元。

处理结果

仲裁委员会裁决某快递公司支付张某违法解除劳动合同赔偿金 8000 元（裁决为终局裁决）。仲裁委员会将案件情况通报劳动保障监察机构，劳动保障监察机构对某快递公司规章制度违反法律、法规规定的情形责令其改正，给予警告。

案例分析

本案的争议焦点是张某拒绝违法超时加班安排，某快递公司能否与其解除劳动合同。

《中华人民共和国劳动法》第 41 条规定："用人单位由于生产经营需要，经与工会和劳动者协商后可以延长工作时间，一般每日不得超过一小时；因特殊原因需要延长工作时间的，在保障劳动者身体健康的条件下延长工作时间每日不得超过三小时，但是每月不得超过三十六小时。"第 43 条规定："用人单位不得违反本法规定延长劳动者的工作时间。"《中华人民共和国劳动合同法》第 26 条规定："下列劳动合同无效或者部分无效：……（三）违反法律、行政法规强制性规定的。"为确保劳动者休息权的实现，我国法律对延长工作时间的上限予以明确规定。用人单位制定违反法律规定的加班制度，在劳动合同中与劳动者约定违反法律规定的加班条款，均应认定为无效。

本案中，某快递公司规章制度中"工作时间为早 9 时至晚 9 时，每周工作 6 天"的内容，严重违反法律关于延长工作时间上限的规定，应认定为无效。张某拒绝违法超时加班安排，系维护自己合法权益，不能据此认定其在试用期间被证明不符合录用条件。故仲裁委员会依法裁决某快递公司支付张某违法解除劳动合同赔偿金。

典型意义

《中华人民共和国劳动法》第4条规定："用人单位应当依法建立和完善规章制度，保障劳动者享有劳动权利和履行劳动义务。"法律在支持用人单位依法行使管理职权的同时，也明确其必须履行保障劳动者权利的义务。用人单位的规章制度以及相应工作安排必须符合法律、行政法规的规定，否则既要承担违法后果，也不利于构建和谐稳定的劳动关系、促进自身健康发展。

【案例2】

广铁集团着力创建和谐劳动关系企业

2023年1月29日　来源：工人日报客户端

记者近日从广铁集团工会了解到，广铁集团近年来厚植命运共同体价值理念，着力创建和谐劳动关系企业，推进企业高质量发展。截至2022年6月底，集团总资产7248亿元，营业里程11329公里，其中时速200公里及以上高速铁路5329公里。

中国铁路广州局集团有限公司（以下简称"广铁集团"）是隶属于中国国家铁路集团有限公司的国有大型铁路运输企业，职工总数15.07万人（含劳务派遣工13870人）。近年来，该集团加强党建引领，将广大职工始终紧密团结在党的周围，培育团结和谐奋进价值底蕴，坚持做到"铁路建到哪里、党组织就覆盖到哪里"。截至2022年6月底，集团公司党委下设109个党委、4632个党支部（总支），实现全覆盖，并指导工会组织与党组织建设保持同步。保持与职工100%签订劳动合同，同时，严格督促劳务派遣公司落实所在省市劳动部门规定，确保劳动者权益得到保障，并从2016年开始实行劳务派遣工择优选拔录用机制，共有1115名劳务派遣工以优异表现实现身份转变。

广铁集团积极推动"产改"，构建"培训、练兵、竞赛、评先、晋级""五位一体"职工技能形成和提升机制。每年坚持举办90余个工种年度职业技能大赛，组织超过2万人次参加职业技能鉴定。截至2021年，集团操作技能人员总数113946人，技能人才106341人，占比93.3%；高技能人才总数达到12410人，占技能人才总数的11.7%，被人力资源和社会保障部授予“国家技能人才突出贡献单位”称号。

广铁集团持续改善职工生产生活环境，逐年逐线推进铁路沿线职工间休室、食堂（伙食团）、宿舍等职场环境动态升级，“十三五”以来累计投入资金33.1亿元（截至2022年末），实现职工血压、血糖、体重等17项健康指标逐年向好。

广铁集团畅通职工意见建议表达渠道。建立所属单位领导班子定期与职工恳谈、协商机制，推动“有事好商量、有事商量好”的民主议事习惯进一步融入企业管理日常安排。2019年以来，集团公司、所属单位两级召开职代会团（组）长联席会议401次，组织民主议事恳谈会432场，党政正职、工会主席与职工座谈对话会2500余次。组织公司制单位全部依法建立职工董事、职工监事制度。在所属单位100%建立劳动争议调解组织，建立了一支近500人的熟悉劳动法律法规政策、群众威信高的劳动争议调解员队伍，积极介入职工解除劳动关系等重点、热点问题的调查分析，及时解决职工反映的突出问题。（中工网-工人日报记者 叶小钟）

第十三章

职工之家建设

建设职工之家是推动工会各项工作落实到基层的重要手段，是加强工会基层组织建设的有效载体，是全面提升基层工会工作水平的重要途径。各级工会组织要从战略的高度，充分认识开展“建设职工之家”活动的重要意义，以改革创新精神加强职工之家建设，全面提升新时代职工之家建设水平，努力把基层工会建设成为组织健全、维权到位、工作规范、作用明显、职工信赖的名副其实的职工之家。

第一节 基层工会建设职工之家概述

一、基层工会建设职工之家活动的起源及发展历程

职工之家是工会组织同职工群众保持密切联系，体现工会的阶级性和群众性，反映工会的性质、宗旨和新时代工会工作方针、履行工会职能、充分发挥工会作用、让职工在单位有“家”的感觉的一种形象的说法。职工之家体现了中国工会的性质、宗旨和特点，体现了职工群众与工会的密切联系，承载着党对工会的重托，表达了职工群众对工会的期望和信赖。习近平总书记强调，工会干部特别是领导干部，要更多到职工群众中去，依靠职工群众开展工作，使工会组织真正成为广大职工群众信赖的职工之家。

1983 年 3 月 14 日，中央书记处在听取全总党组工会工作汇报时明确指出，工会一定要从自己是党领导下的群众组织这个特点出发开展工作，工会组织和工会干部要真正成为职工之家、“工人之友”。为贯彻落实党中央的重要指示精神，1984 年 5 月 1 日，全总作出《关于整顿工会基层组织、开展建设“职工之家”活动的决定》，提出了建设职工之家的 6 条标准，拉开了在全国基层工会组织普遍开展建设职工之家活动的序幕。

迄今为止，职工之家建设活动已经走过了近 40 年的历程。近 40 年来，在各级党政的重视支持、工会的努力推动和广大职工的积极参与下，职工之家建设取得了显著成效，认识不断深化、资源不断整合、机制不断完善、影响不断扩大，深受各级党政的肯定和职工群众的认可。职工之家建设已成为推动各级工会把工作重点放在基层、增强基层工会活力、发挥基层工会作用的一项有效举措，“职工之家”已成为工会具有重大影响力的响亮品牌。

二、基层工会建设职工之家活动的特点及其重要意义

（一）基层工会建设职工之家活动的特点

建设职工之家活动是基层工会工作的基本形式，它具有以下特点。

1. 综合性。建家活动包含了基层工会工作的各个方面，是带动基层工会工作上水平的综合载体。对“职工之家”的考核是基层工会工作的综合评定，具有丰富的工作内容和完整的体系，是对工会工作的整体推进。

2. 广泛性。建家活动是在党组织和行政的支持下，由全体职工群众参与的“党政工同唱一台戏，共建一个家”的活动。

3. 基础性。建家活动在工会工作全局中具有基础性的地位和作用，目的是夯实工会的组织基础、工作基础，激发基层工会组织的活力，进而促进整个工会组织提高工作水平。

4. 长期性。建家活动是工会组织的一项战略性任务，随我国政治、经济、社会发展的需要和基层单位的实际情况，不断调整和完善活动内容和方式，与时俱进，常抓不懈，常抓常新。

（二）开展建设职工之家活动的重要意义

1. 开展建设职工之家活动是工会工作服务于党和国家工作大局的现实要求

在新时代，各级工会要牢牢把握为实现中国梦而奋斗的工运时代主题，动员广大职工团结一心、努力奋斗，为全面建成社会主义现代化强国贡献力量。基层工会组织是直接的承载者和实践者，在全国基层工会组织中深入开展建设职工之家活动，促进经济社会协调发展，是新时代工会工作服务于党和国家工作大局的现实要求。

2. 开展建设职工之家活动是增强基层工会活力的需要

基层工会组织是工会全部工作和战斗力的基础，是工会组织密切联系职工群众，开展工会各项工作的承载者、实践者；工会的各项工作任务都要通过基层工会组织来落实，工会的作用最终要通过基层工会组织来体现。因此，工会要眼睛向下、面向基层，强化大抓基层的鲜明导向，坚持

落实到基层、落实靠基层，把工作重点放在基层，努力使基层组织的工作活跃起来，要以基层组织是否具有活力作为检查考核工会工作的一个重要标准。近几年来，随着我国社会主义市场经济体制的逐步建立完善尤其是非公有制经济的迅速发展，全国组建工会和发展会员工作取得了突破性进展。但是，基层工会组织快速发展与其工作基础薄弱的矛盾日益突出；基层工会组织作用的发挥与职工群众的期望还存在较大差距。适应新时代工会工作发展的需要，深入开展建家活动，把建会建制建家紧密结合起来，对于推动基层工会组织特别是非公有制企业工会进一步健全组织，加强规范化建设，建立和完善维权服务的有效机制，切实发挥基层工会的作用，增强基层工会的活力，有着非常重要的作用。

3. 开展建设职工之家活动是工会服务职工的有效形式

竭诚服务职工群众是工会的性质决定的，是工会的基本职责。各级工会组织和工会干部应当牢固树立服务意识，把竭诚为职工服务作为一切工作的出发点和落脚点。要不断提高服务能力，拓展服务领域，丰富服务内容，提高服务质量，创新服务形式。开展建设职工之家活动，就是工会服务职工的一种最有效的形式，通过开展建家活动，发挥基层工会直接联系职工群众的优势，关注基层一线，密切工会与职工群众的联系，广泛听取职工群众的意见，理解民意、体察民情，把职工群众的需求作为第一信号，采取有效措施，有针对性地做好服务工作，把服务工作做深、做细、做实、做强，把服务送到家门上、心坎上，让职工感受到“家”的温暖，增加工会组织吸引力和凝聚力。

4. 开展建设职工之家活动是推进工会工作创新发展的根本要求

时代在发展，事业在创新，工会工作也要发展、也要创新。各级工会组织要担负起团结引领职工群众听党话跟党走的政治责任，全面履行各项社会职能，圆满完成新时代赋予工会的各项任务，为全面建成社会主义现代化强国贡献力量，开创新时代我国工运事业和工会工作新局面，必须不断加强工会自身建设，深入推进工会改革创新。工会组织按照党中央关于群团改革的部署要求，有力有序推进改革，要把保持和增强政治性先进性群众性作为工会工作的根本标尺和长期任务，按照增“三性”、去“四化”、强基层、促创新的总体思路，着力在建机制、强功能、增实效上下功夫，持续深化工会改革创新。形成上下联动、左右互动、整体推动的改革局面，以激发基层活力为关键，推动工会改革向基层延伸，开展强基层、补短板、增活力活动，实现基层工会组织建起来转起来活起来。长期的实践证明，深入开展建家活动是推动工会各项工作落实到基层的重要手段，是加强基层工会组织建设的有效载体，是加强工会自身建设和创新的着力点。各级工会组织一定要从战略的高度，进一步强化对建设职工之家重要性的认识，着眼于夯实工会组织的基础，切实把建家作为一项经常性、长期性的工作来抓，与时俱进，开拓创新，努力把建家活动提高到新水平，推动新时代工会工作高质量发展，更好地在党和国家工作大局中发挥作用。

第二节 建设职工之家的指导思想、原则、目标和基本要求

建设职工之家工作是一项系统工程，必须正确把握其工作的指导思想、原则、目标、基本要求，建立一套科学的管理办法和规范有序的运行机制，使之健康地向前发展，不断提高建家水平。

一、开展建设职工之家活动的指导思想

开展建设职工之家活动的指导思想是各级工会组织开展建设职工之家活动的理论体系和理论基础。新时代深入开展建家活动的指导思想是：以马克思列宁主义、毛泽东思想、邓小平理论、“三个代表”重要思想、科学发展观、习近平新时代中国特色社会主义思想为指导，紧密围绕企业、事业单位、机关的中心任务，坚定不移地推动党的全心全意依靠工人阶级根本指导方针的贯彻落实，依法规范基层工会组织建设，切实履行工会维权服务的基本职责，努力把工会的重点工作落实到基层，不断增强基层工

会组织的凝聚力和吸引力，提高基层工会组织的整体工作水平，促进企事业等基层单位的改革、发展、稳定。

二、开展建设职工之家活动的原则

（一）服务大局的原则

工会组织和工会干部要树立大局观念，把建家活动摆到党和国家工作大局中去思考、去把握、去部署、去实施。要围绕中心，促进发展，正确把握开展建家活动与推进企业、事业单位和机关建设发展的关系，把广大职工的智慧和力量凝聚到为搞好企业，加强事业单位和机关建设作贡献上来。

（二）突出维权服务的原则

坚持以职工为中心的工作导向，围绕工会履行维护职工合法权益、竭诚服务职工群众的基本职责，把推进工会重点工作的落实，作为建家活动的重要内容。

（三）依靠群众的原则

突出职工群众在建家活动中的主体地位，充分依靠职工群众开展建家活动，把职工和会员群众是否满意作为衡量建家活动成效的基本标准。

（四）创新发展的原则

建家活动要体现时代性、把握规律性、富于创造性，尊重基层的实践，不断赋予建家新内容，拓展新领域，注入新活力。

（五）齐抓共建的原则

努力形成党组织统一领导、行政积极支持、工会具体实施、职工热情参与的合力建家工作格局。

三、开展建设职工之家活动的目标和基本要求

（一）开展建设职工之家活动的目标

深入开展建家活动的目标是：认真学习贯彻习近平新时代中国特色社会主义思想，适应工会依法履行维护职工合法权益、竭诚服务职工群众基

本职责的要求，着力加强调整劳动关系机制建设，突出抓好为职工群众办实事办好事，大力推进基层工会的群众化、民主化、法治化，努力把基层工会建设成为组织健全、维权到位、工作规范、作用明显、职工信赖的职工之家。

（二）开展建设职工之家活动的基本要求

开展新时代职工之家建设，要坚持在继承的基础上不断创新，与时俱进地赋予新内容，努力把基层工会组织建设成为组织健全、维权到位、工作规范、作用明显、职工信赖的名副其实的职工之家。

1. 健全组织体系。基层工会委员会、经费审查委员会、女职工委员会组织健全，按时换届选举，单独设置工会工作机构，依法独立自主开展工作；依法进行工会法人资格或工会法人代表变更登记；工会主席（副主席）的产生、配备符合有关规定，职工 200 人以上的单位依法配备专职工会主席；按不低于职工人数 3‰的比例配备专职工会干部；加强工会积极分子队伍建设；加强会员会籍管理，职工（含农民工、劳务派遣工）入会率达到 85%以上。

2. 促进科学发展。围绕立足新发展阶段、贯彻新发展理念、构建新发展格局，围绕推动高质量发展，大力弘扬劳模精神、劳动精神、工匠精神。深入开展以劳动创造幸福为主题的宣传教育，弘扬社会主义核心价值观，加强新时代劳动教育。加强劳模选树管理，创新劳模服务工作，推动落实劳模政策。组织开展“建功‘十四五’、奋进新征程”主题劳动和技能竞赛。围绕国家重大战略、重大工程、重大项目、重点产业开展劳动和技能竞赛，在广泛、深入、持久上下功夫、求实效，积极探索新途径、扩大覆盖面、提高参与度。充分发扬企业职工的首创精神，健全以创新能力、质量、实效、贡献为导向的人才评价体系，拓展小发明、小创造、小革新、小设计、小建议等群众性创新活动内涵，提升广大职工创新创造活力。

3. 履行维权职责。建立和完善以职工代表大会为基本形式的民主管理制度，推行厂务（院务、校务）公开，公司制企业依照有关规定选举职工代表进入董事会和监事会，参与企业管理；深化“共同约定”行动，建立平等协商和签订集体合同制度，协商解决涉及职工切身利益的重大问题；指导和帮助职工签订劳动合同，依法妥善处理劳动争议纠纷，提供法律援助，构建和谐劳动关系；协助和督促企业落实国家各项涉及职工权益的法律法规，遵守劳动安全卫生等规定，安全生产无事故；维护女职工的特殊权益。

4. 提高职工素质。落实《全国职工素质建设工程五年规划》，发挥工会“大学校”作用，深入开展“共筑理想信念、共促科学发展”主题教育，弘扬中国工人阶级伟大品格，用社会主义核心价值体系引领职工群众；开展“创建学习型组织、争做知识型职工”活动，培育“四有”职工队伍；开展群众性精神文明创建和文化体育活动，满足职工群众精神文化需求，推动职工文化和企业文化建设。

5. 服务职工群众。以职工最关心、最直接、最现实的利益为重点，认真倾听职工呼声，积极反映职工意愿，提出政策建议和主张；关心职工生产生活问题，指导帮助职工就业，进一步叫响做实“职工有困难找工会”，努力为职工办实事、做好事、解难事；开展“送温暖”“金秋助学”等活动，履行帮扶困难职工“第一知情人”“第一报告人”“第一协调人”“第一监督人”的职责。

6. 加强自身建设。坚持民主集中制，密切联系群众，廉洁自律；健全各项组织制度、民主制度、工作制度，基础资料齐全；坚持会员（代表）大会制度，完善会员代表常任制，实行会务公开，接受会员群众民主评议和监督，保障会员民主权利；开展“创建学习型工会、争做知识型工会干部”活动，加强思想、作风、能力建设，提高工会自身建设科学化水平，建设学习型、服务型、创新型工会；建立单独工会财务账户，独立使用工会经费，收好管好用好工会经费，保护好工会资产；工会工作有创新、有特色。

（三）建设职工之家活动与基层工会工作基本任务的关系

加强基层工会建设和增强基层工会活力是事关工会工作全局的重要任务，二者相互依存、相辅相成。没有巩固的基层工会组织，就谈不上发挥基层工会组织作用；基层工会组织不发挥作用，巩固基层工会组织就毫无意义。开展建设职工之家活动就是要从基层工会工作的这两大任务出发，不断加强基层工会组织的自身建设和改革，不断发挥基层工会组织的作用。因此，开展建家活动是基层工会工作的基本形式、基本手段、基本方法，其目标是把基层工会组织建设成为职工之家。

第三节　开展建设职工之家活动的方法措施与具体形式

一、开展建设职工之家活动的方法措施

2014 年《中华全国总工会关于新形势下加强基层工会建设的意见》提出，建设职工之家，要以会员是否满意为基本标准，建立健全基层工会建设综合考核评价体系。围绕实践“两个信赖”，深入开展“深化建家达标创优”活动，探索建立各层级模范职工之家创建、申报、考核、表彰、复查等制度，提升职工之家品牌影响力。坚持依靠会员办工会，深化“工会组织亮牌子、工会主席亮身份”活动，推进会员评家、会务公开以及会员代表常任制等工作，落实会员的知情权、参与权、选举权和监督权。探索推进联合职工之家、网上职工之家建设。基层单位及其党政负责人拟推荐申报工会系统评选表彰的各层级五一劳动奖状、五一劳动奖章等荣誉称号的，其工会组织应荣获相应层级的模范职工之家称号。

（一）建立完整、规范的工作体系

建立开展建家活动的工作体系，是指建家要有一套工作标准和工作要求，有一套评定办法，根据活动的内容、条件、标准，制定考核办法并进行评定和比较，定期对建家活动进行考核、检查、评比。基层工会要根据新的形势和新的要求，制订建家工作计划，调整工作部署，不断创新建家工作格局和运行机制。建家规划在兼顾全面工作的同时要突出重点，考核

内容和标准不求全、不求高，每年或每个阶段都要有新的重点、亮点，使之与时俱进，富有新鲜感。

（二）形成党政工齐抓共建格局

基层工会要主动取得党组织的领导，把建家活动纳入党组织的重要议事日程；积极争取行政支持，为开展建家创造条件；工会内部要建立由领导负责、有关部门参加的建家工作领导机构，充实建家工作力量，努力形成党政工齐抓共建的格局。围绕发展这个第一要务，牢固树立建家就是建企业、就是促进劳动关系和谐发展、就是提高工会工作整体水平的思想，自觉围绕本单位中心工作开展建家活动，把基层的难点、热点作为建家活动的重点，使建家成为党政工工作的一个结合点，形成合力抓建家的工作氛围。

（三）建立会员评家机制

建立会员评家机制是推动建家活动深入发展的重要举措。基层工会要以职工群众是否认可和满意作为考核建家成效的重要标准，建立健全会员评家机制，依靠会员群众建家、评家、管家，不断提高广大会员参与基层工会建设的能力与水平，增强工会组织的凝聚力和吸引力。会员评家主要通过会员大会或会员代表大会进行。由工会主席报告开展工会工作及建家活动情况，由会员或会员代表对建家情况进行评议，对所获职工之家荣誉称号是否认可做出表决，促进建家水平不断提高。

（四）建立激励和表彰机制

要建立激励机制，充分调动基层工会开展建家活动的积极性。评选“先进职工之家”“模范职工之家”是表彰基层工会工作的综合荣誉称号，也是唯一的奖励，应与评选优秀工会工作者、评选文明单位等结合起来。通过建家活动推动工会重点工作的落实，重点工作的落实为建家注入活力。要实行精神奖励和物质奖励相结合，逐步提高和扩大其社会影响。

（五）实行分类、分层次指导

分类指导应突出针对性，适应不同所有制、不同规模企业和不同类型基层工会的特点与实际，提出不同的建家标准，不搞一个模式。提倡非公有制企业逐步开展创建“合格职工之家”活动，并逐步提高建家水平；推动开展“示范乡镇（街道）工会”“示范村（社区）工会”活动，并与建设职工之家活动有机结合，把不同类型基层工会的活力激发出来。

（六）加强建家管理工作

职工之家分别设有“合格职工之家”“先进职工之家”和“模范职工之家”3种荣誉称号。各层次职工之家的考核条件都应尽量细化、量化，使之便于操作和考核。评选表彰各级模范、先进职工之家，创建合格职工之家，要坚持建家标准，不搞终身制，严格进行复查验收。同时，改进复查方式，可以实行分片交叉复查的方式，推动其严格约束自己；可以在不同层次的模范、先进职工之家中开展联谊活动，加强横向交流，强化其先进意识，不断攀登新的台阶。

（七）要注意处理好两个关系

一是正确处理建“大家”与建“小家”的关系。基层工会委员会建“大家”与工会分会、工会小组建“小家”是相辅相成、互相促进的。一方面，基层工会“大家”建设好了，在更大的范围内发挥作用，才能有力地指导和带动工会分会、工会小组建“小家”；另一方面，工会分会、工会小组“小家”建设好了，搞活工会组织细胞，为建“大家”奠定厚实的基础，才能解决上热下冷的问题，进而推进建家的全面发展。二是正确处理“硬件”与“软件”建设的关系。建家的“硬件”是指建设必要的工会活动室、图书室、文化体育场所及设施、经过改善的职工生产（工作）、生活休息环境等；建家的“软件”是指工会本质性的工作，如维护职工权益、民主管理、思想政治工作等。建家的“硬件”一般作为建设职工之家的突破口，它仅是建家工作的开始；建家的“软件”是内容，即通过建家把工会工作搞好，使基层工会真正成为组织健全、维权到位、工作活跃、作用明显、职工信赖的职工之家。

（八）致力推进“会、站、家”一体化建设

“会、站、家”一体化建设，是指以加强基层工会组织建设和制度建设为基础，把组建工会、创办职工服务站、建设职工之家有机结合起来，

依法规范基层工会组织建设，增强基层工会活力。

致力推进“会、站、家”一体化建设，以依法建会为基础，以创办职工服务站（点）为抓手，以建设职工之家为目标，把组建工会、创办职工服务站（点）、建设职工之家三者统一起来，整合服务资源、提升服务能力、激发组织活力，使基层工会办事有人、帮扶得力、服务到位，打通联系和服务职工群众的“最后一公里”，增强工会组织对职工群众的吸引力和凝聚力。

（九）深入调研、不断创新

要加强调查研究，认真总结分析，坚持以理论创新推动工作创新、实践创新，及时抓住制约和影响建家工作的突出问题，研究解决的办法，提出指导性意见，不断探索建家规律，推动建家工作创新发展。

为进一步提升新时代职工之家建设水平，全总要求各级工会，在着力加强规范建设上，全面落实《工会基层组织选举工作条例》和《基层工会会员代表大会条例》，严格履行民主程序，依法规范选举，选优配强基层工会主席，并健全基层工会组织；在着力强化思想引领上，突出工会组织的政治性，以习近平新时代中国特色社会主义思想引领广大职工；在着力促进改革发展上，引导职工广泛深入持久开展劳动和技能竞赛、“五小”等群众性经济技术创新活动，加强产业工人队伍建设，激励广大职工立足岗位建功立业；在着力落实维权制度上，严格执行相关法律法规规章，坚持以职代会为基本形式的民主管理制度，落实平等协商和集体合同制度，努力构建和谐劳动关系；在着力拓展服务载体上，把组建工会、创办职工服务中心、建设职工之家统一起来，运用互联网、大数据开展普惠服务，使广大职工和会员有更多获得感；在着力开展会员评家上，充分尊重和保障会员的知情权、参与权、表达权和监督权，真正做到工会工作成效、工会干部履职情况由会员来评判。

二、开展建设职工之家活动的几种具体形式

（一）建设职工小家

广泛开展建设职工小家活动，是建家活动的延伸和发展。在车间（科室）、班组开展建设职工小家活动，是加强工会分会和工会小组建设的有效形式和方法，是对基层基础性工作的加强。基层工会要积极开展建设职工小家活动。

（二）“双爱双评”活动

基层工会要建立健全会员评家机制，以职工群众是否认可和满意作为考核建家成效的重要标准。因此，为适应非公有制企业协调劳动关系的需要，全国各级工会组织积极探索非公有制企业开展工会工作的有效载体和活动方式，普遍开展了以“双爱双评”为主要内容的建设职工之家活动。

“双爱双评”活动即“企业爱职工，职工爱企业；评爱企业的优秀职工，评爱职工的优秀经理（厂长）”。在新世纪新阶段，深入开展“双爱双评”活动，对于贯彻落实“组织起来、切实维权”的工作方针，促进非公有制企业健康发展，建立经营者和劳动者新型的社会主义和谐稳定的劳动关系，维护职工队伍和社会稳定，具有十分重要的意义。

三、开展建设职工之家活动的4个等级

开展建设职工之家的等级，原则上分为“合格职工之家”“先进职工之家”“省部级模范职工之家”和“全国模范职工之家”4个等级。

（一）合格职工之家

合格职工之家，是按照地方总工会的考核标准，组织考核验收。凡考核验收合格的，颁发由地方总工会统一印制的“合格职工之家”证书。合格职工之家的日常管理工作由地方总工会负责。

（二）先进职工之家

先进职工之家每两年考核评比1次。具体考核评比内容、标准和方法，由地方总工会制定。先进职工之家的日常管理工作由地方总工会负责。

（三）省部级模范职工之家

省部级模范职工之家实行申报制，每两年考核评比1次，由省部级总工会组织实施。省部级模范职工之家的日常管理工作由省部级总工会负责。

（四）全国模范职工之家

全国模范职工之家每5年评比1次。由省部级总工会按照全国总工会的要求具体组织实施。基层工会在获得省部级模范职工之家的基础上申报全国模范职工之家。全国模范职工之家的日常管理工作由省部级总工会和地方总工会共同负责，以地方总工会为主。

四、广泛开展“争创模范职工之家、争做职工信赖娘家人”活动

根据全国总工会《关于在全国基层工会广泛开展“争创模范职工之家、争做职工信赖娘家人”活动的通知》，通过开展“双争”活动，促进工会组织覆盖面明显扩大，服务职工能力明显提高，工会干部队伍素质明显提升，工会组织吸引力凝聚力战斗力明显增强，推动工会工作再上新台阶，让职工群众真正感受到工会是职工之家，工会干部是最可信赖的“娘家人”。

在“双争”活动中，立足基层工会职能，围绕7个方面加强和推进基层工会工作。

（1）做依法规范建会的模范。各类企事业特别是非公有制经济组织、社会组织要依法规范建立工会组织，小微企业通过基层工会联合会或联合基层工会实现覆盖。要以“六有”工会建设为基础，提高基层工会规范化建设水平，不断增强基层工会组织的代表性。

（2）做组织服务农民工的模范。积极开展农民工入会集中行动，把农民工吸引到工会中来，吸引到工会活动中来。加强对农民工特别是青年农民工的人文关怀，帮助农民工融入城市。深入了解农民工的现实诉求，在对农民工的思想引领、技能提升、权益维护和困难帮扶等方面，让广大农

民工实实在在地感受到工会组织的关心和帮助。

（3）做教育引导职工群众的模范。在广大职工群众中培育和践行社会主义核心价值观，开展以职业道德为重点的“四德”教育，深化“中国梦·劳动美”主题教育，大力弘扬劳模精神、劳动精神和工人阶级伟大品格，团结动员广大职工通过辛勤劳动、诚实劳动、创造性劳动托起中国梦。加强社会主义精神文明建设，创新思想政治工作方式方法，加强人文关怀和心理疏导，丰富职工精神文化生活，形成健康文明、昂扬向上的职工文化。

（4）做团结动员职工群众建功立业的模范。组织开展具有行业特色的劳动竞赛和经济技术创新活动，通过技术革新、技术协作、小发明小创造等活动，引导职工为企业科学发展贡献力量，投身大众创业、万众创新。引导职工树立终身学习理念，立足岗位成长成才，不断学习新知识、掌握新技术、增长新本领，努力成为知识型、技能型、创新型职工。

（5）做维护职工合法权益的模范。大力构建和发展和谐劳动关系，坚持“促进企事业发展、维护职工权益”的企事业工会工作原则，认真落实劳动合同、集体合同和职工代表大会制度，依法保障职工基本权益。以一线职工、农民工、困难职工等为重点群体，突出维护职工的劳动报酬、休息休假、劳动安全卫生、社会保险、职业技能培训等劳动经济权益。深入开展和谐劳动关系创建活动，最大限度增加和谐因素，促进社会和谐稳定。

（6）做服务职工群众的模范。坚持把群众路线作为工会工作的生命线和根本工作路线，把工作重心放在最广大普通职工身上，全心全意为职工群众服务。

按照“会、站、家”一体化工作思路，以职工需求为导向，构建覆盖广泛、快捷有效的服务职工工作体系，提供更多普惠性服务，让职工群众更多更公平地分享改革发展的成果，有更多获得感，把党和政府的关怀送到职工群众的心坎上，赢得职工群众的信赖和支持。

（7）做“绝对忠诚党的事业、竭诚服务职工群众”的模范。以“绝对忠诚党的事业、竭诚服务职工群众”作为工会干部的价值追求，坚定不移走中国特色社会主义工会发展道路，模范履行工会组织的政治责任，带领职工群众坚定不移跟党走。把“三严三实”作为修身做人用权律己的基本遵循，干事创业的行为准则，自觉规范言行，崇尚实干，求真务实。加强学习研究，增强工作本领，提高履职能力，增强责任担当，始终走在职工群众前列，真正成为职工群众信赖的“娘家人”。

五、全面提升新时代职工之家建设水平

2019 年 11 月 28 日在河北邯郸召开的全国模范职工之家现场经验交流会上，全国总工会针对全面提升新时代职工之家建设水平明确了 6 个方面重点，包括加强规范建设、强化思想引领、促进改革发展、落实维权制度、拓展服务载体和开展会员评家。

在着力加强规范建设上，全面落实《工会基层组织选举工作条例》和《基层工会会员代表大会条例》，严格履行民主程序，依法规范选举，选优配强基层工会主席，并健全基层工会组织。

在着力强化思想引领上，突出工会组织的政治性，以习近平新时代中国特色社会主义思想引领广大职工。

在着力促进改革发展上，引导职工广泛深入持久开展劳动和技能竞赛、“五小”竞赛等群众性经济技术创新活动，加强产业工人队伍建设，激励广大职工立足岗位建功立业。

在着力落实维权制度上，严格执行相关法律法规规章，坚持以职代会为基本形式的民主管理制度，落实平等协商和集体合同制度，努力构建和谐劳动关系。

在着力拓展服务载体上，把组建工会、创办职工服务中心、建设职工之家统一起来，运用互联网、大数据开展普惠服务，使广大职工和会员有更多获得感。

在着力开展会员评家上，充分尊重和保障会员的知情权、参与权、表达权和监督权，真正做到工会工作成效、工会干部履职情况由会员来评判。

思考题：

1. 基层工会建设职工之家活动有什么特点？
2. 开展建设职工之家活动的重要意义是什么？
3. 开展建设职工之家活动的原则是什么？
4. 开展建设职工之家活动的基本要求是什么？
5. 简述开展建设职工之家活动的方法措施。
6. 开展建设职工之家活动有哪些具体形式？
7. 如何广泛开展“争创模范职工之家、争做职工信赖娘家人”活动？
8. 如何全面提升新时代职工之家建设水平？

【案例 1】

太原市总工会：为百万职工打造“新时代职工之家”

2021 年 11 月 29 日　来源：中工网

太原四联重工股份有限（集团）公司“新时代职工之家”里又热闹起来了，每天一小时专门针对设计人员的“强迫”运动，让整天伏案工作的职工享受运动的活力。

“自从每天‘被强迫’运动后，再也不用每周去按摩了。”32 岁的牛俊龙高兴地说。

该公司远离市区，有 3/4 的职工离家较远。为了丰富职工的精神文化生活，太原市总工会为其补助 200 万元，用于建设“新时代职工之家”。据了解，为充分运用好职工之家这一载体，太原市总从去年 4 月开始在全市各级工会开展“六比双争”活动，大力创建“新时代职工之家”，引导各级工会根据企业的特点和职工的需求，在建功立业、维权服务、传承创新等方面实现重点突破、整体带动，因地制宜创建“新时代职工之家”，进一步提升工会的综合服务功能。

“新时代职工之家”是职工的精神家园。太原选煤厂“新时代职工之家”场馆多样、活动丰富、协会广泛。太原市总为其补助 80 万元，建成了游泳馆、健身中心、篮球场等，并配专业人员管理；建成职工文体协会 11 个，坚持长年不断线开展职工文化活动。据了解，“新时代职工之家”

面积大、功能全，设有舞蹈室、健身房等。太原市各基层工会依托“新时代职工之家”开展读书会、职工运动会、棋牌比赛等丰富的文体活动，做到了常规活动不断线、线上线下相结合，极大地缓解了职工的工作压力，丰富了职工的精神文化生活。

“新时代职工之家”是职工提升素质的载体。太原供水集团工会依托“新时代职工之家”创新性开展了“模拟实训”，将自来水井盖下各种井室结构与管件进行了真实展示，职工可以通过横截面清晰地看到各井室的构造并进行事故抢修实验，通过模拟真实事故场景的方式提高广大职工的业务技术水平和工作效率。太原市各基层工会依托“新时代职工之家”建职工培训基地、开展技能培训，推进“学习型”组织建设，创建集职工创新、导师带徒、职工技能培训、众创工作指导于一体的职工（劳模）创新工作室，开展“五小六化”竞赛和“导师带徒”等活动，加快优秀成果的转化和先进技艺的推广运用，极大地提高了职工的业务素质，有效地推进了技术创新和技术进步。

“新时代职工之家”拓宽服务职工渠道。太原市各基层工会因地制宜开展各具特色的服务。太原市晋源区总工会在“新时代职工之家”设立了“职工健康驿站”，为职工提供免费体检服务。该驿站通过大型健康筛查设备、职工健康大数据平台进行健康数据采集，形成动态健康数据并建立档案，实现对职工健康风险的实时评估，让职工随时、随地、全面了解自身健康状态，真正为职工打造身边的智能健康管家。在此基础上，该区总将服务对象扩大到服务产业工人、环卫工人、货车司机、农民工以及户外劳动者等，进一步增强职工的归属感，实现智慧工会、共建共享。太原智慧产业园联合工会在园区 B 座一层大厅打造了占地 260 平方米的“职工服务中心”，设立了职工法律援助服务、劳动争议服务、技能培训服务、就业创业服务、困难帮扶服务等 10 个服务窗口，为园区职工提供多样化服务。依托“新时代职工之家”，太原市各基层工会积极开展法律宣传、法律进班组、工会干部答题活动，维护职工劳动、休息、休假权益；加大了劳动保护力度，维护职工的生命健康权益；开展帮扶解困工作，让职工感受到“家”的温暖；开展心理沙龙、一对一心理咨询等活动，在缓解职工心理压力的基础上，倡导舒心工作、快乐工作。

据了解，太原市总工会“新时代职工之家”建设工作还将继续，让组织更健全、维权更到位、工作更规范、作用更明显、职工更信赖。（山西工人报首席记者 贺芳芳）

【案例2】

河北：为职工建好“家” 让“家”充满爱

2023年6月21日 来源：中工网

5年来，河北省发展新就业形态劳动者会员61.3万人，建会企业7500多家；

以“县级工会加强年”专项工作为契机，对口联系指导56个县级工会，省市两级实现对167个县级工会对口联系全覆盖；

补助551个基层工会1591.5万元开展规范化建设，开发1658个工会社会工作岗位，补助市、县两级工会购买岗位资金7669万余元；

积极探索新型农业合作社建会，建立了“依托职能部门—带动行业（系统）工会—指导企业工会—成立项目工会—服务农民工”的“链式推进”工作法，全省建立农业合作社工会5000余家……

这些数据，是河北省总工会基层组织建设工作的部分直观量化，折射了河北工会人的责任和担当，体现了工会组织对职工的关心关爱。

党的二十大报告明确指出，深化工会、共青团、妇联等群团组织改革和建设，有效发挥桥梁纽带作用。5年来，省总工会持续扩大工会组织覆盖面，不断提升工会组织规范化水平，增强组织吸引力，为职工建好“家”，让“家”更温馨，增强了职工群众的获得感、幸福感、安全感。

“筑堡垒” 在“加强”中提速

“在驿站里歇一歇、喝喝水、看看报，感觉特别舒服。”近日，在沧州市运河区光荣路户外劳动者驿站，几位环卫工人一边歇息热饭，一边深有感触地说。

以“县级工会加强年”专项工作为抓手，沧州市运河区总工会通过调研了解职工所需，将户外劳动者服务站点的建设和管理作为服务一线劳动者的重要举措，共创建20家户外劳动者驿站，其中光荣路户外劳动者驿站被全国总工会评为“最美工会户外劳动者服务站点”。

“县级工会是连接地方工会和基层工会的重要枢纽和关键节点，是工会发挥桥梁纽带作用的‘桥头堡’，是工会抓基层打基础的‘一线工作部’。加强县级工会规范化建设是一项需要持续发力、久久为功的工作。”据省总工会相关负责人介绍，省总工会组织开展县级工会规范化建设活动，在这一过程中，全省167个县级工会中的123个达到优秀标准，44个达到规范化标准。

为推进新时代县级工会工作创新发展，2021年12月，省总工会印发《河北省总工会关于加强县级工会高质量建设的实施意见》。2022年9月，按照全总部署，制定了《河北省“县级工会加强年”专项工作实施方案》，成立了专项工作专班，召开了全省“县级工会加强年”专项工作启动会。省总工会领导和各部门与56个县级工会进行了对接联系，省、市两级工会实现了对口联系全省167个县级工会的全覆盖，积极推动县级工会实现思想政治引领强、组织功能强、服务阵地强、制度机制强、作用发挥强的工作目标。

河北的做法得到全总的肯定和认可，在全总“县级工会加强年”专项工作启动会上，河北作为三家典型之一作了发言。

“强筋骨”　为基层注入新活力

乡镇（街道）、开发区、现代农业园区工会作为“小三级”工会组织的排头兵，直接联系基层、服务职工群众，是全省工会夯实基础、增强活力的关键所在。为让基层工会真正建起来、转起来、活起来、强起来，根据省总工会十三大工作部署，省总工会在全省开展“小三级”工会规范化建设工作。2021年12月，省总工会印发《河北省总工会关于加强乡镇（街道）、开发区、现代农业园区工会规范化建设的意见》，推动全省基层工会规范化建设常态化、长效化。

强化工会职能，做细工会工作。针对因经费不足导致基层工会活力不足的问题，省总工会专门划拨支持“小三级”工会开展活动的专项资金。5年来，累计补助乡镇（街道）等工会规范化建设资金1583.5万元。为补充基层工会工作力量，省总工会与民政厅、人社厅联合印发了《河北省工会社会工作岗位管理办法》，开发了1658个工会社会工作岗位，补助市、县两级工会购买岗位资金7669万余元，激发了基层工会的内生动力。

规范化建设工作激活了乡镇工会干部干事的激情。邯郸市邱县新马头镇总工会将建会工作纳入重要议事日程，新建工会4家，吸纳580名职工入会；指导企业工会建立民主管理制度，开展集体协商，提高职工收入等。

“是工会让我病有所依”“是工会帮我打通创业路”……近年来，深州市总工会建立了以乡镇、开发区工会为龙头，统筹辖区内各类产业型、行业型及区域型的基层工会，形成了乡镇、开发区工会、村和企业工会的三级组织网络。

按照“六有”标准严格验收把关，霸州市近三年来共有乡镇总工会9家、村级工会29家、企业工会11家完成了规范化建设。

……

5年来，省总工会共培养选树规范化建设乡镇（街道）工会485个、开发区工会41个、现代农业园区工会25个。小而精，小而全，小而暖，一批叫得响的“小三级”工会品牌纷纷在各地涌现，为基层工作“强筋骨”。

亮品牌　为建“家”开新局

“建‘家’就是建设工会”，要建设“六家”即忠诚之家、学习之家、法治之家、和谐之家、创新之家、美好之家。这是省直工会创建新时代职工之家提出的建家理念和创建标准。

自2019年开展创建新时代职工之家以来，在省直工会现辖7个片区工会，51个厅局直属机关工会、企业工会，以及800余个基层工会中，有306个基层工会、381个分工会（工会小组）分别被评为“省直新时代‘职工之家’建设表现突出单位”“省直新时代‘职工小家’建设表现突出单位”。活力四射的基层工会让职工们感到温暖：省直工会抽查情况显示，职工对“家”的满意度在96%以上。省直工会开展的新时代职工之家建设工作得到了党政的认可，激发了基层工会的活力，受到了职工的欢迎。

5年来，河北各级工会组织积极探索职工之家建设新模式。

今年1月份，秦皇岛市海港区总工会在人民里社区成立了全省首个社区“共享职工之家”，内设爱“新”驿站、职工书屋、健身活动室、心理咨询室、劳动纠纷调解室等，面向快递员、外卖配送员、网约车司机、网络主播等以灵活就业为主要特征的新就业形态劳动者开放，共享资源，受到广泛欢迎。

如今，在全省各地，不同工会特色、空间特色、服务特色的“共享职工之家”，已屡见不鲜。

“建‘大家’与建‘小家’并举，把建设职工之家作为强基层、补短板、增活力的重要途径，大力推进基层工会规范化建设，不断推动完善建家、评家、管家、兴家的工作体系。”省总工会相关负责人介绍，省总工会研究制定了《河北省模范职工之家、模范职工小家、优秀工会工作者评选表彰管理实施办法》，组织335对基层工会开展“结对帮促共建”活动，推广省直工会职工之家建设制度和秦皇岛市“共享职工之家”建设经验；推动形成了以“双亮”为前提、以“六有”为基准、以“双争”为动力、以“评家”为手段的建“家”工作新局面。

通过擦亮服务职工工作品牌，为职工提供更加精准暖心的服务，河北省的建“家”工作得到了全国总工会的肯定和认可。5年来，河北省275个单位和个人荣获全国模范职工之家、模范职工小家、优秀工会工作者等荣誉称号，964个单位和个人荣获省级模范职工之家等荣誉。(河北工人报记者 周斐)

第十四章

工会财务工作

工会财务工作是工会工作的重要组成部分，是确保工会组织体系正常运行和工会工作顺利开展的基础和保障，在工会全局工作中占有举足轻重的位置。加强工会财务工作，认真做好聚财、理财、用财的大文章，充分发挥工会财务的作用，对于提高工会组织的凝聚力、吸引力和战斗力具有十分重要的意义。

第一节 工会财务工作概述

《工会法》第45条第1款规定，工会应当根据经费独立原则，建立预算、决算和经费审查监督制度。工会财务工作就是各级工会组织及所属企事业单位涉及经费的收支活动，依法合理筹集、管理、分配、使用工会资金和财产，收好、用好、管好工会经费的总称。

工会财务管理的内容很多，主要包括预算管理、收入管理、支出管理、资金管理、财产管理、财务民主管理等。

一、工会财务工作的职能

工会财务作为工会组织履行社会职能的经济手段和保障，既要参与国民收入的再分配，为工会组织筹集和供应资金，又要在工会内部调节资金的余缺，使之与各自承担的职能任务相适应，同时还要反映监督工会活动内容，使之符合党和国家的方针政策要求。所以工会财务具有分配、调节和监督3个职能。收好经费是基础，管好经费是手段，用好经费是目的。

二、工会财务工作的特点

（一）独立自主的财务管理体制

中国工会是中国共产党领导的职工自愿结合的工人阶级群众组织，依照《中国工会章程》独立自主地开展工作，按照工会组织体制，工会财务实行统一领导、分级管理的管理体制，同时，如前所述，《工会法》第45条第1款规定，工会应当根据经费独立原则，建立预算、决算和经费审查监督制度，《工会法》第43条第3款规定：工会经费使用的具体办法由中华全国总工会制定。

（二）经费用途的法律规定

《工会法》第43条对工会经费的5项来源作出了明确规定，同时对工会经费的用途作了规定，主要用于为职工服务和工会活动。

（三）广泛的群众性

工会财务的最大特点就是广泛的群众性，即工会财务接受民主监督，这是工会财务工作区别于企事业财务工作的一个显著特点，也是由工会经费性质所决定的，工会经费的收、管、用都有相应职工群众的参与与监督。

三、工会财务工作的作用

（一）物资保证作用

工会为了进行日常工作，开展群众活动，都需要有一定的物质条件给予保证。而物质条件是通过财务活动取得的，又是通过编制财务计划或财务预算等活动，把各方面的资金需要与财力结合起来，统筹安排，完善财务制度，节约使用经费，有效地保证工作开展。

（二）财务监督作用

工会财务工作的监督作用，主要体现在对工会及其所属事业、企业单位的收入、支出进行法律、政策与制度的监督。工会财务工作的监督作用贯穿于筹集、分配、使用、管理资金和财产的全过程，开展财务检查是财务监督的重要手段。

（三）密切联系群众的作用

通过向职工宣传党和国家有关方针政策，了解职工群众的要求，依靠职工收好、用好经费，管好工会财产，定期公布账目，增加工会工作的透明度，使工会经费收支和工会工作都处在职工群众的监督之下，必然能起到联系群众的作用。

（四）经济决策的作用

工会财务工作是整个工会工作的重要组成部分。承担着工会的全部经济管理工作，应起到事前计划预测，事中监督检查，事后总结分析，并能提出行之有效的意见。

综上所述，工会财务工作的作用，是相辅相成，互相联系的统一体。

第二节 工会财务管理体制

工会财务管理，是指在工会经济活动中，对客观存在的资金运动，进行合理的计划、组织、调节、控制和监督的工作。工会财务管理体制是工会系统财务管理上职责权限划分和财力分配的制度。是确立上级工会和下级工会之间，地方工会和产业工会之间经济关系的制度。也可以说，工会财务管理体制是工会在组织领导财务工作，处理各种经济关系时，划分财务管理层级及各层级的经费分成比例和职责权限，确定财务管理形式的基本规则和基本制度。

《中国工会章程》第 39 条规定：工会资产是社会团体资产，中华全国总工会对各级工会的资产拥有终极所有权。各级工会依法依规加强对工会资产的监督、管理，保护工会资产不受损害，促进工会资产保值增值。根据经费独立原则，建立预算、决算、资产监管和经费审查监督制度。实行统一领导、分级管理的财务体制，统一所有、分级监管、单位使用的资产监管体制和统一领导、分级管理、分级负责、下审一级的经费审查监督体制。工会经费、资产的管理和使用办法以及工会经费审查监督制度，由中华全国总工会制定。

一、工会经费独立原则

经费独立原则是工会经费的基本原则，工会独立管理经费是历史形成的，是由工会组织的性质和工作特点决定的。工会只有独立管理经费，才能真正做到独立负责地开展活动，才能更好履行工会的职能，才能用工会的经费为职工办好事、办实事。工会经费独立原则，主要表现为工会经费使用与管理的具体办法由中华全国总工会制定，建立自己独立的预算、决算和经费审查监督制度。

二、统一领导、分级管理的工会财务管理体制

（一）统一领导

统一领导，就是中华全国总工会（以下简称全国总工会）对全国各级工会的财务工作实行统一领导，通过制定统一的工会财务工作方针、政策，统一的财务制度和纪律，实行严格规范的财务监督，实现其领导职责。各级工会组织及其所属单位，要严格执行、自觉接受统一领导，以保证工会组织的完整性和统一性。

统一领导还应体现在各级工会委员会（常委会）对财务工作实行集体领导，严格执行核定的年度预算收支计划，凡财务工作中的重大问题和重大开支项目要经集体讨论决定。

（二）分级管理

分级管理，就是在全国总工会统一制定的财会工作政策、制度、纪律制约下，对地方总工会和按产业系统管理经费的产业工会，确定财务管理层级，经费分成比例以及各层级工会财务管理的职责权限。各级工会在职权范围内享有自主权，但必须执行全国总工会统一的政策和规定，必须履行自己的职能，独立负责地开展财务管理工作。

（三）统一领导与分级管理的关系

1.“统一领导，分级管理”是对立统一关系在工会财务管理体制中的具体表现。统一领导是分级管理的前提，坚持统一领导，才能保证各级工会的均衡发展，才能保持工会组织的完整性和统一性；分级管理是统一领导的基础，坚持分级管理也就是坚持实事求是的原则。

2.“统一领导，分级管理”是民主集中制原则在工会财务管理上的具体运用。“统一领导”是在“分级管理”的基础上的“统一领导”，就是说全国总工会制定的工会财务工作的方针、政策、规章制度，必须从“分级管理”的实际情况出发，必须适应“分级管理”的需要。“分级管理”是在同一的政策、规章制度制约下的分级管理。

3.“统一领导，分级管理”是全局和局部的对立统一关系在工会财务

管理上的实际体现。“统一领导”是从全局的高度出发，在政策上、制度上领导和服务于局部；“分级管理”是从局部的角度，服从、贯彻落实全局和整体。

三、工会财务的归口管理

工会财务的归口管理，是指涉及工会经费的收入和支出、财产等工会财务方面的业务，只能由工会的一个职能部门去管理。每一级工会的财务工作和经费，由本级工会财务部门统一归口管理。

工会财务归口管理具体内容有以下八项。

一是工会经费的收支业务由专门的工会财务会计机构或指定的会计人员独家办理。

二是工会财务管理的一切规章制度由工会或工会财务部门独家制定。

三是工会的经费和财产，由工会或工会财务部门独家管理。

四是全国总工会和地方各级总工会财务部门独家对口同级财政部门，基层工会独家对口行政财务部门。

五是其他业务部门、企业方面，不得擅自在签发的文件中夹叙有关规定工会财务的事项。

六是工会所属企事业的工会财务管理制度要报请主管工会审批。

七是下级工会不得越权、越级改变上级工会制定的财务规章制度。

八是工会经费支出要坚持实行集体领导下的一支笔审批制度，就是在预算批准后，经费开支由财务主管领导人审批或授权批准，以防止多头审批，造成违纪及浪费。

四、工会财务监督

（一）工会财务监督的含义

工会财务监督，从广义上讲，包括工会财务部门、工会经费审查委员会、国家和社会以及职工群众等多方面对工会财务活动的监督。从狭义上讲，工会财务监督，就是工会财务部门以财务管理的制度规定进行的监督，使工会经费的运行合理合法，充分发挥效能，确保工会各项任务的顺利完成。

（二）工会财务监督的内容

（1）遵守、贯彻、执行党的各项方针政策、法律法规。

（2）工会各项财务制度、规章的执行。

（3）执行本级经费收支预算及各项资金的运行。

（4）本级所属工会事业单位预算执行及各项资金的运行。

（5）工会财产物资的购置、管理和使用。

第三节　工会经费

一、工会经费概述

（一）工会经费的概念

工会经费，是指工会依法取得并开展正常活动所需的费用。工会经费是保证工会组织维权、置业、建会、兴会、服务以及履行各项职能和工会事业发展的物质条件。

（二）充分认识管好用好工会经费的重要意义

管好用好工会经费，对于确保工会各项重点工作开展、增强工会服务职工工作物质基础、更好地发挥工会在党和国家工作大局中的作用，意义重大。当前，党和政府对工会工作支持力度不断加大，各级财政拨付的困难职工帮扶、劳模困难补助等专项资金的数额持续增加，各地工会经费收缴大幅增加，迫切需要创新工作思路、健全制度机制，切实加强工会经费收缴、管理、使用、监督等各个环节的工作，确保工会经费真正用于服务职工、发展和壮大工运事业，更好地为大局服务、为职工服务、为工运事业服务。

二、工会经费的来源

工会经费是依照国家法律法规取得的，它的来源的合法性受国家法律保护，任何组织和个人不得干涉。

根据《工会法》第 43 条第 1 款的规定，工会经费的来源有 5 个方面：一是工会会员缴纳的会费；二是建立工会组织的用人单位按每月全部职工工资总额的 2%向工会拨缴的经费；三是工会所属的企业、事业单位上缴的收入；四是人民政府的补助；五是其他收入。

（一）工会会员缴纳的会费

工会会员缴纳会费是会员应尽的义务，是工会经费的来源之一，也是会员在工会组织内部享受权利的物质基础。会员缴纳工会会费，体现了会员的组织观念，密切了会员与工会组织的联系，同时也有利于职工之间的互助互济和团结友爱精神的增强。会费缴纳的标准，是根据不同时期会员的收入情况和工会工作情况，由全国总工会统一制定的。现行标准是工会会员每月应向工会组织缴纳本人每月工资收入 0.5%的会费。工资尾数不足 10 元的部分不计缴会费。只要用人单位发给职工的是“工资”，而不是发的奖金、津贴或补贴，就应按本人所得的工资收入计算缴纳会费。会员缴纳的会费，全部留在基层，用于工会开展活动，无须上缴。

（二）用人单位拨缴的经费

用人单位根据《工会法》及有关法规的规定拨缴的经费，这是工会经费的主要来源。根据《工会法》第 43 条第 1 款的规定，建立工会组织的用人单位按每月全部职工工资总额的 2%向工会拨缴的经费。《工会法》第 44 条规定：“企业、事业单位、社会组织无正当理由拖延或者拒不拨缴工会经费，基层工会或者上级工会可以向当地人民法院申请支付令；拒不执行支付令的，工会可以依法申请人民法院强制执行。”

用人单位拨缴工会经费是国家以立法形式维护工会权益的具体表现，因此，它具有以下特征。

1. 强制性。用人单位拨缴工会经费是《工会法》规定的，《工会法》

是国家立法机关制定的，与其他法律一样，具有同等的法律效力，必须执行。不执行就是违法，就要追究其法律责任。

2. 无偿性。用人单位的行政方面向工会拨缴经费是法定义务，是无偿的。拨缴工会经费是国家为了支持工会履行社会职能的需要，因此不需要偿还。

3. 固定性。用人单位每月按全部职工工资总额的2%向工会拨缴经费，这是法律固定下来的，具有长期的法律效力，不得随意变更。

“全部职工”指的是在用人单位工作，并由其支付工资的各种人员。包括正式工、临时工、农民工、灵活就业人员等。

“工资总额”是指用人单位在一定时期（年、季、月、日）内实际支付给全部职工的劳动报酬总额。不论是从工资科目开支，还是由工资科目以外的其他各项经费科目（如搬运费、材料费、加工费、职工福利基金、企业基金、企业利润留成与附属机构的业务收入等）开支的；也不论是以货币形式或实物形式支付的，均应计算在工资总额内。工资总额由下列部分组成：计时工资、计件工资、奖金、津贴和补贴、加班加点工资、特殊情况下支付的工资。

三、工会所属的企业、事业单位上缴的收入

工会可以利用自己筹集的各种资金，举办职工旅游、职工消费合作社等为职工服务的企业、事业单位。工会举办的企业、事业单位向工会上缴的收入，也是工会经费的来源之一。

四、人民政府的补助

在工会经费不足的情况下，政府给同级工会的补贴，是工会经费的补充来源，它具有一次性和专用性的特点。

五、其他收入

其他收入主要指：上级工会的补贴，个人、社会团体及海外侨胞、友

人的捐助，工会变卖财产收入，银行存款利息收入，等等。

六、工会经费的使用

（一）工会经费使用范围

《工会法》第 43 条第 3 款规定：工会经费主要用于为职工服务和工会活动。经费使用的具体办法由中华全国总工会制定。这一规定，为工会经费的正确合理使用提供了法律依据。

（二）始终坚持工会经费正确使用方向

要认真贯彻《工会法》和《中国工会章程》，优化工会经费支出结构，严格控制一般性支出，坚持重心下移，将资源和工会经费支出重点向基层倾斜，完善工会经费对基层补助体制，对基层工会回拨资金和超收补助资金要更多用于工会重点工作，确保大部分经费用于服务职工。对于各级财政用于困难职工帮扶的资金、劳模“三金”等专项资金，要严格规范管理，确保专款专用，决不允许任何转移、截留、挪用、改变资金用途等违法违纪违规问题的发生。

七、工会经费的独立管理和措施

（一）工会经费独立管理

根据《工会法》第 45 条中规定，工会应当根据经费独立原则，建立预算、决算和经费审查监督制度。各级工会建立经费审查委员会。工会经费收支情况由同级工会经费审查委员会审查，并且定期向会员大会或者会员代表大会报告，接受监督。工会经费的使用应当依法接受国家的监督。

（二）对截留、挪用工会经费的处罚规定

对截留、挪用、侵占或者贪污工会经费的，由同级工会或上级工会责令改正，对直接负责的主管人员和其他直接责任人予以处分；情节严重的，依照《中国工会章程》规定予以罢免；造成损失的，依法承担赔偿责任；构成犯罪的，依法追究刑事责任。

（三）工会的经费和财产受法律保护

工会的财产、经费和政府及有关单位拨给工会使用的不动产，任何组织和个人不得侵占、挪用和任意调拨。基层工会经费和用工会经费购置的财产，不得作为所在单位的经费和财产予以冻结、查封、扣押或者作其他处理。工会组织合并，其经费财产归合并后的工会所有；工会组织撤销或者解散，其经费财产由上一级工会处理。企业破产清算时，欠拨的工会经费应当依法列入清偿顺序。

第四节　加强基层工会经费收支管理

一、基层工会经费收支管理原则

根据2017年12月15日中华全国总工会颁发的《基层工会经费收支管理办法》的规定，基层工会经费收支管理，应贯彻以下原则。

（1）遵纪守法原则。基层工会应依据《工会法》的有关规定，依法组织各项收入，严格遵守国家法律法规，严格执行全国总工会有关制度规定，严肃财经纪律，严格工会经费使用，加强工会经费收支管理。

（2）经费独立原则。基层工会应依据全国总工会关于工会法人登记管理的有关规定取得工会法人资格，依法享有民事权利、承担民事义务，并根据财政部、中国人民银行的有关规定，设立工会经费银行账户，实行工会经费独立核算。

（3）预算管理原则。基层工会应按照《工会预算管理办法》的要求，将单位各项收支全部纳入预算管理。基层工会经费年度收支预算（含调整预算）需经同级工会委员会和工会经费审查委员会审查同意，并报上级主管工会批准。

（4）服务职工原则。基层工会应坚持工会经费正确的使用方向，优化工会经费支出结构，严格控制一般性支出，将更多的工会经费用于为职工服务和开展工会活动，维护职工的合法权益，增强工会组织服务职工的能力。

（5）勤俭节约原则。基层工会应按照党中央、国务院关于厉行勤俭节约反对奢侈浪费的有关规定，严格控制工会经费开支范围和开支标准，经费使用要精打细算，少花钱多办事，节约开支，提高工会经费使用效益。

（6）民主管理原则。基层工会应依靠会员管好用好工会经费。年度工会经费收支情况应定期向会员大会或会员代表大会报告，建立经费收支信息公开制度，主动接受会员监督。同时，接受上级工会监督，依法接受国家审计监督。

二、基层工会经费收入范围

根据《工会法》《中国工会章程》《基层工会经费收支管理办法》的规定，基层工会经费收入范围包括以下几点。

（1）会费收入。会费收入是指工会会员依照全国总工会规定按本人工资收入的5‰向所在基层工会缴纳的会费。

（2）拨缴经费收入。拨缴经费收入是指建立工会组织的单位按全部职工工资总额的2%依法向工会拨缴的经费中的留成部分。

（3）上级工会补助收入。上级工会补助收入是指基层工会收到的上级工会拨付的各类补助款项。

（4）行政补助收入。行政补助收入是指基层工会所在单位依法对工会组织给予的各项经费补助。

（5）事业收入。事业收入是指基层工会独立核算的所属事业单位上缴的收入和非独立核算的附属事业单位的各项事业收入。

（6）投资收益。投资收益是指基层工会依据相关规定对外投资取得的收益。

（7）其他收入。其他收入是指基层工会取得的资产盘盈、固定资产处置净收入、接受捐赠收入和利息收入等。

三、基层工会经费支出范围

根据《工会法》工会经费主要用于为职工服务和工会活动。

按照《基层工会经费收支管理办法》规定，基层工会经费支出范围包括：职工活动支出、维权支出、业务支出、资本性支出、事业支出和其他支出。

（一）职工活动支出

职工活动支出是指基层工会组织开展职工教育、文体、宣传等活动所发生的支出和工会组织的职工集体福利支出。包括如下几方面。

1. 职工教育支出。用于基层工会举办政治、法律、科技、业务等专题培训和职工技能培训所需的教材资料、教学用品、场地租金等方面的支出，用于支付职工教育活动聘请授课人员的酬金，用于基层工会组织的职工素质提升补助和职工教育培训优秀学员的奖励。对优秀学员的奖励应以精神鼓励为主、物质激励为辅。授课人员酬金标准参照国家有关规定执行。

2. 文体活动支出。用于基层工会开展或参加上级工会组织的职工业余文体活动所需器材、服装、用品等购置、租赁与维修方面的支出以及活动场地、交通工具的租金支出等，用于文体活动优胜者的奖励支出，用于文体活动中必要的伙食补助费。文体活动奖励应以精神鼓励为主、物质激励为辅。奖励范围不得超过参与人数的2/3；不设置奖项的，可为参加人员发放少量纪念品。文体活动中开支的伙食补助费，不得超过当地差旅费中的伙食补助标准。

基层工会可以用会员会费组织会员观看电影、文艺演出和体育比赛等，开展春游秋游，为会员购买当地公园年票。会费不足部分可以用工会经费弥补，弥补部分不超过基层工会当年会费收入的3倍。基层工会组织会员春游秋游应当日往返，不得到有关部门明令禁止的风景名胜区开展春游秋游活动。

3. 宣传活动支出。用于基层工会开展重点工作、重大主题和重大节日宣传活动所需的材料消耗、场地租金、购买服务等方面的支出，用于培育和践行社会主义核心价值观，弘扬劳模精神和工匠精神等经常性宣传活动方面的支出，用于基层工会开展或参加上级工会举办的知识竞赛、宣讲、演讲比赛、展览等宣传活动支出。

4. 职工集体福利支出，是用于基层工会逢年过节和会员生日、婚丧嫁娶、退休离岗的慰问支出等。

基层工会逢年过节可以向全体会员发放节日慰问品。逢年过节的年节是指国家规定的法定节日（即新年、春节、清明节、劳动节、端午节、中秋节和国庆节）和经自治区以上人民政府批准设立的少数民族节日。节日慰问品原则上为符合中国传统节日习惯的用品和职工群众必需的生活用品等，基层工会可结合实际采取便捷灵活的发放方式。

工会会员生日慰问可以发放生日蛋糕等实物慰问品，也可以发放指定蛋糕店的蛋糕券。

工会会员结婚生育时，可以给予一定金额的慰问品。工会会员生病住院、工会会员或其直系亲属去世时，可以给予一定金额的慰问金。

工会会员退休离岗，可以发放一定金额的纪念品。

5. 其他活动支出。用于工会组织开展的劳动模范和先进职工疗休养补贴等其他活动支出。

（二）维权支出

维权支出，是指基层工会用于维护职工权益的支出。包括：劳动关系协调费、劳动保护费、法律援助费、困难职工帮扶费、送温暖费和其他维权支出。

1. 劳动关系协调费。用于推进创建劳动关系和谐企业活动、加强劳动争议调解和队伍建设、开展劳动合同咨询活动、集体合同示范文本印制与推广等方面的支出。

2. 劳动保护费。用于基层工会开展群众性安全生产和职业病防治活动、加强群监员队伍建设、开展职工心理健康维护等促进安全健康生产、保护职工生命安全为宗旨开展职工劳动保护发生的支出等。

3. 法律援助费。用于基层工会向职工群众开展法治宣传、提供法律咨询、法律服务等发生的支出。

4. 困难职工帮扶费。用于基层工会对困难职工提供资金和物质帮助等发生的支出。

工会会员本人及家庭因大病、意外事故、子女就学等原因致困时，基层工会可给予一定金额的慰问。

5. 送温暖费。用于基层工会开展春送岗位、夏送清凉、金秋助学和冬送温暖等活动发生的支出。

6. 其他维权支出。用于基层工会补助职工和会员参加互助互济保障活动等其他方面的维权支出。

（三）业务支出

业务支出是指基层工会培训工会干部、加强自身建设以及开展业务工作发生的各项支出。包括如下方面。

1. 培训费。用于基层工会开展工会干部和积极分子培训发生的支出。开支范围和标准以有关部门制定的培训费管理办法为准。

2. 会议费。用于基层工会会员大会或会员代表大会、委员会、常委会、经费审查委员会以及其他专业工作会议的各项支出。开支范围和标准以有关部门制定的会议费管理办法为准。

3. 专项业务费。用于基层工会开展基层工会组织建设、建家活动、劳模和工匠人才创新工作室、职工创新工作室等创建活动发生的支出，用于基层工会开办的图书馆、阅览室和职工书屋等职工文体活动阵地所发生的支出，用于基层工会开展专题调研所发生的支出，用于基层工会开展女职工工作性支出，用于基层工会开展外事活动方面的支出，用于基层工会组织开展合理化建议、技术革新、发明创造、岗位练兵、技术比武、技术培训等劳动和技能竞赛活动支出及其奖励支出。

4. 其他业务支出。用于基层工会发放兼职工会干部和专职社会化工会工作者补贴，用于经上级批准评选表彰的优秀工会干部和积极分子的奖励支出，用于基层工会必要的办公费、差旅费，用于基层工会支付代理记账、中介机构审计等购买服务方面的支出。

基层工会兼职工会干部和专职社会化工会工作者发放补贴的管理办法

由省级工会制定。

（四）资本性支出

资本性支出是指基层工会从事工会建设工程、设备工具购置、大型修缮和信息网络购建而发生的支出。

（五）事业支出

事业支出是指基层工会对独立核算的附属事业单位的补助和非独立核算的附属事业单位的各项支出。

（六）其他支出

其他支出是指基层工会除上述支出以外的其他各项支出。包括：资产盘亏、固定资产处置净损失、捐赠、赞助等。

根据《工会法》的有关规定，基层工会专职工作人员的工资、奖励、补贴由所在单位承担，基层工会办公和开展活动必要的设施和活动场所等物质条件由所在单位提供。所在单位保障不足且基层工会经费预算足以保证的前提下，可以用工会经费适当弥补。

四、基层工会财务管理

（1）基层工会要认真贯彻落实《工会法》《中国工会章程》，以及全国总工会《基层工会经费收支管理办法》《工会预算管理办法》《关于加强工会经费财务管理和审计监督切实管好用好工会经费的通知》精神，切实加强财务管理。

（2）基层工会主席对基层工会会计工作和会计资料的真实性、完整性负责。

（3）基层工会应根据国家和全国总工会的有关政策规定以及上级工会的要求，制订年度工会工作计划，依法、真实、完整、合理地编制工会经费年度预算，依法履行必要程序后报上级工会批准。严禁无预算、超预算使用工会经费。年度预算原则上 1 年调整 1 次，调整预算的编制审批程序与预算编制审批程序一致。

（4）基层工会应根据批准的年度预算，积极组织各项收入，合理安排各项支出，并严格按照《工会会计制度》的要求，科学设立和登记会计账簿，准确办理经费收支核算，定期向工会委员会和经费审查委员会报告预算执行情况。基层工会经费年度财务决算需报上级工会审批。

（5）基层工会应加强财务管理制度建设，健全完善财务报销、资产管理、资金使用等内部管理制度。基层工会应依法组织工会经费收入，严格控制工会经费支出，各项收支实行工会委员会集体领导下的主席负责制，重大收支须集体研究决定。

（6）基层工会应根据自身实际科学设置会计机构、合理配备会计人员，真实、完整、准确、及时反映工会经费收支情况和财务管理状况。具备条件的基层工会，应当设置会计机构或在有关机构中设置专职会计人员；不具备条件的，由设立工会财务结算中心的乡镇（街道）、开发区（工业园区）工会实行集中核算，分户管理，或者委托本单位财务部门或经批准设立从事会计代理记账业务的中介机构或聘请兼职会计人员代理记账。

五、严格控制工会经费开支

基层工会要严格遵守国家法律法规，严格执行全国总工会有关制度规定，严格控制工会经费开支，不准将工会经费用于服务职工群众和开展工会活动以外的开支。具体包括以下方面。

（1）不准使用工会经费请客送礼。

（2）不准违反工会经费使用规定，滥发奖金、津贴、补贴。

（3）不准使用工会经费从事高消费性娱乐和健身活动。

（4）不准单位行政利用工会账户，违规设立“小金库”。

（5）不准将工会账户并入单位行政账户，使工会经费开支失去控制。

（6）不准截留、挪用工会经费。

（7）不准用工会经费参与非法集资活动，或为非法集资活动提供经济担保。

（8）不准用工会经费报销与工会活动无关的费用。

思考题：

1. 工会财务有哪些特点？
2. 工会财务工作的作用是什么？
3. 如何理解工会财务管理体制？
4. 工会经费的来源有哪些？
5. 基层工会经费收支管理原则是什么？
6. 基层工会经费支出的范围是什么？

【案例1】

开展五次线上培训　累计参加培训4000余人次
天津市滨海新区总工会强化工会财务管理

2022年8月10日　来源：滨城时报

● 通过线上培训、线下研讨等方式，搭建基层工会财务人员学习平台。今年以来，已开展五次线上培训，累计参加培训4000余人次

● 深入25家基层工会面对面指导正确使用工会经费，帮助解决疫情防控专项资金使用方面的问题

今年以来，新区总工会着力加强工会经费收管用工作，坚持问题导向、目标导向、结果导向，不断转变工作作风、优化工作流程、提高工作效率，积极探索工会经费、工会资产管理的新模式，在做好精准指导服务方面狠下功夫，全力推进新区工会财务管理制度化规范化建设。

强化严管严控

高效益使用工会经费

新区总工会贯彻落实全总、市总、区总出台的一系列政策规定，认真执行《滨海新区总工会内部控制手册》，从工会经费收缴和预算编制、执行、监督、绩效评价等各个环节入手，着力构建“收、管、用、监”四位一体的工会财务管理体系；不断强化源头控制，深入推进工会经费实施全面预算管理，按照《工会预算管理办法》有关要求，规范预算编制、审批、执行、监督相关工作流程，优化支出结构，严格控制三公经费；严格执行经批准的预算，对各类支出及时跟进、加强监管，确保资金按照预算

进度、支出范围和内容落实到位。

据了解，从今年3月份起，新区总工会对所属基层工会开展2021年工会财务活动财务监督检查，全面监督检查下级工会在严格执行《工会法》《工会会计制度》《工会预算管理办法》等国家有关法律法规、工会财务会计制度中存在的问题，防范和杜绝违法违规行为发生，更好地确保资金安全有效运行，促进工会资金使用效益最大化。

强化培训指导

高水平服务基层工会

今年以来，新区总工会根据2022年工会财务重点工作，紧密开展了一系列线上财务专题培训，通过线上培训、线下研讨等方式，搭建基层工会财务人员学习平台。截至目前，今年新区总工会已开展“新工会会计制度讲解”“工会预算绩效管理培训”“天津市总工会文件详细解读”“工会预算和绩效管理重点”“工会内控制度建设”五次线上培训，累计参加培训4000余人次。

为摸清底数、掌握实情，新区总工会做好基层联系点工作，深入基层工会广泛开展调研，仔细了解工会财务资产工作面临的突出矛盾和问题，不断增强服务精准度。今年以来，新区总工会已深入25家基层工会面对面指导正确使用工会经费，帮助解决疫情防控专项资金使用方面的问题，了解财务监督管理、内控制度建设、票据使用等方面情况，对于存在的风险点及时纠正，督促其整改，指导小微企业工会做好账户移交后的管理和报销工作，专业、细致的服务受到基层工会的好评。

新区总工会负责人表示，新区总工会将继续坚持工会经费面向基层、面向普通、面向弱势、面向急难的服务方向，突出工会经费向基层倾斜的力度，落实好全年财务工作目标任务，为新区工会自身建设和工运事业发展提供有力保障。（滨城时报记者 张伯妍 张广艳 王鸥 通讯员 徐欣）

【案例2】

北京市东城区总积极介入并调解一起侵占企业工会经费案，维护基层工会合法权益

——被挪用的企业工会经费追回了

2023年4月19日02版　来源：《工人日报》

工会经费被挪用于企业的生产经营活动，怎么办？北京市东城区总工会接到企业工会的求助后，指派工会签约律师及时介入，律师与企业多次沟通，介绍工会法、基层工会经费收支管理办法等法律法规，最终让企业转变认知，退还工会经费。

历时一年，线上线下沟通、发送律师函、一审诉讼，法院进行调解，双方通过线上庭审的方式签署调解协议书……近日，北京市东城区一物业公司工会被企业行政挪用的工会经费终于被追回，公司工会收到了12万元。

2019年8月，物业公司工会原主席离职，将掌管的工会账户、印章等资料交由公司工会经审委员会委员（同时为公司财务）保管。2020年6月，该公司工会开始筹备换届选举工作，2020年9月获得东城区总工会的批复，并依法取得工会法人资格证书。

新一届工会委员会委员上任后，在对公司工会资产盘点及查阅银行流水时发现，2020年1月10日，公司工会账户向一家广告公司转账15万元，备注为预付企业会议费用，且无对应的合同。但该公司工会自成立以来从未举办过有关会议，反而是企业方每年都举办数次会议。对此，新一届工会委员会初步认定，该公司挪用工会经费用于企业的生产经营活动，应属于侵占工会经费的情形，于是要求企业退还被挪用的工会经费。

但是，该公司工会主席多次与企业沟通后均未有成效。企业坚持认为工会经费是企业从工资总额里提取缴纳的，企业可以使用。无奈，该公司工会向东城区总工会求助。东城区总工会接到请求后，指派工会律师帮助企业工会维权。

工会律师介入后，经过综合案情考虑，采用发送律师函、约谈等方

式，并与企业多次沟通，详细介绍工会法、基层工会经费收支管理办法等法律规定，企业最终转变认识。

经企业与业务部门了解得知，该笔预付款已经使用了3万元，企业同意退还已经使用的3万元，未使用的款项，企业指令业务部门通知广告公司停止使用，再发生业务费用由业务部门向公司申请费用，对于剩余的费用建议工会直接向广告公司追讨。

事情虽取得一定的进展，但并未得到完全解决，因为广告公司以各种理由拒绝退还。

在诉讼阶段，一审过程中，承办法官建议调解。律师详细地阐述了工会的观点以及支撑的法律依据，指出企业的行为明显属于挪用，在没有签订合同的情况下，广告公司的行为明显属于不当得利。法官综合案情，给广告公司做了大量详尽的有关工会经费应该如何使用等方面的解释工作，促使广告公司转变了态度。

最终，广告公司同意全额退还12万元工会经费。

北京市总工会法律服务中心工会劳模法律服务团成员金晓莲律师指出，本案为典型的侵占、挪用工会经费的情形，工会法明确，工会的财产、经费和国家拨给工会使用的不动产，任何组织和个人不得侵占、挪用和任意调拨。“本案的实践意义在于，基层工会在发现企业违反工会法的规定，侵占、挪用工会经费不予返还时，应当依法维权。”（本报记者 赖志凯）

第十五章

工会经费审查工作

工会经费审查是工会工作的重要组成部分。加强工会经费审查工作，是管好用好工会经费、提高经费使用效率的客观需要，是保护工会经费和资产安全、完整的重要保障，是促进工会系统党风廉政建设的基本手段。

第一节　工会经费审查工作概述

一、工会经费审查工作的概念与特点

工会经费审查监督工作是工会经费审查委员会在同级工会党组织领导下，依据《工会法》《审计法》《中国工会章程》《中国工会审计条例》等法律法规规定的职责、权限和程序，对工会财务收支、资产管理、内部控制、风险管理等全部经济活动实施独立、客观的监督、评价和建议的活动。同级工会未建立党组织的，其经审会接受所在单位隶属的党组织领导，向所在单位隶属的党组织报告审计工作。

工会经费审查具有以下特点。

（1）广泛的群众性。工会经费审查委员会的委员是由工会会员（代表）大会选举产生的，具有广泛的代表性，代表着各个地方、各个行业、各个企事业单位的职工群众。工会经费审查委员会可以聘请具有审计、财会等专业资格和职业能力的人员作为特邀审计员参与审计工作，可以委托社会中介机构参与审计工作。工会经费审查委员会开展的监督，是广大职工群众参与的民主监督与工会审计人员开展的专业监督相结合的监督，有自己的优势和特点。工会经费审查委员会向工会会员（代表）大会负责并报告工作，工会会员（代表）大会有权对经费使用情况提出意见，对工会经审工作提出要求，这是群众性的体现。

（2）充分的独立性。工会经费审查工作的独立性，是由工会独立管理经费决定的，是《工会法》和《中国工会章程》赋予的。各级工会经费审委员会受工会会员大会或工会会员代表大会的委托，代表会员群众对工会经费和资产管理进行审查监督，并对工会会员（代表）大会负责，不受其他单位、组织和个人的干扰。各级工会经费审委员会依照《审计法》和《中国工会审计条例》等法律法规规定的职权、程序开展审计监督工作，有权在规定职权范围内独立自主作出审计评价和审计决定。工会经费审查委员会的工作机构和审计人员独立履行审计监督职责，不能参与被审计单位的经济管理活动，不得从事管钱管物的工作，在办理审计事项中，与被审计单位或者审计事项有利害关系的应当回避。

（3）高度的权威性。工会经费审查工作的权威性是由工会经审组织具有充分的独立性决定的。工会经审组织和审计人员依照法律和《中国工会章程》独立履行审计监督职责，被审计单位及其有关人员不得拒绝和阻碍工会审计人员执行公务，不得打击报复工会审计人员。工会审计人员在办理审计事项中，应当恪守国家审计准则规定的严格依法、正直坦诚、客观公正、勤勉尽责、保守秘密等基本审计职业道德和审计纪律。工会经审组织的审计结果作为同级工会、上级工会及其有关部门评选先进和工作考核的重要依据，工会经审会有权对审计结果以适当的方式进行通报。

二、工会经费审查工作的职能作用

工会经费审查工作的基本职能是监督。工会经费审查工作的监督职能作用主要体现在以下几个方面。

（1）促进依法治会。工会的经济活动必须遵守党和国家的财经政策，而且要充分体现为职工服务的宗旨。工会经费审查监督工作是以党和国家的政策、法规和工会财务规章制度为准则来审查工会的经济活动的，要通过审查监督工作促进工会组织认真贯彻执行党和国家的财经法纪，促进工会经费坚持正确使用方向，促进各级工会组织执行工会财务、资产管理制度。

（2）促进民主公开。工会经费审查委员会向同级工会会员（代表）大会负责并报告工作；在大会闭会期间，向同级工会委员会负责并报告工作。经费审查委员会把对同级工会组织及其直属企事业单位的经费收支和资产管理的审查审计情况，贯彻执行财经法纪的情况通过经审工作报告的形式向工会会员（代表）大会和工会委员会报告，这就是工会民主管理经费和资产，公开经费使用和资产管理情况，发挥工会经费审查工作民主公开职能的重要体现。

（3）促进科学决策。工会经费审查委员会是工会经济活动方面意见和要求来源的重要渠道。通过对工会经费收支的审查监督活动，经审组织可以掌握大量准确的工会经费收支、资产管理和企事业经营管理情况方面的资料，可以提出加强工会财务、资产管理和工会企事业单位经营管理的建议，及时提供给工会领导参考，为工会领导民主、科学决策提供依据。

（4）促进廉洁自律。工会经费审查委员会通过对工会及其所属企事业单位预算执行、财务收支、经营活动的审查审计，可以发现一些违反廉洁自律纪律、中央八项规定的问题，针对这些存在的问题，及时向工会组织或企事业单位提出改进意见和建议，督促做好审计整改工作，能够有力地制止一些经济问题的发生，并起到预防腐败问题发生、震慑腐败分子的作用，充分发挥工会经审组织“免疫系统”的功能，从而促进工会组织和工会干部的廉洁自律。

三、工会审计的工作体制

《中国工会章程》第 39 条中规定，工会实行“统一领导、分级管理、分级负责、下审一级”的经费审查监督体制。《中国工会审计条例》第 4 条规定：“工会审计实行统一领导、分级管理、分级负责、下审一级的工作体制。工会审计的制度和办法由中华全国总工会统一制定。”

（1）统一领导。是指工会经审工作的制度和办法由全国总工会统一制定，并对各级工会经审工作进行督促检查。全国总工会经审会通过颁布制度、制定政策、部署工作，对全国各级工会的经审工作实行统一领导。下级工会经审会应当根据上级工会经审会的工作部署，研究确定自己的工作思路和任务，重大问题应向上级工会经审会请示报告。各级工会经审会及经审干部应自觉接受上级工会经审会的业务指导，积极协助上级工会经审会开展工作。上级工会经审会对下级工会经审工作进行督促检查、量化考核和评比表彰，促进经审工作水平的整体提升。

（2）分级管理。是指各级工会经审会按照财务管理级次划分工作范围、明确监督职责。地方工会和独立管理经费的产业工会，从省级、市级、县级到基层，各级工会经审会都要建立健全与财务管理体制和资产监管体制相匹配的监督制约机制，在职责范围内卓有成效地开展审查审计工作。

（3）分级负责。是指各级工会经审会对同级工会会员（代表）大会负责，依法独立履行职责，有权直接处理职责范围内的事务，承担职责范围内的监督责任。各级工会经审会根据上级工会经审会的工作部署，结合本级工会实际研究制订工作计划，确定工作重点，制定相关制度，抓好工作落实，不断提高经审工作的整体水平，充分发挥经审监督的效能。

（4）下审一级。是指上级工会经审会要对下一级工会及其所属企事业单位的经费收缴、财务管理、资产使用和经营情况等进行审计。审计内容主要包括工会经费的收、管、用，上级工会补助资金和“帮扶”“送温暖”等专项资金的使用，当地政府拨款、补助资金的使用及效益，下一级工会的直属企事业单位的财务收支、资产管理和经营情况等。下一级工会遇有重大或必要的审计事项需要上级工会经审会审计时，由下一级工会或下一级工会经审会向上级工会经审会提出申请，经批准后对其进行审计。下审一级必须做到对下一级工会审计的全覆盖。

四、工会审计方针

《中国工会审计条例》第 5 条规定，工会审计遵循依法审计、服务大局、突出重点、注重实效的工作方针。

依法审计是指工会经审组织和审计人员应当依照法律规定行使审计监督权，开展各项审计活动。工会经审组织和经审干部要按照《审计法》《中国工会审计条例》等法律法规规定的职责、权限和程序开展审查审计监督活动。要依据财务收支和经济管理方面的法律、法规、规章，客观评价被审计单位的财务、资产管理情况和经济行为，对违反国家、工会规定的财务收支行为进行披露和处理、处罚；要客观公正、实事求是地对被审计单位的工作做出客观科学准确的评价，要以促进工作、改善管理为目的，提出科学、合理的审计建议，推动工会财务和资产管理制度建设。

服务大局是指工会经审组织和经审干部必须牢固树立大局意识，做到认清大局、胸怀大局、把握大局，站在工会工作全局的高度，放眼大势，拓宽思路，抓好要务，不断开创经审工作新局面。在工作统筹和安排上要大局在胸，抓住审查审计监督的主线，突出工会重点工作，做到科学谋划、方向明确、任务具体、措施有力。在工作推进上要围绕工会重点工作任务来研究、谋划、部署和推动经费审查审计监督工作，要忠实履行监督职责，牢牢把握住经审工作服务大局的工作方向和重点内容。

突出重点是指工会经审工作要紧紧围绕实际，必须始终突出重点，分清主次，围绕中心，狠抓落实。要找准审查审计监督的突破点、关键点，有的放矢，不能眉毛胡子一把抓，不分轻重缓急。工会经审组织和经审干部坚持抓重点、抓要害、抓关键，把主要精力和力量放在加强对事关工会经费和资产安全大问题的监督上。要对“三重一大”项目进行全过程跟踪审查审计，如实揭露查出的问题，重大问题要及时向同级工会领导班子报告，提出切实可行的审查审计意见和建议，下大力气抓好审计整改工作，有效防范风险、避免损失。

注重实效是指工会经审工作要始终聚焦主责主业，取得审查审计监督的实际效果。工会经审组织和经审干部要在经费审查审计的全过程中注重脚踏实地，充分发挥审查审计监督效能，在揭露问题、落实整改、促进管理、推动工作上下功夫、见实效。审查审计的见实效要体现在重要事项的刚性约束上，比如：本级工会经费年度预算不经经审会全体会议审查通过，工会主席不能签字，上级工会不予审批；追加预算不经经审会或经审会常务委员会审查同意，财务部门不能办理；审查审计发现的问题不整改到位，各项考核实行一票否决；工会企事业单位不经审计，其经营成果不予确认；工会建设项目不经审计，不予验收、结算和付款等。

第二节 工会经费审查委员会

一、工会经费审查委员会的建立

工会经费审查监督工作的组织机构是经费审查委员会。工会经费审查委员会是代表会员群众，依照法律和《中国工会章程》规定的职责、权限和程序，对工会及所属企业、事业单位经费收支和资产管理情况的真实、完整、合法与效益实施的审查监督的组织，它监督财经法纪的贯彻执行和工会经费的使用。

（一）工会经费审查委员会的产生

《中国工会章程》规定，各级工会代表大会选举产生同级经费审查委员会。经费审查委员会主任、副主任可以由经费审查委员会全体会议选举产生，也可以由会员大会或会员代表大会选举产生。凡为一级财务管理的工会组织，在组建工会或换届选举时，经费审查委员会与同级工会委员会应同时考察、同时选举产生、同时报批。《中国工会审计条例》第 10 条规定，经审会应当与同级工会委员会同时考察、同时报批、同时选举产生。

（二）工会经费审查委员会委员

经审会委员由政治素质高、业务能力强、具有相关专业知识的工会干部和会员担任并经民主选举产生。县级以上工会经审会委员人数不少于同级工会委员会委员人数的 20%，最低不少于 5 人；基层工会经审会委员人数一般 3 至 11 人。经审会委员中具有审计、财会专业知识的人员不少于 2/3。

工会主席、分管财务和资产的副主席、工会财务人员和资产管理人员，不得担任同级工会经审会委员。

全国总工会经审会委员实行替补制。各级地方总工会、独立管理经费的产业工会和机关工会联合会经审会委员也可以实行替补制。

（三）工会经费审查委员会机构设置

1. 经费审查委员会的常务机构

经费审查委员会闭会期间，代其行使职能的常务机构是经费审查委员会常务委员会。

全国总工会和省、自治区、直辖市总工会以及独立管理经费的全国产业工会经审会，应当设置常务委员会。全国总工会经费审查委员会根据工作需要和实际条件，设立由主任、副主任和常务委员若干人组成的常务委员会，在全国总工会经费审查委员会全体会议闭会期间，负责贯彻执行全国总工会经费审查委员会的决议，行使全国总工会经费审查委员会的职权。

2. 经费审查委员会的办事机构

经费审查委员会的办事机构统称经费审查委员会办公室，列入同级工会委员会机关部门的正职级序列（编制），负责处理经审会的日常工作，完成经审会交办的各项任务。《中国工会审计条例》第16条规定，全国总工会、各级地方总工会、独立管理经费的产业工会和机关工会联合会的经费审查委员会办公室，作为经审会的日常工作机构，承担工会经费审查审计监督工作。

（四）工会审计人员

工会应当建设信念坚定、为民服务、业务精通、作风务实、敢于担当、清正廉洁的高素质专业化审计队伍。经审会应当加强对审计人员遵守法律法规和履行职责情况的监督，督促审计人员依法履职尽责。

工会审计人员应当具备与其从事审计业务相适应的专业知识和职业能力。

经审会根据工作需要，可以委托具有相应资质的社会中介机构对有关事项进行审计，可以聘请具有审计、财会等专业资格和职业能力的人员参与审计工作。经审会应当加强对外聘社会中介机构和人员的指导检查、监督评价和质量控制，对审计方案、审计工作底稿、审计报告等进行审核，根据审计工作完成情况，建立考评和退出机制。

工会审计人员不得从事可能影响独立、客观履行审计职责的工作，不得参与、干预、插手被审计单位及其相关单位的经济管理活动；在办理审计事项中，与被审计单位或者审计事项有利害关系的应当回避；对在履行职责中知悉的国家秘密、工作秘密、商业秘密、个人隐私和个人信息，应当予以保密，不得泄露或者向他人非法提供。

二、工会经费审查委员会的任务

工会经费审查委员会的任务，依据工会章程和经审会组织通则的规定如下。

（1）审查同级工会组织经费收支和财产管理情况，审查所属企事业单位的财务收支和经营管理情况。监督贯彻执行国家财经政策、纪律、法规和工会财务工作方针、制度。

（2）督促同级工会定期公布财务账目，报告财务收支情况，实行财务公开，发扬财务民主。

（3）检查同级工会对会员大会或会员代表大会关于工会财务工作决议的执行情况，以及对经费审查委员会的建议或决议的执行情况。

（4）宣传党和国家的财经方针、政策，同铺张浪费和分钱分物，贪污盗窃，侵占国家和工会财产现象进行斗争；对模范执行财经法纪，财务工作成绩显著的建议给予表扬、奖励。

（5）深入调查研究，听取职工群众意见，积极参与和支持财务改革，对工会经费收支、财产管理提出改进意见和建议，帮助其完善各项财务制度。

（6）工会组织机构变动和财务、财产管理负责人工作调动时，负责做好离任审计工作。

（7）参与上级工会规定的其他审查审计工作。

三、工会经费审查委员会工作职责

根据《中国工会章程》规定，经费审查委员会负责审查同级工会组织及其直属企业、事业单位的经费收支和资产管理情况，监督财经法纪的贯彻执行和工会经费的使用，并接受上级工会经费审查委员会的指导。经费审查委员会向同级工会会员大会或者会员代表大会负责并报告工作；大会闭会期间，向同级工会委员会负责并报告工作。上级经审会对下级经审会进行业务指导和监督考核。经费审查委员会定期向同级工会党组织报告审计工作。

具体来说，工会经费审查委员会工作职责主要包括以下内容。

（1）工会经审委员会是代表会员群众对工会经费收支和财产管理情况进行审查监督的组织。

（2）对基层工会经费收支和财产管理情况进行审查监督。

（3）建立健全以审计为基础的经费审查监督机制。

（4）维护国家财经法纪，促进收好、管好、用好工会经费。

（5）促进工会财产管理，促进工会经济活动规范运作，促进工会系统党风廉政建设。

（6）加强基层经审组织建设，坚持做到组建工会换届选举时，经审会与同级工会委员会“同时考察、同时选举、同时报批”三同时。

（7）加强基层工会经审干部审计专业理论审查实务培训，全面提高审计质量水平。

（8）坚持依法审计，健全审计程序，建立经审台账，经审工作逐步达到规范化、制度化、经常化。

四、基层工会经费审查委员会

（一）基层工会经费审查委员会的组织和成员

基层工会经费审查委员会是代表会员群众对基层工会及所属企业、事业单位经费收支和财产管理的真实、完整、合法及效益进行审查监督的组织，由同级工会会员大会或会员代表大会选举产生。基层工会内部审计职权由基层工会经费审查委员会行使。

1. 凡建立一级工会财务管理的基层工会组织，必须在选举基层工会委员会的同时，选举产生经费审查委员会。

基层工会委员会下辖的管钱管物、举办企业、事业的车间工会，可经车间工会会员大会或会员代表大会选举产生经费审查小组或经费审查委员。

2. 基层工会经费审查委员会一般由 3 至 11 名委员组成。大型企业可根据需要适当增加委员名额。

经费审查委员会成员，应选举坚持党的领导，密切联系群众，热心工会经审工作，懂得财经政策，能坚持原则、求实公正、廉洁奉公的会员担任。

为有利于代表会员群众进行有效的审查监督，委员中一般应包括工会干部、财会或审计人员和其他的会员群众代表。本级工会委员会主持财务工作的负责人及其管钱、管物人员不得兼任本级工会经费审查委员会的成员。

3. 基层工会经费审查委员会设主任 1 人，负责召集经费审查委员会会议，主持经费审查委员会的日常工作。工作需要时，设副主任 1 至 2 人，协助主任工作。主任、副主任由经费审查委员会全体会议选举生产。选举结果，报上一级工会委员会批准。

4. 基层工会经费审查委员会的任期与基层工会委员会相同。在任期内，如有成员出缺，由同级会员大会或会员代表大会补选。其主要负责人的任免，要征得上一级工会委员会的同意，履行民主程序。

5. 基层工会经费审查委员会，根据工作需要，可聘请工会积极分子参加审查工作。

（二）基层工会经费审查委员会主要职权

1. 基层工会经费审查委员会委员列席同级工会委员会全体会议。在设基层工会委员会常务委员会的基层工会，不是常务委员会成员的该基层工会经费审查委员会的主任、副主任有权列席常务委员会会议。主任、副主任或经指定人员参加各该基层工会有关财务工作的会议。

2. 基层工会经费审查委员会有下列审查权。

（1）要求基层工会及所属企业、事业单位按时报送有关的计划、预算、决算、会计报表和文件资料，听取他们的汇报。

（2）检查凭证、账表、决算、资金和财产，查阅有关的文件和资料。

（3）对审查中发现的问题，向被审查单位和有关人员调查并取得证明材料。

（4）对正在进行的严重违反财经法纪、严重损失浪费行为，提请同级工会委员会或上级工会及时制止，并对已造成的损失作出处理决定。

（5）遇有阻挠、破坏审查工作时，有权采取封存账册、印鉴和资财等临时措施，并提出追究有关人员的责任的意见。

（6）基层工会经费审查委员会对基层工会及其所属企业、事业单位违反财经法纪的有关责任人员，有权建议同级工会委员会或上级工会给予纪律处分或经济制裁，触犯刑律者，提请司法机关依法追究刑事责任。

（7）基层工会委员会向上级工会报送预算、决算，向会员和上级工会报告经费收支情况时，预算、决算、报告必须经同级工会经费审查委员会审查、签署、盖章。

（8）基层工会经费审查委员会对审查工作中的重大事项，有权向上级工会委员会、经费审查委员会反映。

（三）基层工会经费审查委员会工作任务

1. 基层工会经费审查委员会对基层工会及所属企业、事业经费收支和财产管理的下列事项进行审查监督：

（1）工会经费收入、上解和支出预算的制定、执行和决算；

（2）与工会经费收支有关的经济、技术活动及其效益；

（3）工会经费专项基金的提取、使用；

（4）工会财产的安全、完整；

（5）工会内部控制制度的建立、健全、有效；

（6）国家财经法规、条例和工会财务制度、纪律的执行情况；

（7）国家和上级工会规定的其他审查事项。

2. 基层工会经费审查委员会有责任检查工会会员大会或会员代表大会关于工会财务工作决议的执行情况，督促和审查工会委员会定期向会员群众公布账目和向会员大会或会员代表大会报告财务收支情况；检查对经费审查委员会全体会议决议的执行情况。

3. 深入实际，深入群众，调查研究，总结经验，对收好、管好、用好各项经费和加强工会财产管理，提高所属企业、事业的效益，提出意见和建议。

4. 宣传党和国家的财经方针政策，支持工会财务人员依法履行职责，对模范执行财务制度、纪律，在财务工作方面取得显著成绩的单位、人员，建议会员大会或会员代表大会给予表彰和奖励；同铺张浪费、私设小金库和私分钱物、贪污盗窃、侵占国家和工会财物等现象进行斗争。

5. 在基层工会组织机构变动和财务、财产管理负责人调动工作时，负责监督做好交接工作。

（四）基层工会经费审查委员会的工作制度和工作方法

1. 基层工会经费审查委员会实行集体领导制、民主集中制。讨论问题时，应充分发扬民主。决定问题时，由全体委员的过半数通过。日常工作，委员会各有分工，并根据实际情况建立学习、会议、审查、调研、计划、总结等制度。

2. 基层工会经费审查委员会要认真贯彻执行群众路线，广泛听取和定期征求会员群众的意见、要求，宣传党和国家的财经方针政策，依靠广大会员群众和积极分子做好工作。

3. 基层工会经费审查委员会应加强与基层工会委员会及其财务工作委员会的经常联系，加强同本单位行政财务、劳资、内审等部门的联系，沟通情况，取得支持和帮助，密切协作，做好工作。

4. 基层工会经费审查人员（含积极分子）要认真学习和贯彻执行党、政府和上级工会的有关方针、政策、制度、规定，坚持原则，忠于职守，秉公办事，尽职尽责，自觉接受会员群众监督。工作表现突出的优秀经费审查人员应受到同级工会或上级工会委员会、经费审查委员会的表彰、奖励。

经费审查人员行使职权受国家法律和工会章程的保护，任何单位及人员不得给予不公正对待甚至打击报复。当发生这种错误做法时，基层工会和上级工会应当进行干预，加以纠正，并对打击报复者严肃处理。

上级工会有关财经法规、政策、制度、纪律及对预算、决算的批复等文件，应同时发给基层工会经费审查委员会；基层工会经费审查委员会开展工作必需的工作时间、办公用品、活动经费等应得到保证。

第三节　工会审计实务

一、工会经费审计的方式

（一）工会经费审计的方式多种多样，按审计的内容和要求的不同，可以划分为以下几方面。

1. 按照审计形式及场所划分，可分为报送审计、就地审计和巡回审计等。

2. 按照审计的组织形式划分，可分为自查、委托审计和联合审计。

3. 按照审计的范围划分，可分为全面审计、局部审计、专项审计和重点审计。

4. 按照审计介入时间划分，可分为事前审计、事中审计和事后审计。

5. 按照审计的工作时间划分，可分为定时审计、不定时审计。

（二）基层工会经费审查委员会主要采取下列方式进行审查工作。

1. 定期召开经费审查委员会全体会议审查基层工会委员会提出的预算和决算方案，听取预算执行情况的报告，审议预算的调整和追加事项。

2. 对基层工会经费的收入、上解、管理、重大开支事项或会员群众反映的重要问题，进行专题审查。

3. 对基层工会所属企业、事业单位的经费收支、社会效益和经济效益状况，对工会财产的管理状况，进行定期的报送审查或就地审查。

4. 参加同级工会组织的财务大检查工作，参与检查监督。

二、经费审查委员会审计主要内容

经审会对本级工会及其所属企事业单位和下一级工会的下列事项进行审计：

（1）贯彻落实党和国家相关重大经济社会政策措施以及全国总工会决策部署情况；

（2）与经济活动有关的发展规划、战略决策、重大措施以及年度业务计划执行情况；

（3）经费预算编制和调整、预算执行、决算草案以及其他财务收支情况；

（4）经费计提和拨缴情况；

（5）专项资金物资的筹措、拨付、管理和使用情况；

（6）资产的管理、使用和处置情况；

（7）本级工会及其所属企事业单位建设项目情况；

（8）本级工会及其所属企事业单位对外投资情况；

（9）内部控制及风险管理情况；

（10）经费使用效益和资产经营效益情况；

（11）撤并时的财务清算情况；

（12）工会管理和委托其他单位管理的社会捐赠资金、各类基金的收支情况；

（13）其他需要审计的有关事项。

以上事项，必要时可以进行延伸审计。

经审会对本级工会预算执行情况要每年审计，对下一级工会预算执行情况的审计至少在本届任期内覆盖。经审会对涉及本地区本产业本系统全局的重大项目，有权统一组织开展跨层级、跨区域审计或者专项审计。

经审会接受本级工会干部管理部门的书面委托，对本级工会内部管理的领导人员履行经济责任情况进行审计。经审会实施经济责任审计时，参照执行国家有关经济责任审计的规定。

经审会可以对被审计单位依法依规应当接受审计的事项进行全面审计，也可以对其中的特定事项进行专项审计或者专项审计调查。

上级经审会对其审计职责范围内的审计事项，可以授权下级经审会进行审计。下级经审会应当配合协助上级经审会开展各项审计工作。

三、工会审计权限

（1）经审会有权要求被审计单位提供财务、会计资料以及与财务收支有关的业务、管理等资料，包括电子数据和有关文档。被审计单位不得拒绝、拖延、谎报。被审计单位负责人应当对本单位提供资料的及时性、真实性和完整性负责，并作出书面承诺。经审会对取得的资料进行综合分析，需要向被审计单位核实有关情况的，被审计单位应当予以配合。

（2）经审会进行审计时，有权检查被审计单位的财务、会计资料以及与财务收支有关的业务、管理等资料和资产，有权检查被审计单位信息系统的安全性、可靠性、经济性，被审计单位不得拒绝。

（3）经审会进行审计时，有权就审计事项的有关问题向有关单位、部门和个人进行调查和询问，并取得有关证明材料。有关单位、部门和个人应当配合、协助经审会工作，如实向经审会反映情况，提供有关证明材料。

（4）经审会进行审计时，经经审会主要负责人批准，有权对可能被转移、隐匿、篡改、毁弃的财务、会计资料以及与财务收支有关的业务、管理等资料，采取暂时封存的措施。

（5）经审会进行审计时，有权对正在进行的严重违法违规、严重损失浪费行为及时向单位主要负责人报告，经同意作出临时制止决定。经审会有权提出纠正、处理违法违规行为的意见和改进管理、提高绩效的建议。

（6）经审会有权对审计结果以适当方式进行通报。经审会有权对违法违规和造成损失浪费的被审计单位和人员，给予通报批评或者提出追究责任的建议。经审会对严格遵守财经法规、经济效益显著、贡献突出的被审计单位和个人，可以向单位党组织、主要负责人提出表彰建议。

（7）经审会对审计中发现的严重违法违规、严重损失浪费等问题，以及被审计单位经济运行中存在的重大风险隐患，有权向同级工会党组织、工会委员会和上一级经审会报告。

四、工会审计程序

（1）经审会根据同级工会委员会的工作部署和上级经审会的要求，制订年度审计工作计划。

（2）经审会根据年度审计工作计划，确定审计项目，成立审计组，制订审计实施方案。审计组审计人员不得少于 2 人，实行审计组组长负责制。

（3）经审会应当在实施审计 3 日前，向被审计单位送达审计通知书。遇有特殊情况，报经审会主要负责人批准后，可以直接持审计通知书实施审计。

（4）审计人员通过审查财务、会计资料，查阅与审计事项有关的文件、资料，检查现金、实物、有价证券和信息系统，向有关单位和个人调查等方式进行审计，取得审计证据，做好审计记录，编制审计工作底稿。向有关单位和个人进行调查时，审计人员应当不少于 2 人。

（5）审计组对审计事项实施审计后，依据相关法律法规和内部控制制度作出审计评价，对需要整改的事项提出审计意见和建议，形成审计组的审计报告，并征求被审计单位的意见。

（6）被审计单位自接到审计组的审计报告之日起 10 日内，应当向审计组回复书面意见，逾期不回复的，视同无异议。

（7）经审会审核审计组的审计报告、研究被审计单位的书面意见后，出具经审会的审计报告，对违反财经法律法规的行为在职权范围内作出审计决定，并将经审会的审计报告或者审计决定送达被审计单位。审计决定自送达之日起生效。

（8）被审计单位自收到经审会的审计报告或者审计决定之日起 30 日内，将整改落实情况书面报告给出具审计报告或者审计决定的经审会。

（9）被审计单位或者相关责任人员对经审会作出的审计决定不服的，自收到审计决定之日起60 日内，可以向出具审计决定的上一级经审会书面申请复审。上一级经审会自收到书面复审申请之日起60 日内，应当作出复审决定。复审期间执行原审计决定。

（10）经审会发现下一级经审会作出的审计决定违反国家有关规定或者有重大错误的，应当责成下一级经审会予以变更或者撤销，必要时可以直接作出变更或者撤销决定。

（11）经审会应当建立健全审计整改监督检查机制，对被审计单位进行审计回访，督促其落实整改意见，执行审计决定。审计组在审计实施过程中，应当及时督促被审计单位整改审计发现的问题。经审会在出具审计报告、作出审计决定后，应当在规定的时间内检查或者了解被审计单位和其他有关单位的整改情况。对于定期审计项目，经审会可以结合下一次审计，检查或者了解被审计单位的整改情况。

（12）经审会应当每年向同级工会党组织和工会委员会报告审计结果和整改落实情况。

（13）经审会对办理的审计项目、专项审计调查、审计复审、审计整改监督检查等，按照工会审计业务公文处理规定和审计档案管理规定建立档案。

五、工会审计的工作保障

（1）各级工会领导班子应当自觉接受审计监督，支持经审会和工会审计人员依法独立履行职责。

（2）各级工会党组织应当建立健全党领导工会经审工作机制，各级工会党组织、领导班子应当定期听取经审会的审计工作汇报，加强对经审工作规划、年度审计计划、审计质量控制、问题整改和队伍建设等重要事项的管理。

（3）被审计单位主要负责人是整改第一责任人。各级工会应当建立健全审计发现问题整改机制，对审计发现的问题和提出的建议，被审计单位应当及时整改，并将整改结果书面报告经审会。

（4）各级工会对经审会审计发现的典型性、普遍性、倾向性问题，应当及时分析研究，制定和完善相关管理制度，建立健全内部控制措施。

（5）经审会应当建立审计事项移交制度，依法依规移交应当由其他有关部门（单位）处理、纠正或者追究有关单位、人员责任的事项，有关部门（单位）应当依法依规及时作出决定，并将结果书面反馈经审会。经审会应当加强与内部纪检监察、巡视巡察、组织人事等其他内部监督力量的协作配合。各级工会应当将审计结果及整改情况作为考核、任免、奖惩工会干部和相关决策的重要依据。

（6）各级工会对经审会审计发现的重大违纪违法问题线索，应当按照管辖权限依法依规及时移送纪检监察机关、司法机关。

（7）经审会主任应当参加工会党组会议、主席办公会议、常委会议和研究工会重大经济活动的会议；经审办主任应当参加涉及工会经费、资产和相关经济活动的会议。

（8）各级工会应当为经审会开展审计工作，提供必要的人力、物力、财力保障和工作条件，履行审计职责所需经费，应当纳入本级工会年度经费预算。

（9）各级工会应当加强工会审计人员队伍建设，落实经审会主任任期培训制度和工会审计人员培训规划，做好工会审计人员的配备、使用、考核和管理工作。

（10）各级工会应当支持经审会加强审计工作规范化建设，健全审计工作运行机制，完善审计质量评价体系。各级工会应当根据工会审计工作特点，完善工会审计人员考核评价制度，保障工会审计人员享有相应的晋升、交流、任职、薪酬及相关待遇。

（11）上级经审会应当加强对下级经审会的业务指导和工作支持，对在工会审计工作中做出突出成绩的单位和个人给予表彰和奖励。对连续多年在工会审计工作中作出突出成绩的单位和个人，上级经审会可以向下级工会党组织、领导班子提出嘉奖、记功的建议。

思考题：

1. 工会经费审查的职能作用是什么？
2. 工会审计的工作体制是什么？
3. 工会审计的工作方针是什么？
4. 工会经费审查委员会如何建立？
5. 工会经费审查委员会的任务和职责是什么？
6. 基层工会经费审查委员会有哪些职权？
7. 基层工会经费审查委员会有哪些任务？
8. 经费审查委员会审计主要内容是什么？
9. 工会审计有哪些权限？
10. 简述工会审计程序。
11. 应当为工会审计提供哪些工作保障？

【案例1】

江西省奉新县总工会“三抓三提升”夯实经审工作基础

2021年12月9日　来源：中工网

今年以来，江西省宜春市奉新县总工会按照中华全国总工会《关于加强工会经费审查审计监督工作的意见》和上级工会经审工作的要求，采取“三抓三提升”的工作方法，加大对基层工会的审计力度，进一步提高基层工会组织财务规范化水平，协助各基层工会组织收好、管好、用好工会经费，不断夯实经审工作基础，有效发挥审计监督作用。

奉新县总工会把健全基层工会经审组织建设作为首要任务来抓，严格管理各基层工会配齐配强经审干部。同时，加强对基层经审干部的履职能力培训，通过召开工会政策业务培训，增强经审干部把握政策、执行政策能力。

为提升经审工作水平，奉新县总工会严格落实年度经审计划，全县各基层工会要全面开展自查，明晰自查内容，深入查找问题，自查自纠整改落实。县经审会根据各基层工会上报的自查报告，对部分基层工会组织工会经费的使用情况进行审查、审计和督查。通过在工作中不断学习、完善和总结，努力提升工会经审工作整体能力水平。

为抓整改落实，提升审查审计质量。责成被审单位自收到整改意见书30个工作日内要整改到位，并报备整改报告和相关材料。对整改不力或不落实的单位，奉新县经审会予以存档备案，进一步督促整改，开展“回头看”，确保把审查发现的问题彻底整改。

截至目前，奉新县经审会工作组共对县司法局等3个县直部门、3个乡镇、4个系统工会开展了工会经费收支管理审计，通过查看档案资料、会计凭证，开展座谈交流、现场问询等方式，了解工会经费拨缴、管理、使用等情况。同时，对工会经费管理和使用存在的问题进行了及时指导，进一步严肃了财务纪律，有效地促进了全县工会经审工作的规范化管理。(中工网-工人日报记者 卢翔 通讯员 刘尧君 刘成伟)

【案例2】

内蒙古鄂托克前旗总工会三举措助力工会经审工作再上新台阶

2022年3月11日 来源：中工网

2022年以来，内蒙古鄂尔多斯市鄂托克前旗总工会通过提升政治责任意识、做好“经济体检”、完善审计监督制度等三项举措不断强化工会审查审计工作。

提升政治责任意识，全面履行审计监督责任。截至目前，召开党组会1次，专题研究部署工会经审相关工作，经审委员会紧紧围绕鄂托克前旗工作大局和工会中心工作，全面加强对鄂托克前旗各级工会的审查审计监督，着力构建全面覆盖、高效精准的审计监督体系。准确把握工会经审工作的方向和职责，将工会一切经济活动纳入经审监督范围，做到工会重大政策到哪里、职工利益到哪里、工会资金用到哪里、工会活动开展到哪里审计监督就涉及哪里，通过审计监督不断规范各级工会的经费运行。

做好经济体检，全面加强审计监督。针对178个基层工会，经审委员会不仅对会议费、培训费等传统重点领域进行监督审计，还加强对基层工会的财经制度建设、工会资金结存等方面的审查审计，确保实现“经济体检”的“全覆盖”。同时在体检过程中，不仅抓“大问题”还挑“小毛病”，确保不放过一点风险隐患。截至目前，已完成85家基层工会的经审工作，共发现各类问题79条，现均已完成整改。

完善审计监督制度，全面规范工会经审工作。不断完善《鄂托克前旗工会经费审查委员会会议制度》《鄂托克前旗工会干部廉洁自律规定》等相关制度文件，不断规范审计流程、健全审计制度。同时，开展审计监督工作培训3次，党风廉政教育专题教育2次，不断增强工会内审人员的廉洁自律意识，提高分析研究能力、准确发现问题能力和深入剖析问题产生原因，切实打造一支政治素质硬、业务能力强的工会经审干部队伍。（刘俊宝）

第十六章

基层工会应用文写作

基层工会应用文是基层工会组织布置工作、履行职责、处理公务具有特定效力和规范体式的文书，是传达贯彻党和国家的方针政策，贯彻落实党中央关于工人阶级和工会工作的重要指示，指导、布置和商洽工作，请示和答复问题，报告、通报和交流情况等的重要工具。因此，工会干部熟练地掌握工会应用文写作要领十分必要。

第一节　决议的写作

一、决议概念及分类

决议，是党政机关、工会组织对于某些重大问题，经过法定会议讨论通过，并正式发布，要求有关单位和人员贯彻执行的，具有法规性、指导性的公文。目前，决议多用于比较庄严重大的会议通过和批准的事项，如党的重要会议通过的决议，工会代表大会通过的决议等。

按内容和作用的不同，决议大致可分为 3 类。

（1）关于批准事项的决议。

（2）关于会议讨论通过事项的决议。

（3）关于会议讨论通过的专门问题的决议。

二、决议和决定的异同

决议和决定的相同点：都是党政机关、社会团体，对重要事项、活动、问题作出的规定；在写法上，正文部分一般都包括根据、原因、决定或决议事项。正文都要求简短、明确，对某些带倾向性的决议，因为要摆事实，讲道理，所以在分析论述时采用较多的层次。

决议和决定的不同点如下。

（1）决议的内容，多是关系所属部门，或本单位、本系统全局性、原则性重大问题、重大事件或活动；决定多数涉及某一领域某一方面的问题、活动，论及的问题比较具体。

（2）决议比决定形成的过程和程序更严格。它不仅要经过有关会议的研究、讨论，还必须经过表决，按法定人数的多数票通过才能生效；决定只需某一机关有关领导研究后，综合多数人意见形成即可，不一定通过表决程序。

（3）要求达到的目的也有区别。决议和决定都要求贯彻执行，但决定的指令性更强，而决议有的有较强的指令性，有的更偏重于总结历史经验，作出结论或发出号召，有的只作认定性、认可性结论。

（4）在语言表述上也有一些区别。决议和决定多用叙述和说明语言。但决议常常有较多的评论或论证成分，这类成分在决定中却不多见。

三、决议的结构与写法

决议一般由三个部分组成：标题、通过的会议和日期、正文。

标题。有两种写法：一种是公文规范式标题，这种标题使用频率较高，因为这种标题法最能体现严肃、郑重的特点。另一种是事由加文种或会议加文种的写法。

通过的会议和日期。即在标题之下，注明该决议是由什么会议，于什么时间通过，并用括号括注。

正文。正文的写法因决议类型不同而有差异。关于通过文件的决议，一般先写由什么会议审议，批准什么文件；再写对文件中所反映的工作作出评价，是满意还是不满意；最后对有关问题作出指示或发出号召。关于决定问题的决议，其正文的写法比较简单，往往只有一段文字，写明由什么会议，批准什么问题（事项），有时还指出执行单位。

四、写决议应注意的问题

（1）要有明确的针对性。决议都是对一些事件或问题具体表态的，针对性较强。

（2）要定性准确。决议，无论是肯定或否定某人某事，都带有定性的意思。既然是定性，就应十分慎重，做到准确恰当，符合实际，很有分寸。

（3）注意叙议结合，富有逻辑。“叙”是叙事，摆事实，就是把真实可靠的材料简洁地叙述出来，作为决议的依据；“议”是议论，讲道理，就是对所叙事实进行分析、讲出些具体的道理。叙事是为了议论说理，只有把事实叙述清楚，才能把道理讲得明白。叙述和议论的结合，就使决议具有较强的逻辑，从而更能激起下级机关或有关人员贯彻执行决议的自觉性和积极性。

（4）语言要严谨，并具有号召力。决议中，常使用一些惯用语，如“会议认为”“会议决定”“特作如下决议”之类，使表达显得更严谨。行文时，要注意上承下联的紧密衔接，不用过多的阐述解释。要发号召、作鼓动时，又常常使用短句、排比句以增强气势。

第二节　决定的写作

一、决定的概念及分类

决定是党政机关和工会组织对某些重大事项作出决策和部署、奖惩有关单位和人员、变更或撤销下级机关不适当的决定事项时所使用的公文文种。

决定在形式上大体有三种类型。

（1）针对某个具体问题或事项的决策。如《全国人民代表大会常务委员会关于加入（南极条约）的决定》。

（2）对重大问题和重大行动作出的决定。如《中共中央关于经济体制改革的决定》。

（3）用于表彰或惩戒的决定。

二、决定的格式

决定的格式，一般由标题、正文、发文机关、发文日期等部分组成。

三、决定的事项常见的几种表达形式

决定的事项，常见有以下几种表述形式。

（1）一段到底式。即全篇不分段，一口气写到底。这种形式，适用内容简短，文字很少的决定。

（2）分条标项式。即把决定中涉及的若干问题，按照主次，列成若干条项，并用数码标出。这种形式，适用于牵涉不少具体问题、事项的决定。

（3）小标题式。即把决定中每条的中心内容归纳成小标题，分列于每一部分之前。这种写法，不仅在条理上更加清晰，而且内容突出、明显。

（4）分部分表述。即把全文分成若干部分，每一部分表达一个中心思想，用中文数码标明各部分的顺序。

四、撰写决定应注意的事项

（1）要有政策或法律的依据。决定是上级机关要下级机关遵照执行的带指导性的公文，它从一个方面体现了党和国家在一定历史时期，为了实现既定目标而制定的方针、路线、政策、法律。因此，上级机关在起草某一决定的时候，就要依据党和国家在一定时期制定的方针、政策和有关法律，同时结合所属单位的具体情况，这是起草决定时必须遵循的重要原则。

（2）要了解问题或事项的具体内容。就是说，要抓住单位领导商议的主要问题和确定的基本精神，以及矛盾的焦点，从而对决定的内容，作出切合实际的判断、概括。比如，要写表彰某个同志的决定，就要把某同志的主要事迹，对党和人民的突出贡献，以及领导同志的基本评价等具体内容搞得一清二楚；要起草一项政策实施部署的决定，就要了解有关的基本事实，以及领导机关的主要判断、结论及其决策方案等。

（3）观点要明确，用语要准确。决定是具有重要指导作用和强制力的文件，它要求下级机关认真贯彻执行，所以观点必须十分明确，要反映出领导机关的一致看法和意见。有分歧的意见，说不清楚的问题和情况，不能写入决定之中。语言表达要准确、贴切，每句话都只能有一种含义，一种理解，不能有多种理解，不能引起任何歧义。

（4）要求要切合实际。既然决定是让所属部门和下级机关贯彻执行的，决定事宜及有关程序，必须结合实际，在实践中要能够行得通，做得到。决定如果脱离下边的实际，就很难贯彻执行；执行不了，就成了一纸无用的空文。

第三节　通知的写作

一、通知的概念

通知是转发上级机关、同级机关和不相隶属机关的公文，批转下级机关的公文，要求下级机关办理和需要周知或共同执行的事项的一种公文文种。

二、通知的分类

（1）指示性通知。

（2）批转性和转发性通知。

（3）会议通知。

（4）任免性通知。

三、指示性通知的撰写

指示性通知就是上级组织向下级组织作出某项指示、布置某项工作的通知。这类通知的写作要求如下。

（1）理由要充分，行文要简洁。使受文单位领会到发该通知的必要性。如果为新开展某项工作而发通知，就应充分写出发通知的意义。除个别通知因情况特殊，缘由部分可以长一些甚至超过事项部分外，一般通知的缘由部分不超过通知全文的1/3。

（2）通知的事项要写得明确具体。通知事项是要求受文单位知道或办理的事项，是通知最主要的内容。写好这部分对通知的有效性具有决定的意义。明确具体，就是要求受文单位知道或办理的事情必须有具体的项目，具体的做法，具体的尺度，具体的标准，所有事项必须是一个有机的整体，各条事项之间必须具有内在的联系，不能互相割裂，更不能互相矛盾。每一事项都必须统一到实现通知的目的上去。既不能写与通知目的不相干的事项，也不能写条件不具备无法兑现或与有关政策相抵触的事项。写事项必须抓住重点，对实现通知目的有重大意义的事项，应放在突出的地位适当写详细一点，反之，应略写一些或一带而过。事项的条目要清晰，内容划分要适当，每一项都要有概括性的主题句，使读者一下子就能抓住一条事项的纲。

四、批转性和转发性通知的撰写

用于批转下级机关来文的为批转性通知，用于转发上级、平级或不相隶属机关来文的为转发性通知。具体写法如下。

标题——一般由“批转机关（或转发机关）”“被批转（转发）来文的标题”与“文种名称”三部分组成。按照约定俗成，也可省略“文种名称”使标题变成两部分。

正文——一般包括三个方面。（1）对被批转、转发的来文表明态度。批转性通知一般是这样写：“×××（批转文件的机关名称）同意（或原则同意）×××（被批转文件的制发机关名称）《关于××××××》（被批转文件标题中的‘事由’与‘文种’），现转发给你们。请研究执行（或参照执行，按此执行等）。”转发性通知一般是这样写：“现将×××（被转发文件的制文机关名称）《关于××××××》（被转发文件标题中的‘事由与文种’）转发给你们，望即按此执行（按照执行，参照执行，照此办理等）。”（2）写明通知事项的意义。即说明批转、转发此文的必要性及被批转转发文件本身价值如何等。（3）提出希望和要求，即对文件的贯彻执行提出具体的意见。

五、会议通知的撰写

（1）原由要写得简短，一般会议通知把召开会议的根据、目的简单说一下即可。因为，一方面写具体要占很大篇幅，容易造成缘由和事项文字比例的失调；另一方面，会议的目的、意义在会议中还要进一步说明和讨论，在通知中无需具体写出。

（2）会议通知事项要写得具体全面。发会议通知要达到两个目的。一个目的是使与会者会前有所准备，如开学年学术报告会要准备论文，开年度总结会要准备总结材料，开年初计划会要准备计划草案，学习文件的会议要准备学习资料，除此以外与会期间的工作安排也属于准备的范围。第二个目的是要与会人员按时到会。为了达到这两个目的，通知事项必须写明何单位、何地、何时、开什么会，以及会议的目的、内容、时长、出席（列席）会议人员、应做准备、乘车路线等。

六、任免性通知的撰写

任免性通知就是任命和免去干部职务的通知，只有任命事项没有免去事项的通知，叫任命通知；只有免去事项没有任命事项的通知，叫免职通知。

任免性通知的写法如下。

（1）任免原由宜粗不宜细，宜简不宜繁。干部不管是任还是免，都是有具体原因的，具体原因只宜组织掌握，不宜成文公开。原由一般只写“根据工作需要，经××（组织）研究决定”等即可。

（2）任免事项要明确，排列有序。任命什么职务，免去什么职务不能有一点差错，特别是对兼有几个职务的干部的任免，要注意这一点。如遇干部职务升降后的待遇与职务不符，还要说明处理办法。如既有任命又有免去，先写任命，后写免去。如任免不止一人，要以被任免人员的职务级别高低为序排列。

第四节　通报的写作

一、通报的概念及分类

通报是表彰先进、批评错误、传达重要精神和告知重要情况时使用的文种。

通报按内容可分为四种类型。(1) 表扬先进人物的通报。(2) 表彰先进典型经验的通报。(3) 批评错误的通报。(4) 传达重要精神和告知重要情况的通报。

二、表彰先进人物通报的撰写

(1) 先进人物事迹的概况。概要叙述和说明所要表彰的先进人物的先进事迹。这部分内容是不可少的，这部分内容表述一般都比较概括、简要，往往另附有材料详述。

(2) 学习先进人物的要求。表彰先进人物的目的，是使人们通过学习先进人物的事迹，提高思想觉悟，更好地完成各项工作任务。

(3) 其他事项。主要写与通报表彰先进人物有关的事宜。如有的先进人物通报，在最后这部分内容里，还写一些有关决定的事项。

三、先进典型经验的转述性通报的撰写

(1) 开头。写出通报先进典型和经验文件的名称。

(2) 中心内容。主要是肯定成绩或经验。通报先进典型或经验，首先就需要指明作为先进典型，究竟先进在哪里？基本经验有哪些？这是通报先进典型或经验，不可缺少的内容。有的先进典型的通报内容比较多，可采取分条款，列小标题，或分自然段的写法，使成绩和经验条理分明。

（3）结尾。提出意见和要求。根据发文对象不同，意见和要求的内容和口气也有所不同。

四、批评错误通报的撰写

批评错误的通报，是针对某人或某单位发生的错误而拟制的，通过通报犯错误的事实以及对有关人员的处理，以教育人们和唤起人们的警惕，同时，为杜绝类似错误的发生，还应向有关部门和人员提出一些要求。批评错误通报的写法一般如下。

（1）错误问题和处理的摘要。一般内容较长的通报，常采取这种首先提出全文要点的写法。这是一种倒叙法，可唤起阅者的注意，使其脑子里先得一个总概念。有些内容短的通报，一般不采取这种“摘要”写法，而是直接叙述错误事实。

（2）具体错误事实。写错误事实既要具体，又不应琐碎，重点写清主要的错误事实。

（3）分析错误性质。写批评错误的通报，一般在叙述错误事实后，都要分析所犯错误的性质或原因。这是对所批评错误的进一步深化，也是为对错误的处理提供道理上的根据。有的批评错误的通报，不把这部分内容单独列出一段来写，而是附在错误事实的后面。

（4）提出要求。为了教育有关人员，改进工作，要针对各种不同情况提出一些要求。这部分也是批评错误通报的重要内容，发批评错误通报的目的，不只是批评教育犯错误者的个人，更重要的是以此为戒，使更多的人受教育。要提出措施和要求，以便改进工作，防止和杜绝类似错误发生。

五、撰写通报应注意的问题

撰写表彰先进人物、先进典型经验、批评错误的通报，要注意以下几点。

（1）要注意选择典型事例。写作通报所选择的事例，一定要对指导面上的工作具有普遍意义。一般化、个别的事例，不应选作通报的内容。要真正选准典型事例，不但要详细了解事例本身，同时还必须全面掌握与此事例相关的全局情况。胸中有全局，才能选准有指导意义的典型。

（2）要坚持实事求是的原则。无论是先进人物、典型经验，还是错误事实、重要情况，都不得有半点不实或失误。提出要求时，应注意结合本地区、本部门的实际。

（3）要掌握好对事实评议的分寸。凡通报特别是表彰先进和批评错误的通报，都要涉及对有关事实的评议。要褒贬得当，分析入理。对表扬者不拔高、不过奖、不浮夸，不作溢美之词；对批评者既不要不疼不痒，也不要无限上纲；对情况的分析，要合乎逻辑，情理自然。

六、通报和通知的区别

（1）行文的目的不同。发通报的目的是使受文单位了解某一重要情况或典型事件，从而受到教育；发通知的目的则是要受文单位了解发文单位要求做什么和怎样做。

（2）效果不同。通报的效果因受文单位情况不同而有所不同，例如：表扬性的通报，对被表扬单位主要是理解上级的精神，更上一层楼；对后进单位主要是学习其经验，起步前进；对一般单位主要是学先进、找差距，添措施。而通知的效果对所有受文单位都是相同的。

（3）适用范围不同。《党政机关公文处理工作条例》第二章指出：“表彰先进、批评错误、传达重要精神和告知重要情况，用‘通报’。发布、传达要求下级机关执行和有关单位周知或者执行的事项，批转、转发公文用‘通知’。”

（4）从事项的构成看，通报的事项是由情况或事例构成，它要求对情况或事例作简明扼要的分析。通知的事项由要求受文单位做什么和怎样做两部分内容构成，直陈直叙，不用举例和议论。

第五节　报告的写作

一、报告的概念及分类

报告是工会下级机关向上级机关汇报工作、反映情况、回复上级机关的询问时使用的公文。

根据不同的划分标准，报告可以分为不同的种类。按内容分，有专题报告、综合报告；按性质分，有呈报性报告、呈转性报告、报送文件或物件的报告；按时间分，有月报、季报、年报等例行报告。

二、报告与请示的区别

报告与请示的区别主要体现在以下五个方面。

（1）在时间方面。报告一般在事后，也有事情进行之中的；请示只能在事前。

（2）在内容方面。报告侧重于情况和意见，涉及面比较广泛，多是已经完成或发生过的事情，有的虽尚未实行，也是考虑比较成熟的意见或办法；请示是下级请求上级解决问题，着重于一件事、一个问题，如某事审核批准、请求拨款等，行文也比较简短。

（3）在性质、目的方面。报告者在向上级机关汇报本级机关工作情况，取得上级的了解和指导，除需上级批转的报告外，一般不需批复，属于备案性质；请示要求上级批准或解决某一事项和某一问题，并需上级机关答复。

（4）在格式、写法方面。报告通常以工作情况和意见为线索，前部分常用“现报告如下”字样，结尾用语一般是“专此报告”“以上报告如无不妥，请批转各地执行”；请示主要以请示的问题为线索，说明其合理性、必要性，同时提出自己的意见，供上级批复时参考，结尾用语一般是“当否，请批示”。

三、报告与总结的区别

报告与总结的区别如下。

（1）报告是法定公文，总结不是法定公文。如果向上级正式汇报工作，特别是有所请示时，就不能以“总结”的形式向上级呈报，而要以“报告”或“请示”呈报。

（2）从内容上说，虽然总结和报告的内容都很广泛，但是总结侧重在提出经验、教训、体会，因而在表达方式上偏重分析、论证报告侧重摆出客观情况、问题，因而在表达方式上偏重对事物的叙述，即使谈到经验、教训，也多是简要地摆出，不需过多地分析、论证。

四、专题报告及其分类

着重汇报某项工作或某一问题，以便上级机关了解、掌握情况，作出指示的报告，称为专题报告。

根据所反映的内容不同，专题报告大致可分五种：

（1）情况报告；

（2）经验报告；

（3）会议报告；

（4）检讨报告；

（5）事故报告。

五、专题报告的格式

专题报告的格式是：标题、收文单位、正文、尾语、附件、发文单位、时间等。

标题一般由发文单位、报告内容概要和文种组成。

六、专题报告的撰写

正文一般分为四个部分：(1) 情况；(2) 经验；(3) 问题；(4) 今后意见。具体写作时，各类专题报告略有差异。如“经验报告”侧重于经验、汇报部分。事故报告的写法是：事故经过、事故的原因、应接受的教训和事故责任者、处理意见。

七、撰写专题报告应注意的问题

(1) 要及时。向上级机关作专题报告，一定要及时，只有及时，对领导机关掌握情况、指导工作才有意义，否则，时过境迁，再作报告也就意义不大了。

(2) 要一事一报告。专题报告要体现一个“专”字，就要自始至终围绕一项工作、一件事情，进行叙述和说明。不能在一个专题报告中，同时讲几项工作，几件事情。

(3) 不能带请示内容。请示是要上级必须批复的，专题报告一般不作批复。如果把请示内容夹带进专题报告中，往往误事。

八、综合报告的概念

一个地区或一个单位，向上级机关汇报一段时间内全面工作情况的报告，称为综合报告。为了使上级领导机关全面地了解下级机关各方面的工作情况，以掌握全局、指导工作，下级机关需要向上级机关作综合报告。

九、综合报告的特点

(1) 汇报的情况和反映的问题比较全面。综合报告区别于专题报告的主要之点就是“综合”性，它要求对某一地区，某一单位的情况做全面、深刻的陈述。

(2) 内容往往和工作总结结合起来。机关经常使用的综合报告，特别是以反映日常工作为主要内容的综合报告，大都在每季度、每半年、每年进行一次，其内容往往和该阶级的工作总结相结合。

十、综合报告的撰写

（1）要突出重点。综合报告，要全面反映工作情况，但也不能面面俱到，而要有所侧重。一般地说，影响全局，或本地区、本单位具有普遍指导意义的经验教训、倾向性问题等可着重写。这样写，也是符合实际的。一个地区、一个单位，工作千头万绪，好的领导总是抓住几项主要工作，集中使用力量，才能收到好的效果。

（2）要搞好综合分析。综合报告，所写的问题比较多，内容也广泛，如果把许多方面的情况、经验、问题、意见简单地罗列起来，势必造成冗长、庞杂、缺乏条理性。只有把打算纳入报告的所有情况、意见进行综合，加以分析，从中找出反映本质的、有规律性的东西，才能给人留下深刻印象。经过综合分析的报告，较之一般的、表面化的叙述、说明要深刻得多。

（3）要注意处理好点面关系。综合报告是反映全面工作情况的。报告要有面上的、必要的概括陈述性，这是主体，但为了增强说服力，也不能不引证一些点上的材料。只有面上的情况，没有点上的情况，报告显得干瘪、不具体；只有点上的情况，没有面上的情况，报告又显得零碎、不概括。在运用点上情况时，要注意其代表性，如果没有代表性，不但说服力不强，还会造成以点代面的错误，影响上级机关全面、正确地了解情况。

（4）要有新意。综合报告，一定要有新意。一个地区、一个单位的工作，固然有其连续性，但决不会只是简单的重复。任何事物都是不断发展前进的，这发展本身就蕴含着新情况、新问题。我们在写综合报告时，要努力发现新情况，提出新问题，总结新经验。

第六节　请示的写作

一、请示的概念及请示的使用范围

向上级机关请求指示、批准，用“请示”。

请示的使用范围如下。

（1）对有关方针、政策、指示、法规中有不了解的问题。

（2）机关单位职权范围内不能解决或解决不了的问题。

（3）工作中发生比较重大的问题自己不能决定的，或原无规定，难以处理的问题。

（4）因本地区、本单位的特殊情况难以执行统一规定，需要变通处理的问题。

（5）本地区、本单位意见分歧，无法统一，有待上级裁决的问题。

（6）对某项工作提出建议，而又需要上级答复的。

（7）要求分配工作任务等。

二、请示的格式

请示的格式是：标题、主送机关、正文、发文机关、发文时间等。

标题。一般由事由、文种组成。拟写请示标题，应准确、简要地概括请示的主要内容，文字准确，简洁。

主送机关。在标题下面一行，顶格写接受请示的机关名称。只能写一个主送机关，如需同时送其他机关，应用抄报形式。

三、请示正文的撰写

（1）先写明请示的事由。这部分既要注意把事由陈述得充分、清楚；

又要力争开门见山、简明、扼要。为什么要提出这个请示，它的必要性何在。只有说清了这个问题，下面的“意见”才有坚实的基础、有力的依据。这部分内容要写得准确、充实，这就要求对所请示的事项有深刻的了解，能把握本质。这部分常常习惯于用“具体意见如下”“为此，我们提出如下意见”之类转折语。

（2）写明需要请示的问题。如请示的问题内容较多，可以分成几条表达，以便条理清楚。凡是向上级机关请示事项，下级机关必须先拿出自己的意见，这意见可以是一种，也可以是若干方案，以供上级机关做出正确的判断和抉择。这就要求下级机关要以对上级机关高度负责的精神，努力使自己所提的意见中肯、可行。这部分内容写得好坏，直接影响上级机关批准的决心。如果所提意见有遗漏或差误，将影响上级机关的正确答复，给工作造成损失。这种情况，应当力求避免。

（3）请求指示。有的请示在这里写出对上级机关的要求等，这是正文的结尾，要另起一行写，如请求答复的，可写“妥否，请批示”“以上意见当否，请批复”“以上意见如无不当，请批准”。如果是要求上级机关批转的，可写“此请示如无不妥，请批转各地、有关部门执行”。

四、写请示应注意的问题

写请示应注意以下问题。

（1）要一文一事。请示一般应一文一事，不能在一篇请示中，提出几个互不相干的问题使上级机关难以办理和答复，造成漏批和误批。

（2）不搞多头请示。请示只能有一个主送机关，如需同时送其他机关，应用抄报形式。如果把一件事情，一个问题，同时向多方请示，会造成几个被请示者之间互相依赖或者互相矛盾，延误工作。

（3）不得越级请示。要根据隶属关系和职权范围确定请示的行文关系，一般只主报直属上级机关即“顶头上司”，或有关部门，不得越级请示。因情况特殊，必须越级行文时，应当抄报被越过的机关，否则，违反正常的办理程序，会造成不必要的矛盾。

（4）联合请示要搞好会签。同一件事情或问题，几个机关都要向上级请示，几个同级机关可以联合行文，联合行文时，一定要搞好会签，统一意见或要求。如几方面意见不一致，应如实写明有关方面的分歧意见，以便上级领导协调和决策。

（5）不能把报告和请示混在一起写。请示和报告是两种公文文种，不可混用。

（6）除领导者直接交办的事情外，请示不要直接送给领导者个人；也不要同时抄送同级和下级机关，以免给下面工作造成混乱。

思考题：

1. 决议和决定的异同是什么？
2. 决定的事项常见的有几种表达形式？
3. 通知分哪几类？
4. 撰写通报应注意哪些问题？
5. 报告和请示的区别是什么？
6. 请示在哪些范围使用？

【案例1】

基层工会主席直选工作情况的报告

×××工会：

根据集团公司工会（2012）28号文《集团公司基层工会主席直接选举暂行办法》（以下简称《直选办法》）精神和三峡分公司、三峡指挥部的要求，厂房项目部利用半个多月的时间，在试点单位机械队进行了工会主席直接选举（以下简称直选），直选工作取得圆满成功。现将有关情况报告如下。

一、机械队的基本情况

机械队是厂房项目部的一个基层队，主要承担三峡工程砼的水平和垂直运输，大型钢模台车和钢筋台车的运行及维护，施工材料的运输与配送，港机和起重设备的运行与维修，员工上下班的接送，以及各种设备的维护保养和修理等任务，现共有设备32台套。

该队现有在册职工55人，其中党员3人，占职工总数的5.5%；团员4人，占7.3%。大专以上学历6人，占10.9%；中专（含高中、中技）30人，占54.5%；高中以下19人，占34.5%；经济师1人，占1.8%。50岁以上17人，占30.9%；40~49岁19人，占34.5%；30~39岁14人，占25.5%；30岁以下5人，占9.1%。

该队有综合班、起重机班、运输班3个工会小组。

二、直选工作的主要做法

1. 领导重视，广泛动员。(略)
2. 准备充分，形式公开。(略)
3. 自下而上，层层推荐。(略)
4. 强化培训，程序规范。(略)

三、几点体会

通过这次试点工作实践，我们对基层工会主席的直选工作的认识有了进一步的提高和深化。实践使我们认识到，领导重视，广泛动员，是做好直选工作的必要前提；准备充分，形式公开，是做好直选工作的关键环节；自下而上，层层推荐，是做好直选工作的重要基础；强化培训，程序规范，是做好直选工作的有效形式；上级把关，指导帮助，是做好直选工作的根本保证。

四、下步打算

1. 总结经验，完善制度（略）；
2. 整理资料，形成规范（略）；
3. 跟踪考核，掌握动态（略）；
4. 发挥作用，维权双赢（略）；
5. 推而广之，推进民主。

特此报告。

厂房项目部工会

二〇××年×月×日

第十七章

工会法相关知识

工会工作法治化建设是法治国家、法治政府、法治社会一体建设的重要组成部分。推进工会工作法治化建设，是中国工会自觉接受中国共产党领导、坚持走中国特色社会主义工会发展道路的内在要求，是工会履行职责、发挥作用、体现价值的必然要求。工会组织应当依法建会、依法管会、依法履职、依法维权，坚持在法治轨道上开展工会各项工作。

第一节　工会法概述

一、工会法的概念和调整对象

（一）工会法的概念

工会法是调整工会关系的法律规范的总称。这一概念主要包括两层含义：首先，工会法是调整工会关系的。工会关系是一种特定的社会关系，不仅包括工会组织之间的关系，还包括工会与用人单位、工会与国家、工会与职工、会员的关系。其次，工会法是工会法律规范的总称。即工会法不仅是指狭义的单行法《工会法》，而且还包括其他涉及工会的法律、法规和规章等。

（二）工会法的调整对象

工会法的调整对象是一种特定社会关系，这种社会关系具体包含以下内容。

1. 工会与用人单位的关系是工会法所调整的最主要的关系。

2. 工会与国家的关系是工会与用人单位关系的延伸和发展，它们之间表现为一种社会关系。

3. 工会与职工、会员的关系。主要通过工会的权利与义务、工会的性质和任务来加以规范。

4. 工会组织之间的关系，通过工会法中关于工会的组织原则、组织制度、组织建制等规定加以调整。

二、工会法的立法宗旨和法律地位

（一）工会法的立法宗旨

工会法的立法宗旨是：保障工会在国家政治、经济和社会生活中的地位，确定工会的权利义务，发挥工会在社会主义建设事业中的作用。

（二）工会的法律地位

国家通过法律形式对工会在政治、经济和社会生活中的作用、任务加以规定，反映出工会的政治、经济和社会地位。工会法通过对工会法人资格的规定，确立了工会在法律关系中享有与其他权利主体平等的法律地位。

三、工会法的特点

（一）工会法是一个保障法

法律可分为两种，一种叫保障法，又叫权利法；一种叫管理法，也叫义务法。工会法是保障法。在保障法中，权利占主导地位、优先地位、决定性的地位，但是，保障法中也要规定义务，而义务是服从权利的。

（二）工会法有形式主体和意志主体的区别

工会是工会法的主体之一，但是它的主体成分只是形式上的。它是在意志主体的授权下来行使权利和承担义务的。在工会法中，工会的全部行为表现在其活动上，而这些活动的支配者是工会会员，会员才是工会法的意志主体，工会的权利严格地说是会员授予工会并经国家承认的。

（三）工会法的主体多元化

在一般情况下法律关系的主体都是相对存在，双元为多。工会法则不然，是多元的，工会法的主体可以列举出好多，如工会与单位行政、政党、社会团体、会员、非会员等，这种多元化的主体就必然导致调整社会关系的多元化。

四、工会法的法律关系

工会法的法律关系是指工会法的调整对象在法律上表现出来的权利义务关系。它由主体、内容、客体 3 个要素构成。

（一）工会法的法律关系主体

工会法的法律关系主体是指依照工会法享有权利和承担义务的当事人。工会法的法律关系主体既可以是法人，也可以是自然人。在工会法的法律关系当中，可以作为法律关系主体的有工会、用人单位以及经营者代表组织、政府、会员和职工以及其他社会组织和个人。

工会是工会法法律关系中的核心主体。这里所说的工会包括全国总工会、产业工会、地方总工会、基层工会、工会联合会等，在不同的工会法律关系当中，工会作为法律关系主体的层次是不一样的。

政府和企事业单位是工会法法律关系中的重要主体。工会法主要调整工会与政府、企事业行政的关系，因此政府和企事业单位行政是工会法法律关系中的重要主体。政府包括中央政府及其各政府部门、地方政府；企业单位包括公有制企业、非公有制企业和混合所有制企业等；事业单位包括学校、医院、科研院所等。

工会会员或职工也是工会法法律关系的主体。在处理工会与政府、企事业行政的关系中，工会是职工一方的代表，工会与职工同为工会法法律关系的一方主体；在处理工会内部关系时，工会会员或职工可以独立成为工会法法律关系的一方主体。

除此之外，其他与工会发生关系的组织和个人也可以成为工会法法律关系的主体。

（二）工会法的法律关系内容

工会法的法律关系内容，是指工会法的法律关系主体享有的权利和承担的义务。在工会法的法律关系中，任何一方主体都既享有权利也承担义务，权利和义务是统一的；对工会一方来讲，工会的权利和义务又是相对的，在处理工会与企事业的关系时，维护职工的合法权益是工会的权利；在处理工会与会员或职工的关系时，维护会员或职工的合法权益又是工会应尽的义务。

（三）工会法法律关系客体

工会法法律关系客体，是工会法律关系主体的权利和义务指向的对象，主要包括行为、物和精神财富。工会法的法律关系客体最大量的是行为，包括工会的行为、企事业行政的行为、政府的行为以及会员、职工的行为。在涉及财产关系时，工会法的法律关系客体主要是物，包括工会的经费、工会的财产等。

五、工会法律事实

法律事实，是依法能够引起法律关系产生、变更、消灭的客观情况。包括行为和事件。

工会法律事实是依法能够引起工会法律关系产生、变更和消灭的客观现象。工会法律事实可以分为以下两类。

（一）工会法律行为

工会法律行为是指以当事人的意志为转移，能够引起工会法律关系产生、变更和消灭，具有一定法律后果的活动。包括合法行为、违法行为、行政行为、仲裁行为和司法行为等。

（二）工会法律事件

工会法律事件是指不以当事人的主观意志为转移，能够引起工会法律关系产生、变更和消灭的客观现象。例如企业破产、关闭，用人单位撤销，等等。

六、工会法的法律构成

（1）《宪法》。宪法是工会立法的最高依据，也是工会活动的根本准则。

（2）《工会法》。在我国，《工会法》是工会法律体系最基本的部分。

（3）有关涉及劳动关系和经济关系的其他法律。如《劳动法》《劳动合同法》《就业促进法》《安全生产法》《职业病防治法》《社会保险法》《公司法》《劳动争议调解仲裁法》等。

（4）各地方立法机构及其国家行政部门颁发的法规和规章。诸如地方性的《工会法实施办法》、人力资源社会保障部颁布的《企业劳动争议协商调解规定》《劳务派遣暂行规定》等。

（5）我国批准生效的国际劳工公约。

七、工会法的主要内容

从理论上讲，工会法的主要内容包括以下几部分。

（一）工会法的立法宗旨及适用范围

立法宗旨即立法目的。规定立法宗旨是立法的基本要求，每部法律都有其特定的立法目的。工会法也有其立法宗旨。

工会法的适用范围，是指工会法的时间效力、对人的效力和空间效力。

（二）工会的基本规定

包括对工会的性质、地位、根本活动准则、工会的职能、基本职责的规定。

（三）工会组织

包括工会的组织原则、工会会员、工会组织体系、工会组织机构、工会干部等。

（四）工会的权利和义务

工会法的主要内容就是确定工会的权利与义务，以及如何保障工会权利与义务的实现。

（五）基层工会组织

基层工会组织是工会的细胞，是工会的组织基础和工作基础。工会法明确规定基层工会组织的主要任务以及基层工会开展活动的保障。

（六）工会的经费和财产

工会法明确规定工会经费的来源与使用以及对工会经费、财产的法律保护。

（七）法律责任

工会法明确规定违反工会法的法律责任，有利于增强工会法的权威性，确保工会法的贯彻实施。

第二节　工会法总则的主要规定

一、工会的性质

《工会法》第 2 条规定："工会是中国共产党领导的职工自愿结合的工人阶级群众组织，是中国共产党联系职工群众的桥梁和纽带。中华全国总工会及其各工会组织代表职工的利益，依法维护职工的合法权益。"这一规定，可以从以下三方面理解。

（一）工会是中国共产党领导的职工自愿结合的工人阶级群众组织

《工会法》规定，工会是中国共产党领导的职工自愿结合的工人阶级群众组织，表明了中国工会具有政治性、阶级性和群众性相统一的本质特征。

（二）工会是中国共产党联系职工群众的桥梁和纽带

党联系职工群众的渠道是多方面的，但党和本阶级群众联系的最重要渠道是靠工会来实现的。工会是工人阶级先锋队和本阶级群众之间的中间环节。

（三）工会是职工利益的代表者

工会产生和存在的客观性，决定了工会必须代表和维护职工的合法权益。工会是职工利益的代表者，是指在劳动关系领域，工会代表劳动者一方。

《工会法》重点突出和强化了工会维护职工合法权益的职能，明确"中华全国总工会及其各工会组织代表职工的利益，依法维护职工合法权益"，这为工会履行维护职工合法权益、竭诚服务职工群众的基本职责提供了有力的法律依据和保障。

二、劳动者参加和组织工会的权利

《工会法》第 3 条规定："在中国境内的企业、事业单位、机关、社会组织（以下统称用人单位）中以工资收入为主要生活来源的劳动者，不分民族、种族、性别、职业、宗教信仰、教育程度，都有依法参加和组织工会的权利。任何组织和个人不得阻挠和限制。工会适应企业组织形式、职工队伍结构、劳动关系、就业形态等方面的发展变化，依法维护劳动者参加和组织工会的权利。"这是对劳动者的工会结社权的规定，同时明确了新就业形态劳动者参加和组织工会的权利。

三、工会的根本活动准则与指导思想

《工会法》第 4 条规定："工会必须遵守和维护宪法，以宪法为根本的活动准则，以经济建设为中心，坚持社会主义道路，坚持人民民主专政，坚持中国共产党的领导，坚持马克思列宁主义、毛泽东思想、邓小平理论、'三个代表'重要思想、科学发展观、习近平新时代中国特色社会主义思想，坚持改革开放，保持和增强政治性、先进性、群众性，依照工会章程独立自主地开展工作。工会会员全国代表大会制定或者修改《中国工会章程》，章程不得与宪法和法律相抵触。国家保护工会的合法权益不受侵犯。"这一规定，明确了工会的根本活动准则、工会工作的指导思想、保持和增强"三性"、国家保护工会的合法权益等基本问题。

（一）工会的根本活动准则

工会的根本活动准则是宪法。宪法集中体现了党和人民的统一意志和共同愿望，是国家意志的最高表现形式。宪法是国家的根本大法，是治国安邦的总章程，具有最高的法律地位、法律权威、法律效力。《工会法》规定的工会"以宪法为根本的活动准则"，指的是工会活动要遵循宪法规定的基本原则，而其中规定的党在新时期的基本路线，即以经济建设为中心，坚持四项基本原则，坚持改革开放，是工会必须遵守的最重要的根本活动准则。各级工会组织和广大工会干部应当增强宪法意识，大力弘扬宪法精神，带头学好宪法、遵守宪法，自觉维护宪法权威，推动宪法的实施。

（二）工会必须坚持党的领导

中国共产党是中国工人阶级的先锋队，同时是中国人民和中华民族的先锋队，是中国特色社会主义事业的领导核心。没有中国共产党，就没有新中国，就没有中国特色社会主义，也不可能实现中华民族伟大复兴。中国特色社会主义最本质的特征是中国共产党领导，中国特色社会主义制度的最大优势是中国共产党领导。坚持党的领导，是党和国家的根本所在、命脉所在，是全国各族人民的利益所系、幸福所系。工会工作是党的群团工作、群众工作的重要组成部分，是党治国理政的一项经常性、基础性工作，坚持党的领导是工会工作的必然要求和根本原则。在坚持党的领导这个根本问题上，工会必须旗帜鲜明，立场坚定。

（三）坚持以习近平新时代中国特色社会主义思想为指导和根本遵循

习近平新时代中国特色社会主义思想已经写入党章、宪法，成为党和国家长期坚持的指导思想，也是工会组织和工会工作必须长期坚持的指导思想。新修改的《工会法》明确将习近平新时代中国特色社会主义思想同马克思列宁主义、毛泽东思想、邓小平理论、“三个代表”重要思想、科学发展观一道，确立为工会法和工会工作的指导思想，成为各级工会组织和广大工会干部的强大思想武器，为推进新时代党的工运事业和工会工作提供了根本遵循。这样的修改，是中国工会坚持以习近平新时代中国特色社会主义思想为指导，坚决维护习近平总书记党中央的核心、全党的核心地位，坚决维护党中央权威和集中统一领导，在思想上政治上行动上同以习近平同志为核心的党中央保持高度一致的根本举措，是中国工会坚持自觉接受中国共产党领导，坚定不移走中国特色社会主义工会发展道路，确保工会工作正确政治方向的政治要求，是中国工会积极适应新时代赋予工会组织和工会工作新任务新要求，开创新时代工会工作新局面的基本遵循和科学指针。

（四）保持和增强政治性、先进性、群众性

推进工会改革创新，必须坚持保持和增强工会组织的政治性、先进性、群众性的工会改革方向，强化问题意识，着力解决“机关化、行政化、贵族化、娱乐化”突出问题，把工会组织建设得更加充满活力、更加坚强有力。政治性是工会组织的灵魂，是第一位的。离开了政治性，工会组织就可能混同于一般社会组织。要把保持和增强政治性放在第一位。坚持党的领导，坚决贯彻党的意志和主张，严守政治纪律和政治规矩，增强“四个意识”、坚定“四个自信”，做到“两个维护”。全面把握中国特色社会主义群团发展道路“六个必须坚持”的基本要求和“三统一”的基本特征，坚持和拓展中国特色社会主义工会发展道路，让党的领导通过工会组织具体而深入地落实到职工群众中去。先进性是工会工作的力量之源。要把保持和增强先进性作为重要着力点，牢牢把握为实现中华民族伟大复兴的中国梦而奋斗的工人运动时代主题，并不断丰富其内涵，紧紧围绕党和国家工作大局，把亿万职工群众组织起来、动员起来、团结起来，始终作党执政的深厚阶级基础和群众基础、改革发展稳定的坚实依靠力量、实现中国梦的主力军。群众性是工会组织的根本特点。离开群众性，工会组织就容易走向官僚化、空壳化。要把党的群众路线作为工会的生命线和根本工作路线，带着对职工群众的深厚感情履行工会组织的法定职责，采取有力的改革措施，更多地关注、关心、关爱普通职工群众，建立健全联系职工群众的长效机制，按照职工群众需求提供精准周到的服务，始终亮明中国工会服务职工群众、维护职工群众合法权益这面旗帜。

（五）依照工会章程独立自主地开展工作

在工会和党的关系上，不仅要始终坚持党对工会的领导，而且也要坚持工会在党的领导下，依照法律和工会章程独立自主地、创造性地开展工作。工会独立自主开展工作，这是马克思主义工会运动的本质要求。如果工会没有独立的自主的工作，便失去了存在的社会意义。因此，工会必须把自觉接受党的领导和依照法律和章程独立自主地、创造性地开展工作有机结合起来。

（六）国家保护工会的合法权益不受侵犯

我国是工人阶级领导的、以工农联盟为基础的人民民主专政的社会主义国家。这一国家性质决定了我国政府是工人阶级的政权组织，政府体现的是工人阶级的阶级意志和根本利益。政府作为工人阶级的政权组织，理应保护工人阶级的群众组织——工会的合法权益。

保护工会的合法权益不受侵犯，是国家义不容辞的义务。工会的合法权益，具体体现在3个方面。一是工会开展活动的权利。工会的合法权益很多，但最主要是开展活动的权利。工会组织起来的目的之一，就是开展各种工会活动，并通过这种活动，逐步扩大工会组织的影响，吸引广大职工群众，把职工群众最广泛地组织起来，履行好维权服务职责，达到成立工会的初衷。因此，只要工会的各项活动是依法开展的，国家就应为之提供可靠的法律保护，保护工会活动的权利不受侵犯。二是工会的合法财产不受侵犯。工会的财产、经费和国家拨给工会使用的不动产，任何组织和个人不得侵占、挪用和任意调拨。工会所属的为职工服务的企业、事业单位，其隶属关系不得随意改变。三是工会工作者的合法权益不受侵犯。工会工作者是工会工作得以开展的基本力量，离开了工会工作者，工会的活动无从谈起，自然更谈不上发挥工会的作用了，所以，国家应当依法维护工会工作者的合法权益。

四、工会的基本职责

《工会法》第6条规定："维护职工合法权益、竭诚服务职工群众是工会的基本职责。工会在维护全国人民总体利益的同时，代表和维护职工的合法权益。工会通过平等协商和集体合同制度等，推动健全劳动关系协调机制，维护职工劳动权益，构建和谐劳动关系。工会依照法律规定通过职工代表大会或者其他形式，组织职工参与本单位的民主选举、民主协商、民主决策、民主管理和民主监督。工会建立联系广泛、服务职工的工会工作体系，密切联系职工，听取和反映职工的意见和要求，关心职工的生活，帮助职工解决困难，全心全意为职工服务。"这一规定，完善了工会基本职责及相关制度和工作机制，为工会维护职工合法权益、竭诚服务职工群众提供了有力的法治保障。

五、工会的主要任务

根据《工会法》《中国工会章程》规定，归纳起来，工会的主要任务有以下 4 项。

（一）维权服务任务

维权服务，即维护职工合法权益、竭诚服务职工群众。《工会法》规定："中华全国总工会及其各工会组织代表职工的利益，依法维护职工的合法权益。""维护职工合法权益、竭诚服务职工群众是工会的基本职责。工会在维护全国人民总体利益的同时，代表和维护职工的合法权益。"维护职工合法权益、竭诚服务职工群众是工会的性质决定的，是工会服务于党的中心任务的主要手段。工会必须坚持以职工为中心的工作导向，认真履行基本职责，密切联系职工群众，听取和反映职工的意见和要求，全心全意为职工服务，切实把职工群众合法权益实现好、维护好、发展好。

（二）建设任务

建设任务，即吸引和组织职工群众参加经济建设和改革，努力完成生产任务和工作任务、促进经济社会发展的任务。《工会法》第 7 条中规定："工会动员和组织职工积极参加经济建设，努力完成生产任务和工作任务。"工会要围绕立足新发展阶段、贯彻新发展理念、构建新发展格局，围绕推动高质量发展，深入开展以劳动创造幸福为主题的宣传教育，弘扬社会主义核心价值观，组织开展"建功'十四五'、奋进新征程"主题劳动和技能竞赛，大力开展合理化建议、职工技术协作、技术革新活动，拓展"五小"竞赛活动，大力弘扬工人阶级伟大品格和劳模精神、劳动精神、工匠精神，充分调动广大职工的积极性、主动性、创造性，为全面建成社会主义现代化强国贡献力量。

（三）参与任务

参与任务，即工会代表和组织职工群众参与国家和社会事务管理，参与用人单位的民主管理，发挥职工参政议政民主渠道的任务。《工会法》第5条中规定：“工会组织和教育职工依照宪法和法律的规定行使民主权利，发挥国家主人翁的作用，通过各种途径和形式，参与管理国家事务、管理经济和文化事业、管理社会事务。”工会履行参与任务的主要形式和途径有：参与立法和政策的制定；工会与政府及其有关部门召开联席会议；发挥工会界代表和委员在各级人大、政协中的作用；加强基层职工民主管理，完善基层协调劳动关系的机制；参加协调劳动关系三方会议；畅通信息渠道；民主监督等。

（四）教育任务

教育任务，即帮助职工不断提高思想政治觉悟和科学文化技术素质、建设高素质劳动者大军的任务。《工会法》第7条中规定：“教育职工不断提高思想道德、技术业务和科学文化素质，建设有理想、有道德、有文化、有纪律的职工队伍。”工会实现教育任务的主要内容有：牢固树立社会主义核心价值观；提高职工思想道德素质；提高职工科学文化素质；提高职工技术业务素质。工会实现教育任务的目标是建设有理想、有道德、有文化、有纪律的“四有”职工队伍，建设知识型、技能型、创新型劳动者大军。

六、产业工人队伍建设改革

为了加强产业工人队伍建设改革，体现中央对产业工人队伍建设改革的新要求，新修改的《工会法》专门增加1条，作为第8条：“工会推动产业工人队伍建设改革，提高产业工人队伍整体素质，发挥产业工人骨干作用，维护产业工人合法权益，保障产业工人主人翁地位，造就一支有理想守信念、懂技术会创新、敢担当讲奉献的宏大产业工人队伍。”

第三节　工会组织

一、工会组织原则

（一）工会组织原则是民主集中制

《工会法》第10条第1款规定："工会各级组织按照民主集中制原则建立。"可见，工会的组织原则是民主集中制。民主集中制原则体现了中国工会作为工人阶级的群众组织的性质，体现了中国共产党领导下的中国工会的根本特征。工会贯彻民主集中制，有利于加强工会组织建设，有利于实现工会组织的民主化、群众化、法治化。

（二）工会实行民主集中制的主要内容

1. 各级工会委员会由会员大会或者会员代表大会民主选举产生。企业主要负责人的近亲属不得作为本企业基层工会委员会成员的人选。

2. 各级工会委员会向同级会员大会或者会员代表大会负责并报告工作，接受其监督。

3. 工会会员大会或者会员代表大会有权撤换或者罢免其所选举的代表或者工会委员会组成人员。

4. 上级工会组织领导下级工会组织。

二、工会组织系统

（一）基层工会委员会

用人单位有会员25人以上的，应当建立基层工会委员会；不足25人的，可以单独建立基层工会委员会，也可以由两个以上单位的会员联合建立基层工会委员会，也可以选举组织员1人，组织会员开展活动。

（二）工会女职工委员会

工会女职工委员会是在同级工会委员会领导下和上一级工会女职工委员会指导下的女职工组织，根据女职工的特点和意愿开展工作。《工会法》第 11 条中规定：“女职工人数较多的，可以建立工会女职工委员会，在同级工会领导下开展工作；女职工人数较少的，可以在工会委员会中设女职工委员。”

《工会女职工委员会工作条例》第 12 条规定：“各级工会建立女职工委员会。女职工委员会与工会委员会同时建立。企业、事业单位、机关和其他社会组织等工会基层委员会有女会员 10 人以上的建立女职工委员会，不足 10 人的设女职工委员。基层工会女职工委员会主任、副主任与工会委员会同时报上级工会审批。”

（三）乡镇、城市街道工会联合会

《工会法》第 11 条第 2 款规定：“企业职工较多的乡镇、城市街道，可以建立基层工会的联合会。”改革开放以来，大量的企业集中在乡镇和街道。乡镇和街道作为政府的一级基层政权组织，是上联区县政府下联企业的一个中间环节，起着承上启下的重要作用。加强对这些企业工会工作的领导，必须建立向乡镇、街道一级延伸的工会组织体制。乡镇、街道工会具有地方工会和基层工会双重职能。

（四）地方总工会

《工会法》第 11 条第 3 款规定：“县级以上地方建立地方各级总工会。”《中国工会章程》第 11 条中规定：“省、自治区、直辖市，设区的市和自治州，县（旗）、自治县、不设区的市建立地方总工会。地方总工会是当地地方工会组织和产业工会地方组织的领导机关。”

（五）产业工会

产业工会是按照产业系统建立起来的工会组织。《工会法》第 11 条第 4 款规定：“同一行业或者性质相近的几个行业，可以根据需要建立全国的或者地方的产业工会。”

中国工会实行产业和地方相结合的组织领导原则。同一用人单位中的工会会员，组织在一个基层工会组织中；同一行业或者性质相近的几个行业，根据需要建立全国的或者地方的产业工会组织。除少数行政管理体制实行垂直管理的产业，其产业工会实行产业工会和地方工会双重领导，以产业工会领导为主外，其他产业工会均实行以地方工会领导为主，同时接受上级产业工会领导的体制。各产业工会的领导体制，由中华全国总工会确定。

（六）全国总工会

《工会法》第 11 条第 5 款规定："全国建立统一的中华全国总工会。"中华全国总工会是各级地方总工会和各产业工会全国组织的领导机关。对全国工会工作实行统一领导。

工会的最高领导机关，是工会的全国代表大会和它产生的中华全国总工会执行委员会。

全国建立统一的中华全国总工会，这就是说，我国工会是一个统一的组织。工人阶级的根本利益是一致的，没有根本的利益冲突，没有任何理由分裂为互相对立的两派或几派组织。建立统一的工会组织，有利于维护工人阶级队伍的团结，实现自己的历史使命，也有利于维护职工群众的合法权益。

（七）工会组织建立的基本程序

《工会法》第 12 条规定："基层工会、地方各级总工会、全国或者地方产业工会组织的建立，必须报上一级工会批准。上级工会可以派员帮助和指导企业职工组建工会，任何单位和个人不得阻挠。"

三、工会干部

（一）工会干部的设置

《工会法》第 14 条规定："职工 200 人以上的企业、事业单位、社会组织的工会，可以设专职工会主席。工会专职工作人员的人数由工会与企业、事业单位、社会组织协商确定。"

（二）工会干部的保护

1. 对工会干部职务的法律保障

《工会法》第 18 条规定：“工会主席、副主席任期未满时，不得随意调动其工作。因工作需要调动时，应当征得本级工会委员会和上一级工会的同意。罢免工会主席、副主席必须召开会员大会或者会员代表大会讨论，非经会员大会全体会员或者会员代表大会全体代表过半数通过，不得罢免。”

2. 对工会干部劳动合同的法律保障

《工会法》第 19 条规定：“基层工会专职主席、副主席或者委员自任职之日起，其劳动合同期限自动延长，延长期限相当于其任职期间；非专职主席、副主席或者委员自任职之日起，其尚未履行的劳动合同期限短于任期的，劳动合同期限自动延长至任期期满。但是，任职期间个人严重过失或者达到法定退休年龄的除外。”

第四节　工会的权利与义务

一、工会的权利

《工会法》对我国工会的权利作了明确的规定，主要包括代表和维护权、参与权、监督权、财产权和诉讼权。

（一）代表和维护权

工会的代表权是指工会法赋予我国工会代表职工利益、维护职工合法权益的权利。《工会法》第 2 条第 2 款规定：“中华全国总工会及其各工会组织代表职工的利益，依法维护职工的合法权益。”《劳动法》第 7 条规定：“劳动者有权依法参加和组织工会。工会代表和维护劳动者的合法权益，依法独立自主地开展活动。”

《工会法》第 21 条第 2、3、4 款规定："工会代表职工与企业、实行企业化管理的事业单位、社会组织进行平等协商，签订集体合同。集体合同草案应当提交职工代表大会或者全体职工讨论通过。工会签订集体合同，上级工会应当给予支持和帮助。企业、事业单位、社会组织违反集体合同，侵犯职工劳动权益的，工会可以依法要求企业、事业单位、社会组织予以改正并承担责任；因履行集体合同发生争议，经协商解决不成的，工会可以向劳动争议仲裁机构提请仲裁，仲裁机构不予受理或者对仲裁裁决不服的，可以向人民法院提起诉讼。"

《工会法》第 22 条规定："企业、事业单位、社会组织处分职工，工会认为不适当的，有权提出意见。"

《工会法》第 28 条规定："企业、事业单位、社会组织发生停工、怠工事件，工会应当代表职工同企业、事业单位、社会组织或者有关方面协商，反映职工的意见和要求并提出解决意见。对于职工的合理要求，企业、事业单位、社会组织应当予以解决。工会协助企业、事业单位、社会组织做好工作，尽快恢复生产、工作秩序。"

（二）参与权

工会有代表职工参与国家和社会事务的管理以及参与用人单位民主管理的权利。包括宏观参与权和微观参与权。

（1）宏观参与权。指工会在国家、政府这一宏观层面参与决策，源头上维护职工合法权益。即，参与制定法律、法规、规章的权利；参与制定国民经济和社会发展计划的权利；参与政府及其有关部门研究制定涉及职工切身利益的政策、措施的权利；参与政府、企业、工会共同研究解决劳动关系方面重大问题的三方协商机制的权利。

（2）微观参与权。指工会参与用人单位管理的各项权利。即，参与企业、事业单位、社会组织经营决策权；参与职工伤亡事故和严重职业病的调查处理权；参与紧急情况处置权；参与停工、怠工事件调处权；参与劳动争议调解、仲裁权。

（三）监督权

工会通过监督来落实工会的代表维护权、参与权。监督权包括以下内容。

（1）监督企业、事业单位、社会组织执行职工代表大会决议情况的权利。企业、事业单位、社会组织实行民主管理的基本形式是职工代表大会，基层工会是职工代表大会的工作机构。工会监督有关民主管理制度的执行，是工会组织义不容辞的职责。

（2）对企业、事业单位、社会组织侵犯职工合法权益的情况进行调查的权利。工会有权对企业、事业单位、社会组织侵犯职工合法权益的问题进行调查，有关单位有义务予以协助。

（3）监督企业、事业单位、社会组织执行劳动法律、法规情况的权利。

（4）监督劳动合同和集体合同的执行情况的权利。

（5）监督企事业单位处分职工的权利。企业、事业单位、社会组织处分职工，工会认为不适当的，有权提出意见。用人单位单方面解除职工劳动合同时，应当事先将理由通知工会，工会认为用人单位违反法律、法规和有关合同，要求重新研究处理时，用人单位应当研究工会的意见，并将处理结果书面通知工会。职工认为用人单位侵犯其劳动权益而申请劳动争议仲裁或者向人民法院提起诉讼的，工会应当给予支持和帮助。

（6）监督新建、扩建企业和技术改造工程中的劳动条件与安全卫生设施与主体工程同时设计、同时施工、同时投产使用情况的权利。

二、工会的义务

工会的义务包括：遵守和维护宪法和法律的义务，支持协助人民政府开展工作的义务，加强对职工的思想政治引领的义务，组织职工开展经济技术活动促进经济与社会发展的义务，为职工服务的义务，协助行政做好相关工作的义务，教育职工提高素质的义务，关心职工文化、体育生活的义务。

第五节 工会的经费、财产和法律保护

工会的经费和财产是工会履行职责、开展活动、为职工服务的物质基础。

一、工会经费的管理原则

经费独立是工会经费管理的总原则。工会应当根据经费独立原则，建立预算、决算和经费审查监督制度。

二、工会经费和财产来源

1. 工会经费的来源

（1）工会会员缴纳的会费；

（2）建立工会组织的用人单位按每月全部职工工资总额的2%向工会拨缴的经费；

（3）工会所属的企业、事业单位上缴的收入；

（4）人民政府的补助；

（5）其他收入。

企业、事业单位、社会组织拨缴的工会经费在税前列支。

2. 工会财产的来源有：

（1）由政府和用人单位行政直接拨给；

（2）工会经费购置。

三、工会经费和财产的法律保护

1. 规定了保护工会经费收缴的强制措施

工会法规定：企业、事业单位、社会组织无正当理由拖延或者拒不拨缴工会经费，基层工会或者上级工会可以向当地人民法院申请支付令；拒不执行支付令的，工会可以依法申请人民法院强制执行。这一规定，为工会经费的收缴提供了强有力的司法保护。

2. 加强了对工会经费使用的审查监督

工会经费审查委员会是工会内部成立的经费审查监督机构。各级工会经费收支情况应当由同级工会经费审查委员会审查，并且定期向会员大会或者会员代表大会报告，接受监督。

3. 工会财产法律保护的原则

工会法在工会财产的保护方面做了相应的规定。工会的财产、经费和国家拨给工会使用的不动产，任何组织和个人不得侵占、挪用和任意调拨。工会所属的为职工服务的企业、事业单位，其隶属关系不得随意改变。否则，将承担相应的法律责任。

第六节　违反工会法的法律责任

一、违反工会法的法律责任概述

（1）违反工会法的法律责任的概念：违反工会法的法律责任，是指行为人违反工会法时所应承担的法律后果。我国《工会法》对侵犯工会合法权益应当承担的法律责任做出了明确规定。

（2）工会合法权益受到侵犯时的救济途径：工会对违反本法规定侵犯其合法权益的，有权提请人民政府或者有关部门予以处理，或者向人民法院提起诉讼。

（3）承担违反工会法的法律责任的主体：工会法律关系的主体都可能成为违反工会法的法律责任的承担人，包括工会、政府、用人单位、职工或会员以及其他社会组织和个人。

（4）违反工会法的法律责任的形式：分为行政责任、民事责任、刑事责任3类。

二、违反工会法的行政责任

违反工会法的行政责任，主要是由劳动行政部门或县以上人民政府对有关责任人员采取行政处罚和行政处分，具体措施为责令改正、警告、罚款、降职、撤职等。例如，对阻挠职工依法参加和组织工会或者阻挠上级工会帮助、指导职工筹建工会；对依法履行职责的工会工作人员进行打击报复等违法行为，由劳动行政部门责令其改正，拒不改正的，由劳动行政部门提请县以上人民政府处理。

三、违反工会法的民事责任

违反工会法的民事责任，是指工会、用人单位、其他组织和个人因违反工会法给他人造成损失的应承担的赔偿责任，如返还财产、赔礼道歉、赔偿损失等。主要针对侵犯工会财产权或工会其他权益的违法行为在追究违法者行政责任和刑事责任的同时，涉及所造成的损失应追究的赔偿责任。例如，侵害工会及其工作人员合法权益并造成经济损失、因职工参加工会活动而被解除劳动合同等或侵占工会经费和财产拒不返还等，应当承担赔偿责任。

四、违反工会法的刑事责任

违反工会法的刑事责任，是指用人单位的负责人、工会工作人员以及其他人员的行为违反工会法同时也触犯刑法的。根据《工会法》有关规定，以暴力、威胁等手段阻挠职工依法参加和组织工会或者阻挠上级工会帮助、指导职工筹建工会，造成严重后果；对依法履行职责的工会工作人员进行侮辱、诽谤或者进行人身伤害等行为构成犯罪的，依法追究刑事责任。《工会法》第56条规定，工会工作人员违反本法规定，损害职工或者工会权益的，由同级工会或者上级工会责令改正，或者予以处分；情节严重的，依照《中国工会章程》予以罢免；造成损失的，应当承担赔偿责任；构成犯罪的，依法追究刑事责任。

思考题：

1. 工会法的调整对象有哪些？
2. 简述工会法律关系。
3. 工会的根本活动准则是什么？
4. 工会的基本职责是什么？
5. 如何理解工会的组织原则？
6. 简述工会的组织系统。
7. 试述工会法对工会干部的保护。
8. 工会的权利与义务有哪些？
9. 违反工会法应承担什么法律责任？

【案例 1】

烟台全力打造贯彻工会劳动法律监督“四维”新矩阵

2021 年 9 月 30 日　来源：中工网

据山东省总工会官网消息，日前，由山东省烟台市牟平区总工会举办的“工会劳动法律监督，促进劳动关系和谐”送法进企业活动正在火热进行中，为当地的企业职工送上了一个个劳动法律服务“大礼包”。

烟台市总工会抢抓《山东省工会劳动法律监督条例》（以下简称《条例》）刚刚颁布的黄金期，注重监督广度、深度、精度、力度，坚持“四维”发力，把监督贯穿劳动争议预防、调处、化解全过程，建立多部门联动、多方位监督、多元化调解的有机衔接、相互协调的监督运转机制，形成上下联动、点面衔接、圈层叠加的工会劳动法律监督新矩阵，为维护职工合法权益保驾护航。

近日，山东省总工会党组书记、常务副主席刘贵堂对烟台市的做法予以充分肯定，认为烟台市总工会为贯彻落实《条例》采取的“四维”措施很好，系统、细致，扎实、有力，要求持续深入抓出成效，值得全省各地学习借鉴。

聚焦监督广度，提升“监督面”

《条例》出台后，如何扩大知晓度是关键。为此，烟台市总工会抢下先手棋，广泛开展全方位、立体式、多渠道宣传，在全社会形成强大宣传声势，凝聚起全社会共同参与监督的浓厚氛围和共识。

部门联动，走深走实。烟台市总工会联合市司法局、市律师协会共同启动“千名律师讲《条例》”活动，组织近千名律师和志愿者进街道、进劳务市场提供法律宣传、咨询6000余件次；联合住建部门、行业协会等，组织法律宣传小分队进园区、进企业、进班组，开展宣传活动千余次，发放宣传资料单页、《条例》单行本5万余册，短时间内就在全市掀起了深入学习《条例》的热潮。

媒体联动，火力全开。市总工会广泛利用好各种传统媒体和新兴媒体，做到舆论宣传阵地全覆盖。如与烟台广播电视台联合制作了《条例》宣传微视频，借助众多商家的户外显示屏、公交广告、电视台热点栏目、主流媒体视频号和抖音号等，观看点播量超50万人次，形成强大舆论效应，让《条例》走进千家万户，力求尽人皆知。

上下联动，入脑入心。市、区（市）、乡镇（街道）和企业工会四级联动，通过微信、“齐鲁工惠”APP、网站和悬挂横幅、LED屏幕展示等线上线下方式，推动《条例》宣传进车间班组、进职工食堂等，让职工入脑入心，10多万人次参与《条例》有奖答题。

服务联动，见行见效。市区两级工会同步启动“惠工快车”行动，组织工会干部、律师、志愿者，到快递企业、工业园区、重点工地宣传《条例》，现场解答职工咨询。组织百名律师开展“四个一”活动，即开展一次走访调研，组织一次法治宣讲，提出一条法律建议，帮助企业进行一次“法治体检”，指导企业规范健康发展。

聚焦监督深度，延伸“监督链”

贯彻好《条例》，人才队伍和阵地建设是主要抓手。为此，烟台市总工会以工会劳动法律监督员队伍建设为主线，将监督阵地拓展到镇街，将监督链条延伸到基层企事业单位。

完善多层级监督阵地。坚持无缝隙、全覆盖，按照“六有”标准，进一步建实“1+16+N”市、区（市）、乡镇（街道）三级法律服务实体化平台。工会、司法行政、人力资源社会保障部门，发挥各自优势和资源，共同对接镇街律师事务所、法律服务所和基层调解组织，在乡镇（街道）普遍建立工会法律服务站点。目前，全市包括122个镇街法律服务所（站），基层建立3357个工会劳动法律监督、调解组织。

创新多方位监督工作模式。在镇街大力推行“3+1”监督工作模式，每1个镇街配备1名工会干部，负责对接司法所、仲裁站、法院等，1名工会社会专业人才，负责收集整理基层企业和一线职工诉求并及时上报，配备1名律师，专职负责提供法律咨询和援助服务。目前，已为全市157个镇街配备110名专业律师和165名志愿者，形成上下贯通、全域覆盖的工作机制。

开展多渠道监督培训活动。市、区两级工会将《条例》列入党校主题培训班次；每年举办工会劳动法律监督员培训，考核合格者，发放监督员证；基层工会通过集中培训、定期研讨、网上学习、个人自学等有效形式，提高监督员的专业素质和调解协商能力。年内，各级工会将通过专题培训、视频培训、集中学习等方式，实现11040名工会劳动法律监督员、调解员宣传培训全覆盖。

聚焦监督精度，紧盯“监督点”

《条例》虽好，没有过硬的落实手段，就好比是水中月、镜中花。为此，烟台全市各级工会突出《条例》规定的监督内容，聚力点上抓重点企业、线上抓关键行业、面上抓劳动领域纠纷“三个重点”，实施科学监督、精准预防。

突出重点企业超前监督。市总工会、市司法局、市律师协会联合组织律师和志愿者，深入重点企业开展劳动风险评估、劳动关系矛盾预警排查等，及时提出意见和建议，预防和避免损害职工合法权益的事件发生，为企业健康有序发展保驾护航。截至目前，参与体检企业155个，工会组织受理劳动法律违法违规事件133件，自行处理105件。

抓住关键行业全力预防。以新就业形态群体为重点，将非法用工、恶意欠薪、违法裁员、未缴纳或未足额缴纳社会保险费等行为作为工会劳动法律监督重点监督事项，协商不成或拒绝协商的，工会组织及时按照程序启动“两书”制度，对权益受到损害的职工群众，给予法律服务。目前，各级工会办理调解案件620件，仲裁和法律援助174件，其中成功136件。

建立舆情监测机制。定期对网上涉及烟台地域的劳动用工、欠薪、企业职工队伍稳定等劳动争议信息及时进行收集汇总，对舆论关注度高的，及时联系相关部门和企业，主动反馈处理。同时在全市建立200个劳动关系监测点，通过大数据定期进行分析汇总，及时采取防范举措。今年以来，收集舆情信息100多条，主动跟进解决问题90多个。

聚焦监督力度，扩大“监督圈”

工会劳动法律监督工作涉及面广点多，仅靠工会的力量是远远不够的。烟台市总工会注重扩大“监督圈”，着力构建职责明确、互相支持、共同协作的“大监督”格局，共同推动劳动法律监督落到实处。

强化部门联动。烟台市将《条例》贯彻落实情况列入2022年市人大重点视察事项，把工会劳动法律监督列入政府与工会联席会议议题。主动协调人社劳动仲裁、劳动监察，开展“劳动争议联合调解”“农民工绿色通道”，打造“金牌调解组织”。今年，与住建等部门共同开展劳动用工、农民工工资支付情况检查、建筑业按项目参加工伤保险专项检查等，梳理保障农民工工资支付制度落实不到位问题213个，并全部整改到位，查处欠薪案件141起，返还工资2950万元。

强化跟进服务。市总工会紧跟企业职工需求，与人社等部门密切配合，提供用工招聘信息、搭建就业创业平台，指导企业开展岗位培训、技能竞赛，开展职工心理关爱服务，把符合条件的建档困难职工及时纳入帮扶救助范围，截至目前，组织线上线下招聘会226场次，服务人数达50688人次，组织就业技能培训9489人次，创业培训4912人次，开展心理关爱讲座、沙龙163场，解答个体咨询630多人次。

强化绩效评价。市级层面，联合四部门共同出台劳动关系和谐企业评价标准，对未开展集体协商、未签订集体合同、恶意拖欠工资等实行重点监督。工会系统内部，市总工会设立法律服务绩效评价专项资金，用于对各区（市）开展法律服务活动进行绩效评价和资金补助。

今年年底，市总工会还将根据法律服务实体化建设、法律服务作用发挥、工会劳动法律监督三项一级指标，制定绩效评价评分细则，打造烟台工会劳动法律监督和法律服务品牌，为建设平安法治烟台贡献工会力量。（葛红普　张洪军）

【案例 2】

抖音职工维权普法短视频

案例简介

2021 年开始，阜新市总工会探索“互联网+普法宣传”新模式，在市总抖音矩阵平台制作发布职工维权普法短视频。充分运用新媒体的宣传功能，提升普法宣传时效，扩大职工普法覆盖率。

视频融合了情景短剧、律师解答、字幕讲解等多种形式，内容涉及拖欠工资怎么办、女职工孕产期法律保护、离婚共同财产分割、民法典风险自担原则、离婚冷静期新规定、劳动仲裁如何申请、工伤认定、离婚抚养费如何支付、交通肇事赔偿等多个职工关心关注的法律问题，对《中华人民共和国民法典》《劳动合同法》《工伤保险条例》《工会法》《辽宁省女职工劳动保护办法》与职工工作、生活密切相关的最新法律法规进行宣传讲解。

目前，已总计发布视频 23 期。自发布以来，职工反响热烈，宣传效果显著，点击率已经达到 10 万余人，活动得到省总法律与社会联络部领导、基层工会职工的大力肯定，同时被《工人日报》、“学习强国”、《辽宁职工报》等多家媒体报道。

具体做法

一、探索“互联网+普法宣传”新模式，拓宽普法渠道

抖音普法，打破传统普法宣传范围小、时效短、形式单一、枯燥无味的弊端，将普法宣传工作生动化、生活化。结合抖音视频短小、精悍、风趣幽默的特点，坚持让职工群众愿意学、看得懂的普法工作准则，融合案例情景短剧、律师解答、字幕讲解等多种形式进行拍摄制作，不断增强故事的趣味性，吸引更多职工群众关注法律法规，切实提高职工群众的法律意识，营造办事依法、遇事找法的法治氛围。

二、引入多方力量，保证视频制作质量

在视频拍摄过程中，市总网络部与法律部积极配合，同市内传媒公司、律师事务所鼎力合作。从普法主题选定到剧本创作，从演员选择到视频拍摄、审定，每一个环节做到精益求精。力求短片内容接地气，故事情节紧凑，演员表演到位。通过精心打磨制作，视频一经播出，就深受广大职工群众的欢迎。目前，浏览量已经达到10万余次。

在视频拍摄过程中，除市总工会机关干部、律师参演以外，更是吸引全市广大基层工会干部参加到拍摄当中，有效地提升了广大工会干部开展工作的责任感和使命感。

三、加强基层调研，精准对接职工、企业需求

通过走访一线职工和基层工会干部，汇总职工来访、来电、来信中所涉及的法律问题，综合时下社会热点，确定的普法主题得到职工企业的认可。视频播出后，市总对职工的留言问题及时回复，同时积极深入全市职工开展意见建议征集工作，不断完善内容和形式。接下来的工作中，阜新市总将在原有基础之上，进一步精准对接职工群众普法需求，同时开设企业普法的宣传内容，以更加生动的剧情、更加精彩的表现形式，将职工、企业最关心的法律问题进行宣传讲解，切实发挥好新媒体的宣传功能，提升企业与职工的法治观念，为经济社会的法治建设做出工会组织的应有贡献。

推广意义

推进工会工作法治化建设，履行工会组织维护职工合法权益的基本职责。

探索“互联网+普法宣传”新模式，搭建职工普法新平台。充分运用新媒体的宣传功能，提升普法宣传时效，扩大工会普法宣传的引导力和传播力以及职工普法的覆盖率。提升工会干部和职工法治素养，增强法治观念、守法意识和维权能力。

团结动员广大职工尊法、学法、守法、用法，提升职工对法律法规的知晓度、法治精神的认同度、法治实践的参与度。紧密围绕服务“十四五”时期经济社会发展，建设职工办事依法、遇事找法、解决问题用法、化解矛盾靠法的法治环境，构建和谐劳动关系，全面推进法治阜新建设。（单位：阜新市总工会）

第十八章

劳动法相关知识

劳动法是调整劳动关系以及与劳动关系密切联系的其他社会关系的法律规范的总称。学习劳动法，可以使我们了解我国劳动法的基本理论以及我国劳动法对于保护劳动者的合法权益和协调劳动关系的重要性，也可以使我们了解劳动法在构建和谐劳动关系、促进经济社会发展中的重要作用。掌握劳动法律知识和规定，可以更好地依法维护职工的合法权益。

第一节 劳动法概述

一、劳动法的概念及调整对象

（一）劳动法的概念

劳动法是调整劳动关系以及与劳动关系密切联系的其他社会关系的法律规范的总称。劳动法的宗旨是保护劳动者的合法权益，促进劳动关系的和谐稳定。

（二）劳动法的调整对象

劳动法作为法律体系中的一个独立的法律部门，有其特定的调整对象。

1. 劳动关系

劳动法的主要调整对象是劳动关系，但并非所有劳动关系均由劳动法调整，劳动法调整的劳动关系是劳动者与用人单位之间在实现劳动过程中发生的社会关系。其特征如下。(1) 这种关系与劳动有直接的联系，劳动是这种关系的实质和内容。(2) 劳动关系的当事人，一方是劳动者，另一方是用人单位，且劳动者必须参加到用人单位中去，成为用人单位的成员，双方形成法律上的权利义务关系。(3) 劳动关系是有偿的，是一种财产关系。劳动者有偿提供劳动力，用人单位按照劳动数量和质量向劳动者支付劳动报酬，因此，劳动关系具有财产关系的性质。(4) 这种关系的发生、变更和终止，应按国家有关法律、法规办理。

2. 与劳动关系密切联系的其他社会关系

劳动关系是劳动法调整的主要对象，但不是唯一调整对象，它还调整与劳动关系密切联系的其他社会关系。这些社会关系本身并不是劳动关系，但是与劳动关系有着密切的联系。有的是劳动关系的必要前提，有的是劳动关系的直接后果，有的是随着劳动关系而附带产生的关系。这些关系主要包括以下几方面。

（1）劳动行政关系。即劳动行政管理机关和经授权具有劳动行政管理职能的有关机构与用人单位及其团体、劳动者及其团体和劳动服务主体之间，由于执行劳动行政职能而发生的社会关系。如劳动行政管理机关在劳动就业管理、职业认证、职业培训、工伤鉴定、劳动监察等方面与用人单位或劳动者发生的关系。

劳动行政关系在协调、保护劳动关系过程中的主要特点：一是以建立和谐、稳定的劳动关系为基本目标；二是以维护社会利益为价值取向；三是以管理与服务相结合为重要方式。

（2）社会保险关系。即国家社会保险机构与用人单位以及劳动者之间因实施社会保险而发生的关系。社会保险关系从法律意义上来说，即依据社会保险法律法规的规定，社会保险经办机构与用人单位、劳动者之间在社会保险中的权利和义务关系，它包括养老保险关系、医疗保险关系、失业保险关系，工伤保险关系和生育保险关系。

（3）劳动服务关系。即劳动服务主体与用人单位和劳动者之间由于为劳动关系运行提供社会服务而依据劳动法律规范所形成的社会关系。具体包括职业介绍、就业登记、职业培训、劳动能力鉴定、社会保险、劳动关系协调等服务活动方面所产生的社会关系。

（4）劳动团体关系。即工会组织或雇主团体组织与其成员之间，以及相互之间由于协调劳动关系和维护各自所代表的劳动关系当事人的利益而发生的社会关系。

（5）劳动人事争议处理关系。即劳动人事争议处理机构与劳动人事争议参加人（包括当事人、代理人、代表人以及第三人）之间就劳动人事争议的调解、仲裁、诉讼所发生的社会关系。

（6）劳动法律监督关系。即国家劳动行政部门、卫生部门等有关主管部门与用人单位之间因监督、检查劳动法律、法规的执行而产生的关系。

二、劳动法律关系

（一）法律关系与劳动法律关系的概念

法律关系是指法律规范在调整人们行为的过程中形成的特殊的权利和义务关系，或者说，法律关系是指被法律规范所调整的权利与义务关系。劳动法律关系，是劳动关系在法律上的表现，是当事人之间发生的符合劳动法律规范、具有权利义务内容的关系。

（二）劳动法律关系主体

劳动法律关系的主体是指根据劳动法的规定，享有权利和承担义务的劳动法律关系的参加者，包括劳动者和用人单位。

1. 劳动者

劳动者是指达到法定年龄，具有劳动能力，能够依法签订劳动合同，独立给付劳动并获得劳动报酬的自然人。作为劳动法主体的劳动者如下。（1）在我国境内与企业、个体经济组织、民办非企业单位等组织形成劳动关系的劳动者。（2）国家机关、事业组织、社会团体和与之建立劳动合同关系的劳动者。（3）实行企业化管理的事业组织人员。（4）党委书记、工会主席等党群专职人员也属于职工，应依法与用人单位签订劳动合同。

2. 用人单位

用人单位是指能够依法签订劳动合同、使用劳动力并给付劳动报酬的组织。用人单位如下。（1）企业。包括我国境内的各类企业。（2）个体经济组织。一般是指有雇工的个体工商户。（3）民办非企业单位。（4）国家机关、事业组织与社会组织。

（三）劳动法律关系的内容

劳动法律关系的内容，是劳动法律关系主体享有的权利和承担的义务。劳动者享有平等就业和选择职业、获得劳动报酬、休息休假、劳动保护、职业培训、享受社会保险、提请劳动争议处理及法律、法规规定的其他权利。承担完成生产任务、提高职业技能、执行劳动安全卫生规程、遵守劳动纪律和用人单位规章制度的义务。用人单位应当依法建立和完善规章制度，保障劳动者权利的行使。

（四）劳动法律关系的客体

劳动法律关系的客体，是劳动法律关系主体的权利义务共同指向的对象。在多数情况下，劳动法律关系的客体是指行为，有时则表现为行为和物的结合。

劳动法律关系的主体、内容和客体，是劳动法律关系的3要素，缺一不可。

三、劳动者的基本权利与基本义务

（一）劳动者的基本权利

劳动者的权利是指劳动者依照劳动法律行使的权力和享受的利益。根据《劳动法》规定，劳动者的基本权利主要包括如下几种。

1. 平等就业的权利

劳动就业权，也叫工作权，是指具有劳动能力的公民能够获得从事有劳动报酬的职业性劳动机会的权利。凡具有劳动能力的公民，都有平等就业的权利。平等就业权是劳动者平等地获得和维持就业机会的权利，是一项具体人权，它追求在平等基础上的实质平等，其核心内涵是劳动者有权平等享有就业的权利和资格、有权平等地参与就业机会的竞争。《劳动法》第12条规定：劳动者就业，不因民族、种族、性别、宗教信仰不同而受歧视。第13条规定：妇女享有与男子平等的就业权利。在录用职工时，除国家规定的不适合妇女的工种或者岗位外，不得以性别为由拒绝录用妇女或者提高对妇女的录用标准。

2. 选择职业的权利

劳动者选择职业的权利，是指劳动者有权根据自己的意愿、自身的素质、能力、志趣和爱好，以及市场信息等选择适合自己才能、爱好的职业，即劳动者拥有自由选择职业的权利。选择职业的权利是劳动者劳动权利的体现，是社会进步的体现。

3. 取得劳动报酬的权利

取得劳动报酬的权利，是指劳动者有权依照国家法律法规和劳动合同的约定取得劳动报酬的权利。劳动者付出劳动，依照劳动合同及国家有关法律取得劳动报酬，是劳动者的权利，而及时足额地向劳动者支付工资是用人单位的义务。用人单位违反义务，劳动者可以依法要求有关部门追究其责任。获取劳动报酬是劳动者持续地行使劳动权必不可少的物质保障。

4. 休息休假的权利

休息休假权指劳动者在参加一定时间的劳动、工作之后所获得的休息休假权利。休息休假是劳动者的基本权利之一。我国宪法规定，劳动者有休息的权利，国家发展劳动者休息和休养的设施，规定职工的工作时间和休假制度。

5. 获得劳动安全卫生保护的权利

劳动安全卫生保护，是保护劳动者在劳动过程中的生命安全和身体健康，是对享受劳动权利的主体切身利益最直接的保护。劳动安全卫生保护权的实现，既是为了维护劳动者生命权和健康权，同时也是提高劳动生产率和经济效益、促进高质量发展的重要手段。

6. 接受职业技能培训的权利

职业技能培训是指对准备就业的人员和已经就业的劳动者，以培养其基本的职业技能或提高其职业技能为目的而进行的技术业务知识和实际操作技能教育和训练。我国宪法规定，公民有受教育的权利和义务。受教育既包括受普通教育，也包括受职业教育。接受职业技能培训的权利是劳动者实现劳动权的基础条件，因为劳动者要实现自己的劳动权，必须拥有一定的职业技能，而要获得这些职业技能，就必须获得专门的职业培训。

7. 享受社会保险和福利的权利

社会保险是国家和用人单位依照法律规定或劳动合同的约定，对具有劳动关系的劳动者在暂时或永久丧失劳动能力以及暂时失业时，为保证其基本生活需要，给予物质帮助的一种社会保障制度。社会福利是指国家依法为所有公民普遍提供旨在保证一定生活水平和尽可能提高生活质量的资金和服务的社会保障制度。社会保险和福利是劳动权的一项重要内容，也是实现公民生存权的一项重要保障制度。

8. 提请劳动争议处理的权利

提请劳动争议处理权是指劳动者在劳动过程中因权益问题与用人单位发生争议时，享有的请求有关部门对争议进行处理的权利。

9. 法律规定的其他权利

法律规定的其他权利主要包括：（1）依法参加和组织工会的权利；（2）集体协商权；（3）民主管理权。

（二）劳动者的基本义务

劳动者的基本义务是指根据劳动法律规定，劳动者在劳动和工作过程中应当履行的基本劳动义务。根据《劳动法》规定，劳动者的基本义务主要包括如下方面。

1. 完成劳动任务

劳动者有劳动就业的权利，而劳动者一旦与用人单位建立劳动关系，就必须履行其应尽的义务，其中最主要的义务就是完成劳动生产任务。如果劳动者不能完成劳动任务，就意味着劳动者违反劳动合同的约定，就要承担违约责任，用人单位可以解除劳动合同。

2. 提高职业技能

劳动者应当加强学习，努力提高职业技能，提高技术业务知识和实际操作技能，提高科学文化水平，成为高素质的劳动者，促进本单位劳动生产率和经济效益提高，促进经济社会发展。

3. 执行劳动安全卫生规程

劳动安全卫生规程是指国家为了保护劳动者在生产和工作过程中的安全与健康，防止、消除生产安全事故和职业病的发生而制定的各种法律规范。劳动者对国家以及用人单位内部关于劳动安全卫生规程的规定，必须严格执行，以保障安全生产，保障劳动者生命安全和身体健康。

4. 遵守劳动纪律

劳动者应当树立规则意识和纪律观念，不断增强主人翁责任感，兢兢业业、勤勤恳恳地劳动，保质保量地完成规定的生产任务，自觉地遵守劳动纪律，维护用人单位正常的生产和工作秩序。

5. 遵守职业道德

职业道德，是同人们的职业活动紧密联系的符合职业特点所要求的道德准则、道德情操与道德品质的总和，它既是对本职人员在职业活动中的行为标准和要求，同时又是职业对社会所负的道德责任与义务。每一个劳动者，无论从事哪种职业，都要认识到职业道德的重要性，树立职业道德观念，自觉遵守职业道德要求，规范自身职业道德行为，促进良好社会道德风尚的形成。

6. 法律规定的其他义务

根据《劳动法》规定，劳动者除了依法履行上述义务外，还应当履行法律规定的其他义务。法律规定的其他义务，主要包括诚实守信的义务，保密的义务，参加社会保险、缴纳社会保险费的义务，等等。

（三）劳动者的权利与义务是统一的

在社会主义制度下，每一个劳动者都是国家的主人，劳动者的主人翁地位是由劳动者享有的基本权利和劳动者履行的基本义务构成的，是通过劳动者的权利和义务体现出来的。

从法律关系上讲，劳动者的权利与义务同时产生又相对应而存在，没有权利也就没有义务，没有义务也就没有权利。从法律关系的主体来说，劳动者既是权利的享有者，也是义务的承担者。当劳动者个人享有并行使某项权利时，这项权利也是他人应该享有的权利，个人行使这项权利时，不得妨碍他人行使同样的权利，也就是说，劳动者行使权利时不得损害他人的合法权利。

劳动者的权利和义务是相互依存，不可分离的。权利的实现需要义务的履行，义务的履行确保权利的实现，即劳动者享受权利需要条件，这个条件的实现需要靠履行义务来创造，如果不履行义务，权利就失去了存在的基础。因此，每一个劳动者在享有法律规定的权利的同时，还必须履行法律规定的义务。

第二节　劳动法的主要内容

一、促进就业

促进就业是指国家应尽可能采取措施，创造就业条件，为劳动者提供尽可能多的就业机会，保持较高就业率，控制失业率的增长。促进就业直接关系到劳动者的基本生活以及经济发展和社会稳定，是一项重要的劳动法律制度。

在促进就业问题上，劳动法规定了实现就业的途径；地方政府发展职业介绍和就业服务事业的职责；就业机会均等和对特殊群体的就业保护等。2008 年 1 月 1 日起施行的《就业促进法》，进一步丰富和完善了我国劳动保障法律体系，对于促进劳动者就业、构建社会主义和谐社会，具有重要而深远的意义。

二、劳动合同

《劳动合同法》对劳动合同的订立，劳动合同的履行和变更，劳动合同的解除和终止，集体合同、劳务派遣、非全日制用工，监督检查和法律责任等作了详细规定。《劳动合同法》在明确劳动合同双方当事人权利和义务的前提下，重在对劳动者合法权益的保护，为构建与发展和谐稳定的劳动关系提供法律保障。

三、集体合同

集体合同是工会或职工代表与企业根据法律规定，就劳动报酬、工作时间、休息休假、劳动安全卫生、保险福利等事项在平等协商一致的基础上签订的书面协议。

由工会代表全体劳动者同用人单位签订集体合同，规定集体劳动条件，能够纠正和防止劳动合同对于劳动者的不公平，使劳资双方在实力上取得基本的平衡，以维护双方合法权益。

四、工时制度

工时制度是指法定的工作时间和休息休假的制度。

（一）工作时间

工作时间是指劳动者为用人单位从事生产和工作的时间。工作时间是法定的，用人单位安排劳动者工作的时间不能突破法律的限制。

1. 工作时间的种类

工作时间包括标准工作时间、缩短工作时间、延长工作时间、不定时工作时间和综合计算工作时间。

2. 延长工作时间的法律规定

延长工作时间，也称加班加点，是指用人单位经过一定程序，要求劳动者超过法律、法规规定的最高限制的日工作时数和周工作天数而工作的时间。一般分为正常情况下延长工作时间和非正常情况下延长工作时间两种形式。

（1）正常情况下延长工作时间。延长工作时间需具备以下 4 个条件：第一，由于生产经营需要；第二，必须与工会协商；第三，必须与劳动者协商；第四，延长工作时间的长度必须符合法律规定。也就是说，只有在征得工会同意后且劳动者自愿的情况下，方可延长工作时间。延长劳动者的工作时间一般每日不得超过 1 小时，特殊情况下也不得超过 3 小时，但每月不得超过 36 小时。

（2）非正常情况下延长工作时间。遇到法律规定需要紧急处理和必须及时抢修的情况，用人单位延长工作时间可以不受正常情况下延长工作时间的限制。

3. 延长工作时间的工资支付

安排劳动者延长时间的，支付不低于工资的 150% 的工资报酬；休息日安排劳动者工作又不能安排补休的，支付不低于工资的200%的工资报酬；法定休假日安排劳动者工作的，支付不低于工资的300%的工资报酬。

（二）休息休假

休息休假是指在劳动关系存续期间，劳动者不必进行生产和工作，而自行支配的时间。包括休息时间和休假时间。

1. 休息时间

休息时间是劳动者在法定工作时间以外，自行支配的时间。包括日休息时间和间歇休息时间。

2. 休假时间

休假时间是劳动者享有的保留工资、保留职务的休假时间。包括公休假日、法定节假日、年休假、探亲假等。

（1）公休假日指每一工作周给予的休假日。即我国实行的双休日。《劳动法》规定：“用人单位应当保证劳动者每周至少休息1日。”

（2）法定节假日指国家规定的每年的法定节假日。如元旦、国庆节等。

（3）年休假指劳动者在用人单位连续工作满1年以上所享有的连续休假。

（4）探亲假指职工分居两地，不能在公休日团聚的配偶或父母享有的保留工作岗位和工资而团聚的假期。根据国务院《关于职工探亲待遇的规定》，探亲假可以具体分为3种形式：探望配偶；未婚职工探望父母；已婚职工探望父母。

五、工资制度

（一）工资的概念

工资是指用人单位依据国家有关规定和劳动关系双方的约定，以货币形式支付给本单位职工的劳动报酬。

（二）工资分配的基本原则

1. 按劳分配原则；

2. 同工同酬原则；

3. 在经济发展的基础上逐步提高工资水平；

4. 国家对工资总量实行宏观调控。

（三）最低工资保障制度

最低工资是指劳动者在法定工作时间内提供了正常劳动的前提下，其所在单位应支付的最低劳动报酬。国家实行最低工资保障制度，用人单位支付劳动者的工资不得低于当地最低工资标准。

（四）工资支付及其保障

工资应当以货币形式按月支付给劳动者本人，不得以实物或有价证券代替现金支付；至少每月支付 1 次；直接支付给劳动者本人。除了法律规定或仲裁裁决、法院判决的以外，用人单位要按时足额支付劳动者的工资，不得克扣和无故拖欠劳动者工资。

六、劳动安全卫生制度

根据劳动法及其有关法律、法规的规定，用人单位必须建立、健全劳动安全卫生制度，严格执行国家的劳动安全卫生规程和标准，规范化、科学化地安排生产作业，对劳动者进行劳动安全卫生教育，积极采取切实有效的劳动安全卫生措施，防止劳动过程中的事故，减少职业危害。用人单位如果没有达到国家规定的安全卫生技术标准要求，职工有权提出异议，并要求用人单位改正、改进。对于危害生命安全和身体健康的劳动条件，劳动者有权对用人单位提出批评，并可以向有关主管部门检举和控告。

七、女职工和未成年工特殊劳动保护

（一）女职工的特殊劳动保护

女职工特殊劳动保护，是指根据女职工身体结构、生理机能的特点以及抚育子女的特殊需要，对女职工在劳动权益方面的特殊法律保障。女职工特殊劳动保护包括以下内容。

1. 对女职工在劳动过程中的特殊保护，包括妇女禁忌从事矿山井下作业；森林业伐木、归楞及流放作业；第Ⅳ级体力劳动强度的作业；建筑业脚手架的组装和拆除作业；高处架线作业；连续负重作业。

2. 对妇女生理变化过程中的保护，包括对女职工的经期、孕期和哺乳期的保护。经期禁忌从事高处、低温及冷水作业；第Ⅲ级体力劳动强度的作业。孕期禁忌从事有毒有害作业，强体力劳动、高处作业等。对怀孕 7 个月以上的女职工，所在单位不得安排其延长劳动时间和夜班劳动。女职工均享有法定的产假。女职工在哺乳期内，享有法定喂养不满 1 周岁婴儿的时间，并且所在单位不得安排其延长劳动时间和夜班劳动。

3. 女职工在孕期、产期、哺乳期，用人单位不得解除劳动合同。

（二）未成年工特殊劳动保护

未成年工是指年满 16 周岁、未满 18 周岁的劳动者。未成年工处于生长发育期，过重过度紧张的劳动，不良的工作环境，不适合的工作岗位，都会影响他们的正常发育和健康成长。因此，国家规定了对其特殊保护的措施，主要包括以下内容：

1. 最低就业年龄的规定。我国最低就业年龄为 16 周岁，严禁招收未满 16 周岁的童工；

2. 对未成年工实行缩短工作时间制度，适当延长休息时间；

3. 不得安排未成年工从事矿山井下、有毒有害、国家规定的第四级体力劳动强度的劳动和法律法规禁忌从事的其他劳动；

4. 要求用人单位对未成年工进行定期健康检查等保护工作。

八、职业培训

（一）职业培训的概念及特征

职业培训是指为适应经济和社会发展的需要，对要求就业和在职劳动者以培养和提高素质及职业能力为目的的教育和训练活动。其特征是：

1. 培训的对象是劳动者；

2. 培训目的主要是开发受训者的职业技能，满足特定需要的定向性培训；

3. 培训的内容是专业技术知识和实际操作能力。

（二）发展职业培训的措施

1. 国家通过各种途径，采取各种措施，发展职业培训事业。包括推动教育与就业相结合；改革职业培训机制；增加培训经费投入；强化师资，加强教材建设等。国家确定职业分类，制定职业技能标准，实行职业资格证书制度。

2. 各级人民政府把发展职业培训纳入社会经济发展的规划，鼓励和支持有条件的企业、事业组织、社会团体和个人进行各种形式的职业培训。

3. 用人单位建立职业培训制度，按照国家规定提取和使用培训经费，有计划地对劳动者进行职业培训。企业职工教育的经费，大致可按工资总额的1.5%~2.5%提取使用，可以合理增加提取和使用的培训经费标准。

九、社会保险

社会保险是国家通过立法强制征集专门资金，用于保障劳动者在丧失劳动能力或劳动机会时基本生活需求的一种物质保障制度。社会保险具有强制性、共济性和普遍性等特征。其内容包括：养老保险、失业保险、医疗保险、工伤保险和生育保险。社会保险是国家对劳动者承担的一项义务，是劳动者享受宪法赋予的一项权利。用人单位和劳动者必须依法参加社会保险，缴纳社会保险费。

第三节　劳动权利的法律保障

一、监督检查

（一）监督检查的概念

劳动法规定的监督检查，是指各级人民政府劳动行政部门、用人单位主管部门、各级工会组织及其他法律授权的监督检查机关，依法对用人单位等执行劳动法律、法规的情况进行监督检查的法律制度。监督检查的主体包括：县级以上人民政府、劳动行政部门、企业主管部门、工会和群众。

（二）监督检查的内容

1. 用人单位招聘用工的行为；
2. 用人单位制定规章制度及其执行的情况；
3. 用人单位与劳动者订立和解除劳动合同的情况；
4. 用人单位签订和履行集体合同的情况；
5. 用人单位遵守关于劳动者工作时间和休息休假规定的情况；
6. 用人单位支付劳动者劳动报酬和执行最低工资标准的情况；
7. 用人单位参加社会保险和缴纳社会保险费的情况；
8. 劳务派遣单位和用工单位遵守劳务派遣有关规定的情况；
9. 法律、法规规定的其他劳动监察事项。

二、违反劳动法的法律责任

（一）法律责任的概念

法律责任是违反法定义务而必须承担的法律上的不利后果。《劳动法》专章规定了违反劳动法的法律责任，对用人单位、劳动者及其劳动行政部门违反劳动法的法律责任分别作了规定，体现了劳动法的强制性和严肃性，是劳动法实施的可靠保障。

（二）用人单位的法律责任

用人单位违反劳动法规定侵犯劳动者合法权益应当承担的责任形式有：劳动行政部门给予警告、责令改正、罚款、拘留、责令停产整顿；支付经济补偿，造成损失的承担民事赔偿责任，限期缴纳保险金和加收滞纳金；构成犯罪的，依法追究刑事责任。

（三）劳动者的法律责任

劳动者在尚未解除劳动合同的情况下又与其他用人单位订立劳动合同，对原用人单位造成的经济损失负赔偿责任；劳动者违法解除劳动合同或违反劳动合同中约定的保密事项，应当对用人单位造成的损失负赔偿责任。

（四）劳动行政部门的法律责任

劳动行政部门或者有关部门的工作人员滥用职权、玩忽职守、徇私舞弊，构成犯罪的，依法追究刑事责任；不构成犯罪的，给予行政处分。国家工作人员和社会保险基金经办机构的工作人员挪用社会保险基金，构成犯罪的，依法追究刑事责任。

三、劳动争议处理

劳动争议又称劳动纠纷，是指劳动关系双方当事人因实现劳动权利和履行劳动义务而发生的纠纷。

劳动争议处理制度，是通过劳动立法的形式将劳动争议处理的机构、原则、程序、受理范围等确定下来，用以处理劳动争议的一项法律制度。劳动争议处理制度，属于程序法，通过规定在劳动争议处理方面的原则、程序等，为贯彻实体法提供法律保障。2008 年 5 月 1 日起施行的《劳动争议调解仲裁法》对劳动争议调解、仲裁制度作了进一步完善和规范，解决了当前劳动争议处理程序周期长、效率低、职工维权成本高等问题，为建立及时、有效、快捷的劳动争议处理程序提供了制度保障。

思考题：

1. 劳动法的调整对象是什么？
2. 简述劳动法律关系。
3. 劳动者有哪些基本权利和基本义务？
4. 简述劳动法的主要内容。
5. 劳动法如何保障劳动者的劳动权利？
6. 简述违反劳动法的法律责任。

【案例1】

平台企业、平台用工合作企业与配送员之间的劳动关系如何认定？（该案例由福建省劳动人事争议仲裁院提供）

基本案情：

被申请人某人力资源服务有限公司（平台用工合作企业，以下简称“人资公司”）负责××生活福州地区配送平台（平台企业）配送员的招募和管理工作。申请人陈某于2022年7月18日入职人资公司，随即被安排至福州市台江区担任配送员。入职后人资公司未与陈某签订劳动合同及缴交社会保险，仅同陈某约定每月工资构成为底薪+单量提成，工资按月发放。从事配送工作期间，人资公司要求陈某每天8：30在××生活配送平台的APP上进行定位打卡并通过平台APP进行接单，配送期间必须服从平台调配，不得无故拒接平台派送的单子，配送过程中必须着工作服。2022年8月13日陈某在配送过程中受伤，受伤后人资公司通知××生活配送平台，强行关闭陈某的APP使用权限。

申请人请求

请求确认陈某与人资公司2022年7月18日至2022年8月13日期间存在劳动关系。

处理结果

仲裁委员会裁决：确认陈某与人资公司2022年7月18日至2022年8月13日期间存在劳动关系。

案例分析

本案争议焦点：陈某究竟是与××生活福州地区配送平台（平台企业），还是与“人资公司”（平台用工合作企业）之间建立劳动关系？

本案中，虽然陈某每天8：30必须在××生活配送平台APP上进行定位打卡，通过平台APP进行接单，配送期间服从平台调配，并不得无故拒接平台派送的单子，貌似陈某以××生活福州地区配送平台的名义对外配送，而且接受了平台的用工管理。但仔细分析，陈某上述所有行为均是“人资公司”所要求的，“人资公司”基于与××生活福州地区配送平台之间的合作协议，将对陈某的调配接单管理权让渡给平台企业，平台企业取得的仅是对陈某的调配接单管理权。而反观人资公司，在要求陈某遵守平台的配送服务规则的同时，对陈某的上线接单时间、接单量、服务质量、工作着装等工作环节均进行监督和管理，双方之间存在较强的人格从属性。人资公司根据单方制定的单量提成结算办法向陈某按月结算工资，且陈某从人资公司获得的劳动收入系其主要生活来源，双方之间存在较强的经济从属性。陈某虽然以平台名义从事配送任务，但人资公司将陈某招用为配送员，并纳入公司的配送组织体系进行管理，双方之间存在较强的组织从属性。综上，"人资公司"虽未与陈某签订劳动合同，但对陈某存在明显的劳动管理行为，符合劳动关系特征，应当认定陈某与人资公司存在劳动关系。

典型意义

随着平台经济迅速发展，一些平台用工合作企业以外包或者劳务派遣等灵活方式组织用工，而且往往诱导或强迫劳动者在平台企业的 APP 上注册，在发生争议时主张劳动者系通过平台企业的 APP 自主接单，从而在形式上弱化劳动管理的特征，通过"去劳动关系化"规避用工责任，导致劳动者权益受损时维权难度增大。在处理此类劳动关系认定争议时，应当根据《关于确立劳动关系有关事项的通知》（劳社部发〔2005〕12 号）规定，立足于"劳动用工管理"，通过对用工行为的人格从属性、经济从属性、组织从属性等"三性"的判断，审慎区分劳动关系和民事关系，依法确定各方权利义务。

【案例 2】

男职工在工作场所性骚扰女职工，用人单位是否可根据规章制度解除劳动合同?

基本案情：

林某于 2011 年入职某生物公司，先后担任电工兼机修、机电主管、车间厂长、资产管理部经理等岗位。2019 年 10 月 22 日，林某在与公司女员工交谈的过程中，拍打女员工的臀部数下，该女员工立即向公司反映情况。公司通过调取监控录像、获得三名女职工签名证言等方式，发现林某在职期间多次有对女职工"动手动脚"等不良行为。因此，公司认为林某的行为符合《员工手册》"对女职工进行性骚扰属严重违反公司规章制度，应予以开除"的规定，经通报工会研究后，于2019年11月11日解除与林某的劳动关系。林某认为，他就是"开玩笑"，没有性骚扰的目的，公司解除劳动关系违法。

申请人请求

请求裁决某生物公司向其支付违法解除劳动合同赔偿金。

处理结果

仲裁委员会裁决：驳回林某仲裁请求。

案例分析

本案争议焦点：男员工有性骚扰行为，用人单位可否根据规章制度解除劳动合同？

本案中，林某在工作场所拍打女员工臀部数下，并用手触碰女员工敏感部位，林某对女职工"动手动脚"的行为受到了女职工的抵制，该行为显然已经超出了"开玩笑"的范畴，在主观上有性骚扰的故意，客观上也实施了性骚扰的行为，认定林某对女员工进行性骚扰并无不当。同时，公司的《员工手册》明确规定，性骚扰行为属于严重违反规章制度，可以解除劳动关系，该规章制度与《中华人民共和国妇女权益保障法》《女职工劳动保护特别规定》等法律法规的精神相符，故林某的行为符合《中华人民共和国劳动合同法》第39条中可以解除劳动关系的情形，用人单位依法解除与林某的劳动关系符合法律规定，林某的仲裁请求应予驳回。

典型意义

近年来，女员工在工作场所遭受性骚扰的现象频发，严重损害了女职工的人格尊严和劳动权益，但大多数女员工又因为取证难、界定难、害怕丢工作、害怕受歧视等原因敢怒不敢言。因此，不论从保护女职工的合法人身权益的角度还是从保护合法用工秩序的角度，都应当对工作场所性骚扰行为说不喊停，对实施性骚扰的违法行为进行制裁，为女职工提供安全、公平、友好的工作环境。实践中，一方面，企业应制定明确的规章制度，阐述性骚扰行为的严重后果，采取在必要场所安装监控、开展职工遵守道德和职业准则培训等措施加强对性骚扰行为的约束；另一方面，一旦发现性骚扰行为，应及时通过电话录音、视频、文字记录等方法积极保存证据、保护受侵害员工名誉，对实施性骚扰的违法行为作出严肃处理，切实维护女职工合法权益。

【案例3】

支付欠付工资竟附带条件

马某入职某管理公司，根据双方签订的劳动合同，马某任职岗位为财务总监，劳动报酬未作约定。2021年5月，公司向马某出具《解除劳动合同证明书》。同年6月，公司向马某出具《员工工资明细表》，载明欠发马某2021年2月至5月工资3万余元，同时说明待案外人公司所欠65万元管理费到账后支付，马某在该明细表签字确认。后马某就所欠工资及解除劳动合同经济补偿金提起劳动仲裁，仲裁裁决支持其请求。管理公司不服，提起诉讼。

法院认为，依据《中华人民共和国劳动法》的规定，工资应当以货币形式按月支付给劳动者本人，不得克扣或者无故拖欠劳动者的工资。本案中，公司及马某对拖欠的工资进行了确认并达成协议，但该协议约定附条件给付工资，该约定违反了法律强制性规定，当属无效，公司应当支付马某2021年2月至2021年5月工资3万余元。对于公司主张不支付马某解除劳动合同经济补偿金的请求，公司主张系马某提出离职，但依据本案查明的事实，公司向马某出具《解除劳动合同证明书》中载明，系双方协商一致解除劳动关系，公司并未提交马某提出解除劳动合同的相关证据，故对公司该请求不予支持，该管理公司应当向马某支付经济补偿金。

法官说法：本案是认定附条件发放工资条款无效的典型案例。在劳动关系中，劳动者受用人单位管理、适用于用人单位的规章制度，从用人单位处获得工资等劳动报酬，劳动者相对于用人单位而言处于弱势地位。因此，劳动法以强制性规定的方式对劳动者获取劳动报酬的基本权益进行有力保护。本案中对欠付的马某工资约定为待案外人公司欠款到账后再行支付，系将公司管理经营的风险强行转移到劳动者身上，违反劳动法中的强制性规定，严重侵害了劳动者的基本权益，即使马某签字同意，此条款亦应属无效，公司应给付所欠付的工资。

法官提示，劳动者应当树立良好的规则意识和法治意识，增强风险防控的主动性和自觉性。一方面要重视书面劳动合同，对出勤考勤、工资发放、合同解除等事宜要书面确认；另一方面要强化证据意识，对于工作记录、文件、规章制度的发布、工资报酬的支付等证据要妥善保管；对于微信工作群、公司内部系统、邮箱、聊天软件的记录等，尽量保存电子证据原始载体。

第十九章

就业促进法相关知识

党的二十大报告指出："就业是最基本的民生。强化就业优先政策，健全就业促进机制，促进高质量充分就业。"就业关系到每一位劳动者的切身利益，关系到社会和谐稳定，关系到经济社会发展。《就业促进法》是促进社会主义和谐社会建设的重要法律，为我国实施积极的就业政策提供了法律保障。

第一节　就业促进法概述

一、就业促进法的概念

就业是指具有劳动能力的人，运用生产资料从事合法劳动，并取得相应劳动报酬或经营收入的经济活动。促进就业是指国家应尽可能采取措施，创造就业条件，为劳动者提供尽可能多的就业机会，保持较高就业率，控制失业率增长的活动。就业促进法是国家促进就业，发展和谐劳动关系，推动经济发展同扩大就业良性互动，实现社会和谐稳定的保障性法律。

二、《就业促进法》的立法目的

《就业促进法》，将促进就业的各项政策措施法律化和制度化，对于扩大就业、减少失业，提高就业质量和水平具有重要作用。其立法目的可以概括为：扩大就业，创造就业条件；促进经济发展与扩大就业相协调；促进社会和谐稳定。

三、我国就业工作的方针

《就业促进法》明确了“劳动者自主择业、市场调节就业、政府促进就业”的就业方针。

劳动者自主择业，是指充分调动劳动者就业的主动性和能动性，促进他们发挥就业潜能和提高职业技能，依靠自身努力，自谋职业和自主创业，尽快实现就业。

市场调节就业，是指充分发挥人力资源市场在促进就业中的基础作用。通过市场提供供求信息，引导劳动者合理流动和就业；通过用人单位自主用人和劳动者自主择业，实现供求双方相互选择；通过市场工资价位信息，调节劳动力供求关系。

政府促进就业，是指充分发挥政府在促进就业中的重要职责。通过发展经济和调节产业结构，实施积极的就业政策，扩大就业机会；通过规范人力资源市场，维护公平就业；通过完善公共就业服务和加强职业教育和培训，创造就业条件；通过提供就业援助，帮助困难群体就业。

四、我国就业的政策支持

国家把扩大就业放在经济社会发展的突出位置，实施积极的就业政策。为了建立促进就业的长效机制，《就业促进法》将积极的就业政策上升为法律规范，并按照促进就业工作的要求，规定了政策支持的法律内容。

（1）努力开辟就业门路，积极创造就业岗位。实行有利于促进就业的产业政策，坚持扩大内需的方针，保持国民经济必要的增长速度，积极调整经济结构，提高经济增长对就业的拉动能力，千方百计扩大就业。鼓励各类企业在法律、法规规定的范围内，通过兴办产业或者拓展经营，增加就业岗位。

（2）加大资金投入，改善就业环境，扩大就业。各级政府都要调整财政支出结构，加大就业资金投入，实行有利于促进就业的财政政策。县级以上人民政府应当根据就业状况和就业工作目标，在财政预算中安排就业专项资金用于促进就业工作。

（3）完善和落实促进就业的扶持政策。实行有利于促进就业的税收政策，扶持失业人员和残疾人就业，对符合法定条件的企业和人员依法给予税收优惠；实行有利于促进就业的金融政策，增加中小企业的融资渠道，加大对中小企业的信贷支持，并对自主创业人员在一定期限内给予小额信贷等扶持；建立健全就业援助制度，对就业困难人员给予扶持和帮助。

（4）实行统筹就业政策，加强对就业的宏观调控。实行城乡统筹、区域统筹和群体统筹的就业政策，建立健全城乡劳动者平等就业制度；鼓励区域协作，支持民族地区发展经济；做好城镇新增劳动力、农业富余劳动力转移就业和失业人员就业工作，做好下岗失业人员、大学生、复转军人、残疾人、农民工等群体的就业工作。

（5）实行有利于灵活就业的劳动和社会保险政策。各级人民政府采取措施，逐步完善和实施与非全日制用工等灵活就业相适应的劳动和社会保险政策，为灵活就业人员提供帮助和服务。实行失业保险促进就业政策，加强对大规模失业的预防、调节和控制。

（6）改进就业服务面，加强再就业培训。建立健全公共就业服务制度，运用现代化的信息网，为下岗失业人员及时准确地提供就业信息，帮助下岗失业人员自谋职业和自主创业。加强再就业培训，充分利用全社会现有的教育资源，组织开展多层次、多形式的再就业培训，提高下岗失业人员的就业能力。对有开业条件的人员开展创业培训和开业指导，提供项目咨询、跟踪扶持等服务，通过培养创业带头人来带动更多人就业。

第二节　促进就业的主要内容

一、公平就业

为了维护劳动者的平等就业权，反对就业歧视，《就业促进法》对公平就业进行了规定，以保障劳动者公平就业的权利。

（1）政府维护公平就业。各级人民政府应当创造公平就业的环境，消除就业歧视，并制定政策和采取措施对就业困难人员给予扶持和援助。从现实需要和可行性来看，消除就业歧视也只有政府才能承担起如此重任。

（2）规范用人单位和职业中介机构的行为。用人单位和职业中介机构的行为，往往影响和决定着劳动者的就业机会和就业权利的实现。就业歧视主要发生在用人单位招用人员、职业中介机构从事中介活动的过程中，依法规范他们的行为，对维护劳动者平等就业权至关重要。因此，《就业促进法》规定：用人单位招用人员、职业中介机构从事职业中介活动，应当向劳动者提供平等的就业机会和公平的就业条件，不得实施就业歧视。

(3) 妇女享有与男子平等的劳动权利。用人单位招用人员，除国家规定的不适合妇女的工种或者岗位外，不得以性别为由拒绝录用妇女或者提高对妇女的录用标准。同时规定，用人单位录用女职工，不得在劳动合同中规定限制女职工结婚、生育等内容。

(4) 各民族劳动者享有平等的劳动权利。用人单位招用人员，应保证各民族劳动者享有平等权利，并依法对少数民族劳动者给予适当照顾。

(5) 保障残疾人的劳动权利。各级人民政府应当为残疾人创造就业条件。用人单位招用人员，不得歧视残疾人。

(6) 保障传染病病原携带者的平等就业权。规定用人单位招用人员，不得以是传染病病原携带者为由拒绝录用。但在治愈前或者排除传染嫌疑前，不得从事法律、行政法规和国务院卫生行政部门规定禁止从事的易使传染病扩散的工作。

(7) 保障进城就业的农村劳动者的平等就业权。农村劳动者进城就业享有与城镇劳动者平等的劳动权利，不得对农村劳动者进城就业设置歧视性限制。

(8) 诉讼维权。劳动者受到就业歧视时，可以向人民法院提起诉讼。

二、就业服务和管理

(一) 就业服务的概念

就业服务是指由特定的机构提供一系列服务措施，以满足劳动者求职就业或用人单位招用人员需求的行为。其主要内容包括职业指导、职业介绍、就业训练、劳动保障事务代理，以及与之附随产生的其他相关服务，如职业咨询、对劳动者的就业状况进行跟踪了解等服务项目。就业服务分为两类：一类是公共就业服务，属于公益性服务活动；另一类是职业中介服务，属于营利性服务活动。

(二) 建立健全公共就业服务体系

公共就业服务是指以促进就业为目的，由政府出资，向劳动者提供的公益性就业服务。公共就业服务体系是一个公共的、无偿的职业介绍体系。公共就业服务机构应由政府建立，在政府领导或监管下开展业务活动，政府应给予充分的资金保障；公共就业服务机构应当形成体系，主要由中央主管部门、地区性就业服务机构和地方就业服务机构组成，上下形成网络，在一定程度上覆盖全国；公共就业服务机构的职员应是政府公务人员，并保证其职业稳定。

（三）发展人力资源市场

县级以上人民政府培育和完善统一开放、竞争有序的人力资源市场，为劳动者就业提供服务；加强人力资源市场信息网络及相关设施建设，建立健全人力资源市场信息服务体系，完善市场信息发布制度，为劳动者就业提供服务；对职业中介机构提供公益性就业服务的，按照规定给予补贴。

（四）规范对职业中介机构的管理

职业中介机构是人力资源市场的载体，职业中介服务对促进劳动力供求均衡、减少劳动力市场摩擦、促进劳动力合理流动等方面具有重要作用。但是，中介服务是营利性活动，服务过程中易产生违法行为。因此，必须加强对职业中介机构的规范管理。

1. 从事职业中介活动的原则。从事职业中介活动，应当遵循合法、诚实信用、公平、公开的原则。

2. 设立职业中介机构条件。有明确的章程和管理制度；有固定场所、办公设施和开办资金；有相应职业资格的专职工作人员；法律、法规规定的其他条件。应当依法办理行政许可，经许可的职业中介机构，应当向市场监督管理部门办理登记；未经依法许可和登记的机构，不得从事职业中介活动。

3. 职业中介机构需禁止的行为。提供虚假就业信息；为无合法证照的用人单位提供职业中介服务；伪造、涂改、转让职业中介许可证；扣押劳动者的居民身份证和其他证件，或者向劳动者收取押金；其他违反法律、法规规定的行为。地方各级人民政府和有关部门不得举办或者与他人联合举办经营性的职业中介机构。非法从事职业中介活动的，要依法承担法律责任。

三、职业教育和培训

职业教育和培训是按照职业或劳动岗位对劳动者的要求，以获得、开发和提高劳动者的职业技能为目的的教育和训练活动。职业教育和职业培训是提高劳动者素质，增强其就业能力，促进实现就业和稳定就业的重要途径。

（一）职业教育和培训的方针

职业教育和培训的总方针是：国家依法发展职业教育，鼓励开展职业培训，促进劳动者提高职业技能，增强就业能力和创业能力。

（二）各级人民政府的职责

1. 制订和实施职业能力开发计划，加强对劳动者的职业技能操作训练。

2. 加强统筹协调，鼓励和支持各类职业院校、职业技能培训机构和用人单位依法开展就业前培训、在职培训、再就业培训和创业培训，鼓励劳动者参加各种形式的培训。

3. 鼓励、指导企业加强职业教育和培训。

4. 建立健全劳动预备制度，对有就业要求的初高中毕业生实行一定期限的职业教育和培训，使其取得相应的职业资格或者掌握一定的职业技能。

5. 鼓励和支持开展就业培训，帮助失业人员提高职业技能，增强其就业能力和创业能力。失业人员参加就业培训的，按照有关规定享受政府培训补贴。

6. 采取有效措施，组织和引导进城就业的农村劳动者参加技能培训，鼓励各类培训机构为其提供技能培训，增强其就业能力和创业能力。

（三）企业的职责

企业应当按照国家有关规定提取职工教育经费，对劳动者进行职业技能培训和继续教育培训。企业未提取或未足额提取职工教育经费，或者挪用职工教育经费的，由劳动行政部门责令改正，并依法给予处罚。

（四）职业教育和培训机构的职责

职业院校、职业技能培训机构应当与企业密切联系，实行产教结合，为经济建设服务，培养实用人才和熟练劳动者。

（五）建立职业资格证书制度

国家建立促进劳动者就业的职业能力评价体系，对从事涉及公共安全、人身健康、生命财产安全等特殊工种的劳动者，实行职业资格证书制度。

四、就业援助制度

就业援助制度是指国家对就业困难人员实施就业优先扶持和重点帮助的制度。就业援助是构建社会主义和谐社会的基础工作之一，充分体现国家对就业困难人员的关怀。

（一）就业援助的对象

就业援助的对象是就业困难人员。就业困难人员即因身体状况、技能水平、家庭因素、失去土地等原因难以实现就业，以及连续失业一定时间仍未能实现就业的人员。

（二）就业援助的措施

1. 各级人民政府建立健全就业援助制度，采取税费减免、贷款贴息、社会保险补贴、岗位补贴等办法，通过公益性岗位安置等途径，对就业困难人员实行优先扶持和重点帮助。

2. 地方各级人民政府加强基层就业援助服务工作，对就业困难人员实施重点帮助，提供有针对性的就业服务和公益性岗位援助；鼓励和支持社会各方面为就业困难人员提供技能培训、岗位信息等服务。

3. 政府投资开发的公益性岗位，应当优先安排符合岗位要求的就业困难人员。被安排在社区公益性岗位工作的，按照国家规定给予岗位补贴。

4. 各级人民政府采取特别扶助措施，促进残疾人就业，并要求用人单位按照国家规定安排残疾人就业。

（三）对城市零就业家庭的就业援助

城市零就业家庭是指城镇居民家庭中，在法定劳动年龄内，具有劳动能力和就业需求的家庭成员，均处于失业状态的家庭。县级以上地方人民政府采取多种就业形式，拓宽公益性岗位范围，开发就业岗位，确保城市有就业需求的家庭至少有1人实现就业。《就业促进法》同时规定了街道、社区公共就业服务机构在就业援助中的具体职责。

（四）对就业压力大的特定地区的扶持

国家鼓励资源开采型城市和独立工矿区发展与市场需求相适应的产业，引导劳动者转移就业。对因资源枯竭或者经济结构调整等原因造成就业困难人员集中的地区，上级人民政府应当给予必要的扶持和帮助。

第三节 促进就业的法律保障

一、监督检查

这里所讲的监督检查是指县级以上人民政府、有关部门及劳动行政部门依法对促进就业工作和《就业促进法》的执行情况进行的监督检查。

（一）监督检查的主体

1. 县级以上人民政府；
2. 审计机关和财政部门；
3. 劳动行政部门。

（二）监督检查的对象和内容

1. 县级以上人民政府按照促进就业目标责任制的要求，对所属的有关部门和下一级人民政府进行考核和监督。

目标责任制是指确定工作方向，制定相关措施，并在一定时期内完成预期的工作任务的责任制度。在就业促进工作的监督检查中要求各级人民政府和有关部门建立一套促进就业的目标责任制度，由县级以上人民政府按照促进就业目标责任制的要求，对所属的有关部门和下一级人民政府进行考核和监督。通过监督和检查使促进就业工作持续有效的发展。

2. 审计机关、财政部门应当依法对就业专项资金的管理和使用情况进行监督检查。

3. 劳动行政部门对本法实施情况进行监督检查，建立举报制度，受理对违法行为的举报，并及时予以核实处理。

二、法律责任

法律责任是指法律关系主体基于其违法行为，按照法律规定必须承担的法律后果。《就业促进法》规定了用人单位、职业中介机构、国家、政府及有关部门、有关组织的法律义务。当行为人违反法律规定，不履行就业促进法规定的义务时，要承担相应的法律责任。

（1）行政责任。行为人违反法律规定，不履行就业促进法规定的义务的，由国家行政机关依法给予行政处分、责令改正、行政处罚等行政制裁。

（2）民事责任。违反就业促进法规定，侵害劳动者合法权益造成损失的应当承担赔偿损失、停止损害、退还押金等民事法律责任。

（3）刑事责任。行为人的行为构成犯罪的，依法追究刑事责任。

第四节　工会在促进就业中的作用

工会是职工利益的代表者和维护者，在推动就业方面有着独特的优势和潜力，其作用主要体现在以下几个方面。

一、协助政府开展促进就业工作

根据《就业促进法》的规定，要求工会发挥自身优势，有效利用各种社会资源，积极协助政府为促进就业搭起各种平台，提供信息服务。组织人员深入企业和相关行业部门，搜集、了解各类用工信息，为求职者开展免费职业介绍。

二、依法保障职工劳动就业权利

在社会宏观领域，工会可以通过三方协商机制参与制定有助于促进就业的相关立法以及相关政策和措施；在微观领域，工会通过帮助指导职工签订劳动合同，代表职工签订集体合同，以及通过职工代表大会制度参与处理劳动争议等多种途径，依法维护职工的劳动就业权利。

三、为职工提供创业和就业服务

开展创业指导，“以创业促就业、以创业促发展”。切实为职工提供创业和就业服务，是工会促进就业援助的一个重要方面工作，亦可在政策、技术、资金上给农民工、大中专毕业生和因企业停产或经济性裁员而新增的失业人员，有创业愿望，又有志创业者提供必要的力所能及的服务。

四、开展各种行之有效的就业培训

充分利用工会现有职工技校、就业再就业培训基地等平台，围绕企业和就业者的实际需求，不断拓宽和开辟新的就业培训渠道，如订单式培训、项目培训、品牌培训、定向培训等，使需要就业者能够学有所长，拥有一技之长，更好地实现就业。

思考题：

1. 我国的就业方针是什么？

2. 劳动者在就业方面享有什么权利？

3. 国家采取哪些办法和途径，对就业困难人员实行就业援助？

4. 对违反《就业促进法》规定实施就业歧视的，劳动者可以采取什么措施维护自己的合法权益？

5. 工会在促进就业中的作用是什么？

【案例】

单亲妈妈患癌被非法辞退

许某某作为单亲妈妈，独自抚养16岁女儿。2018年8月，许某某入职镇江某机械装备制造股份有限公司，任仓库主管。2019年8月，许某某确诊患卵巢癌，遂入院治疗，进行手术，并接受化疗。病休期间，许某某定期到医院复诊，并向单位提交了医院出具的建休单。在此情况下，2020年6月，该公司仍以许某某拒绝到岗且未能按照公司规章制度履行请假手续等为由，单方解除劳动合同，许某某家庭因此陷入困境。

本案的争议焦点是许某某应当享受的法定医疗期应该有多长时间。用人单位认为，按照《企业职工患病或非因工负伤医疗期规定》，许某某应享受的医疗期最长为6个月。许某某认为，其身患癌症，且接受手术、化疗等治疗手段，其所应享受的医疗期应不少于24个月。

镇江市总工会职工法律援助中心分析案情后，认为许某某的主张合法合理，企业单方解除劳动合同是违法的。经过仲裁审理，句容市劳动人事争议仲裁委员会裁决，用人单位继续履行原劳动合同，并向许某某支付克扣和拖欠的工资6114元。公司不服裁决，起诉至句容市人民法院，要求确认解除劳动合同合法，并不支付相应工资。最终法院认定公司解除劳动合同违法，公司一次性赔偿许某某8.5万元。

评价

作为职工的“娘家人”，工会组织及时出面伸援手，提供免费的法律援助，有效维护了职工合法权益。医疗期长短根据实际工作年限、本单位工作年限、所患疾病种类等来确定，用人单位需要依法全面解读。

职工是财富创造的主体，企业能不能发展壮大、行稳致远，离不开职工的辛勤劳动和付出。企业应该加强人文关怀，设身处地为职工着想，给职工更多的关心呵护，进一步增强职工对企业的认同感、归属感。

第二十章

劳动合同法相关知识

《劳动合同法》的贯彻实施，不仅有利于更加切实有效地保护劳动者的合法权益、充分调动广大劳动者的积极性和创造性，同时也有利于加强企事业单位人力资源管理，促进企事业单位高质量发展，对于实现劳动关系双方力量与利益的平衡、促进劳动关系规范有序发展、构建和发展和谐稳定的劳动关系、促进社会主义和谐社会建设，都具有十分重要的意义。

第一节 劳动合同法概述

一、劳动合同法的概念

劳动合同，是指劳动者与用人单位之间确立劳动关系、明确双方权利和义务的书面协议。劳动合同法，是调整劳动合同关系的法律规范的总称。

二、劳动合同法的立法宗旨

立法宗旨也称立法目的，能够集中体现一部法律的基本价值判断。劳动合同法的立法宗旨包括以下 3 层含义。

（一）完善劳动合同制度，明确劳动合同双方当事人的权利和义务

制定劳动合同法，是要规范劳动合同的订立、履行、变更、解除或者终止的行为，明确劳动合同中双方当事人的权利和义务，完善劳动合同制度。

（二）保护劳动者的合法权益

从构建和谐稳定的劳动关系的目标出发，立法应定位于向劳动者倾斜。

（三）构建和发展和谐稳定的劳动关系

劳动合同法是实现劳动力资源的市场配置，促进劳动关系和谐稳定的重要法律制度。劳动关系是最基本的社会关系，构建和发展和谐稳定的劳动关系是劳动合同法的最终价值目标。

三、劳动合同法的适用范围

1. 企业、个体经济组织、民办非企业单位等组织与劳动者建立劳动关

系，订立、履行、变更、解除或者终止劳动合同，适用劳动合同法。

（1）企业。是以营利为目的经济性组织，包括法人企业和非法人企业。

（2）个体经济组织。是指雇工 7 人以下的个体工商户。

（3）民办非企业单位。是指企业事业单位、社会团体和其他社会力量以及公民个人利用非国有资产举办的，从事非营利性社会服务活动的组织。

2. 国家机关、事业单位、社会团体和与其建立劳动合同关系的劳动者，订立、履行、变更、解除或者终止劳动合同，适用劳动合同法。

（1）国家机关。指国家机关招用工勤人员，适用本法。

（2）事业单位。实行企业化管理的事业单位，适用本法。一般性的事业单位，如劳动者与用人单位签订劳动合同，适用本法；如劳动者与用人单位签订聘用合同，法律、行政法规或者国务院另有规定的，依照其规定；未作规定的，适用本法。

（3）社会团体。社会团体作为用人单位与劳动者订立劳动合同的，适用本法。

第二节　劳动合同的订立

一、劳动合同订立的概念

劳动合同的订立，是指劳动者与用人单位就劳动合同条款达成一致，从而确立劳动关系以及明确双方权利义务关系的法律行为。

二、劳动合同订立的原则

订立劳动合同，应当遵循合法、公平、平等自愿、协商一致、诚实信用的原则。

（一）合法原则

劳动合同的内容和订立劳动合同的目的不能违背法律法规的规定，也不得违背社会公共道德和善良风俗。当事人双方均不得以订立劳动合同的合法形式掩盖非法意图。

（二）公平原则

公平原则是关于当事人订立合同时的合同内容的指导原则。《劳动合同法》设立公平原则的目的，在于劳动合同订立时要兼顾双方的利益，其实质是要求双方当事人之间在利害关系上大体平衡，着重针对劳动合同订立时权利义务的确定。

（三）平等自愿原则

平等，是指用人单位和劳动者在缔结合同时法律地位上的平等。在订立劳动合同的过程中，当事人双方都是以劳动关系主体资格出现的，是平等主体之间的关系。劳动者和用人单位在法律上处于平等地位，应平等地决定是否缔结劳动合同。

自愿，是指订立劳动合同完全是出于双方当事人自己的真实意志，经过平等协商而达成协议。

（四）协商一致原则

协商一致，是指劳动合同的内容、条款，是在法律、法规允许的范围内，由双方当事人共同讨论、协商取得完全一致的意思表示后确定的。双方当事人就合同的主要条款达成一致意见后，合同成立和生效。

（五）诚实信用原则

用人单位招用劳动者时，应当如实告知工作内容、工作条件、工作地点、职业危害、安全生产状况、劳动报酬，以及劳动者要求了解的其他情况；用人单位有权了解劳动者与劳动合同直接相关的基本情况，劳动者应当如实说明。

三、劳动合同的订立

劳动合同由用人单位与劳动者协商一致，并经用人单位与劳动者在劳动合同文本上签字或者盖章生效。劳动合同法规定：用人单位自用工之日起即与劳动者建立劳动关系；建立劳动关系，应当订立书面劳动合同；用人单位与劳动者在用工前订立劳动合同的，劳动关系自用工之日起建立；劳动合同应当在建立劳动关系的 1 个月内订立。因此，劳动合同在用工前订立、用工之日订立、用工之日起 1 个月内订立，都符合规定。

四、建立劳动关系的附随义务

1. 用人单位应当依法建立和完善企业劳动规章制度。

用人单位制定、修改或决定直接涉及劳动者切身利益的规章制度，应当经职工代表大会或者全体职工讨论，提出方案和意见。与工会或者职工代表平等协商确定；在规章制度实施中，工会或者职工认为不适当的，有权向用人单位提出，通过协商予以修改完善；直接涉及劳动者切身利益的规章制度须公示或告知劳动者。

2. 劳动合同当事人如实告知的义务。

用人单位招用劳动者时，应当将用人单位的基本情况如实告知劳动者；劳动者也有义务将自己与劳动合同直接相关的基本情况向用人单位如实说明。

3. 用人单位招用劳动者时，禁止扣押证件、要求担保或收取财物。

4. 用人单位建立职工名册的义务。职工名册，应当包括劳动者姓名、性别、居民身份证号码、户籍地址及现住址、联系方式、用工形式、用工起始时间、劳动合同期限等内容。

五、劳动合同条款

劳动合同的条款包括必备条款和约定条款两种。

（一）必备条款

1. 必备条款的内容

必备条款是指法律规定的劳动合同必须具备的条款。劳动合同应具备以下条款：

(1) 用人单位的名称、住所和法定代表人或者主要负责人;

(2) 劳动者的姓名、住址和居民身份证或者其他有效身份证件号码;

(3) 劳动合同期限;

(4) 工作内容和工作地点;

(5) 工作时间和休息休假;

(6) 劳动报酬;

(7) 社会保险;

(8) 劳动保护、劳动条件和职业危害防护;

(9) 法律、法规规定应当纳入劳动合同的其他事项。

2. 关于劳动合同期限的规定

劳动合同的期限分为固定期限、无固定期限和以完成一定的工作任务为期限的劳动合同。

(1) 固定期限劳动合同,是指用人单位与劳动者约定合同终止时间的劳动合同。

(2) 无固定期限劳动合同,是指用人单位与劳动者约定无确定终止时间的劳动合同。订立无固定期限劳动合同有两种情形。第一,用人单位与劳动者协商一致。第二,出现法律规定的下列情形时,应当订立无固定期限劳动合同:劳动者已在该用人单位连续工作满 10 年的;用人单位初次实行劳动合同制度或者国有企业改制重新订立劳动合同时,劳动者在该用人单位连续工作满 10 年且距法定退休年龄不足 10 年的;连续订立 2 次固定期限劳动合同的;用人单位自用工之日起满 1 年不与劳动者订立书面劳动合同的。

(3) 以完成一定的工作任务为期限的劳动合同,是指用人单位与劳动者约定以某项工作的完成为合同期限的劳动合同。

(二) 约定条款

约定条款是指劳动合同当事人双方协商的条款。主要包括:试用期;服务期;商业秘密保护及竞业限制;补充保险和福利待遇等。

1. 试用期

试用期是用人单位和劳动者建立劳动关系后为相互了解、选择而约定的考察期。试用期包含在合同期限以内。

（1）试用期的次数：同一用人单位与同一劳动者只能约定1次试用期。

（2）试用期的期限：劳动合同期限3个月以上不满1年的，试用期不得超过1个月；劳动合同期限1年以上不满3年的，试用期不得超过2个月；3年以上固定期限和无固定期限的劳动合同，试用期不得超过6个月。

（3）不得约定试用期的劳动合同：以完成一定工作任务为期限的劳动合同；劳动合同期限不满3个月的；非全日制用工。

（4）试用期期间的劳动报酬：劳动者在试用期的工资不得低于本单位相同岗位最低档工资的80%或者劳动合同约定工资的80%，并不得低于用人单位所在地的最低工资标准。

2. 服务期

服务期是用人单位为劳动者提供专项培训费用，进行专业技术培训的情况下，劳动者必须为用人单位提供服务的期限。服务期是劳动者应履行的一项义务，同时也是用人单位的权利。劳动者违反服务期约定的，应当按照约定向用人单位支付违约金，其数额不得超过用人单位提供的培训费用。用人单位要求劳动者支付的违约金不得超过服务期尚未履行部分所应分摊的培训费用。服务期期间不影响按照正常的工资调整机制提高劳动者的劳动报酬。

3. 关于商业秘密保护及竞业限制的规定

劳动合同当事人可以在劳动合同中约定保守秘密的有关事项。约定的保密事项主要是保守用人单位的商业秘密和其知识产权。竞业限制，是指用人单位与劳动者约定，劳动者在劳动合同履行和终止后一定期限内，出于保密的目的，不得自营或为他人经营与本单位相竞争的业务。竞业限制的人员限于用人单位的高级管理人员、高级技术人员和其他负有保密义务的人员。在竞业限制期限内按月给予劳动者一定的经济补偿。竞业限制期限最高为2年。

六、无效劳动合同的情形及处理

（一）下列劳动合同无效或部分无效

1. 以欺诈、胁迫的手段或乘人之危，使对方在违背真实意思的情况下订立或者变更劳动合同的。

2. 用人单位免除自己的法定责任、排除劳动者权利的，也就是劳动合同中的“霸王条款”无效。

3. 违反法律行政法规的强制性规定的。

（1）当事人不具备订立劳动合同的法定资格。

（2）劳动合同内容直接违反法律法规的规定。如最低工资、工作时间、劳动安全与卫生等规定。

（3）劳动合同因为损害国家利益和社会公共利益而无效。

（二）劳动合同无效的处理

1. 劳动合同部分无效，不影响其他部分效力的，其他部分仍然有效。

2. 劳动合同被确认无效，劳动者已付出劳动的，用人单位应当向劳动者支付劳动报酬。劳动报酬的数额，参照本单位相同或相近岗位劳动者的劳动报酬确定。

3. 由于用人单位原因订立的无效劳动合同，对劳动者造成损失的，应承担赔偿责任。

第三节　劳动合同的履行和变更

一、劳动合同的履行

劳动合同的履行是指劳动合同双方当事人按照劳动合同的约定，实现各自权利和义务的活动。劳动合同的履行，应当遵循实际履行、亲自履行、全面履行和协作履行的原则。

二、劳动合同的变更

劳动合同的变更是指劳动合同当事人对依法成立的劳动合同的条款所作的修改和增减。劳动合同的变更必须经劳动者和用人单位协商一致后方可变更，并应当采用书面形式。变更后的劳动合同文本由用人单位和劳动者各执1份。

第四节　劳动合同的解除和终止

一、劳动合同的解除

劳动合同的解除，是指劳动合同订立后，尚未全部履行以前，由于某种原因导致劳动合同一方或双方当事人提前中断劳动关系的法律行为。劳动合同的解除包括协商解除和法定解除。协商解除：是指劳动合同履行过程中，当事人经协商一致同意解除合同。法定解除：是指在合同履行过程中出现法定解除合同的情形，当事人有权解除合同。

（一）劳动者依法解除劳动合同的情形

1. 提前通知解除：劳动者提前30日以书面形式通知用人单位，可以解除劳动合同。劳动者在试用期内提前3日通知用人单位，可以解除劳动合同。劳动者的这项权利，通常称之为“辞职权”。

2. 随时通知解除：用人单位未按照劳动合同约定提供劳动保护或者劳动条件的；未及时足额支付劳动报酬的；未依法为劳动者缴纳社会保险费的；用人单位的规章制度违反法律、法规的规定，损害劳动者权益的；无效或部分无效劳动合同；法律、行政法规规定劳动者可以解除劳动合同的其他情形。

3. 无须通知立即解除：用人单位以暴力、威胁或者非法限制人身自由的手段强迫劳动者劳动的，或者用人单位违章指挥、强令冒险作业危及劳动者人身安全的。

（二）用人单位解除劳动合同的情形

1. 随时解除：在试用期间被证明不符合录用条件的；严重违反用人单位的规章制度的；严重失职，营私舞弊，给用人单位造成重大损害的；劳动者同时与其他用人单位建立劳动关系，对完成本单位的工作任务造成严重影响，或者经用人单位提出，拒不改正的；以欺诈、胁迫的手段或者乘人之危，使用人单位在违背真实意思的情况下订立或者变更劳动合同的；被依法追究刑事责任的。

2. 预告通知解除：有下列情形之一的，用人单位提前 30 日以书面形式通知劳动者本人或者额外支付劳动者 1 个月工资后，可以解除劳动合同：劳动者患病或者非因工负伤，在规定的医疗期满后不能从事原工作，也不能从事由用人单位另行安排的工作的；劳动者不能胜任工作，经过培训或者调整工作岗位，仍不能胜任工作的；劳动合同订立时所依据的客观情况发生重大变化，致使劳动合同无法履行，经用人单位与劳动者协商，未能就变更劳动合同内容达成协议的。

3. 企业经济性裁员：经济性裁员也称非过失性裁员，是指用人单位由于经济性原因一次性辞退部分劳动者的行为。经济性裁员属于用人单位解除劳动合同的一种情形，为保障劳动者的合法权益，平衡用人单位与劳动者的权利义务，劳动合同法严格规定了经济性裁员的范围和程序。

（三）用人单位不得解除劳动合同的情形

从事接触职业病危害作业的劳动者未进行离岗前职业健康检查，或者疑似职业病病人在诊断或者医学观察期间的；在本单位患职业病或者因工负伤并被确认丧失或者部分丧失劳动能力的；患病或者非因工负伤，在规定的医疗期内的；女职工在孕期、产期、哺乳期的；在本单位连续工作满 15 年，且距法定退休年龄不足 5 年的；法律、行政法规规定的其他情形。

二、劳动合同的终止

劳动合同终止，是指劳动合同期限届满或者有其他符合法律规定的情形出现导致劳动合同关系终结。劳动合同的终止的情形：劳动合同期满的；劳动者开始依法享受基本养老保险待遇的；劳动者死亡，或者被人民法院宣告死亡或者宣告失踪的；用人单位被依法宣告破产的；用人单位被吊销营业执照、责令关闭、撤销或者用人单位决定提前解散的；法律、行政法规规定的其他情形。

三、经济补偿

经济补偿是用人单位解除或终止劳动合同时，给予劳动者的一次性经济补助。

（一）经济补偿的情形

1. 未按照劳动合同约定提供劳动保护或者劳动条件的；

2. 未及时足额支付劳动报酬的；

3. 未依法为劳动者缴纳社会保险费的；

4. 劳动规章制度违反法律、法规的规定，损害劳动者权益的；

5. 以欺诈、胁迫的手段或者乘人之危，使劳动者在违背真实意思的情况下订立或者变更劳动合同的；

6. 向劳动者提出解除劳动合同并与劳动者协商一致解除劳动合同的；

7. 劳动者患病或者非因工负伤，在规定的医疗期满后不能从事原工作，也不能从事由用人单位另行安排的工作的；

8. 劳动者不能胜任工作，经培训或调整工作岗位，仍不能胜任工作的；

9. 劳动合同订立时所依据的客观情况发生重大变化，致使劳动合同无法履行，经用人单位与劳动者协商，未能就变更劳动合同内容达成协议，解除劳动合同的；

10. 依照企业破产法规定进行重整而解除合同的；

11. 除用人单位维持或者提高劳动合同约定条件续订劳动合同，劳动者不同意续订的情形外，劳动合同期满终止固定期限劳动合同的；

12. 用人单位被依法宣告破产的；

13. 用人单位被吊销营业执照、责令关闭、撤销或者用人单位决定提前解散的。

（二）经济补偿的标准

经济补偿按劳动者在本单位工作的年限，每满 1 年支付 1 个月工资的经济补偿。6 个月以上不满 1 年的，按 1 年计算；不满 6 个月的，支付半个月工资的经济补偿。经济补偿的月工资按照劳动者应得工资计算，包括计时工资或者计件工资以及奖金、津贴和补贴等货币性收入。

（三）计算基数

经济补偿的月工资是指劳动者在劳动合同解除或者终止前 12 个月的平均工资。

（四）计算封顶

从月工资基数和工作年限两方面进行限制。其中，月工资基数这样封顶：劳动者月工资高于用人单位所在直辖市、设区的市级人民政府公布的本地区上年度职工月平均工资 3 倍的，向其支付经济补偿的标准按职工月平均工资 3 倍的数额支付。支付经济补偿的工作年限最高不超过 12 年。

第五节　劳务派遣和非全日制用工

一、劳务派遣

（一）劳务派遣的概念和特点

劳务派遣，是指劳务派遣单位与被派遣劳动者订立劳动合同后，将该劳动者派遣到用工单位从事劳动的一种特殊的用工形式。其特点是：劳务派遣单位与被派遣劳动者建立劳动关系，但不用工，即不直接管理和指挥劳动者从事劳动；用工单位直接管理和指挥劳动者从事劳动，但是与劳动者之间不建立劳动关系。

（二）用工范围和用工比例

用工单位只能在临时性、辅助性或者替代性的工作岗位上使用被派遣劳动者。临时性工作岗位是指存续时间不超过6个月的岗位；辅助性工作岗位是指为主营业务岗位提供服务的非主营业务岗位；替代性工作岗位是指用工单位的劳动者因脱产学习、休假等原因无法工作的一定期间内，可以由其他劳动者替代工作的岗位。

用工单位决定使用被派遣劳动者的辅助性岗位，应当经职工代表大会或者全体职工讨论，提出方案和意见，与工会或者职工代表平等协商确定，并在用工单位内公示。

用工单位应当严格控制劳务派遣用工数量，使用的被派遣劳动者数量不得超过其用工总量的10%。用工总量是指用工单位订立劳动合同人数与使用的被派遣劳动者人数之和。

计算劳务派遣用工比例的用工单位是指依照劳动合同法和劳动合同法实施条例可以与劳动者订立劳动合同的用人单位。

（三）劳动合同、劳务派遣协议的订立和履行

1. 劳动合同

劳务派遣单位应当依法与被派遣劳动者订立2年以上的固定期限书面劳动合同。

劳务派遣单位可以依法与被派遣劳动者约定试用期。劳务派遣单位与同一被派遣劳动者只能约定1次试用期。

2. 劳务派遣协议

劳务派遣协议应当载明下列内容：

（1）派遣的工作岗位名称和岗位性质；

（2）工作地点；

（3）派遣人员数量和派遣期限；

（4）按照同工同酬原则确定的劳动报酬数额和支付方式；

（5）社会保险费的数额和支付方式；

（6）工作时间和休息休假事项；

（7）被派遣劳动者工伤、生育或者患病期间的相关待遇；

（8）劳动安全卫生以及培训事项；

（9）经济补偿等费用；

（10）劳务派遣协议期限；

（11）劳务派遣服务费的支付方式和标准；

（12）违反劳务派遣协议的责任；

（13）法律、法规、规章规定应当纳入劳务派遣协议的其他事项。

3. 劳务派遣单位应当对被派遣劳动者履行的义务

（1）如实告知被派遣劳动者《劳动合同法》第 8 条规定的事项、应遵守的规章制度以及劳务派遣协议的内容；

（2）建立培训制度，对被派遣劳动者进行上岗知识、安全教育培训；

（3）按照国家规定和劳务派遣协议约定，依法支付被派遣劳动者的劳动报酬和相关待遇；

（4）按照国家规定和劳务派遣协议约定，依法为被派遣劳动者缴纳社会保险费，并办理社会保险相关手续；

（5）督促用工单位依法为被派遣劳动者提供劳动保护和劳动安全卫生条件；

（6）依法出具解除或者终止劳动合同的证明；

（7）协助处理被派遣劳动者与用工单位的纠纷；

（8）法律、法规和规章规定的其他事项。

4. 用工单位对劳动者的义务

用工单位应当执行国家劳动标准，提供相应的劳动条件和劳动保护；告知被派遣劳动者的工作要求和劳动报酬；对在岗被派遣劳动者进行被派遣工作岗位所必需的培训；连续用工的，实行正常的工资调整机制；不得将被派遣劳动者再派遣到其他用人单位。

用工单位应当依法向被派遣劳动者提供与工作岗位相关的福利待遇，不得歧视被派遣劳动者。

被派遣劳动者在用工单位因工作遭受事故伤害的，劳务派遣单位应当依法申请工伤认定，用工单位应当协助工伤认定的调查核实工作。劳务派遣单位承担工伤保险责任，但可以与用工单位约定补偿办法。

被派遣劳动者在申请进行职业病诊断、鉴定时，用工单位应当负责处理职业病诊断、鉴定事宜，并如实提供职业病诊断、鉴定所需的劳动者职业史和职业危害接触史、工作场所职业病危害因素检测结果等资料，劳务派遣单位应当提供被派遣劳动者职业病诊断、鉴定所需的其他材料。

（四）被派遣劳动者的权利

被派遣劳动者主要享有两项权利：与用工单位的劳动者同工同酬的权利；在劳务派遣单位或者用工单位依法参加或者组织工会的权利。

二、非全日制用工

非全日制用工，是指以小时计酬为主，劳动者在同一用人单位一般平均每日工作时间不超过 4 小时，每周工作时间累计不超过 24 小时的用工形式。其特点是：劳动者可以和多个单位建立劳动关系；劳动合同可以采用口头形式，且不得设立试用期；非全日制用工的工资以小时计酬，且支付周期不超过 15 日；非全日制用工双方可以随时通知对方终止劳动关系。

第六节　违反《劳动合同法》的法律责任

一、违反《劳动合同法》的法律责任

违反《劳动合同法》的法律责任，是指用人单位、劳动者、劳动行政部门或者其他有关主管部门及其工作人员，因违反《劳动合同法》的规定所应承担的法律责任。

二、用人单位违反《劳动合同法》的法律责任

由于目前用人单位和劳动者相比较而言，前者处于一定的强势地位，

为了更好地保护劳动者合法权益，《劳动合同法》侧重规定了用人单位的法律责任。具体归纳如下。

（1）用人单位直接涉及劳动者切身利益的规章制度违反法律、法规规定，给劳动者造成损害的，应当承担赔偿责任。

（2）用人单位提供的劳动合同文本未载明劳动合同必备条款或者用人单位未将劳动合同文本交付劳动者，给劳动者造成损害的，应当承担赔偿责任。

（3）用人单位自用工之日起超过 1 个月不满 1 年未与劳动者订立书面劳动合同的，应当向劳动者每月支付 2 倍的工资。

（4）用人单位违反规定不与劳动者订立无固定期限劳动合同的，自应当订立无固定期限劳动合同之日起向劳动者每月支付 2 倍的工资。

（5）用人单位违反规定与劳动者违法约定的试用期已经履行的，由用人单位以劳动者试用期满月工资为标准，按已经履行的超过法定试用期的期间向劳动者支付赔偿金。

（6）用人单位违反规定，以担保或者其他名义向劳动者收取财物的，应当退还劳动者本人，给劳动者造成损害的，应当承担赔偿责任。

（7）用人单位有下列情形之一的，由劳动行政部门责令限期支付劳动报酬、加班费或者经济补偿；劳动报酬低于当地最低工资标准的，应当支付其差额部分；逾期不支付的，责令用人单位按应付金额 50%以上 100%以下的标准向劳动者加付赔偿金。

1. 未按照劳动合同的约定或者国家规定及时足额支付劳动者劳动报酬的。

2. 低于当地最低工资标准支付劳动者工资的。

3. 安排加班不支付加班费的。

4. 解除或者终止劳动合同，未依照本法规定向劳动者支付经济补偿的。

5. 因用人单位过错而形成的无效劳动合同给劳动者造成损害的，应当承担赔偿责任。

6. 用人单位违反规定解除或者终止劳动合同的，应当依照规定的经济补偿标准的 2 倍向劳动者支付赔偿金。

7. 用人单位有下列情形之一的，给劳动者造成损害的，应当承担赔偿责任：

（1）以暴力、威胁或者非法限制人身自由的手段强迫劳动的；

（2）违章指挥或者强令冒险作业危及劳动者人身安全的；

（3）侮辱、体罚、殴打、非法搜查或者拘禁劳动者的；

（4）劳动条件恶劣、环境污染严重，给劳动者身心健康造成严重损害的。

8. 用人单位违反规定未向劳动者出具解除或者终止劳动合同的书面证明，给劳动者造成损害的，应当承担赔偿责任。

9. 用人单位招用与其他用人单位尚未解除或者终止劳动合同的劳动者，给其他用人单位造成损失的，应当承担连带赔偿责任。

10. 劳务派遣单位违反规定，给被派遣劳动者造成损害的，劳务派遣单位与用工单位承担连带赔偿责任。

11. 对不具备合法经营资格的用人单位，劳动者已经付出劳动的，该单位或者其出资人应当依照规定向劳动者支付劳动报酬、经济补偿、赔偿金；给劳动者造成损害的，应当承担赔偿责任。

思考题：

1. 订立劳动合同应当遵循哪些原则？
2. 简述劳动合同的条款。
3. 订立无固定期限劳动合同有哪几种情形？
4. 无效劳动合同有哪些情形？应如何处理？
5. 劳动者解除劳动合同有哪几种情形？
6. 用人单位解除劳动合同有哪几种情形？
7. 劳务派遣协议应当载明哪些内容？
8. 非全日制用工有什么特点？

【案例】

员工严重违反公司规章制度，公司解除劳动合同无须赔偿经济补偿金
——喻某与某公司劳动争议案

基本案情：

喻某是某公司的员工，自2011年3月10日进入公司后，先后从事了焊工、工作中心安全员等工作。2021年4月12日，公司审计监察部门发布一则通报，喻某因违规向多家物流商借款并收受红包，违反了公司《利益冲突与廉洁管理制度》，根据《问责管理制度》，公司决定对其开除并通报。根据喻某的微信交易明细，其在工作期间接受有业务往来供应商的转账25笔，金额共计20098.88元。喻某接受审计调查后，主动返还了13300元。2021年4月14日，公司向喻某出具《解除（终止）劳动合同证明书》，以喻某严重失职、营私舞弊为由，解除与喻某之间的劳动合同。后喻某要求公司支付违法解除劳动合同的经济赔偿金，并向劳动仲裁委申请劳动仲裁。劳动仲裁委作出裁决书，裁决驳回了喻某的全部仲裁请求。喻某不服劳动仲裁的结果，遂诉至人民法院。

裁判要旨

人民法院经审理认为，《中华人民共和国劳动合同法》规定，劳动者严重违反用人单位的规章制度的，用人单位可以解除劳动合同。本案中，喻某未提供充分证据证明其与有业务往来的供应商的转账款项系民间借贷往来或借贷的合意，且在接受审计调查前无主动归还行为，因此认定喻某严重违反公司规章制度，公司解除与其劳动关系系合法解除并无不当。喻某对员工手册的内容无异议，表明其对公司的规章制度已经知悉。因此，公司依据《中华人民共和国劳动合同法》的规定单方面解除与喻某的劳动关系，且在解除劳动关系前通知了单位工会，事实清楚，程序合法，为合法解除。喻某要求公司支付经济赔偿金的诉讼请求，无事实和法律依据。人民法院遂驳回了喻某的全部诉讼请求。

典型意义

用人单位制定的廉洁管理制度有助于防止商业贿赂，营造法治化的营

商环境。劳动者学习了用人单位的廉洁管理制度后，应当明确知晓，无论是在岗工作期间，还是日常生活之中，其都应当恪守诚信、廉洁自律，不能接受与用人单位之间有商业往来企业的红包、礼金、有价证券或作出其他有损公司廉洁形象、价值的行为。倘若劳动者只是将用人单位的廉洁管理制度装在“口袋里”，放在员工手册之中，实施违反用人单位的廉洁管理制度，用人单位可据此认定劳动者严重违反其规章制度，合法解除劳动关系。该案体现了司法对企业用工自主权的尊重和保障。

第二十一章

社会保险法相关知识

学习贯彻《社会保险法》，对于维护劳动者合法权益、促进劳动关系和谐稳定有着非常重要的意义。工会工作者认真学习、掌握《社会保险法》的基本知识和主要规定，对于做好工会保障工作非常重要。

第一节　社会保险法概述

一、社会保险的概念和特点

（一）概念

社会保险是指国家通过立法建立的一种社会保障制度，目的是使劳动者因年老、失业、患病、工伤、生育而减少或失去劳动收入时，能从社会获得经济补偿和物质帮助，保障基本生活。《劳动法》规定：用人单位和劳动者必须依法参加社会保险，缴纳社会保险费。我国社会保险项目包括：养老保险、医疗保险、失业保险、工伤保险、生育保险。

（二）特点

1. 保障性：保障劳动者的基本生活。

2. 普遍性：社会保险覆盖所有社会劳动者。

3. 互助性：利用参加保险者的合力，帮助某个遇到风险的人，互助互济，满足急需。

4. 强制性：由国家立法限定，强制用人单位和职工参加。

5. 福利性：社会保险是一种政府行为，不以营利为目的。

二、社会保险法的概念

社会保险法是调整社会保险主体在社会保险活动中形成的权利义务关系的法律规范的总称。狭义的社会保险法是指2010年10月28日十一届全国人大常委会第十七次会议审议通过的、于2011年7月1日施行的《社会保险法》。

三、用人单位和个人在社会保险方面的权利和义务

（一）用人单位在社会保险方面的权利和义务

1. 权利

用人单位可以免费向社会保险经办机构查询、核对其社会保险缴费记录，要求社会保险经办机构提供社会保险咨询等相关服务。

2. 义务

一是缴费义务。用人单位应当按照国家社会保险政策规定，按时足额为职工缴纳基本养老保险费、基本医疗保险费、工伤保险费、失业保险费和生育保险费。

二是登记义务。用人单位应当自成立之日起30日内凭营业执照、登记证书或者单位印章，向当地社会保险经办机构申请办理社会保险登记；用人单位应当自用工之日起30日内为其职工向社会保险经办机构办理社会保险登记；用人单位的社会保险登记事项发生变更或者用人单位依法终止的，应当自变更或者终止之日起30日内，到社会保险经办机构办理变更或者注销社会保险登记。

三是申报和代扣代缴义务。用人单位应当自行申报、按时足额缴纳社会保险费，非因不可抗力等法定事由不得缓缴、减免。职工应当缴纳的社会保险费由用人单位代扣代缴，用人单位应当按月将缴纳社会保险费的明细情况告知本人。

（二）个人在社会保险方面的权利和义务

1. 权利

依法享受社会保险待遇、监督本单位为其缴费情况、免费向社会保险经办机构查询、核对其缴费和享受社会保险待遇记录，要求社会保险经办机构提供社会保险咨询等服务。

2. 义务

一是缴费义务。在用人单位工作的劳动者要按照国家社会保险政策规定缴纳基本养老保险费、基本医疗保险费、失业保险费；无雇工的个体工

商户、未在用人单位参加基本养老保险的非全日制从业人员以及灵活就业人员自愿参加基本养老保险和职工基本医疗保险的，由个人承担基本养老保险费和基本医疗保险费；农村居民参加新型社会养老保险、新型合作医疗，要承担相应缴费义务；城镇居民参加城镇居民养老保险和城镇居民基本医疗保险，要承担相应缴费义务。

二是登记义务。在用人单位工作的劳动者，应当由用人单位到社会保险经办机构为其办理社会保险登记手续；自愿参加社会保险的无雇工的个体工商户、未在用人单位参加基本养老保险的非全日制从业人员以及灵活就业人员，应当由本人到社会保险经办机构申请办理社会保险登记；失业人员应当持本单位为其出具的终止或解除劳动关系证明，及时到指定的公共就业服务机构办理失业登记。

第二节　职工基本养老保险

一、职工基本养老保险的概念

职工基本养老保险是指劳动者在达到法定退休年龄退休后，从社会得到一定的经济补偿、物质帮助和服务的一项社会保险制度。我国职工基本养老保险实行社会统筹与个人账户相结合。基本养老保险基金由用人单位和个人缴费以及政府补贴等组成。

二、缴费事项

（一）缴费比例

按照国家现行政策规定，用人单位和个人基本养老保险的缴费比例为工资总额的28%。其中，用人单位按本单位职工工资总额的20%缴纳，个人按本人上年度月平均工资的8%缴纳；用人单位缴费部分纳入基本养老保险统筹基金，个人缴费部分记入个人账户。

无雇工的个体工商户、未在用人单位参加基本养老保险的非全日制从业人员以及灵活就业人员自愿参加基本养老保险的，应当按照当地上年度职工平均工资20%的比例缴纳基本养老保险费，其中，缴费的8%记入个人账户。

（二）缴费基数

用人单位应当按照本单位全部在职职工工资总额作为缴纳基本养老保险费基数。职工缴费工资为本人上一年度月平均工资。月平均工资超过当地职工平均工资300%以上的部分，不计入个人缴费工资基数；低于上一年度社会平均工资60%的，按60%计算缴费工资基数。

三、待遇支付

职工基本养老金由统筹基金和个人账户养老金组成。基本养老金根据个人累计缴费年限、缴费工资、当地职工平均工资、个人账户金额、城镇人口平均预期寿命等因素确定。

（1）参加职工基本养老保险的个人，达到法定退休年龄时累计缴费满15年的，按月领取基本养老金。

（2）参加职工基本养老保险的个人，因病或者非因工死亡的，其遗属可以领取丧葬补助金和抚恤金；在未达到法定退休年龄时因病或者非因工致残完全丧失劳动能力的，可以领取病残津贴。

（3）参加职工基本养老保险的个人，在达到法定退休年龄前离境定居的，其个人账户予以保留；达到法定退休年龄的，按照国家规定享受相应的养老保险待遇。

（4）参加职工基本养老保险的个人，达到法定退休年龄时累计缴费不足15年的，可以缴费至满15年，按月领取基本养老金；也可以转入新型农村社会养老保险或者城镇居民社会养老保险，按照国务院规定享受相应的养老保险待遇。

四、企业年金

企业年金也称补充养老保险，是指企业及其职工在依法参加基本养老保险的基础上，自主建立的补充养老保险制度。国家鼓励企业建立企业年金。

（一）建立企业年金的条件

企业和职工建立企业年金，应当依法参加基本养老保险并履行缴费义务，企业具有相应的经济负担能力。

（二）企业年金方案

建立企业年金，企业应当与职工一方通过集体协商确定，并制订企业年金方案。企业年金方案应当提交职工代表大会或者全体职工讨论通过。企业年金方案应当包括以下内容：

1. 参加人员；
2. 资金筹集与分配的比例和办法；
3. 账户管理；
4. 权益归属；
5. 基金管理；
6. 待遇计发和支付方式；
7. 方案的变更和终止；
8. 组织管理和监督方式；
9. 双方约定的其他事项。

企业年金方案适用于企业试用期满的职工。

企业应当将企业年金方案报送所在地县级以上人民政府人力资源社会保障行政部门。

（三）企业年金基金筹集

企业年金基金由下列各项组成：

1. 企业缴费；
2. 职工个人缴费；

3. 企业年金基金投资运营收益。

企业缴费每年不超过本企业职工工资总额的8%。企业和职工个人缴费合计不超过本企业职工工资总额的12%。具体所需费用，由企业和职工一方协商确定。职工个人缴费由企业从职工个人工资中代扣代缴。

实行企业年金后，企业如遇到经营亏损、重组并购等当期不能继续缴费的情况，经与职工一方协商，可以中止缴费。不能继续缴费的情况消失后，企业和职工恢复缴费，并可以根据本企业实际情况，按照中止缴费时的企业年金方案予以补缴。补缴的年限和金额不得超过实际中止缴费的年限和金额。

（四）企业年金待遇

符合下列条件之一的，可以领取企业年金。

1. 职工在达到国家规定的退休年龄或者完全丧失劳动能力时，可以从本人企业年金个人账户中按月、分次或者一次性领取企业年金，也可以将本人企业年金个人账户资金全部或者部分购买商业养老保险产品，依据保险合同领取待遇并享受相应的继承权。

2. 出国（境）定居人员的企业年金个人账户资金，可以根据本人要求一次性支付给本人。

3. 职工或者退休人员死亡后，其企业年金个人账户余额可以继承。

未达到上述企业年金领取条件之一的，不得从企业年金个人账户中提前提取资金。

五、职业年金

职业年金，是指机关事业单位及其工作人员在参加机关事业单位基本养老保险的基础上，建立的补充养老保险制度。

（一）职业年金缴费

根据《机关事业单位职业年金办法》规定，职业年金所需费用由单位和工作人员个人共同承担。单位缴纳职业年金费用的比例为本单位工资总额的8%，个人缴费比例为本人缴费工资的4%，由单位代扣。单位和个人缴费基数与机关事业单位工作人员基本养老保险缴费基数一致。

（二）职业年金基金

职业年金基金由下列各项组成：

1. 单位缴费；

2. 个人缴费；

3. 职业年金基金投资运营收益；

4. 国家规定的其他收入。

职业年金基金采用个人账户方式管理。个人缴费实行实账积累。对财政全额供款的单位，单位缴费根据单位提供的信息采取记账方式，每年按照国家统一公布的记账利率计算利息，工作人员退休前，本人职业年金账户的累计储存额由同级财政拨付资金记实；对非财政全额供款的单位，单位缴费实行实账积累。实账积累形成的职业年金基金，实行市场化投资运营，按实际收益计息。

单位缴费按照个人缴费基数的8%计入本人职业年金个人账户；个人缴费直接计入本人职业年金个人账户。职业年金基金投资运营收益，按规定计入职业年金个人账户。

（三）职业年金的领取

符合下列条件之一的可以领取职业年金。

1. 工作人员在达到国家规定的退休条件并依法办理退休手续后，由本人选择按月领取职业年金待遇的方式。可一次性用于购买商业养老保险产品，依据保险契约领取待遇并享受相应的继承权；可选择按照本人退休时对应的计发月数计发职业年金月待遇标准，发完为止，同时职业年金个人账户余额享有继承权。本人选择任一领取方式后不再更改。

2. 出国（境）定居人员的职业年金个人账户资金，可根据本人要求一次性支付给本人。

3. 工作人员在职期间死亡的，其职业年金个人账户余额可以继承。

未达到上述职业年金领取条件之一的，不得从个人账户中提前提取资金。

第三节　职工基本医疗保险

一、覆盖范围

（1）在用人单位工作的职工应当参加基本医疗保险，由用人单位和职工按照国家规定共同缴纳基本医疗保险费。

（2）无雇工的个体工商户、未在用人单位参加城镇职工基本医疗保险的非全日制从业人员以及其他灵活就业人员可以参加城镇职工基本医疗保险，由个人按照国家规定缴纳基本医疗保险费。

二、缴费比例

根据国家现行政策规定，职工基本医疗保险费由用人单位和职工共同缴纳。其中，用人单位缴费费率控制在职工工资总额的6%左右，职工缴费一般为本人工资收入的2%。

三、筹资方式

职工基本医疗保险实行社会统筹与个人账户相结合。用人单位缴纳的基本医疗保险费一部分用于建立统筹基金，一部分即用人单位缴费的30%左右划入职工个人账户。职工个人缴纳的基本医疗保险费全部记入个人账户，个人账户的本金和利息归个人所有，但只能用于支付本人医疗费。

四、基金支付

《社会保险法》规定，符合基本医疗保险药品目录、诊疗项目、医疗服务设施标准以及急诊、抢救的医疗费用，按照国家规定从基本医疗保险基金中支付。参保人员医疗费用中应当由基本医疗保险基金支付的部分，由社会保险经办机构与医疗机构、药品经营单位直接结算。社会保险行政部门和卫生行政部门应当建立异地就医医疗费用结算制度，方便参保人员享受基本医疗保险待遇。

下列医疗费用不纳入基本医疗保险基金支付范围：

（1）应当从工伤保险基金中支付的；

（2）应当由第三人负担的；

（3）应当由公共卫生负担的；

（4）在境外就医的。

参保人员医疗费用中应当由基本医疗保险基金支付的部分，由社会保险经办机构与医疗机构、药品经营单位直接结算。

医疗费用依法应当由第三人负担，第三人不支付或者无法确定第三人的，由基本医疗保险基金先行支付。基本医疗保险基金先行支付后，有权向第三人追偿。

第四节　工伤保险

一、工伤保险的概念

工伤保险也称职业伤害保险，是指劳动者由于工作原因并在工作过程受到意外伤害，或因接触粉尘、放射线、有毒有害物质等职业危害因素引起职业病后，由国家或社会给负伤、致残者以及死亡者生前供养亲属提供必要的物质帮助的一项社会保险制度。国家建立工伤保险基金，工伤保险基金由用人单位缴纳的工伤保险费、工伤保险基金的利息和依法纳入工伤保险基金的其他资金构成。

二、缴费比例

按照《社会保险法》规定，用人单位应当按照规定缴纳工伤保险费，职工不缴费。

国家根据不同行业的工伤风险程度确定行业的差别费率，并根据使用工伤保险基金、工伤发生率等情况在每个行业内确定费率档次。行业差别费率和行业内费率档次由国务院社会保险行政部门制定，报国务院批准后公布施行。社会保险经办机构根据用人单位使用工伤保险基金、工伤发生率和所属行业费率档次等情况，确定用人单位缴费费率。

三、缴费基数

用人单位按照本单位全部在职职工工资总额缴纳工伤保险费。其缴费基数低于统筹地区上年度职工平均工资60%的，按60%征缴；高于300%的，按300%征缴。

四、工伤认定

（一）工伤和视同工伤

1. 职工有下列情形之一的，应当认定为工伤

（1）在工作时间和工作场所内，因工作原因受到事故伤害的；

（2）工作时间前后在工作场所内，从事与工作有关的预备性或者收尾性工作受到事故伤害的；

（3）在工作时间和工作场所内，因履行工作职责受到暴力等意外伤害的；

（4）患职业病的；

（5）因工外出期间，由于工作原因受到伤害或者发生事故下落不明的；

（6）在上下班途中，受到非本人主要责任的交通事故或者城市轨道交通、客运轮渡、火车事故伤害的；

（7）法律、行政法规规定应当认定为工伤的其他情形。

2. 职工有下列情形之一的，应当视同工伤

（1）在工作时间和工作岗位，突发疾病死亡或者在48小时之内经抢救无效死亡的；

（2）在抢险救灾等维护国家利益、公共利益活动中受到伤害的；

（3）职工原在军队服役，因战、因公负伤致残，已取得革命伤残军人证，到用人单位后旧伤复发的。

3. 职工有下列情形之一的，不得认定为工伤或视同工伤

（1）故意犯罪；

（2）醉酒或者吸毒；

（3）自残或者自杀；

（4）法律、行政法规规定的其他情形。

（二）工伤认定

1. 享受工伤保险待遇的基本条件

（1）存在职工因工作原因受到事故伤害或者患职业病的事实。即职工因工作原因受到事故伤害或者患职业病，且被认定为工伤。

（2）经过工伤认定法定程序被认定为工伤。即经劳动能力鉴定委员会确认，该职工丧失了劳动能力或者部分丧失了劳动能力。

2. 工伤认定申请和确认

（1）申请工伤认定

按照《工伤保险条例》的规定，职工出现工伤，用人单位应当自工伤事故发生之日或职业病确诊、鉴定之日起30日内向当地设区的市级或县级人力资源社会保障行政部门以书面形式提出工伤认定申请。用人单位未按规定提出工伤认定申请的，工伤职工或其亲属应当自工伤事故发生之日或职业病确诊之日起1年内，可以直接向人力资源社会保障行政部门提出工伤认定申请；工伤职工本人或者其亲属没有可能提出申请的，也可以由用人单位工会代表工伤职工提出工伤认定申请。

（2）提出工伤认定申请应当提交下列材料：一是工伤认定申请表；二是与用人单位存在劳动关系的证明材料；三是医疗诊断证明或者职业病诊断证明书。

工伤认定申请表应当包括事故发生的时间、地点、原因以及职工伤害程度等基本情况。工伤认定申请人提供材料不完整的，人力资源社会保障行政部门应当一次性书面告知工伤认定申请人需要补正的全部材料。申请

人按照书面告知要求补正材料后，人力资源社会保障行政部门应当受理。

（3）工伤认定

人力资源社会保障行政部门应当自受理工伤认定申请之日起60日内作出工伤认定的决定，并书面通知申请工伤认定的职工或者其近亲属和该职工所在单位。人力资源社会保障行政部门对受理的事实清楚、权利义务明确的工伤认定申请，应当在15日内作出工伤认定的决定。作出工伤认定决定需要以司法机关或者有关行政主管部门的结论为依据的，在司法机关或者有关行政主管部门尚未作出结论期间，作出工伤认定决定的时限中止。

3. *劳动能力鉴定*

（1）劳动能力鉴定概念

劳动能力鉴定是指劳动能力鉴定委员会组织专家，依据劳动能力鉴定标准，对工伤职工劳动功能障碍程度和生活自理障碍程度进行的鉴定。

（2）劳动能力鉴定类别

按照国家政策规定，劳动能力鉴定分为劳动功能障碍鉴定和生活自理障碍鉴定。劳动功能障碍分为10个伤残等级：1级至4级为完全丧失劳动能力，5级至6级为大部分丧失劳动能力，7级至10级的为部分丧失劳动能力。生活自理障碍分为3个等级：生活完全不能自理、生活大部分不能自理和生活部分不能自理。

（3）劳动能力鉴定程序

第一，申请劳动能力鉴定。

职工发生工伤，伤情相对稳定后存在残疾、影响劳动能力的，应当进行劳动能力鉴定。劳动能力鉴定由用人单位、工伤职工或者直系亲属向务工地的劳动能力鉴定委员会提出申请，并提供工伤认定决定和职工工伤医疗的有关资料。

第二，劳动能力鉴定。

设区的市级劳动能力鉴定委员会应当自收到劳动能力鉴定申请之日起60日内作出劳动能力鉴定结论，必要时，作出劳动能力鉴定结论的期限可以延长30日。劳动能力鉴定结论应当及时送达申请鉴定的单位和个人。

第三，申请劳动能力再鉴定。

对市级劳动能力鉴定委员会作出的劳动能力鉴定结论不服，申请鉴定人可以在收到鉴定结论之日起15日内，向省劳动能力鉴定委员会提出再次鉴定申请。省劳动能力鉴定委员会作出的劳动能力鉴定结论为最终结论。

第四，申请劳动能力复查。

自劳动能力鉴定结论作出之日起1年后，工伤职工或者直系亲属、所在用人单位或者工伤保险经办机构认为伤残情况发生变化的，可以申请劳动鉴定委员会复查鉴定。

五、工伤保险待遇

职工因工作原因受到事故伤害或者患职业病，且经工伤认定的，享受工伤保险待遇；其中，经劳动能力鉴定丧失劳动能力的，享受伤残待遇。

因工伤发生的下列费用，按照国家规定从工伤保险基金中支付：

（1）治疗工伤的医疗费用和康复费用；

（2）住院伙食补助费；

（3）到统筹地区以外就医的交通食宿费；

（4）安装配置伤残辅助器具所需费用；

（5）生活不能自理的，经劳动能力鉴定委员会确认的生活护理费；

（6）一次性伤残补助金和1级至4级伤残职工按月领取的伤残津贴；

（7）终止或者解除劳动合同时，应当享受的一次性医疗补助金；

（8）因工死亡的，其遗属领取的丧葬补助金、供养亲属抚恤金和因工死亡补助金；

（9）劳动能力鉴定费。

工伤职工符合领取基本养老金条件的，停发伤残津贴，享受基本养老保险待遇。基本养老保险待遇低于伤残津贴的，从工伤保险基金中补足差额。

职工所在用人单位未依法缴纳工伤保险费，发生工伤事故的，由用人单位支付工伤保险待遇。用人单位不支付的，从工伤保险基金中先行支付。从工伤保险基金中先行支付的工伤保险待遇应当由用人单位偿还；用人单位不偿还的，社会保险经办机构可以依照《社会保险法》第63条的规定追偿。

因工伤发生的下列费用，按照国家规定由用人单位支付：

（1）治疗工伤期间的工资福利；

（2）5 级、6 级伤残职工按月领取的伤残津贴；

（3）终止或者解除劳动合同时，应当享受的一次性伤残就业补助金。

由于第三人的原因造成工伤，第三人不支付工伤医疗费用或者无法确定第三人的，由工伤保险基金先行支付。工伤保险基金先行支付后，有权向第三人追偿。

工伤职工有下列情形之一的，停止享受工伤保险待遇：

（1）丧失享受待遇条件的；

（2）拒不接受劳动能力鉴定的；

（3）拒绝治疗的。

第五节　失业保险

一、覆盖范围

失业保险是指国家通过立法强制实行，由政府负责建立基金，对非因本人意愿中断就业而失去工资收入的劳动者提供一定时期的物质帮助及再就业服务的一项社会保险制度。

失业保险的覆盖范围为城镇企事业单位职工。包括事业单位和社会团体及其专职工作人员、城镇各类企业及其职工、民办非企业组织及其工作人员和个体工商户及其雇工等。

二、缴费比例

国家建立失业保险基金，失业保险基金由用人单位缴费和职工缴费构成。

2015 年 2 月 25 日，国务院常务会议确定将失业保险费率由现行条例规定的 3%统一降至 2%。用人单位和个人缴费具体比例由各省、自治区、直辖市确定。

三、失业保险待遇的享受条件和停发条件

（一）失业保险待遇的享受条件

具备下列条件的失业人员，可以领取失业保险金：

1. 失业前用人单位和本人已经缴纳失业保险费满 1 年的；
2. 非因本人意愿中断就业的；
3. 已办理失业登记，并有求职要求的。

（二）失业保险待遇的停发条件

失业人员在领取失业保险金期间有下列情形之一的，停止领取失业保险金，并同时停止享受其他失业保险待遇：

1. 重新就业的；
2. 应征服兵役的；
3. 移居境外的；
4. 享受城镇职工基本养老保险待遇的；
5. 无正当理由，拒不接受当地政府指定部门或者机构介绍的适当工作或者提供的培训的。

四、失业保险基金的支出项目

（1）失业保险金；

（2）领取失业保险金期间的基本医疗保险费；

（3）领取失业保险金期间死亡的失业人员的丧葬补助金和抚恤金；

（4）领取失业保险金期间接受职业培训、职业介绍的补贴；

（5）国务院规定或者批准的与失业保险有关的其他费用。

五、失业保险金的领取标准

（1）失业人员失业前用人单位和本人累计缴费时间不足5年的，领取失业保险金的期限最长为12个月；

（2）失业人员失业前用人单位和本人累计缴费时间满5年不足10年的，领取失业保险金的期限最长为18个月；

（3）失业人员失业前用人单位和本人累计缴费时间10年以上的，领取失业保险金的期限最长为24个月。

六、失业保险的登记

（1）用人单位应当及时为失业人员出具终止或者解除劳动关系的证明，并将失业人员的名单自终止或者解除劳动关系之日起15日内告知社会保险经办机构。

（2）失业人员应当持本单位为其出具的终止或者解除劳动关系的证明，及时到指定的公共就业服务机构办理失业登记。

（3）失业人员凭失业登记证明和个人身份证明，到社会保险经办机构办理领取失业保险金的手续。失业保险金领取期限自办理失业登记之日起计算。

第六节　生育保险

一、生育保险的概念

生育保险是指职业妇女因生育而暂时中断劳动，由国家或者用人单位为其提供生活保障和物质帮助的一项社会保险制度。

二、生育保险费缴纳

生育保险费由用人单位缴纳，职工个人不缴费。

生育保险根据“以支定收，收支基本平衡”的原则筹集资金，由企业按照其工资总额的一定比例向社会保险经办机构缴纳生育保险费，建立生育保险基金。生育保险费的提取比例由当地人民政府根据计划内生育人数和生育津贴、生育医疗费等项费用确定，并可根据费用支出情况适时调整，但最高不得超过工资总额的1%。现已下调至0.5%。企业缴纳的生育保险费作为期间费用处理，列入企业管理费用。

三、生育保险待遇

用人单位已经缴纳生育保险费的，其职工享受生育保险待遇；职工未就业配偶按照国家规定享受生育医疗费用待遇，所需资金从生育保险基金中支付。生育保险待遇包括生育医疗费用和生育津贴。

（一）生育医疗费用

1. 生育的医疗费用；
2. 计划生育的医疗费用；
3. 法律、法规规定的其他项目费用。

（二）生育津贴

职工有下列情形之一的，可以按照国家规定享受生育津贴：

1. 女职工生育享受产假；
2. 享受计划生育手术休假；
3. 法律、法规规定的其他情形。

生育津贴按照职工所在用人单位上年度职工月平均工资计发。

第七节　社会保险费征缴

一、社会保险登记

（一）用人单位成立登记

用人单位应当自成立之日起 30 日内凭营业执照、登记证书或者单位印章，向当地社会保险经办机构申请办理社会保险登记。社会保险经办机构应当自收到申请之日起 15 日内予以审核，发给社会保险登记证件。

（二）用人单位变更登记

用人单位的社会保险登记事项发生变更，应当自变更起 30 日内，持社会保险登记证件向原先办理登记的社会保险经办机构办理变更登记。社会保险经办机构按变更后的内容，重新核发社会保险登记证件。

（三）用人单位注销登记

用人单位发生解散、破产、撤销、合并以及其他情况依法终止时，应当及时向原先办理登记的社会保险经办机构办理注销社会保险登记。经社会保险经办机构核准，注销用人单位的社会保险登记，并缴销社会保险登记证件。在办理注销社会保险登记之前，用人单位应当结清应缴纳的社会保险费、滞纳金、罚款等。

二、申请缴纳社会保险费

（一）用人单位的缴费申请

用人单位应当自用工之日起 30 日内为其职工向社会保险经办机构申请办理社会保险登记。未办理社会保险登记的，由社会保险经办机构核定其应当缴纳的社会保险费。

（二）无雇工的个体工商户和灵活就业人员的缴费申请

自愿参加社会保险的无雇工的个体工商户、未在用人单位参加社会保险的非全日制从业人员以及其他灵活就业人员，应当向社会保险经办机构申请办理社会保险登记。

三、社会保险费的征缴

（1）用人单位应当自行申报、按时足额缴纳社会保险费，非因不可抗力等法定事由不得缓缴、减免。职工应当缴纳的社会保险费由用人单位代扣代缴，用人单位应当按月将缴纳社会保险费的明细情况告知本人。

（2）无雇工的个体工商户、未在用人单位参加社会保险的非全日制从业人员以及其他灵活就业人员，可以直接向社会保险经办机构缴纳社会保险费。

（3）社会保险费经办机构应当依法按时足额征收社会保险费，并将缴费情况定期告知用人单位和个人。

第八节 社会保险基金

一、社会保险基金的财务管理和统筹层次

（一）社会保险基金的财务管理

社会保险基金包括基本养老保险基金、基本医疗保险基金、工伤保险基金、失业保险基金和生育保险基金。各项社会保险基金按照社会保险险种分别建账，分账核算，执行国家统一的会计制度。

（二）社会保险基金的统筹层次

基本养老保险基金逐步实行全国统筹，其他社会保险基金逐步实行省级统筹。

二、社会保险基金的收支平衡和政府责任

（一）社会保险基金通过预算实现收支平衡

社会保险基金是用于社会保险待遇发放的专项资金。实现收支平衡是社会保险基金良性、健康发展的标志，关系到社会保险制度的可持续性。做到收支平衡，才能保证按时足额发放社会保险待遇，增强社会保险制度的公信力和吸引力，才能做到基金充裕但适度结余，保证社会保险基金自我发展、自我运行，不至于给财政造成负担。为了保证收支平衡的实现，应当通过预算手段，事先作出征缴计划，财政补助及其他资金来源计划，同时作出社会保险待遇支出计划及其他法定支出计划，预先作出准备。

（二）政府的兜底责任

社会保险关系千家万户的切身利益，惠及人民群众充分享受国家经济发展的成果。社会保险制度是国家建立并强制缴费的制度，应当由国家信用来担保社会保险制度的正常运行，社会保险基金一旦发生支付不足，出现支付缺口时，应当由财政予以补贴。

三、社会保险基金信息公开

社会保险经办机构应当定期向社会公布参加社会保险情况以及社会保险基金的收入、支出、结余和收益情况。

第九节　社会保险经办

一、社会保险经办机构的设立

社会保险经办机构根据工作需要，经所在地的人力资源社会保障行政部门和机构编制管理机关批准，可以在本统筹地区设立分支机构和服务网点。

二、社会保险经办机构的管理制度和法定职责

（一）社会保险经办机构的管理制度

社会保险经办机构应当建立健全业务、财务、安全和风险管理制度。

（二）社会保险经办机构的法定职责

1. 按时足额支付社保待遇。

2. 通过业务经办、统计、调查获取社会保险工作所需的数据，有关单位和个人应当及时、如实提供。

3. 及时为用人单位建立档案，完整、准确地记录参保人员、缴费等社会保险数据，妥善保管登记、申报的原始凭证和支付凭证。

4. 及时、完整、准确地记录参保个人缴费和用人单位为其缴费，以及享受社保待遇等个人权益记录，定期将个人权益记录免费寄送本人。

思考题：

1. 社会保险有哪些特点？
2. 用人单位和个人在社会保险方面的权利和义务有哪些？
3. 基本养老保险的缴费和待遇是怎样规定的？
4. 什么是企业年金？什么是职业年金？
5. 基本医疗保险的缴费比例和基金支付是如何规定的？
6. 职工有哪些情形之一的，应当认定为工伤？
7. 工伤认定申请和确认有什么规定？
8. 简述工伤保险待遇。
9. 失业保险待遇的享受条件是什么？
10. 生育保险的待遇是怎样规定的？
11. 社会保险经办机构的法定职责是什么？

【案例】

职代会决定由停薪留职职工承担全部社保缴费义务违法

2023 年 1 月 9 日　来源：中工网

困难企业的职工代表大会作出决议，停薪留职职工的社会保险费，不按国家规定比例缴纳，而由停薪留职职工全部或部分承担用人单位应当缴纳部分。这样的决议或者决定有效吗？在企业破产债权确认过程中，相关的工资、社保及其他福利待遇如何处理？日前，河北省高级人民法院审理判决的这样一起案件，可以给众多企业和职工有益的提示。

基本案情：

王某原系某机械工业供销总公司（以下简称“机械公司”）职工。1999 年，王某与机械公司签订《停薪留职协议书》，办理了停薪留职。停薪留职期限届满，王某未提出续期申请，亦未回公司参加工作。对此类长期不在岗人员，机械公司统称为停薪留职人员。自停薪留职期限届满至 2017 年 8 月 25 日机械公司宣告破产期间，王某未向机械公司提供正常劳动，机械公司亦未向王某支付工资等相关待遇。

关于基本社会保险。2009 年以前，机械公司按协议约定，为王某缴纳了单位应缴部分，王某承担了个人应缴部分。2010 年 3 月 15 日，机械公司召开职工代表大会形成会议决议：同意经理办公会关于对停薪留职人员养老保险、医疗保险等的管理办法。在缴纳养老保险时，个人缴纳部分由本人自付，单位缴纳部分由本人承担 50%；医疗保险全部由个人承担。

2010 年 12 月 20 日，机械公司召开职工代表大会形成会议决议：对停薪留职人员的养老保险、医疗保险、失业保险等，从 2011 年 1 月 1 日起，全部由个人承担。此后，王某按决议，自行缴纳社保费用。

2020 年 6 月 17 日，王某向机械公司破产管理人出具《承诺书》，承诺：“我愿意按照公司关于停薪留职人员缴纳社保费的规定，即公司应缴部分和个人应缴部分，全部由个人缴纳。”

机械公司系全民所有制企业，2017 年 8 月 25 日，被法院裁定宣告破产。2020 年 11 月 22 日和 2021 年 1 月 6 日，破产管理人进行第一次和第二次职工债权公示。其中，停薪留职人员（包括未办理停薪留职手续的人员）经济补偿金按照 2017 年当地最低工资标准为 1590 元计算。经确认，王某于 1986 年 10 月参加工作，至 2017 年 8 月破产宣告，补偿年限为 31 年，补偿标准为每月 1590 元，经济补偿金总额为 49290 元。机械公司破产管理人未确认王某有其他职工债权。

王某对公示清单提出异议，诉至一审某市中级人民法院，请求依法判令确认王某对机械公司享有下列职工债权：2006 年 1 月至 2016 年 12 月期间的社保费用……

一审：没有具体诉讼请求数额对职工主张的代缴社保费用不予支持

一审法院认为，依据《企业破产法》第 48 条规定，职工破产债权具体包括破产企业拖欠职工的工资、医疗、伤残补助、抚恤费用，应当划入职工个人账户的基本养老保险、基本医疗保险费用以及法律、行政法规规定应当支付给职工的补偿金。

关于王某主张代缴的社保费用的问题。双方按照停薪留职协议书的约定，各自缴纳各项社保费用至 2010 年。2010 年 3 月 15 日，机械公司召开职工代表大会通过决议：再缴纳养老保险时，个人缴纳部分由本人自付，单位缴纳的部分本人承担 50%，医疗保险全部由个人承担。王某按此规定执行。2010 年 12 月 20 日，机械公司再次召开职工代表大会，决议从 2011 年 1 月 1 日起，对停薪留职人员的养老保险、医疗保险、失业保险全部由个人承担。此后，王某按职工代表大会的决议执行并自行缴纳。2020 年 6 月 17 日，王某向机械公司管理人作出《承诺书》，承诺其愿意按照公司关于停薪留职人员缴纳社保费的规定，即公司应缴部分和个人应缴部分全部由其个人承担。现王某主张确认个人替公司代缴的社保费用没有事实依据，且王某的该项主张没有具体的诉讼请求数额，故对该项诉求一审法院不予支持。

衡水市中级人民法院作出（2021）冀 11 民初 26 号民事判决书。一审判决：驳回王某的全部诉讼请求。

二审：社保费用由职工承担违法该笔垫付费用列入破产债权

王某不服一审判决，向省高级人民法院提起上诉。

省法院二审对一审法院查明事实予以确认。二审中，双方就2010年至2016年度期间，王某缴纳医疗保险、养老保险以及失业保险情况提交了相关证据。法院组织各方进行了质证。根据机械公司职工代表大会议决议及查明的事实，2010年度至2016年度，王某已向机械公司交付的各项保险中，应由单位负担的部分为……，上述应由机械公司负担的医疗保险、养老保险、失业保险共计36962.73元。二审另查明，双方1999年签订的《停薪留职协议书》约定：停薪留职期间，机械公司不再给王某发放工资，其养老保险全部由机械公司承担，机械公司不再给王某发放各种劳保福利等，王某所发生的医疗费用自负。

关于代缴的社保费用问题。二审法院认为，社会保险具有社会统筹性质，用人单位和劳动者必须依法参加社会保险，缴纳社会保险费。缴纳社会保险费不仅是用人单位的法定义务，也是劳动者的法定义务，关乎职工、单位和社会三方的利益，不能通过用人单位和劳动者的约定进行变更或放弃。王某本人书写的承诺书、2010年3月15日以及2010年12月20日职工代表大会通过的关于本案缴纳社会保险方面决议，违反国家关于社会保险的强制性法律规定，应属无效。故2010年度至2016年度，应当由单位缴纳的各项社会保险，由劳动者个人已缴纳的部分，应当作为职工债权予以确认。本案中，王某自2010年至2016年应由单位缴纳的医疗保险、养老保险、失业保险费用等共计36962.73元，应认定王某在机械公司享有职工债权36962.73元。

综上，一审判决认定事实欠妥，适用法律错误。王某的上诉请求部分成立，二审法院予以支持。

2021年10月26日，河北省高级人民法院作出（2021）冀民终651号民事判决书。二审判决如下：1. 撤销一审判决；2. 确认王某对机械公司享有职工债权36962.73元（已确认的职工债权除外）；3. 驳回王某的其他诉讼请求。（据河北工人报消息 河北工人报记者 贺耀弘）

第二十二章

劳动争议调解仲裁法相关知识

劳动争议是劳动关系不能协调发展的一种表现，是劳动关系矛盾的反应。依法、妥善处理劳动争议，矫正被扭曲的劳动关系，对保护劳动关系双方当事人的合法权益，构建和发展和谐稳定的劳动关系，促进社会主义和谐社会的建设意义重大。

第一节　劳动争议概述

一、劳动争议的概念

劳动争议，也称“劳动纠纷”“劳资争议”，指劳动关系双方当事人因实现劳动权利和履行劳动义务所发生的纠纷。也包括用人单位与劳动者的组织即工会因集体劳动权利、集体劳动义务发生的争议。

二、劳动争议的特点

（1）劳动争议主体具有特定性。劳动争议的发生以劳动关系为基础。劳动争议产生的前提必须是双方当事人之间存在着一定的劳动关系。发生争议的双方当事人必须是用人单位和与其有劳动关系的职工或劳动者的团体。

（2）劳动争议内容具有限定性。劳动争议的内容，是有关劳动权利、义务方面的。劳动权利和劳动义务是依据劳动法、集体合同和劳动合同具体规定的。

（3）劳动争议的客体，是劳动争议权利和义务共同指向的对象。主要有行为、现金、物。如劳动合同争议的标的主要是行为；劳动报酬争议的标的，则为现金；劳动安全卫生争议的标的，主要表现为物。

三、劳动争议的分类

（一）国内劳动争议和涉外劳动争议

按劳动争议是否有涉外因素划分，劳动争议可分为国内劳动争议和涉外劳动争议。

（二）个人争议、集体争议和团体争议

根据劳动争议职工一方当事人人数的多少或者是否为工会来划分，劳动争议可分为个人劳动争议、集体劳动争议和团体劳动争议。

个人劳动争议，也叫个别劳动争议，是指单个劳动者与用人单位之间的劳动争议。集体劳动争议指劳动者一方当事人人数在10人以上且有共同理由的劳动争议。集体劳动争议的劳动者一方当事人可以推举代表参加调解、仲裁或者诉讼活动。集体合同争议，也叫团体争议，是指工会与用人单位或其团体之间因集体合同的订立、履行、变更或者解除、终止发生的争议。团体争议由工会主席为法定代表人参加争议的处理。

（三）权利争议和利益争议

按照劳动争议的性质可划分为权利争议、利益争议。权利争议，是指对现行法律、法规、集体合同、劳动合同所规定的权利，在实施或解释上所发生的争议。利益争议，是指在集体协商时双方为订立、续订或变更集体合同条款而产生的争议。一般指因主张待定权利义务发生的争议。

第二节　《劳动争议调解仲裁法》的立法宗旨、适用范围、原则和程序

我国于2007年12月29日十届人大常委会第三十一次会议审议通过了《劳动争议调解仲裁法》，于2008年5月1日正式实施。这部法的颁布和实施，确定了劳动争议处理程序和制度，对于依法、公正、及时处理劳动争议，保护当事人，特别是劳动者的合法权益，促进劳动关系的和谐和稳定起到了重要的作用。

一、《劳动争议调解仲裁法》的立法宗旨

《劳动争议调解仲裁法》第1条开宗明义地阐述了该法的立法宗旨。

即“为了公正及时解决劳动争议，保护当事人合法权益，促进劳动关系和谐稳定，制定本法。”可分为3方面。

（一）公正及时地解决劳动争议

公正及时是解决劳动争议的一项基本原则。《劳动争议调解仲裁法》从性质上说是程序法，通过规范劳动争议调解仲裁的具体程序制度，使劳动争议得到公正及时的处理。因此，劳动争议处理机构应当公正执法、依法保障双方当事人的合法权益，对当事人在适用法律上一律平等，不得偏袒或者歧视任何一方；同时，处理时应注意及时处理，防止久拖不决。

（二）保护当事人的合法权益

劳动争议的双方当事人为劳动者和用人单位，劳动争议调解仲裁法作为处理劳动争议的专门法、程序法，既保护劳动者的合法权益，也保护用人单位的合法权益。但考虑到劳动争议双方当事人的实际地位不平等，劳动者处于弱势，在“对调解协议申请支付令”“一裁终局”等一些具体的程序上予以适当倾斜性的保护。

（三）促进劳动关系和谐稳定

劳动法、劳动合同法是从实体法角度，《劳动争议调解仲裁法》则是从程序法角度上维护劳动关系当事人的合法权益，促进劳动关系的和谐稳定。

二、《劳动争议调解仲裁法》对劳动争议案件的适用范围

《劳动争议调解仲裁法》第2条明确了对劳动争议案件的适用范围。

1. 因确认劳动关系发生的争议。

劳动关系是指用人单位招用劳动者为其成员，劳动者在用人单位的管理下提供有报酬的劳动而产生的权利义务关系。因确认劳动关系是否存在而产生的争议属于劳动争议，适用劳动争议调解仲裁法。

2. 因订立、履行、变更、解除和终止劳动合同发生的争议。

用人单位与劳动者的劳动关系，涉及订立、履行、变更、解除和终止劳动合同的全过程。对于这一过程任何一个环节发生的争议，都可以适用

《劳动争议调解仲裁法》来解决。

3. 因除名、辞退和辞职、离职发生的争议。

这是由于解除和终止劳动关系而引发的争议。《企业职工奖惩条例》现在已经废止。但实践中会因上述规定引发争议。

4. 因工作时间、休息休假、社会保险、福利、培训以及劳动保护发生的争议。

5. 因劳动报酬、工伤医疗费、经济补偿或者赔偿金等发生的争议。

6. 法律、法规规定的其他劳动争议。

除了上述劳动争议事项外，法律、行政法规或者地方性法规规定的其他劳动争议，也要纳入劳动争议调解仲裁法的调整范围。

三、处理劳动争议的原则

《劳动争议调解仲裁法》第 3 条规定："解决劳动争议，应当根据事实，遵循合法、公正、及时、着重调解的原则，依法保护当事人的合法权益。"

合法，是指劳动争议处理机构在调解、仲裁过程中坚持以事实为根据，以法律为准绳，依法处理劳动争议案件。也就是说，调解、仲裁的程序、方法和内容都不得违反法律，不得损害国家、集体和他人的权益。

公正，是指在处理劳动争议的过程中，调解和仲裁机构能够公平正义、不偏不倚，保证争议当事人处于平等的法律地位，具有平等的权利和义务，并对人们之间权利或利益关系进行合理的分配。坚持公正原则是正确处理劳动争议的基本前提。由于劳动者和用人单位存在着隶属关系，在现实劳动关系中，劳动者应当服从用人单位的管理和指挥，劳动者相对于用人单位处于弱势地位。劳动争议处理机构一定要坚持公正原则，防止把这种不对等关系带到劳动争议处理程序中，确保劳动者和用人单位在劳动争议解决程序中处于平等地位，任何一方都没有超越另一方的特权。

及时，是指遵循劳动争议处理法律法规规定的期限，尽可能快速、高效率地处理和解决劳动争议。及时原则要求在法定期限或者合理期限内解决劳动争议，要求参与劳动争议处理的各方积极配合，反对拖延、耽误；

另一方面，及时原则要求保证当事人充分行使其程序权利，保证劳动争议案件的处理质量，反对草率、一味求快。

着重调解，是指处理劳动争议应当重视调解方式，调解既是一道专门程序，也是仲裁与审判程序中的重要方法。着重调解原则包含两方面的内容。一是调解作为解决劳动争议的基本手段贯穿于劳动争议的全过程。即使进入仲裁和诉讼程序后，劳动争议仲裁委员会和人民法院在处理劳动争议时，仍必须先进行调解，调解不成的，才能做出裁决和判决。二是调解必须遵循自愿原则，在双方当事人自愿的基础上进行，不能勉强和强制，否则即使达成协议或者作出调解书也不能发生法律效力。

四、处理劳动争议的基本方式

《劳动争议调解仲裁法》第 4 条规定："发生劳动争议，劳动者可以与用人单位协商，也可以请工会或者第三方共同与用人单位协商，达成和解协议。"第 5 条："发生劳动争议，当事人不愿协商、协商不成或者达成和解协议后不履行的，可以向调解组织申请调解；不愿调解、调解不成或者达成调解协议后不履行的，可以向劳动争议仲裁委员会申请仲裁；对仲裁裁决不服的，除本法另有规定的外，可以向人民法院提起诉讼。"据此规定，处理劳动争议的程序是协商、调解、仲裁和诉讼。在这些程序中，协商和调解是争议当事人自愿选择的程序，而仲裁则是解决劳动争议的必经程序，法院的诉讼是最终程序。

（一）协商

劳动争议的协商是指发生争议的劳动者与用人单位通过自行协商，或者劳动者请工会或者其他第三方（可以是本单位的人员，也可以是本单位以外的，双方都信任的人员）共同与用人单位进行协商，使矛盾得以化解，自愿就争议事项达成协议，使劳动争议及时得到解决的一种活动。发生劳动争议，一方当事人可以通过与另一方当事人约见、面谈等方式协商解决。

根据《企业劳动争议协商调解规定》的规定，劳动者可以要求所在企业工会参与或者协助其与企业进行协商。工会也可以主动参与劳动争议的协商处理，维护劳动者合法权益。劳动者可以委托其他组织或者个人作为其代表进行协商。

当事人提出协商要求后，另一方当事人应当积极做出口头或者书面回应。5 日内不做出回应的，视为不愿协商。

协商的期限由当事人书面约定，在约定的期限内没有达成一致的，视为协商不成。当事人可以书面约定延长期限。

协商达成一致，应当签订书面和解协议。和解协议对双方当事人具有约束力，当事人应当履行。

（二）调解

发生劳动争议，当事人不愿协商、协商不成或者达成和解协议后不履行的，可以向劳动争议调解组织申请调解。当事人不愿调解的，可以直接向劳动争议仲裁委员会申请仲裁。如果自劳动争议调解组织收到调解申请之日起 15 日内未达成调解协议，或者达成调解协议后在协议约定的期限内，一方当事人不履行的，另一方当事人可以向劳动争议仲裁委员会申请仲裁。

（三）仲裁

发生劳动争议，当事人不愿调解、调解不成或者达成调解协议后不履行的，可以向劳动争议仲裁委员会申请仲裁。对仲裁裁决不服的，除本法另有规定的外，当事人可以向人民法院提起诉讼。可见仲裁是劳动争议处理的一个必经程序。

（四）诉讼

《劳动争议调解仲裁法》规定，对劳动争议仲裁委员会不予受理或者逾期未作出决定的，或当事人对劳动争议仲裁委员会的仲裁裁决不服的，除法律另有规定的外，可以自收到仲裁裁决书之日起 15 日内向人民法院提起诉讼；期满不起诉的，裁决书发生法律效力。《劳动争议调解仲裁法》没有对人民法院审理劳动争议案件的程序进行具体规定。按照现行的体制，诉讼是一项统一的制度，要遵守民事诉讼法的统一规定。人民法院对劳动争议案件的受理、审判和执行都是按照民事诉讼法的规定执行。

第三节　劳动争议调解

一、劳动争议调解的概念

劳动争议调解，是指在劳动争议调解组织的主持下，通过宣传劳动法律、法规、规章，采取说服教育的方法，使劳动争议当事人双方在查明事实、分清是非和民主协商的基础上达成一致的协议，消除纷争的一种活动。调解虽然不是劳动争议处理的必经程序，但却是劳动争议处理制度中的“第一道防线”，对解决劳动争议起着很大的作用，是我国劳动争议处理制度的重要组成部分。

劳动争议调解组织应当依照法律、法规，遵循双方当事人自愿原则进行调解。即在申请调解、接受调解、调解过程、达成调解协议、调解协议的履行都体现争议当事人的自愿。经调解达成协议的，制作调解协议书，双方当事人应当自觉履行；调解不成的，或者自劳动争议调解组织收到调解申请之日起 15 日内未达成调解协议的，当事人在规定的期限内，可以向劳动争议仲裁委员会申请仲裁。

二、劳动争议调解组织

根据《劳动争议调解仲裁法》第 10 条的规定，我国劳动争议调解组织有以下 3 种。

（一）企业劳动争议调解委员会

企业劳动争议调解委员会是设在企业内部处理劳动争议的群众性组织。

1. 劳动争议调解委员会的设立及组成

根据相关法律规定，调解委员会由劳动者代表和企业代表组成，人数由双方协商确定，双方人数应当对等。劳动者代表由工会委员会成员担任或者由全体劳动者推举产生，企业代表由企业负责人指定。调解委员会主任由工会委员会成员或者双方推举的人员担任。

2. 劳动争议调解委员会职责

（1）宣传劳动保障法律、法规和政策；

（2）对本企业发生的劳动争议进行调解；

（3）监督和解协议、调解协议的履行；

（4）聘任、解聘和管理调解员；

（5）参与协调履行劳动合同、集体合同、执行企业劳动规章制度等方面出现的问题；

（6）参与研究涉及劳动者切身利益的重大方案；

（7）协助企业建立劳动争议预防预警机制。

3. 调解员的职责

（1）关注本企业劳动关系状况，及时向调解委员会报告；

（2）接受调解委员会指派，调解劳动争议案件；

（3）监督和解协议、调解协议的履行；

（4）完成调解委员会交办的其他工作。

调解员应当公道正派、联系群众、热心调解工作，具有一定劳动保障法律政策知识和沟通协调能力。调解员由调解委员会聘任的本企业工作人员担任，调解委员会成员均为调解员。

调解员的聘期至少为 1 年，可以续聘。调解员不能履行调解职责时，调解委员会应当及时调整。

（二）依法设立的基层人民调解组织

基层人民调解组织是我国解决民间纠纷的组织。人民调解委员会是村民委员会和居民委员会下设的调解民间纠纷的群众性组织，在基层人民政府和基层人民法院指导下进行工作。人民调解委员会由委员 3 人至 9 人组成，设主任 1 人，必要时可以设副主任。为了充分利用现有的资源，节约成本，发生劳动争议，当事人可以向基层人民调解组织申请调解。

（三）在乡镇、街道设立的具有劳动争议调解职能的组织

《工会参与劳动争议处理试行办法》规定，区域性劳动争议调解指导委员会是县以上地方总工会在城镇和乡镇企业集中的地方设立的劳动争议调解组织。由3部分代表组成。(1) 工会代表，可以由地方总工会派代表兼任，也可由区域内企业工会推举产生。(2) 劳动行政部门的代表，经地方总工会邀请由劳动行政部门指派。(3) 社会有关人士代表，应当有用人单位的代表，还可以有专家、学者、律师。社会有关人士代表经地方总工会邀请参加，用人单位的代表可以由区域内用人单位推举产生。主任由地方总工会派出的代表担任。

区域性劳动争议调解指导委员会指导本区域内劳动争议调解委员会的调解工作，并调解未设调解组织的用人单位的劳动争议。

三、劳动争议调解程序

根据《劳动争议调解仲裁法》和《企业劳动争议协商调解规定》的规定，劳动争议调解程序如下。

（一）申请与受理

发生劳动争议，当事人可以口头或者书面形式向调解委员会提出调解申请。申请内容应当包括申请人基本情况、调解请求、事实与理由。口头申请的，调解委员会应当当场记录。

调解委员会接到调解申请后，对属于劳动争议受理范围且双方当事人同意调解的，应当在3个工作日内受理。对不属于劳动争议受理范围或者一方当事人不同意调解的，应当做好记录，并书面通知申请人。

发生劳动争议，当事人没有提出调解申请，调解委员会可以在征得双方当事人同意后主动调解。

（二）调查核实

调解委员会对决定受理的案件，应及时指派调解员对争议事项进行全面调查核实，调查应作笔录，并由调查人签名或盖章。调查工作一般包括以下内容。(1) 查清案件的基本事实：双方发生争议的原因、经过、焦点

及有关当事人的情况。(2) 掌握与争议问题有关的劳动法律法规的规定和劳动合同的约定，分清双方当事人应承担的责任，拟定调解方案和调解意见。

(三) 调解

调解委员会调解劳动争议一般不公开进行。但是，双方当事人要求公开调解的除外。

调解委员会根据案件情况指定调解员或者调解小组进行调解，在征得当事人同意后，也可以邀请有关单位和个人协助调解。

调解员应当全面听取双方当事人的陈述，采取灵活多样的方式方法，开展耐心、细致的说服疏导工作，帮助当事人自愿达成调解协议。

(四) 制作调解协议书

经调解达成调解协议的，由调解委员会制作调解协议书。调解协议书应当写明双方当事人基本情况、调解请求事项、调解的结果和协议履行期限、履行方式等。

调解协议书由双方当事人签名或者盖章，经调解员签名并加盖调解委员会印章后生效。调解协议书 1 式 3 份，双方当事人和调解委员会各执 1 份。

四、劳动争议调解的效力

《劳动争议调解仲裁法》第 14 条第 2 款规定："调解协议书由双方当事人签名或者盖章，经调解员签名并加盖调解组织印章后生效，对双方当事人具有约束力，当事人应当履行。"调解不是强制性的程序，不具有强制执行的法律效力。达成调解协议后，一方当事人在协议约定期限内不履行调解协议的，另一方当事人可以依法申请仲裁。

《劳动争议调解仲裁法》第 16 条规定："因支付拖欠劳动报酬、工伤医疗费、经济补偿或者赔偿金事项达成调解协议，用人单位在协议约定期限内不履行的，劳动者可以持调解协议书依法向人民法院申请支付令。人民法院应当依法发出支付令。"支付令是人民法院根据债权人的申请，督促债务人履行债务的程序，是民事诉讼法规定的一种法律制度。

第四节　劳动争议仲裁

一、劳动争议仲裁的概念和特征

（一）劳动争议仲裁的概念

劳动争议仲裁指劳动争议仲裁委员会对用人单位与劳动者之间发生的劳动争议，在查明事实、明确是非、分清责任的基础上，依法做出裁决的活动。仲裁是处理劳动争议的必经程序。

（二）劳动争议仲裁的特征

劳动争议仲裁除具有处理程序简便、灵活、快速，注重调解，不收费等劳动争议处理的一般特点外，还具有如下几个特征。

1. 三方性

三方原则是指在劳动领域，由政府、工会和雇主协会三方分别代表国家、劳动者和用人单位利益共同参与劳动关系的协调、劳动政策法规的制定、劳动争议的处理的一项基本原则。三方原则是国际社会为协调劳动关系而普遍采用的一种行之有效的方法。劳动争议处理实行三方原则有利于国家、用人单位和劳动者三方利益的均衡和劳动关系的协调稳定；有利于发挥劳动行政部门、工会和用人单位方面代表各自的优势，增强仲裁的权威性；有利于三方相互配合、相互制约，保证仲裁的公正性。

2. 强制性

劳动争议仲裁实行特殊的强制原则。第一，劳动争议仲裁是劳动争议处理的必经程序；不经劳动争议仲裁委员会裁决，当事人不能向人民法院提起诉讼。第二，劳动争议仲裁无须双方自愿。只要争议一方当事人提出仲裁申请即能引起劳动争议仲裁程序的开始。

3. 仲裁结果具有强制执行的法律效力

无论是仲裁调解书，还是仲裁裁决书，只要双方签字盖章并未在法定期限内向人民法院起诉，便产生强制执行的法律效力，当事人一方不履行的，另一方可向人民法院申请强制执行。

4. 及时性

仲裁庭裁决劳动争议案件，自劳动争议仲裁委员会受理仲裁申请之日起 45 日内结束。这有利于劳动争议及时得到处理。

二、劳动争议仲裁的原则

劳动争议仲裁的基本原则包括。

（一）先行调解原则

先行调解原则是指在仲裁裁决之前，应当先进行调解。先行调解并非强行调解，而是要求仲裁前必须做调解工作，若当事人坚决拒绝调解或调解无效的，不能勉强或强迫达成协议。调解必须在双方自愿的基础上达成协议才有效。调解必须及时进行，达不成协议的应及时裁决。

（二）三方原则

劳动争议仲裁实行三方原则是国际上的惯例，这是指劳动争议的仲裁组织由三方组成，分别是劳动行政部门的代表、同级工会的代表和企业方面的代表。

（三）独立仲裁原则

独立仲裁原则，即劳动争议仲裁委员会处理劳动争议案件具有独立性，不受其他任何组织和个人的干涉。是我国劳动争议仲裁制度的根本原则。

（四）一次裁决原则

一次裁决原则，是指任何一级劳动争议仲裁委员会的裁决都是最终裁决，当事人不服裁决的，不能向上一级仲裁委员会再次申请仲裁，只能在规定的期限内向人民法院起诉。

（五）回避原则

回避原则，是指仲裁委员会成员或仲裁员在仲裁劳动争议案件时，认为具有法定回避情况不宜参加本案审理，或当事人认为仲裁员具有法定回避情节的，可能影响公正裁决，都可以自动或申请回避。是否回避则由仲裁委员会决定。

（六）合议原则

合议原则，是我国民主集中制原则在劳动争议仲裁中的具体体现。除了简单劳动争议案件可以由 1 名仲裁员独任仲裁外，劳动争议仲裁委员会裁决劳动争议案件实行仲裁庭制度，而仲裁庭由 3 名仲裁员组成。仲裁庭裁决劳动争议案件，实行少数服从多数的原则。

（七）区分举证责任原则

举证责任指在劳动争议处理中当事人提出证据的责任。《劳动争议调解仲裁法》第 6 条规定："发生劳动争议，当事人对自己提出的主张，有责任提供证据。与争议事项有关的证据属于用人单位掌握管理的，用人单位应当提供；用人单位不提供的，应当承担不利后果。"该条仍然建立在"谁主张谁举证"的基本原则之上，只是规定"与争议事项有关的证据属于用人单位掌握管理的"才由用人单位负责提供。第 39 条中又规定："当事人提供的证据经查证属实的，仲裁庭应当将其作为认定事实的根据。劳动者无法提供由用人单位掌握管理的与仲裁请求有关的证据，仲裁庭可以要求用人单位在指定期限内提供。用人单位在指定期限内不提供的，应当承担不利后果。"此种情形属于法律对提供证据责任的合理分配，"用人单位负责提供证据"与"用人单位负责举证"完全是两个概念，并不能等同。劳动关系有隶属性或人身依附性的特征。许多证据掌握在用人单位一方，而作为被管理者或行为承受者的劳动者对这些证据是不可能具有举证能力的，专属被用人单位掌握的证据材料自然应由用人单位提供，用人单位提供这些证据可以用来证明自己的主张，也可能这些证据在提供后被劳动者用作证据，这些证据包括有利于用人单位的证据，也应包括有利于劳动者的证据。这里的"不利后果"也不完全是"举证不能的不利后果"，即用人单位不提供本来应由用人单位提供的证据的不利后果。

三、劳动争议仲裁组织

（一）劳动争议仲裁委员会设立、组成、职责

1. 设立

劳动争议仲裁委员会按照统筹规划、合理布局和适应实际需要的原则设立。省、自治区人民政府可以决定在市、县设立；直辖市人民政府可以决定在区、县设立。直辖市、设区的市也可以设立一个或者若干个劳动争议仲裁委员会。劳动争议仲裁委员会不按行政区划层层设立。

2. 组成

劳动争议仲裁委员会由劳动行政部门代表、工会代表和企业方面代表组成。根据《劳动人事争议仲裁组织规则》规定，仲裁委员会由干部主管部门代表、人力资源社会保障等相关行政部门代表、军队文职人员工作管理部门代表、工会代表和用人单位方面代表等组成。仲裁委员会组成人员应当是单数。仲裁委员会设主任 1 名，副主任和委员若干名。仲裁委员会主任由政府负责人或者人力资源社会保障行政部门主要负责人担任。

3. 职责

（1）聘任、解聘专职或者兼职仲裁员；

（2）受理争议案件；

（3）讨论重大或者疑难的争议案件；

（4）监督本仲裁委员会的仲裁活动；

（5）制定本仲裁委员会的工作规则；

（6）其他依法应当履行的职责。

仲裁委员会下设实体化的办事机构，具体承担争议调解仲裁等日常工作。办事机构称为劳动人事争议仲裁院，设在人力资源社会保障行政部门。仲裁院对仲裁委员会负责并报告工作

（二）仲裁员

仲裁员是由仲裁委员会聘任、依法调解和仲裁争议案件的专业工作人员。仲裁员分为专职仲裁员和兼职仲裁员。专职仲裁员和兼职仲裁员在调

解仲裁活动中享有同等权利，履行同等义务。兼职仲裁员进行仲裁活动，所在单位应当予以支持。

仲裁委员会应当依法聘任一定数量的专职仲裁员，也可以根据办案工作需要，依法从干部主管部门、人力资源社会保障行政部门、军队文职人员工作管理部门、工会、企业组织等相关机构的人员以及专家学者、律师中聘任兼职仲裁员。

仲裁员享有以下权利：

1. 履行职责应当具有的职权和工作条件；

2. 处理争议案件不受干涉；

3. 人身、财产安全受到保护；

4. 参加聘前培训和在职培训；

5. 法律、法规规定的其他权利。

仲裁员应当履行以下义务：

1. 依法处理争议案件；

2. 维护国家利益和公共利益，保护当事人合法权益；

3. 严格执行廉政规定，恪守职业道德；

4. 自觉接受监督；

5. 法律、法规规定的其他义务。

（三）仲裁庭

仲裁委员会处理争议案件实行仲裁庭制度，实行一案一庭制。

仲裁委员会可以根据案件处理实际需要设立派驻仲裁庭、巡回仲裁庭、流动仲裁庭，就近就地处理争议案件。

根据《劳动人事争议仲裁组织规则》规定，处理下列争议案件应当由3名仲裁员组成仲裁庭，设首席仲裁员：

1. 10人以上并有共同请求的争议案件；

2. 履行集体合同发生的争议案件；

3. 有重大影响或者疑难复杂的争议案件；

4. 仲裁委员会认为应当由3名仲裁员组庭处理的其他争议案件。

简单争议案件可以由1名仲裁员独任仲裁。

四、劳动争议仲裁的相关规定

（一）仲裁的时效制度、仲裁时效的中止和中断

1. 仲裁时效具体来说就是指权利人于一定期间内不行使请求劳动争议仲裁机构保护其民事权利的请求权，就丧失该请求权的法律制度。劳动争议申请仲裁的时效期间为 1 年。仲裁时效期间从当事人知道或者应当知道其权利被侵害之日起计算。

2. 仲裁时效中断

仲裁时效因当事人一方向对方当事人主张权利，或者向有关部门请求权利救济，或者对方当事人同意履行义务而中断。从中断时起，仲裁时效期间重新计算。

3. 仲裁时效中止

因不可抗力或者有其他正当理由，当事人不能在规定的仲裁时效期间申请仲裁的，仲裁时效中止。从中止时效的原因消除之日起，仲裁时效期间继续计算。

4. 劳动关系存续期间因拖欠劳动报酬发生争议的，劳动者申请仲裁不受仲裁时效期间的限制；但是劳动关系终止的，应当自劳动关系终止之日起 1 年内提出。

（二）仲裁庭的仲裁期限与先行裁决

1. 仲裁期限

仲裁庭裁决劳动争议案件，应当自劳动争议仲裁委员会受理仲裁申请之日起 45 日内结束。案情复杂需要延期的，经劳动争议仲裁委员会主任批准，可以延期但延长期限不得超过 15 日。逾期未作出仲裁裁决的，当事人可以就该劳动争议事项向人民法院提起诉讼。

2. 先行裁决

仲裁庭裁决追索劳动报酬、工伤医疗费、经济补偿或者赔偿金的案件，根据当事人的申请，如果这一部分事实已经清楚，可以就该部分先行裁决、先予执行，移送人民法院执行。

仲裁庭裁决先予执行的，应当符合：（1）当事人之间权利义务关系明确；（2）不先予执行将严重影响申请人的生活。劳动者申请先予执行的，可以不提供担保。

3. 一裁终局

适用一裁终局的劳动争议的范围：下列劳动争议除本法另有规定者外，仲裁裁决为终局裁决。裁决书自作出之日起发生法律效力。（1）追索劳动报酬、工伤医疗费、经济补偿或者赔偿金，不超过当地月最低工资标准 12 个月金额的争议；（2）因执行国家的劳动标准在工作时间、休息休假、社会保险等方面发生的争议。劳动者对上述仲裁裁决不服的，可以自收到仲裁裁决书之日起 15 日内向人民法院提起诉讼。这是指劳动者对一裁终局的仲裁裁决不服的，可以向法院提起诉讼的规定。一裁终局的裁决发生法律效力后，用人单位不得就同一争议事项再向仲裁委员会申请仲裁或向法院起诉。用人单位有证据证明上述仲裁裁决有下列情形之一，可以自收到仲裁裁决书之日起 30 日内向劳动争议仲裁委员会所在地的中级人民法院申请撤销裁决：（1）适用法律、法规确有错误的；（2）劳动争议仲裁委员会无管辖权的；（3）违反法定程序的；（4）裁决所根据的证据是伪造的；（5）对方当事人隐瞒了足以影响公正裁决的证据的；（6）仲裁员在仲裁该案时有索贿受贿、徇私舞弊、枉法裁决行为的。人民法院经组成合议庭审查核实裁决有上述规定情形之一的，应当裁定撤销。仲裁裁决被人民法院裁定撤销的，当事人可以自收到裁定书之日起 15 日内就该劳动争议事项向人民法院提起诉讼。

一裁终局以外的其他劳动争议，对仲裁裁决不服的，可以自收到裁决书之日起 15 日内向人民法院提起诉讼；期满不起诉的，裁决书发生法律效力。

（三）劳动争议仲裁管辖

《劳动争议调解仲裁法》第 21 条规定："劳动争议仲裁委员会负责管辖本区域内发生的劳动争议。劳动争议由劳动合同履行地或者用人单位所在地的劳动争议仲裁委员会管辖。双方当事人分别向劳动合同履行地和用人单位所在地的劳动争议仲裁委员会申请仲裁的，由劳动合同履行地的劳动争议仲裁委员会管辖。"

第五节　劳动争议诉讼

劳动争议诉讼是指劳动争议当事人不服劳动争议仲裁委员会的裁决处理，在法定期限内，依法向人民法院起诉，或者对仲裁委员会不予受理或逾期未作出决定的，申请人向人民法院起诉，人民法院按照法定的程序进行审理和判决的活动。《劳动争议调解仲裁法》没有对劳动争议诉讼进行具体规定，按照现行的体制，人民法院对劳动争议案件的受理、审判和执行都按照《民事诉讼法》的规定执行。本节不再叙述。

思考题：

1. 劳动争议有哪些特点？
2. 《劳动争议调解仲裁法》适用哪些劳动争议案件？
3. 处理劳动争议的原则是什么？
4. 我国劳动争议处理的基本程序是什么？
5. 简述劳动争议的调解程序。
6. 劳动争议调解员应具备哪些条件？
7. 劳动争议仲裁的原则是什么？
8. 劳动争议仲裁员有哪些权利和义务？
9. 简述劳动争议仲裁时效制度。

【案例1】

患有特殊疾病的劳动者在医疗期满后仍不能返岗的，
用人单位未对劳动者进行劳动能力鉴定即解除劳动合同属违法解除

——周某与某饮品公司劳动争议案

基本案情：

某饮品公司的公司手册规定：公司员工旷工累计满3天，处罚为解除

劳动合同。周某于2018年3月19日入职某饮品公司，2021年8月底，周某确诊为胰腺导管腺癌。某饮品公司批准了周某2021年8月29日至2022年2月28日期间的病假申请。上述病假期满后，周某再次以继续治疗为由申请延长病假。某饮品公司以周某6个月的医疗期已满为由，未予批准。2022年2月25日，某饮品公司向周某寄送《返岗通知书》，要求周某于2022年3月2日返岗上班，如逾期不到岗，公司有权按照劳动合同法及劳动合同约定对周某进行处理。周某签收后未到岗上班。3月10日，某饮品公司再次向周某寄送了《限期返岗通知书》，告知周某连续旷工3日将按自动离职处理。2022年3月28日，某饮品公司以严重违反单位规章制度为由，解除与周某的劳动合同。周某起诉请求撤销某饮品公司作出的《解除劳动合同通知书》。

裁判结果：

人民法院经审理认为，旷工是指劳动者故意不到岗上班，拒绝向用人单位提供劳动的行为。周某自2021年8月确诊胰腺导管腺癌后，一直在连续地接受医学治疗，其所患的疾病属于众所周知的严重难以治愈的疾病。某饮品公司也在确定医疗期的过程中，对周某的患病情况有所了解。因此，周某未返岗上班系基于其自身存在严重性疾病需继续接受治疗的客观原因，而非主观上拒绝向某饮品公司提供劳动，周某的行为不构成旷工，某饮品公司无权以周某存在旷工行为为由，认定周某严重违反单位规章制度。另，《企业职工患病或非因工负伤医疗期规定》第7条规定：“企业职工非因工致残和经医生或医疗机构认定患有难以治疗的疾病，医疗期满，应当由劳动鉴定委员会参照工伤与职业病致残程度鉴定标准进行劳动能力的鉴定。被鉴定为一至四级的，应当退出劳动岗位，解除劳动关系，并办理退休、退职手续，享受退休、退职待遇。”周某所患疾病为难以治疗的胰腺导管腺癌，在其医疗期满后，参照上述规定，应当由劳动能力鉴定委员会对周某的劳动能力进行鉴定。被鉴定为一至四级的，可解除劳动关系。基于此，某饮品公司解除与周某的劳动关系，既没有旷工的事实依据，也没有直接解除的法律依据。某饮品公司向周某作出《解除劳动合同通知书》的行为违法，遂判决撤销某饮品公司作出的《解除劳动合同通知书》，双方签订的《劳动合同书》继续履行。

典型意义：

劳动者因患难以治愈的特殊疾病，医疗期满后因继续治疗的需要，仍然无法为用人单位提供劳动的，用人单位负有为上述情况的劳动者申请劳动能力鉴定的义务。用人单位未履行该义务，而以劳动者医疗期满未到岗的行为构成旷工及严重违反单位规章制度为由，解除双方劳动关系的行为违法。劳动者有权要求恢复劳动关系或向用人单位主张违法解除劳动合同的赔偿金。本案的裁判提醒用人单位，对待患有特殊疾病的劳动者，不应机械地适用《劳动合同法》第40条第1项的规定，认为医疗期届满劳动者即必须回岗工作，否则就构成旷工。面对此类情况，用人单位应当关心劳动者的身心健康，积极地为劳动者申请劳动能力鉴定，以便劳动者在生活陷入困难时，能够依法获得相应的社会保障。同时，也能避免用人单位承担违法解除劳动合同的法律责任。

【案例2】

参加团建受伤害，工作延伸认工伤

案情简介：

李女士为G公司职工。为了加强团队建设、丰富职工活动，G公司与X旅行社签订《X旅行社国内旅游合同》，旅游地点为坝上草原，李女士等16名职工参加了此次旅游活动。活动安排了集体项目和自选项目两部分，在自选项目中李女士等16名职工经旅行社工作人员联系，乘坐吉普车进行自费项目游玩，其间发生交通事故，李女士受伤。后李女士向密云人社局申请工伤认定并提交相关材料。密云人社局认为，李女士是在自费项目中游玩受伤，不属于因工作原因，故作出不予认定工伤决定。李女士不服，提起行政复议，市人社局作出维持的行政复议决定书。李女士不服，诉至我院，请求撤销不予认定工伤决定及行政复议决定。

法官说法：

《最高人民法院关于审理工伤保险行政案件若干问题的规定》第4条明确规定，“社会保险行政部门认定下列情形为工伤的，人民法院应予支持：（二）职工参加用人单位组织或者受用人单位指派参加其他单位组织的活动受到伤害的”。用人单位组织集体活动，目的在于加强团队凝聚力，增强员工协作能力，从而提升工作效率。因此团建活动虽然不是直接以工作为内容，但与工作相关，应当视为工作的延伸。根据李女士在诉讼中提交的《X旅行社国内旅游合同》显示，此处“自费”指的是G公司与X旅行社双方约定的、由G公司自行选择的由其另行付费的游览项目费用。因此自费项目是相对于旅游合同约定的费用已包含的旅游项目而言，自费项目的组织者和费用承担者是G公司而非李女士个人。李女士受伤时参加的仍然是G公司组织的活动，而非其脱离集体的个人单独活动，应当视为工作的延伸。对此，本案中，密云人社局作出的不予认定工伤决定属于认定事实不清、证据不足，应予撤销。市人社局作为复议机关在复议过程中未对上述事实予以认真核实，导致结论错误，最终法院判决撤销不予认定工伤决定和行政复议决定。

【案例3】

外卖骑手被要求注册为个体工商户，其劳动关系如何认定？

基本案情：

某网络科技公司（以下简称科技公司）是上海某公司在某市的区域代理，承接上海某公司所运营的网络外卖平台在某市区域的餐饮外送业务。2019年3月1日，周某入职科技公司成为一名外卖骑手，2019年7月，该科技公司引导周某通过扫码在线上注册成为个体工商户，同时与案外江苏某公司签订了《项目转包协议》，协议约定周某独立承包江苏公司的配送业务。协议签订后，周某仍继续从事科技公司所承接的送餐业务，科技公司仍继续为周某投保雇主责任险。2020年5月周某在配送途中发生交通事故，为认定工伤，周某向仲裁委申请仲裁。周某认为双方自2019年3月1日起存在劳动关系，科技公司则认为2019年7月周某已注册为个体工商户并与第三方签订协议，双方的劳动关系因此终止。

申请人请求：

请求确认周某和科技公司之间存在劳动关系。

处理结果：

仲裁委员会裁决：确认周某与科技公司之间自2019年3月1日起存在劳动关系。本案经一审、二审程序，结果与仲裁裁决一致。

案例分析：

本案的争议焦点：2019年7月周某注册成为个体工商户并与第三方签订承包协议后，其与科技公司之间的劳动关系是否终止。

本案中，周某被要求注册成为个体户并与第三方签约后，双方之间完全延续了此前的劳动管理方式，周某仍需按手印考勤，送餐地点、时间均系科技公司安排。科技公司利用平台数据对周某进行各项考核并计算报酬，精确控制着周某的配送行为。在劳动报酬方面，科技公司制定了审核标准并通过江苏某公司提供的平台确认送餐量，同时在该平台预存款后划扣支付报酬，案外江苏某公司实质上是受科技公司委托代为支付周某报酬。综上，周某虽注册成为个体工商户并与第三方签订承包协议，但其在科技公司所从事的工作内容和性质没变，周某的工作内容属于科技公司的业务经营范围，科技公司也为周某投保雇主责任险。因此，科技公司与周某之间存在人格、经济、组织方面的从属性，应认定科技公司对周某进行了劳工用工管理，对周某要求确认与科技公司存在劳动关系请求，应予以支持。

典型意义：

新就业形态下，极具灵活性的网络平台用工发挥着传统就业形态难以替代的作用，但同时也容易造成劳动者与用工平台及其合作企业之间法律关系的混淆。尤其是部分平台企业引导劳动者注册成为个体工商户，再让劳动者以个体工商户的名义与第三方企业签订承包或承揽协议，并由此主张双方劳动关系因劳动者与第三方形成承揽关系而终止，或主张因劳动关系主体不适格双方建立的并非劳动关系。对此，仲裁实践中，应通过用工行为的人格从属性、经济从属性、组织从属性等“三性”特征分析，实质判断双方法律关系，而不能仅仅进行形式审查判断。

参考资料及说明

[1]《中华人民共和国宪法》，2018 年修正文本，本书中简称《宪法》。

[2]《中华人民共和国民法典》，2020 年 5 月 28 日第十三届全国人民代表大会第三次会议通过，本书中简称《民法典》。

[3]《中华人民共和国公司法》，根据 2018 年 10 月 26 日第十三届全国人民代表大会常务委员会第六次会议《关于修改〈中华人民共和国公司法〉的决定》第四次修正，本书中简称《公司法》。

[4]《中华人民共和国全民所有制工业企业法》，1988 年 4 月 13 日第七届全国人民代表大会第一次会议通过根据 2009 年 8 月 27 日第十一届全国人民代表大会常务委员会第十次会议《关于修改部分法律的决定》修正 ，本书中简称《企业法》。

[5]《中华人民共和国公共文化服务保障法》，2016 年 12 月 25 日第十二届全国人民代表大会常务委员会第二十五次会议通过，本书中简称《公共文化服务保障法》。

[6]《中华人民共和国职业病防治法》，根据 2018 年 12 月 29 日第十三届全国人民代表大会常务委员会第七次会议《关于修改〈中华人民共和国劳动法〉等七部法律的决定》第四次修正，本书中简称《职业病防治法》。

[7]《中华人民共和国安全生产法》，根据 2021 年 6 月 10 日第十三届全国人民代表大会常务委员会第二十九次会议《关于修改〈中华人民共和国安全生产法〉的决定》第三次修正，本书中简称《安全生产法》。

[8]《中华人民共和国审计法》，根据 2021 年 10 月 23 日第十三届全国人民代表大会常务委员会第三十一次会议《关于修改〈中华人民共和国审计法》的决定》第二次修正，本书中简称《审计法》。

[9]《中华人民共和国工会法》，根据 2021 年 12 月 24 日第十三届全国人民代表大会常务委员会第三十二次会议《关于修改〈中华人民共和国工会法〉的决定》第三次修正，本书中简称《工会法》。

[10]《中华人民共和国妇女权益保障法》，2022 年 10 月 30 日第十三届全国人民代表大会常务委员会第三十七次会议修订，本书中简称《妇女权益保障法》。

[11]《中华人民共和国劳动法》，根据 2018 年 12 月 29 日第十三届全国人民代表大会常务委员会第七次会议《关于修改〈中华人民共和国劳动法〉等七部法律的决定》第二次修正，本书中简称《劳动法》。

[12]《中华人民共和国劳动合同法》，根据 2012 年 12 月 28 日第十一届全国人民代表大会常务委员会第三十次会议《关于修改〈中华人民共和国劳动合同法〉的决定》修正，本书中简称《劳动合同法》。

[13]《中华人民共和国就业促进法》，根据 2015 年 4 月 24 日第十二届全国人民代表大会常务委员会第十四次会议《关于修改〈中华人民共和国电力法〉等六部法律的决定》修正，本书中简称《就业促进法》。

[14]《中华人民共和国社会保险法》，根据 2018 年 12 月 29 日第十三届全国人民代表大会常务委员会第七次会议《关于修改〈中华人民共和国社会保险法〉的决定》修正，本书中简称《社会保险法》。

[15]《中华人民共和国民事诉讼法》，根据 2023 年 9 月 1 日第十四届全国人民代表大会常务委员会第五次会议《关于修改〈中华人民共和国民事诉讼法〉的决定》第五次修正，本书中简称《民事诉讼法》。

[16]《中华人民共和国劳动争议调解仲裁法》，2007 年 12 月 29 日第十届全国人民代表大会常务委员会第三十一次会议通过，本书中简称《劳动争议调解仲裁法》。

[17]《中国工会章程》，中国工会第十八次全国代表大会部分修改，2023 年 10 月 12 日通过。

[18]《劳动保护监督检查员工作条例》，中华全国总工会 2001 年 12 月 31 日，本书中简称《监督检查员工作条例》。

[19]《基层工会劳动保护监督检查委员会工作条例》，中华全国总工会2001年12月31日，本书中简称《监督检查委员会工作条例》。

[20]《工伤保险条例》，根据2010年12月20日《国务院关于修改〈工伤保险条例〉的决定》修订。

[21]《基层工会会员代表大会条例》，总工发〔2019〕6号。

[22]《工会基层组织选举工作条例》，总工发〔2016〕27号。

[23]《工会会员会籍管理办法》，总工发〔2016〕35号。

[24]《工会女职工委员会工作条例》，总工发〔2019〕11号。

[25]《中国工会审计条例》，总工发〔2023〕6号。

[26]《女职工劳动保护特别规定》，2012年4月18日国务院第200次常务会议通过2012年4月28日中华人民共和国国务院令第619号公布自公布之日起施行。

[27]《集体合同规定》，2004年1月20日劳动保障部令第22号公布自2004年5月1日起施行。

[28]《企业民主管理规定》，中共中央纪委、中共中央组织部、国务院国有资产监督管理委员会、监察部、中华全国总工会、中华全国工商业联合会于2012年2月13日印发。

[29]《社会救助暂行办法》2014年2月21日，中华人民共和国国务院令第649号公布，自2014年5月1日起施行。

[30]《机关事业单位职业年金办法》，国办发〔2015〕第18号。

[31]《工资集体协商试行办法》，中华人民共和国劳动和社会保障部令第9号。